中国皇帝全传

隋·唐·五代·十国·宋

丁振宇 著

华中科技大学出版社
http://www.hustp.com
中国·武汉

图书在版编目(CIP)数据

中国皇帝全传/丁振宇著. ——武汉：华中科技大学出版社，2022.5
ISBN 978-7-5680-7351-6

Ⅰ.①中… Ⅱ.①丁… Ⅲ.①皇帝-列传-中国 Ⅳ.①K827=2

中国版本图书馆 CIP 数据核字(2022)第 053768 号

中国皇帝全传
Zhongguo Huangdi Quanzhuan

丁振宇 著

策划编辑：亢博剑

责任编辑：康　艳　孙　念

装帧设计：今亮後聲 HOPESOUND 2580590616@qq.com ·小九

责任校对：刘　竣

责任监印：朱　玢

出版发行：华中科技大学出版社(中国·武汉)　　　电话：(027)81321913
　　　　　武汉市东湖新技术开发区华工科技园　　　邮编：430223

印　　刷：鑫艺佳利(天津)印刷有限公司

开　　本：710mm×1000mm　1/16

印　　张：115.75

字　　数：2200 千字

版　　次：2022 年 5 月第 1 版第 1 次印刷

定　　价：398.00 元(全四册)

本书若有印装质量问题，请向出版社营销中心调换

全国免费服务热线：400-6679-118　竭诚为您服务

版权所有　侵权必究

【序】

在历史中寻找人生智慧

著名历史学家托马斯·卡莱尔说:"在我看来,世界的历史,人类在这个世界上已经完成的历史,归根结底是世界上耕耘过的人为的历史,甚至不妨说,他们是创世主。……整个世界历史的灵魂就是这些伟人的历史。"

哲学泰斗黑格尔说:"世界和人类整个历史是由理性统治的,'绝对精神'或'世界理性'是世界万物的本源。……人民就是不知道自己需要什么的那一部分人……他们的行动完全是自发的,物理性的,野蛮的,恐怖的。"

政治学家马基雅维利说:"一个君主如果能够征服并保持那个国家的话,他所采取的手段总是被人们认为是光荣的,并且将受到每一个人的赞扬,因为群氓总是被外表和事务的结果所吸引,而这个世界尽是群氓。"

以上三位是英雄史观的拥趸,所持观点是唯心主义的,他们认为,历史是少数英雄和帝王将相的意志、品质、才能决定的;虽然历史并非个人随心所欲的结果,却是由某种精神、意志决定的,伟大人物是世界精神的代理人。

翻开史书,我们几乎不用思考就能发现这么一个"真理":每个朝代的盛世,都是由帝王带领一批文武大臣缔造的;每当历史来到了紧要关头,明君贤臣良将便从天而降,受命于危难之际,挽狂澜于既倒,扶大厦于将倾。

这些帝王胸怀天下、雄才伟略、文武兼备、超群绝伦，带领众人建立新朝：普天之下，莫非王土；率土之滨，莫非王臣。他们通过建立封建专制制度，化国家为自己家，"手握生杀大权""天下之事无大小皆决于上"。

他们是众生的"主宰"，天威不可犯，表面看是历史的创造者，事实果真如此吗？

伟大的思想家马克思、恩格斯提出了新观点，他们指出："历史活动是群众的活动，随着历史活动的深入，必将使群众队伍扩大……人民自己创造了历史。"唯物主义者认为，人民群众是物质生产活动的主体，是社会历史的创造者。

孰是孰非，答案不言而喻。人类的实践历史证明了唯心主义观点是错误的，验证了历史是由人民创造的这个颠扑不破的真理。

英雄、帝王，的确是万人敬仰的伟大人物，他们也的确在历史进程中脱颖而出，并带领众人建立了不朽功勋。但是，那也是因为他们感受到了时代的情绪、时代的脉络、时代的欲望、时代的压迫感、时代的困扰，这种敏感让他与时代合二为一，与时代的脚步同步，相互配合，最终取得成功，而绝不是他们独自完成了历史进程的使命。人们不过是将功劳记在了英雄、帝王身上，他们集众誉于一身，以至于造成"历史是由帝王、英雄所创造"的假象。

巴黎公社的实践、十月革命的一声炮响、中国革命的胜利，都证明了人民才是历史的创造者，人民才是真正的英雄。习近平总书记说，人民是历史的创造者，是真正的英雄。波澜壮阔的中华民族发展史是中国人民书写的！博大精深的中华文明是中国人民创造的！历久弥新的中华民族精神是中国人民培育的！中华民族迎来了从站起来、富起来到强起来的伟大飞跃，这是中国人民奋斗出来的！

那么，英雄、帝王在历史发展进程中究竟发挥了什么作用？

中华民族是伟大的民族，拥有5000多年源远流长的文明历史，是世界唯一幸存至今的古文明国家。在这5000多年的历史长河中，

2000多年的封建社会不可忽视，数百位帝王更是难以绕过去。

自公元前221年，秦始皇正式建立秦朝，开启了我国封建社会历史进程，到公元1912年清政府灭亡，封建社会走到了尽头，退出了历史舞台。在这2000多年里，中国封建社会几乎遵循治乱周期率，历经数十个朝代、数百位帝王。这些帝王对我国历史发展进程产生了非常重要的影响。

积极正面的帝王发挥的作用是多方面的，他们是历史任务的倡导者和发起者，还是重大历史事件的组织者与参与者，更是历史发展进程的促进者和影响者。

比如中国第一个统一帝国的创建者、中国第一个封建帝王秦始皇。秦始皇雄才伟略，顺应历史潮流，横扫六国，终结了数百年群雄割据的局面，为中国历史跨入封建社会阶段做出了开天辟地的大贡献。他首创皇帝专制政体，颁布书同文、车同轨等政策，使中国进入了中央集权的帝制时代；他派兵北扫匈奴、修长城，南下百越，开灵渠，为民族融合统一做出了巨大贡献，后来长城成为中华民族的象征之一，成为中华民族精神的重要标志；他统一文字，为中华民族共同体提供了坚实的文化基础；他废分封，立郡县，开创了中国统一行政管理模式，为后代所沿用、发展。

比如汉武帝。他采取推恩令，解决了封建诸侯尾大不掉的问题，稳固了中央集权；他一改战略防守为战略反击，对匈奴宣战，奏响了"明犯强汉者，虽远必诛"的最强音；他罢黜百家，独尊儒术，强化封建思想统治，为后代封建统治者所推崇，使儒家思想成为2000多年来中国传统文化的正统和主流思想。

比如"开皇之治"的创造者杨坚。他结束了东汉灭亡后长达300多年的战乱，使各民族再次统一；他通过系列改革，休养生息，使国力增强，国民渐富，为隋唐辉煌打下了坚实的基础；他改革官制，确立中央五省六部制、地方州县二级行政体系，修订开皇律，开创科举制度，为后面封建王朝的行政制度奠定了基础。

比如"贞观之治"的开创者李世民。他文韬武略，南征北战，以"亡隋为戒"，任贤纳谏，"九瀛大定"，为大唐盛世打下了坚实的基础；面对强敌突厥，他励精图治，恩威并施，实行开明的民族政策，形成"四方来贺，八方来朝"的局面，使唐朝走向世界；他"偃武修文"，致力于经济建设，虚怀纳谏、不拘一格选贤任能，开创了我国封建史上又一个辉煌盛世。

比如被西方称为"全人类的帝王"的成吉思汗。他性格坚毅、富有韬略，锻造了一支令全世界闻风丧胆的军队，冲锋陷阵，无往不利，书写了冷兵器时代骑兵战争的巅峰传奇；他统一蒙古，灭辽、灭金等，为中华民族的融合发展做出了巨大的贡献；他的后代继承其遗志，统一中原，开创了我国封建史上少数民族政权建立大一统王朝的先河；他的后代子孙几次西征，影响了中亚、欧洲的历史发展进程。毫无疑问，他是中国历史上最具世界影响力的帝王。

比如布衣皇帝朱元璋。他出身寒门，却在乱世中杀出重围，最终剪灭元朝及地方割据势力，重新建立了大一统王朝；他以强力手段废丞相制度，加强中央集权，创设大量的典章制度，不仅为大明三百年基业打下基础，还影响了清朝行政体系的建设；他稳定政治局势，出台系列改革措施，发展经济，弼成"洪武之治"；他铁腕反腐，确保明初较长时间政治清明，官吏廉洁、百姓安居乐业。他是一位武定祸乱、文致太平的伟大帝王。

托尔斯泰在《安娜·卡列尼娜》一书中写道："幸福的家庭都是相似的，不幸的家庭各有各的不幸。"这句话放到帝王身上似乎也适用。成功的帝王都有共同的特点，但失败的帝王却"千奇百怪"。

比如晋武帝。别的帝王后宫佳丽三千，他的后宫美妇则在万人以上。为了公平，他经常坐着羊车到后宫游幸，羊车停在哪儿，他便宠幸哪位妃子。

比如东晋孝武帝司马曜。他曾重用贤人谢安，力挫前秦苻坚率领的 80 万大军，但他又纵情声色犬马不能自拔，最终被自己最宠爱的妃子用被子捂死。

比如北齐文宣帝高洋。他也曾励精图治，使北齐成为强国，但他纵欲酗酒，当众奸污大臣妻女，并亲自肢解尸体，残暴虐杀，杀人如麻，俨然暴君典型。

比如梁武帝萧衍。他在位40多年，曾宵衣旰食治国理政，建立了"文物之盛，独美于兹"的"天监之治"，但他沉迷佛法，纵容邪恶，致使奸臣当道，国力衰微，最终成为"南朝四百八十寺，多少楼台烟雨中"的素材。

比如唐明皇李隆基。他开创了"开元盛世"，执政后期却沉迷享乐，最终导致了"安史之乱"，使大唐帝国由盛转衰。

比如乾隆皇帝弘历。他在位前期政治清明，但后期奢靡无度，任人唯亲，大兴文字狱，导致吏治败坏，农民起义频发。

比如唐僖宗李儇与宋徽宗赵佶，身为皇帝，却不理政务，喜欢打马球、玩蹴鞠，甚至拿国家大事开玩笑，以球艺好坏来任命重要官员，结果导致政亡人息。

比如汉灵帝刘宏、南朝宋少帝刘义府、南朝齐废帝萧宝卷，明明是天潢贵胄，锦衣玉食，不愁吃穿，却在宫廷中"列肆"，自己穿上商贩衣服，做起买卖来。

比如北齐后主高纬，明明身份高贵，却喜欢当乞丐，下令在豪华的宫廷内开辟场地、兴建农舍，他自己则穿着破衣服，装扮成乞丐，沿街乞讨。

……

著名历史教授许倬云曾说："历史是人文学科里，与人最有关联的部分——文学、艺术和音乐，激发促进内心的感受，而历史是认识自己，加强对自我的认知。人，必须知道过去，才能知道今天，才能知道未来。所以，史学应该为一般人提供'知道自己'的基础知识。"

历史发展虽然有规律可循，但绝不是宿命论。本来是国泰民安，却因昏君主政、奸臣当道，造成国内危机重重，甚至改朝换代；本来国运不济，大厦将倾，但有英主当政，任人唯贤，最终化险为夷，国富民强。要知道历史必然性是寓于历史偶然性之中的，历史发展有顺利时期，也有曲折时期，但它们都是由历史偶然事件促成的。明白了这个大道理，对历史人物，尤其是对历代君主正反两方面的作用，就会有自己的评判和思考。

在撰写本书的过程中，作者查阅大量史料、典籍，精挑细选，汇集了我国封建社会时期几十个朝代的数百位帝王，上迄封建王朝的开创者秦始皇，下至末代皇帝溥仪，按朝代的先后顺序进行编排，主次分明，详略得当，既全面讲述了在历史上有较大影响的帝王，也简述了在位时间短的帝王，突出一个"全"字。

本书通俗易懂、正本清源，可以使读者对中国封建社会各个历史时期的治乱兴衰一目了然，从而了解中国封建社会各个历史时期的基本概况，这对于普及历史知识，并从中汲取可以借鉴的经验教训，是非常有益的。本书还是一套颇有价值的工具书，可对各个朝代、各个时期的帝王在位时的功过，以及历史各个阶段的政治、经济、文化发展状况进行检索查询。

读者如果能通过这部书获得对中国历代帝王比较清楚而客观的认识，作者的心愿便算达成了。因作者水平有限，书中难免有谬误之处，敬请读者不吝批评、指教。

隋　朝

　　文帝杨坚　/ 861
　　炀帝杨广　/ 877
　　恭帝杨侑　/ 891

唐　朝

　　高祖李渊　/ 893
　　太宗李世民　/ 907
　　高宗李治　/ 921
　　女皇武则天　/ 929
　　中宗李显　/ 939
　　少帝李重茂　/ 945
　　睿宗李旦　/ 948
　　玄宗李隆基　/ 953
　　肃宗李亨　/ 968
　　代宗李豫　/ 974
　　德宗李适　/ 982
　　顺宗李诵　/ 988

宪宗李纯 / 991
穆宗李恒 / 998
敬宗李湛 / 1002
文宗李昂 / 1005
武宗李炎 / 1008
宣宗李忱 / 1011
懿宗李漼 / 1015
僖宗李儇 / 1018
昭宗李晔 / 1022
哀帝李柷 / 1025

五代·后梁

太祖朱温（晃） / 1028
郢王朱友珪 / 1036
末帝朱友贞（瑱） / 1038

五代·后唐

庄宗李存勖 / 1041
明宗李嗣源（李亶） / 1048
闵帝李从厚 / 1053
末帝李从珂 / 1057

五代·后晋

高祖石敬瑭 / 1060
出帝石重贵 / 1065

五代·后汉

  高祖刘知远　/ 1068
  隐帝刘承祐　/ 1071

五代·后周

  太祖郭威　/ 1074
  世宗柴荣　/ 1078
  恭帝柴宗训　/ 1085

十国·吴

  太祖杨行密　/ 1088
  烈祖杨渥　/ 1092
  高祖杨隆演　/ 1094
  睿帝杨溥　/ 1097

十国·南唐

  烈祖李昪　/ 1099
  元宗李璟　/ 1102
  后主李煜　/ 1105

十国·吴越

  武肃王钱镠　/ 1109

文穆王钱元瓘 / 1113

忠献王钱弘佐 / 1117

忠逊王钱弘倧 / 1120

忠懿王钱弘俶 / 1124

十国·前蜀

高祖王建 / 1127

后主王衍 / 1131

十国·后蜀

高祖孟知祥 / 1134

后主孟昶 / 1137

十国·楚

武穆王马殷 / 1140

衡阳王马希声 / 1144

文昭王马希范 / 1147

废王马希广 / 1152

恭孝王马希萼 / 1155

后主马希崇 / 1157

十国·闽

太祖王审知 / 1159

嗣王王延翰 / 1162

太宗王延钧 / 1164

康宗王昶 / 1166

景宗王曦 / 1168

世宗王延政 / 1170

十国·北汉

世祖刘旻 / 1172

睿宗刘钧 / 1175

少主刘继恩 / 1177

英武帝刘继元 / 1179

十国·南汉

高祖刘䶮 / 1183

殇帝刘玢 / 1186

中宗刘晟 / 1189

后主刘𬬮 / 1191

十国·南平

武信王高季兴 / 1193

文献王高从诲 / 1195

贞懿王高保融 / 1198

贞安王高保勖 / 1201

德仁王高继冲 / 1203

宋朝·北宋

太祖赵匡胤 ／1206

太宗赵光义 ／1217

真宗赵恒 ／1225

仁宗赵祯 ／1231

英宗赵曙 ／1240

神宗赵顼 ／1246

哲宗赵煦 ／1254

徽宗赵佶 ／1262

钦宗赵桓 ／1269

宋朝·南宋

高宗赵构 ／1275

孝宗赵昚 ／1285

光宗赵惇 ／1290

宁宗赵扩 ／1295

理宗赵昀 ／1301

度宗赵禥 ／1307

恭帝赵㬎 ／1310

端宗赵昰 ／1313

末帝赵昺 ／1315

隋 朝

文帝杨坚

杨坚档案

生卒年	541—604 年	在位时间	581—604 年
父亲	武元皇帝杨忠	谥号	文皇帝
母亲	吕氏	庙号	高祖
后妃	独孤皇后、宣华夫人等	曾用年号	开皇、仁寿

杨坚,鲜卑小字那罗延,鲜卑姓氏普六茹,汉族,弘农郡华阴人,东汉太尉杨震十四世孙,北周隋国公杨忠之子,隋朝的开国皇帝。

北周天和三年(568年),杨坚承袭隋国公爵位。北周宣政元年,武帝宇文邕驾崩,其子宇文赟继位,杨坚也晋升为柱国大将军、大司马。北周大成元年,宇文赟传位给7岁的宇文阐,杨坚以丞相之职辅佐朝政,大权在握。次年,他废掉静帝宇文阐,自称皇帝,建立隋朝。

杨坚在位期间,在内政上,开创了先进的选官制度,大力发展文化、经济,使得中国在隋朝时期快速走向兴盛;在军事上,攻灭南陈,使严重分裂数百年的中国得到统一,又打败突厥,因此被尊为"圣人可汗"。

仁寿四年(604年),杨坚驾崩,终年64岁,谥号文皇帝,庙号高祖，葬于太陵。

家世显赫　出身传奇

杨坚出身关中贵族世家弘农杨氏，是东汉太尉杨震的第十四世孙。他的父亲杨忠曾东游泰山，为南梁军所俘，在江南生活数年后才返回北方。后来，杨忠追随独孤信①投靠西魏权臣宇文泰，担任云州刺史、大都督等职。因为在宇文泰执政和宇文觉建立北周的过程中功勋卓著，杨忠被赐姓普六茹，官至柱国、大司空，封隋国公。

西魏大统七年（541年）六月十三日晚，杨坚出生于冯翊县般若寺。关于杨坚在寺庙中降生的原因，流传着两种说法：一是按照当时的风俗，凡是富贵人家生儿育女，为祈保母子平安和子女以后能够飞黄腾达，都会选择到寺庙里生育，以便沾点佛气，得到佛祖的佑护；二是杨忠夫妇路过般若寺时，恰好赶上吕氏临产，不得不在佛寺里分娩。据说杨坚出生时，室内红光万道，照耀如同白昼，整个佛寺也是祥云笼罩、紫气萦绕。佛寺里看到这一奇观的人无不感到惊异。杨忠与佛寺的僧人担心此事传出去会犯朝廷大忌，引来灭顶之灾，于是相互约定守口如瓶，决不对外泄露。

坊间流传，杨坚呱呱坠地后，有个叫智仙的尼姑对杨坚的父母说："这孩子受佛天佑护，有金刚不坏之身。"并给新生婴儿取名为那罗延。那罗延是梵语，意为坚牢不坏，指佛、菩萨之胜身。智仙还说："这孩子天生不同寻常，不能在肮脏的俗世间抚养。"于是，杨忠在自家宅院里辟出一处独院作为寺庙，将杨坚交给智仙代为抚养。据说有一次，吕氏思儿心切，跑到寺庙里，将杨坚抱在膝上正亲热玩耍，突然看见杨坚头上长出角来，浑身上下长出鳞片，变成一条小龙的形状。吕氏吓得一下子将杨坚扔到地上。这时，智仙正好从外面进来，看见后对吕氏说："你让孩子受到了惊吓，使他得天下的时间推迟了好多年。"

据《隋书·帝纪第一》记载，杨坚"为人龙额，额上有五柱入顶，目光外射，有文在手曰'王'。长上短下，沉深严重"。也就是说，杨坚长相有些像龙，下颌特别长，而且很突出；额头突出，并且有 5 个隆起的肉柱从额头直到头顶；眼球突出，目光锐利，咄咄逼人；手掌有一个"王"字的纹理；上身奇长，下身奇短；面部表情威严庄重，不苟言笑，颇具帝王之相。杨坚长大一些后，被杨忠送入太学学习。

步步高升　野心膨胀

杨坚 15 岁步入政坛，16 岁时依靠父亲的功勋被封为散骑常侍、车骑大将军、仪同三司，得到西魏权臣宇文泰的赏识。西魏恭帝四年，杨忠在北周取代西魏的过程中发挥了重要作用，杨坚又被提拔为骠骑大将军，加开府。柱国大将军独孤信看准杨坚日后必成大器，遂将自己 14 岁的女儿独孤伽罗许配给他。同年，北周开国皇帝宇文觉被权臣宇文护废黜，宇文毓继位，杨坚被封为大兴郡公。北周武成二年，宇文邕继位，任命杨坚为随州刺史，这一年，杨坚 20 岁。北周天和三年，杨忠病逝，杨坚承袭父位为隋国公。在北周攻灭北齐的过程中，他屡立战功，晋为柱国，历任定州总管、亳州总管。

这段时间，杨坚可以说是平步青云，官职一再升迁，这也引起了很多大臣的不满和担忧。北周初年，宇文护掌握朝政大权，多次想要除掉杨坚，但都没有得逞。后来，武帝宇文邕亲政，宇文宪和内史王轨劝他尽快除掉杨坚，宇文宪说："杨坚相貌非常，臣每次见到他，总感到浑身不自在，恐怕他不是久居人下之人，请尽快将他除掉。"其实宇文邕对杨坚也早有疑心，听了宇文宪的话，他找来通晓相术的畿伯下大夫来和[②]，询问其意见。来和也觉得杨坚不同凡响，但他想给自己留条后路，便对宇文邕说杨坚为人比较可靠。宇文邕仍不放心，又暗中请相士赵昭为杨坚看相，没想到赵昭和杨坚私交很好，他当着宇文邕的面假装观察了杨坚一番，然后对宇文邕说，杨坚的相貌非常一般，并非极富极贵之命，最多只能做个大将军而已。宇文邕听了，终于放下心来。后来，内史王轨又劝谏宇文邕说："杨坚貌有反相。"宇文邕有些不高兴地说："若真是天命所在，我又有什么办法？"不仅如此，宇文邕还为太子宇文赟娶了杨坚长女杨丽华为太子妃，这也使杨坚的地位更加巩固了。

而杨坚早有篡位之心，但为了避免引起皇帝及大臣们的猜忌和加害，他极力掩饰自己，收敛锋芒，韬光养晦，低调行事；同时暗中笼络人心，拉拢文臣武将，培植自己的势力。他担任随州刺史时便与骠骑将军庞晃结为莫逆之交，后来他调任定州总管，庞晃任常山太守，二人来往更加密切。杨坚转任亳州总管时，庞晃曾劝他起兵，但杨坚认为时机还不成熟，便没有妄动。

步步为营　建立新朝

北周宣政元年六月，武帝宇文邕驾崩，宇文赟继位，封杨坚的女儿为皇后，杨坚为上柱国、大司马。次年，杨坚又改任大后丞、右司武，不久又升大前疑③。每次皇帝外出，杨坚便留在朝中主持政务。

宇文赟荒淫暴虐，大兴土木，招致民怨沸腾，这就给杨坚篡位提供了很好的机会。为了麻痹宇文赟，同时又掌握兵权，杨坚与心腹好友、内史上大夫郑译商量暂时离开朝廷。恰巧北周大象二年五月宇文赟打算出兵南伐，郑译乘机推荐杨坚带兵。宇文赟当太子时就非常宠信郑译，对他言听计从，于是当即封杨坚为扬州总管。

结果，杨坚还未出发，宇文赟就突然生了重病，召御正大夫刘昉、前内史上大夫郑译商议后事。此时宇文赟长子宇文阐年仅8岁，无法理政，而宇文赟已病得口不能言。刘昉和郑译便假传诏书，声称宇文赟遗命杨坚为顾命大臣，以皇太后父亲的身份总揽朝政，辅佐宇文阐。

五月二十五日，宇文赟在天德殿驾崩，刘昉、郑译等人宣布由杨坚总管中外军事大权。之后，杨坚又利用手段将京师卫戍部队抓在自己手中，从而牢牢地控制了朝廷。

为了进一步巩固自己的地位，杨坚又采取了一系列的措施，首先是建立了自己的统治核心。刘昉和郑译将杨坚推到台上后，也想从中得利，于是建议由杨坚出任大冢宰，郑译任大司马，刘昉任小冢宰，三人瓜分朝政大权。但是,杨坚并不想与别人分享权力,他听从心腹李德林的建议,拒绝了刘昉和郑译的要求,自任丞相,设丞相府,封郑译为相府长史兼内史上大夫、刘昉为相府司马、李德林为府属兼仪同大司马,将他们三人置于自己的控制之下。另外,杨坚还拉拢了一批有才能的大臣如高颎等人,作为自己的亲信,并利用掌握军权的司武上士④卢贲震慑朝廷百官。

接着,杨坚开始清除宇文氏宗室的势力。当时宇文赟之弟宇文赞以皇叔自居,任柱国、右大丞相,与杨坚地位相当。为了除掉宇文赞,杨坚指使刘昉去劝说宇文赞回家,不要过问政事,并答应以后让他当皇帝。宇文赞年轻单纯,没有看透杨坚的心思,高高兴兴地回家等消息去了。杨坚顺利打发走了宇文赞,开始想办法对付对自己构成威胁的宇文泰的5个儿子——赵王宇文招、陈王宇文纯、越王宇文盛、代王宇文达、滕王宇文逌。这5个北周宗室藩王各据藩国,声望很高,又手握重兵,一旦他们起兵发难,将难以控制。杨坚在还没有对外公布宇文赟的死讯时,找了个借口将他们召到京城,下令解除他们的兵权。五王气愤至极,联络雍州牧、毕王宇文贤,请他出兵相助,但宇文贤很快便被杨坚打败。为了麻痹五王,杨坚佯装不知他们联络宇文贤一事,并特许他们佩剑上殿,入朝不趋。五王见没有救兵,决定亲自动手,杀了杨坚。据说有一天,赵王宇文招请杨坚到家中喝酒,命令左右卫士埋伏于屋内,伺机动手。杨坚到达后,门卫将他的侍从们挡在外面,只允许他和元胄⑤进去。元胄见形势不对,提醒杨坚说:"相府有事,丞相不宜久留。"说着,也不等杨坚说话,拉着他就走,杨坚这才得以逃脱。回到朝中后,杨坚以谋反罪杀了宇文招等人,并厚赏元胄。

为了赢得民心,杨坚下令废除宇文赟制定的严刑峻法,停止洛阳宫殿的建设。

但外戚专权,引起了北周一些地方势力的不满。杨坚执政还不到一个月,尉迟迥就首先在相州起兵。接着,王谦、司马消难也相继起兵。杨坚一方面利用自己的政治优势拉拢地方将领,对反对者进行分化瓦解;另一方面,运用自己所掌握的军队,分几路迎敌。经过几个月的激战,叛乱被一一平定,杨坚全面控制了北周政局。

为了铺平通往皇帝宝座的道路，杨坚利用平定叛乱的机会，将自己由左丞相改为大丞相，废除左、右之分，不久又改称相国，同时封儿子杨勇为洛阳总管。不久，杨坚又由隋国公改称隋王，划二十郡为隋国，封独孤氏为王后、杨勇为世子。为了进一步宣扬自己的家世，他又分别给曾祖父杨烈、祖父杨祯、父亲杨忠追封。同时，为了削弱宇文氏的影响，杨坚下令废除所有对汉人的赐姓，令其恢复本姓，这一举措得到了汉人的一致拥护。

北周大象二年年底，杨坚认为称帝的时机已经成熟，就命人替宇文阐拟写退位诏书，大力赞扬杨坚功德无量，称帝是顺应天意。大臣们手捧诏书来到隋王府，请求杨坚登基，杨坚假意推辞。经大臣们再三请求，他才假装勉强同意，接下了诏书。杨坚穿上早已准备好的龙袍皇冠，在百官的簇拥下登上皇帝的宝座。杨坚定国号为"隋"，定都长安，改元开皇。

废除旧律　颁布新政

杨坚称帝后，首先提高自己家族的地位，追封父亲杨忠为武元皇帝、庙号太祖，母亲吕氏为元明皇后；封独孤氏为皇后、长子杨勇为皇太子；同时将自己的兄弟和儿子们都封为王，让他们各自掌管一州，兼管附近州郡军事，并派心腹大臣予以辅助，加强控制。

对于当初拥立自己当皇帝的刘昉、郑译等人，杨坚认为他们都是些小人，并无治理国家的才能，所以对他们毫不客气，或罢免，或杀头，或疏远；而对于那些有真才实干的人则予以重用，封高颎为尚书左仆射兼纳言、虞庆则⑥为内史监兼吏部尚书、李德林为内史令、韦世康为礼部尚书、元晖为都官尚书、元岩为兵部尚书、长孙毗为工部尚书、杨尚希为度支尚书、杨惠为左卫大将军。后来，杨坚又提拔具有军事才能的杨素⑦和具有经济才能的苏威⑧等人，分别予以重任。

建立了自己的权力中心，巩固了政治基础之后，杨坚又开始对朝廷政策实行一系列的改革。

此前北周的官制仍是模仿《周官》设置，杂乱烦冗，不利于领导和施政。杨坚接受大臣崔仲方的建议，恢复汉、魏旧制，重设三师、三公、五省、六部。三师不设官位，是最高荣誉的象征，没有实权。三公设置僚属，参与国家大事的旁听和商议，但也没有实权。真正掌握实权的是五省，其中，内侍省是宦官机构，负责皇宫中的琐事；秘书省掌管国家图书历法；门下省和内史省帮助皇帝执政决策，掌管国家机密，议定国策，负责审查皇帝发布的诏书，签署大臣的奏章，向皇帝提出自己的意见和见解，还可以驳回或处理大臣的奏章；尚书省是主持日常政务的机构，设尚书令和左、右仆射各一位，下设吏部，负责全国官吏的任免、考查、升降、调动等。

六部，史称六曹，由左、右仆射分领。六部尚书掌管全国政务，加强了中央集权，一直为后世所沿用。其中，礼部掌管祭祀、礼仪，接待四方宾朋；兵部掌管全国的武官选用和兵籍、军械、军令等；度支（后改称民部）掌管法律、刑狱；工部掌管各项工程、工匠、屯田、水利、交通等。除了五省以外，又设御史、都水二台，及十一寺，十二府。

北周官制混乱，州、郡、县设置繁多，造成官员庞杂、财政负担过重。开皇三年（583年），杨坚下令废除郡，实行州、县两级制；之后又合并了一些州、县，裁减官员，既节省了国家开支，又利于政令的推行。

为了有效地控制地方，不至于威胁朝廷，杨坚规定九品以上官员全部由吏部统一管理，每年接受吏部考查；又规定刺史、县令三年一换地方，本地人不能在当地任职，有效地巩固了中央集权。

在刑律方面，杨坚制定了《开皇律》，废除北周残酷的枭首、车裂等酷刑，只保留律令500条。刑分为死、流、徒、杖、笞等，并特别规定，只要不是图谋造反，不许株连九族。

北周时，老百姓为了逃避国家税赋、徭役，往往虚报年龄，地主豪强占有大量的附属人口，致使国家财政收入减少。开皇五年（585年），杨坚采取"大索貌阅"和"输籍定样"两项措施，严格核查人口，实行户籍制度，根据家庭实际情况制定从轻缴纳赋税的标准，写成"定簿"。因为有了具体数目，百姓不能逃税，地方官吏不能随意增加，这样就把大量的依附人口从豪强控制中剥离出来，既增加了国家的财政收入，又有效地抑制了官吏的贪污现象。

杨坚沿用北魏以来的均田制，即每个成年男子可得露田80亩、永业田20亩，成年女子可得露田40亩，奴婢与农民同等对待；同时增加了官员可得的田地数，京官一至九品可得1—5顷职分田，田地收入作为俸禄，官职被罢免后，土地一并收回。各级行政机构也要耕种一定的土地，收入用来当作办公费用，为国家节省大笔财政支出。因此，隋朝国库充盈，经济繁荣，农业得到了很大的发展。

隋朝农民的赋役主要靠租、调和力役，规定男女3岁以下为黄，4—10岁为小，11—17岁为中，18—60岁为丁，60岁以上为老。一对成年夫妇每年缴纳粟3石，即"租"；养蚕地区每年缴绢1匹（相当于4丈）、绵3两，种麻织布地区则交布1端（相当于5丈）、麻3斤，没有结婚的单身男女减半，即"调"；成年男子每年为国家服役一个月，即"力役"。开皇十年（590年），朝廷重新规定成年男子的力役，50岁以后可以用布帛替代，称"庸"。

开皇四年（584年），杨坚派宇文恺①率领民工开挖渠道，渠道挖成后，既有利于两岸的灌溉，又方便了关东地区的粮运，可谓一举两得。

魏晋以后，因为国家分裂，各地采用不同的币制，但在国家统一后，这很不利于商品交换和货币流通。为此，杨坚下令统一货币，改铸五铢钱，废除其他古币和私人铸币，又统一了度量衡，给工商业的发展带来很大便利。

在北齐、北周时代，突厥活动于蒙古草原，经常骚扰边境，在杨坚执政初期大举进犯今甘肃和陕北一带。开皇二年（582年），杨坚派杨弘、高颎等率军迎敌，打败了突厥。为了防止突厥再次骚扰，杨坚先后3次修筑长城，加强防御。不久以后，突厥分裂为东、西两部，西突厥向西发展，东突厥则接受隋朝的统治，北方边境渐渐安定下来。

对于长期依附北周的后梁，杨坚先采取笼络政策，等到自己的实力发展壮大起来后，便于开皇七年（587年）派兵消灭了后梁。开皇八年（588年）秋，杨坚又集结50余万人的兵力，从滨海到四川整个长江沿线水陆并进，兵分三路进军南陈。南陈举国兵力不过10万，而且君臣全都过着花天酒地的生活,丝毫没有抵抗能力。开皇九年(589年)正月,杨素率领大军对建康发起猛烈进攻,很快攻破城池。陈后主陈叔宝惊慌失措,躲入后花园井中,被隋将韩擒虎部下擒获,南陈宣告灭亡。至此,分裂了200多年的国家再次得到统一。

在军队建设方面,杨坚沿用北周的府兵制,即战士、家室、土地自成一个系统,不受地方管制。消灭南陈以后,战事基本结束。开皇十年,为了将府兵也变成国家的纳租对象,杨坚对兵制进行了改革,将所有军人、户籍划入地方,土地分配和赋税的征收按照农民的标准,但仍然保留他们的军人职责,受军府管辖。

为了进一步巩固自己的地位,杨坚还下令除边疆和京师守卫军以外,停止制造其他部队的军事装备,民间兵器全部销毁,军人子弟尽力改为学文,将崇武风尚变为习文之风。

疑忌重重　晚年昏庸

杨坚在位初期取得了良好的政绩,但到晚年却犯了很多皇帝最容易犯的错误,变得多疑起来。因为帝位得来并非名正言顺,他总担心有人会故技重演,将杨家也赶下台,所以他对朝中众臣,尤其是立下过汗马功劳的老臣心存疑忌。

大臣梁睿是北周旧臣,在征讨王谦时立下大功,被任命为益州总管。他在益州管理有方,深得民心,但杨坚却怀疑他发展地方势力,图谋割据。梁睿知道自己受到怀疑后,急忙辞去益州总管职务,回京师任职,接受杨坚的直接监视。即便如此,杨坚仍然不放心,最终还是罢免了梁睿。

王世积也是北周旧臣,在平尉迟迥叛乱、消灭南陈时立过大功,被封为柱国。看到很多老臣被杨坚无端杀害,他非常失望,变得嗜酒如命、意志消沉,无心政事。后辽东战事起,杨坚封王世积为行军元帅,回京后又任命他为凉州总管。当时有个叫皇甫孝谐的人犯了罪,受到通缉,想要投奔王世积,但被王世积拒绝。皇甫孝谐后来被捕,为了报复王世积不搭救自己，便诬陷王世积谋反。杨坚明知没有此事，但依然处死了王世积。之后，杨坚又杀死了大臣虞庆则，剥夺了高颎的官职。

为了随时掌握大臣们的动态，杨坚经常派人四处查访，但凡大臣有一点过失，必施以重罚。刑部侍郎辛亶十分迷信，认为穿红色的裤子有利于官职的提升，于是就穿着红裤子上朝。杨坚本来就崇尚简朴，而且他认为辛亶穿红裤子是为了辟邪，上朝时穿着辟邪的衣服就是将皇帝当成了邪，遂下令将辛亶推出去斩首。大理寺丞赵绰提出反对意见，认为根据法律罪不当斩。杨坚威胁他说："你可惜他的生命，就不可惜自己的生命吗？"还有一次，一名武官在上朝时穿戴不整，杨坚认为这是对皇帝的不敬，当场责备专管弹劾的御史失职，要将御史推出去斩首。谏议大夫毛思祖急忙劝阻，结果也被判处同罪。为了禁止官吏行贿受贿，杨坚还派人私下行贿，一旦有人接受，立即逮捕，予以严惩。

为了震慑群臣，树立权威，杨坚在宫廷中长期放着棍棒，看谁不顺眼便当场责罚，同时下令行刑者绝对不许手软，因此常常有人死于杖刑之下。高颎等人为此上奏说："朝堂乃议政之地，不是杀人的场所。"杨坚这才让人取走棍棒，而改用鞭刑，但后来他嫌鞭刑太轻，又重新使用棍棒。

迷信鬼神　危机初现

杨坚不但崇信佛道，而且对符瑞、阴阳五行和各种鬼怪神灵也深信不疑。北周武帝宇文邕严厉打击佛教，致使佛学在北方势衰。杨坚担任丞相以后，下令恢复佛学，允许和尚重返寺院。后来当了皇帝，他准许百姓随时出家修行，在全国化缘；又在各地兴建佛寺，雕塑佛像，编写佛经，佛教很快复兴并风靡全国。

杨坚深知大臣中有不少贤能之士，为了有效地控制他们，除了采取高压政策外，还要从思想上征服他们。为了达到这一目的，他任命学者王劭为著作郎，命他收集各种资料，把北周灭亡、隋朝建立说成是天意，杨坚称帝是顺应天意。

关于杨坚迷信还有一个荒诞的传说，即独孤陀事件。据说独孤陀是独孤皇后同父异母的弟弟，喜欢养猫，还专门找了一个叫徐阿尼的婢女负责饲养家中的猫。一天，独孤皇后患了一种怪病，浑身刺痒，叫来御医诊治，御医说是中了猫妖之邪。杨坚立即想到早些年间，独孤陀的一个舅父就曾被自己家的猫害过，当时还觉得有几分可笑，现在想起来，他不禁起了疑心，于是下令左仆射高颎、纳言苏威、大理丞杨远三人严查此案。

高颎等人不敢怠慢，立即抓来独孤陀的婢女徐阿尼严刑拷问。徐阿尼经受不住，很快招供说自己原是独孤陀外婆家的婢女，那时就负责养猫，所以懂得猫妖巫蛊。她来到独孤陀家中后，受主人之命，继续使用猫妖巫蛊，将他人的财产转移过来。独孤皇后之所以生病，正是因为她受了独孤陀指使，放猫妖到皇宫中转移皇后的财产。为了得到真凭实据，高颎等人让徐阿尼当场演示。这天子夜时分，徐阿尼在宫门外放了一碗香粥，手里拿着一只汤匙，一边敲着碗边一边念咒语："猫女出来，毋住宫中。猫女出来，毋住宫中……"片刻工夫，大家吃惊地看到，徐阿尼双目呆滞，脸色发青，整个人就像被一根绳索牵扯着向外移动，如同着魔了一般。

高颎等人将审讯结果报给杨坚，杨坚虽然震怒，但念及独孤皇后的情面，没有治独孤陀的罪，只是将他贬为庶人。不久，独孤陀郁郁而终。

事后，杨坚为了杜绝后患，下诏："凡蓄猫鬼、蛊惑、魇媚等左道之家，流放至边疆。"这也使流传于苗疆、云贵之地的蛊惑之术销声匿迹。

杨坚身为皇帝，却看不起有学问的人。有一次，杨坚想对北周宗室赶尽杀绝，内史令李德林出来劝阻，杨坚不屑地说："像你这样的一介书生，没有资格参与国家大事。"仍然下令诛杀北周宗室。他认为文化没用，所以也不提倡兴办学校。仁寿元年（601年），杨坚下令仅保留供王公贵族子弟读书的国子监，将地方郡县学校全部废除。

杨坚称帝第二年，嫌长安城太小，下令在旧城西北修筑新城，同年底即完工。因为他最早的封爵是在大兴郡，便将新城命名为大兴城，宫城称大兴宫，宫殿称大兴殿。

开皇十三年（593年），杨坚又让杨素、宇文恺负责在岐州营造仁寿宫，耗时2年，开山填谷，建成了一座楼台亭阁相连的豪华宫殿。为了赶工期，民工死者不计其数。为了能在往返途中娱乐消遣，开皇十八年（598年），杨坚又下令在仁寿宫与大兴城之间修筑行宫12座。

正是因为杨坚的猜忌、迷信和大兴土木，引起了群臣的不满，在他执政晚期，隋朝表面上处于盛世，实际已危机四伏。

粉黛佳丽　专宠一身

杨坚的结发妻子独孤伽罗，在他称帝后被封为皇后，其长子杨勇则立为太子，其余4个儿子也都分别封王。杨坚一共有5个儿子，全都是独孤皇后所生，这不仅是独孤皇后的骄傲，也是杨坚的骄傲。他曾不止一次地向大臣们炫耀说："前朝皇帝内宠众多，往往因为嬖妻而废嫡立幼，我没有姬妾，5个儿子均出自皇后，必然会和睦相处，不会发生前朝那样争权夺嫡的事情。"

独孤皇后是个能干的女人，平日里总是与杨坚出双入对，即使杨坚临朝听政时也不例外，每次都是到了朝堂前她才下车。独孤皇后还暗中派太监监视杨坚的一举一动，发现有不妥之处，等杨坚下朝后便予以提醒，杨坚也很愿意采纳。独孤皇后非常痛恨男人糟蹋妇女。有一次，她的表弟崔长仁奸淫妇女，被人告到朝廷。杨坚欲减轻处罚，独孤皇后却坚决不依，下令将崔长仁处死，因此得到了宫中的一致尊敬，与杨坚一起并称"二圣"。不过，独孤皇后嫉妒心很强，她嫁给杨坚时才14岁，就让杨坚发誓不能和别的女人生儿育女。此后，杨坚果然谨遵誓言。

杨坚称帝后，后宫中虽然也和其他皇帝一样有几十个嫔妃，实际上却形同虚设，因为独孤皇后不许他接近别的女人，"唯皇后当室，旁无私宠"。加上独孤皇后看管甚严，后宫佳丽一个个噤若寒蝉，根本不敢有非分之想。尉迟氏是尉迟迥的孙女，尉迟迥兵败以后，其眷属被没入官府为奴，尉迟氏因此成了宫中奴婢。她年轻美貌，姿色动人，杨坚有一次在宫中偶然遇见她，一时心血来潮，与她亲热了一番。没过多久，独孤皇后便知道了这件事，她派人杀掉尉迟氏，并把尉迟氏的人头装在一个盒子里让杨坚看。杨坚看到尉迟氏的人头，怒不可遏，独自骑马离开皇宫。大臣高颎、杨素得报后急忙追赶，在一个山谷里拦下杨坚，苦苦劝谏。杨坚无奈地叹道："我贵为天子，难道连一点自由都不能有吗？"

独孤皇后不但不允许杨坚接近其他女人，对别的男人拥有众多妻妾也极为痛恨，如果哪个大臣妻妾众多，都会被罢官免职。

重立太子　死因成谜

杨坚的长子杨勇幼年时深得父母喜爱，杨坚被封为隋王后，便将他立为世子。后来杨坚当了皇帝，杨勇也顺理成章地成为太子。为了提高太子的地位，杨勇十几岁时，杨坚便带他参与国家大事。但杨坚崇尚节俭，杨勇却喜欢奢侈浪费。有一次，杨勇将自己的一副铠甲打造得很华丽，杨坚发现后告诫他说，做皇帝追求奢华就是亡国之君。

随着年龄的增长，杨勇开始迷恋女色，东宫嫔妃多数被他宠幸过，为他生了10多个儿子。独孤皇后和杨坚对此都非常反感，独孤皇后亲自为杨勇选了元氏之女为太子妃，又按照礼仪另立云氏之女为昭训。元妃性情端庄，独孤皇后对她非常器重，但杨勇偏偏不喜欢元氏，而宠爱活泼乖巧、善解人意的云昭训。元氏因受到冷落而抑郁成疾，早早离开了人世。杨勇与云昭训形影不离，在元氏死后不久生了一个儿子。独孤皇后认为是杨勇害死了元妃，并认为云昭训为人轻佻，多次劝杨勇远离她。杨勇表面上答应，背后依然我行我素。独孤皇后更为恼怒，经常在杨坚面前数落杨勇的种种不是，渐渐地，杨坚也对杨勇心生厌烦。

开皇十八年冬至，文武百官到东宫朝见太子。杨勇为了炫耀，大摆宴席，与文武百官以君臣之礼相见。杨坚得知后非常生气，下令不许再发生此类事件。这个时候，杨坚已经开始考虑废除太子的事情了。为了防备杨勇叛乱，杨坚特意将东宫警卫中的强壮者全部调走，侍卫以上的官吏全部由皇宫卫队统一指挥,不受东宫调遣。杨勇本来就是一个庸才,他的亲信人士见皇帝震怒,也不敢轻举妄动。

在杨坚的5个儿子中,最有谋算的是次子杨广。他在父母面前总是装出一副仁孝节俭、不好声色的样子,他知道母亲最讨厌男人妻妾成群,所以表面上只宠爱正妃萧氏,并且偷偷将自己和宫女生的孩子杀死。除了处处讨取父母欢心,他还私下广泛结交大臣,让他们在杨坚和独孤皇后面前为自己美言,并编造各种谎言诬陷太子杨勇。时间一长,独孤皇后渐渐被杨广营造的假象所蒙蔽,认为他有德有才,而对太子杨勇更加反感,经常劝杨坚废黜杨勇的太子之位,改立杨广为太子。最后,杨坚也被独孤皇后说动了心。开皇二十年(600年)十月,在独孤皇后的主张下,杨坚把太子杨勇废为庶人,一个月后立晋王杨广为太子。

杨坚第三子杨俊11岁时被封为秦王,12岁封为上柱国、河南道行台尚书令兼洛州刺史,后转并州总管。杨俊生活奢靡,贪恋女色,以高利贷剥削百姓,从中获取巨额利润。他的妻子崔氏饱受冷落,心中十分气愤,便在食物中投毒,杨俊吃后得病,无法治愈。杨坚知道事情的真相后,将杨俊召入宫中,免去其官职。开皇二十年,杨俊病逝。

杨坚第四儿杨秀先封越王,后又改封蜀王。杨秀生活奢靡,而且野心勃勃,总幻想有一天也能像父亲那样当皇帝。他仿照父亲的衣食住行,拉拢亲信,培植个人势力,制造谣言,为继承皇位大造舆论。杨广探知此事后,劝父亲将杨秀召入宫中,列举其罪状,结果杨秀被贬为平民。

杨坚幼子杨谅先封汉王,后任并州总管。太子杨勇被废后,杨谅也产生了当皇帝的念头,于是在并州招兵买马,铸造兵器,准备夺取帝位。杨坚驾崩后,杨谅不去奔丧,反而起兵造反,但他根本不懂军事,很快便兵败被俘。

仁寿四年正月,杨坚到仁寿宫游玩,将政事交给杨广处理。四月,杨坚生病,3个月后病情加重,于是召杨广等人入宫侍疾。杨广写了封信给杨素,开始着手安排继位的事情,不料信差误将杨素的回信送给了杨坚。杨坚看后大怒,精神受到很大刺激。后来又发生了一件事,备受杨坚宠爱的宣华夫人向杨坚哭诉自己受到杨广调戏。杨坚实在无法容忍，决定废掉杨广，重立杨勇为太子。杨广听到风声后，迅速调东宫兵士来宿卫仁寿宫，将侍候杨坚的人全部赶了出去，宫门禁止出入，仅让右庶子张衡进入仁寿宫侍候杨坚。也就在这一天，杨坚驾崩。

注释：

①独孤信（502—557年）：西魏、北周时期名将，八柱国之一。西魏时官至柱国大将军，迁尚书令。北周建立后，拜太保、大宗伯。以明敬皇后父，封卫国公。大冢宰赵贵谋反伏诛后，以同谋罪被逼自尽。

②畿伯下大夫：官名。即小畿伯下大夫。西魏恭帝三年置，北周沿置。地官府民部中大夫属官，辅佐畿伯中大夫掌本方事务，正四命。隋开皇元年罢。

③大前疑：官名，古代天子四辅之首。夏时设有四辅臣，前疑就是其中一个，另有后丞、左辅、右弼。西周初期，周公旦为大前疑，辅佐周成王。北周时期，北周宣帝仿古制，以大前疑为"四辅"之一，辅佐君主，宇文胜、杨坚曾任该职。

④司武上士：官名。北周置。司武上大夫属官，佐其总宿卫军事，分置左、右。正三命。隋开皇元年罢。

⑤元胄（？—604年）：北周至隋朝初年大臣，北魏昭成帝拓跋什翼犍八世孙。初仕北周，官至大将军。杨坚入朝为相，负责保卫相府安全，引为心腹。隋朝建立后，为上柱国，封武陵郡公，历任豫、亳、淅三州刺史。拜灵州总管，抵御突厥进攻。因参与废黜太子杨勇，受累于蜀王杨秀，坐罪除名。炀帝继位，不得升调，又因私下议论朝政，被丘和告发，坐罪处死。

⑥虞庆则（？—597年）：北周至隋朝时期名臣，初仕北周，起家中外府行参军，跟随权臣宇文护，袭封沁阳县公，历任仪同大将军、并州长史、石州总管，政令严整。入隋，拜为大将军、内史监、吏部尚书、京兆尹，封彭城郡公，营建新都，迁尚书右仆射。开皇二年，抗击突厥沙钵略可汗入侵，带团出使突厥，分裂东西突厥，削弱突厥部落实力，为隋朝经略突厥立下汗马功劳，成为朝中"四贵"之一，迁上柱

国、晋国公、右武卫大将军。

⑦杨素（？—606年）：隋朝权臣、诗人、军事家。北周武帝时任司城大夫等职，与族兄杨坚深相结纳。入隋，屡献灭陈之计。开皇八年以行军元帅身份，率水军东下攻灭陈朝，封越国公。又领兵镇压荆州和江南各地的反隋势力。后参与阴谋废太子杨勇，拥立炀帝，封楚国公，官至司徒。

⑧苏威（542—623年）：北周至隋朝大臣，宇文护之婿。隋文帝杨坚时，历任纳言、民部尚书、尚书右仆射等职。力主减赋，修订法典，联合左仆射高颎参决朝政。隋亡后，先后在宇文化及、李密、越王侗、王世充等政权中任职。王世充失败后，病死家中。

⑨宇文恺（555—612年）：北周大司徒宇文贵之子，多技艺，有巧思。隋文帝杨坚时任营宗庙副监，兴建大兴城，又开凿广通渠，决渭水达黄河，以通漕运。隋炀帝杨广建东都时，任营东都副监，后迁将作大匠、工部尚书。

炀帝杨广

杨广档案

生卒年	569—618年	在位时间	604—618年
父亲	文帝杨坚	谥号	炀皇帝
母亲	独孤伽罗	庙号	世祖
后妃	萧皇后、萧嫔妃、陈贵人等	曾用年号	大业

杨广,又名杨英,小字阿㦲(mó),文帝杨坚次子,隋朝第二位皇帝。

杨广13岁时封晋王,官拜柱国、并州总管,后又授任武卫大将军,进位上柱国。开皇八年(588年)冬,杨广率军南下消灭南陈,统一全国。开皇十年(590年),杨广被任命为扬州总管,与杨泰一起平定江南叛乱。开皇二十年(600年)十月,杨坚废黜太子杨勇,改立杨广为太子。仁寿四年(604年)七月,杨坚驾崩,杨广继位,改元大业。

杨广在位期间,开创科举制度,开凿大运河,营建东都并迁都洛阳,改州为郡,改度量衡依古式,对后世有着很大的影响。然而,他频繁地对外发动战争,亲征吐谷浑,三征高丽,劳民伤财,致使国力急剧衰退,民变频起,造成天下大乱,直接导致了隋朝的覆亡。

大业十四年(618年),杨广驾崩,终年50岁,谥号炀皇帝,庙号世祖,葬于雷塘南平冈。

少年天才　屡立战功

北周天和四年（569年），杨广出生于大兴，据说独孤伽罗怀上杨广时，夜里梦见一条龙从身体里钻出来，在天空中飞了10多里，然后坠落于地，尾部折断。杨广出生时，红光满天，乡间牛马皆鸣。

杨广自幼聪明过人，博闻强识，过目不忘，到10岁左右已经博览群书，对天文、地理、方药、技艺、术数，无不通晓；加上他长相俊美，天庭饱满，浓眉大眼，身姿修长挺拔，风度翩翩，深受父母喜爱。但他性子偏急，城府颇深，喜欢揣度别人心理。

在北周时，杨广因父亲杨坚的功勋，封雁门郡公。杨坚篡位称帝后，杨广被封为晋王，官拜柱国、并州总管，次年又授任武卫大将军，晋升为上柱国、河北道行台、尚书令。杨坚之所以让杨广担负重任，主要是吸取北周宗室孤弱而亡的教训，使诸子各掌一方，以巩固杨氏的统治地位。由于杨广年幼，杨坚还特意挑选德才兼备的大臣王韶、李彻、李雄来辅佐他。王韶等人也不负重托，在辅佐杨广之时不遗余力，及时纠正了他的一些出格行为。

开皇八年，杨坚发兵讨伐南陈。杨广作为伐陈的最高统帅，在长史高颎的全权指挥下，督率大将贺若弼[①]、韩擒虎攻陷建康；又命大将杨素率军沿江追击，彻底清除南陈的残余势力。杨广进驻建康后，将陈后主身边的奸佞之人全部杀死，收图籍、封府库，资财一无所取，展现出一种难得的大将风度。因为灭陈有功，他被晋升为太尉，任并州总管。

开皇十年，江南士族高智慧等人起兵叛乱，杨广被封为扬州总管，镇守江都，平定叛乱。

开皇二十年，突厥进犯，杨广奉命率军讨伐，成功击败突厥。

在杨坚统一全国、平定叛乱、抵御突厥、巩固疆土的过程中，杨广屡立战功，在几个皇子中功劳最大。

杨广擅长写文章，虽性格深沉，但为人稳重，而且能够礼贤下士，谦虚自抑，敬接朝士，在朝廷中有着良好的口碑，声望也很高。然而，杨广虽然能力超群，但他所谓的谦虚自抑，全是用来蒙蔽众人眼睛、骗取众人赞誉、赢得父母好感的假象。随着官职和地位的迅速提高，他暗藏的野心也迅速膨胀起来，开始觊觎太子的位置。

巧妙伪装　争宠为储

为了实现自己的野心，杨广可谓绞尽脑汁，他一方面极力迎合父母，讨父母欢心；另一方面，暗中培植自己的势力，不断积蓄力量，为争夺太子之位创造机会。

杨广非常精通笼络人心之术，知道在关键时刻如何表现自己，以博取别人的赞誉和好感。有一次，杨广观猎遇上大雨，左右给他披上雨衣，他却说："士兵们都在雨中淋得透湿，我为何要独自穿上雨衣呢？"于是命令左右把雨衣拿走，和士兵们一样淋着大雨观猎，士兵们为此感动不已。

杨广知道独孤皇后最讨厌男人纵情声色，为了迎合母亲，他表面上只和妻子萧氏居住，暗中却与宫女私通，还狠心地将她们生的孩子杀死。杨坚夫妇每次派人去他府上查看，他都和萧氏一起到门口迎接，摆酒设宴以示欢迎，临走时还给来人送上厚礼。这些人得到杨广的好处，回去后便在杨坚夫妇面前极力夸赞他。有时杨坚夫妇也亲自前去查看，杨广总是将年轻貌美的姬妾藏起来，而将相貌丑陋的女人安排在自己身边服侍；还把琴弦弄断，乐器上的灰尘也不擦拭。杨坚夫妇见杨广和自己一样节俭，又不近女色，都十分高兴，加上大臣们交口称赞，杨广的声望在朝廷中越来越高。

而太子杨勇性情粗犷，不像杨广那么有心计，对杨广的野心也没放心上，他明知母亲痛恨男人拥有三妻四妾，却毫不避讳地纵情声色，冷落母亲亲自为自己选定的太子妃元氏，导致元氏郁郁而终。元氏死后不久，杨勇还和宠爱的云昭训生了一个儿子，和其他女人也有不少孩子，因此为独孤皇后所不喜。杨坚崇尚节俭，而杨勇挥金如土，就连铠甲都要装饰金玉，父子二人的喜好格格不入，以至于杨坚对杨勇也非常反感。开皇十八年（598年）冬至，杨勇大张旗鼓地接受群臣朝贺，使自己的势力一下子暴露在杨坚面前。杨坚担心杨勇的势力进一步扩大，威胁自己的地位，遂产生了将他废黜的想法。

杨广见杨勇渐渐失宠，乘机施展手段进一步诬陷诋毁杨勇。杨广任扬州总管后，入宫辞别独孤皇后，他双膝跪倒在母亲面前，痛哭流涕，诬陷太子杨勇想要加害自己。独孤皇后信以为真，更加坚定了废掉太子的决心。杨广也加快了夺位的步伐，寿州刺史总管宇文述建议他请朝中重臣杨素向皇帝提出改立太子的建议。

杨素深受杨坚宠信，在朝中的地位举足轻重。当时杨素的弟弟杨约任大理寺少卿，宇文述和杨约天天赌博，故意输钱，然后将杨广的计划告诉他，并恐吓他说："你们兄弟二人得罪了皇太子，皇上一死，全家就要大祸临头。现在皇太子已经失宠，主上有废立之意，只要你哥哥说一句话，陛下就会立晋王为太子。"杨约回家后将此事告诉杨素，杨素一口答应下来。

有一次，杨坚摆酒设宴，杨素在席间委婉地对独孤皇后说："晋王仁孝恭顺，很像当今圣上。"这句话正戳中独孤皇后的心病，她就向杨素说起杨勇的种种不是，又极力夸赞杨广。两人心思相投，当即商议废立之事。杨素临走时，独孤皇后还赠送他很多金银，作为废立太子的费用。

杨坚心里虽然有废掉太子的打算，但是在众臣面前却难以开口。他特意试探过大臣们的态度，遭到齐国公高颎的反对。杨坚将东宫卫士中的精壮者调走时，高颎也站出来反对。杨坚为此很不高兴，认为高颎与杨勇是儿女亲家，所以偏袒杨勇。后来他找了个借口，将高颎削职为民。自此，杨勇失去了朝中重臣的庇护，势力大减。

杨素利用这个大好机会，一边在杨坚夫妇面前极力夸赞杨广，贬损杨勇；一边在朝中大肆活动、广造舆论，煽动更多的人攻击太子杨勇，支持杨广。在这种情况下，关于杨勇的流言蜚语接连不断地传到杨坚夫妇耳中。杨素伺机进谗言说："太子心怀怨恨，恐有他变，应严加防范。"杨坚急忙派人到东宫监视杨勇的动静，要求随时禀报，并再次削减东宫卫士，只留下一些年老体弱者。

开皇二十年十月，杨勇被废为庶人，杨广终于如愿以偿地坐上了太子之位。为了巩固自己得来不易的地位，杨广又指使杨素诬陷自己的弟弟蜀王杨秀，结果杨秀也被废为庶人。杨勇被废黜后心中不服，多次请求向杨坚申辩冤屈，但都被杨广阻拦下来。

撕下面纱　继位称帝

杨广当上太子后，继续在父母面前伪装。仁寿二年八月，独孤皇后病逝，杨广进宫拜见杨坚时装出一副万分悲痛的样子，以至于哀恸气绝。为了表现自己思母过哀，他还假装不思饮食，对外声称每天只吃两勺米，整天在灵前号哭跪伏，私下却派人精制肉脯，装在竹筒里以蜡封口藏于袖中，趁没人时偷偷吃上几口。

仁寿四年（604年），杨广终于撕下虚伪的面纱，迫不及待地写信给杨素，询问下一步应该怎么行事，不料信差误将回信送到杨坚手中。杨坚知道自己上了杨广的当，非常气愤。更令他气愤的是，杨广竟然在自己病榻前调戏其宠妃宣华夫人。其实，杨广早就垂涎宣华夫人的美貌。宣华夫人陈氏是南陈宣帝陈顼的女儿，隋朝攻灭陈国后，陈氏被选入掖庭，在后宫为嫔。独孤皇后去世后，陈氏渐渐得宠。杨广曾多次向陈氏进献奇珍异宝，希望她在杨坚面前为自己说说好话。杨坚病重时，令宣华夫人、荣华夫人和杨广一起侍候。杨广趁宣华夫人出室更衣之机强行调戏。杨坚得知后追悔莫及，气得捶床大骂："畜生何足付大事！"然后对身边的柳述、元岩说："速召我儿。"二人想要召杨广进来，杨坚忙说："勇也！"于是，柳述、元岩二人走出去，准备将杨勇找来，并开始起草诏书。

这时，杨广安排在杨坚身边的心腹连忙跑去向杨广告密。杨广立即派宇文述、郭衍率领东宫卫士包围了皇宫，将负责保卫和侍候杨坚的人员全部撤换，并让右庶子张衡进入仁寿宫侍候杨坚；同时命人将柳述、元岩抓进监狱，之后又带人杀死杨勇。当天杨坚驾崩，死因不明，后人多认为是被杨广派人杀死。杨广随即登上皇帝的宝座，改元大业。

杨坚第五子杨谅早有篡位之心，听说杨广夺了皇位，立即起兵讨伐，但很快便被杨广平定。

实行改革　颇有政绩

杨广继位之初，实行了一系列改革措施，下诏免除妇人、奴婢、部曲的课役，将男子成丁年龄由21岁改为22岁，并相应缩短服役的时间。这是自北魏实行均田制以来的最大改革，北魏妇人授田服役的制度至此结束。

此外，杨广还在以下几个方面进行了改革：一是并省、州、县，改州、县为郡、县。二是创立进士科，确立科举制度。从此，科举制度延续了1000多年，成为封建社会选拔官员的一个主要途径。三是修订法律。大业二年（606年），杨广认为文帝杨坚时期的刑律过于严苛，遂召集尚书牛弘等人着手修改法律。一年后，新的法律出台，共18篇，被称为《大业律》。与《开皇律》相比，它除去了"十恶"之条，其中死、流、徒、杖、笞五刑中修改的条款就有200处，可惜这部法律制定后并没有得到有效执行。杨广在执政晚期，用刑极其残酷，生杀随性。四是注重教育，搜访遗书，整理典籍，恢复文帝杨坚在位时被废止的国子监、太学、四门学和州县学。

杨广本人很喜欢读书，早前担任扬州总管时，他就设王府学士百人，修撰典籍。继位之后，他又命人写成《长洲玉镜》400卷、《区宇图志》1200卷，为中国文化事业发展与延续做出了巨大贡献。

当时隋朝的都城位于长安西北的大兴，位置偏西，以致政令有所不达。杨广经过深思熟虑，决定迁都洛阳。洛阳古号中州，地处全国中心，可以控制山东、江南之地。况且，长安资源匮乏，运输不畅，而洛阳作为几朝故都，四通八达，交通方便，便于网罗天下财富。大业元年（605年），杨广命令杨素带领纳言杨达、宇文恺等人，每月动用200万民工，到洛阳建造都城。一年以后，东都建成，分为宫城、皇城、外郭城。宫城是皇宫，周长30多里；皇城是文武官衙所在地；外郭城即大城，周长 70 多里。

除了修建洛阳东都，杨广推动的第二项重大工程就是举世闻名的京杭大运河。

大业元年，杨广征调河南、河北 100 多万民工开通了通济渠，从洛阳西苑引谷水②、洛水③到黄河，再从板渚引黄河水入汴水④，又从大梁以东引汴水入泗水，最后连通淮水。接着，他又征调淮南 10 多万民工，重新开挖自山阳经江都到扬子入长江的山阳渎。大业四年（608 年），杨广征调河北 100 多万民工，引沁水南达黄河，北到涿郡。大业六年（610 年），杨广又征调江南 10 多万民工开凿从京口到余杭的江南运河。前后共花了 6 年时间，以洛阳为中心，北起涿郡，南到余杭，绵延 500 多里的大运河终于开挖成功，为江南物资北上创造了十分便利的运输条件。

游山玩水　专注淫乐

杨广生性荒淫，穷奢极欲，"无日不治宫室"。在大兴和洛阳已有大量苑囿宫殿的情况下，他命令宇文恺、封德彝⑤在洛阳城西增修富丽堂皇的显仁宫和广阔的西苑。之后他仍不满足，又命手下到处寻找适合修建宫殿的地方。在西苑，他有 16 院夫人及数以千计的宫女。大业八年（612 年），他下令江淮诸郡每年向朝廷进贡资质端丽的童女，无论是在两都宫苑，还是巡游途中，他的身边都少不了美女。

杨广喜爱游玩，继位第一年就坐船畅游江都，次年才返回京都。从大业三年（607 年）至大业六年，他年年出行，先是北游榆林，至突厥启民可汗的牙帐；再到五原，出长城观赏塞外风光；然后西行到张掖，接见西域使者；又重游江都。大业十一年（615 年），他北巡长城，结果被突厥始毕可汗围困于雁门，好不容易才解围回到洛阳。但他并没有接受教训，依然玩性不改，次年又三游江都。从继位到隋朝灭亡，他一直是行走在游玩的路上，在京都的时间总共不到一年。

杨广不仅频繁出游，而且出游的规模十分庞大。第一次游江都，他下令建大小船只数千艘。御船叫龙舟，高 45 尺，宽 50 尺，长 200 尺，共有 4 层，最上层有正殿和东西朝堂；中间两层共有 12 间房，皆饰以金玉，雕刻奇丽；最下层为内侍官居住。皇后乘坐的叫翔螭舟，比龙舟小一些，装饰相同。嫔妃乘坐的是 3 层的浮景舟，共 9 艘。贵人、美人和十六院夫人所乘是漾彩舟，共 36 艘。另外还有随行船只数千艘，前呼后拥，绵延 200 余里。骑兵沿运河两岸而行，旌旗蔽野，所过州县 500 里内都要送食物，一州多达百车，全都是水陆奇珍，美味佳肴吃不完就埋掉，造成了极大的浪费。一路上，为了博得杨广的欢心，各地官员极力搜刮民脂民膏献给他。

有一次，杨广为了北巡，下令在太行山上开凿驰道，直达并州；又从榆林到涿郡修了一条长 3000 里、宽百步的御道；同时命宇文恺建造可容纳数百人，下施轮轴、可以行走的飞行殿，随行甲士 50 万，旌旗辎重千里不绝。

西联西域　东征高丽

大业元年，北方契丹进犯营州，杨广命令大将韦云起率兵讨伐。韦云起采取偷袭战术，大败契丹。这次胜利令杨广得意忘形，决定扩张隋朝的版图。

在大业三年以前，西域一些国家的商人大多是来张掖与隋朝进行贸易往来，由黄门侍郎裴炬负责管理。裴炬向杨广提出与西域取得联系，杨广想起两汉时期与西域的联络，为了显示隋朝的强大，便遣裴炬到张掖用重金收买西域诸国的商人进行贸易活动，还命令西域商人经过的地方州郡殷勤招待，为此浪费了大量钱财。

大业四年，杨广派薛世雄率军出玉门关攻克伊吾，在汉朝故伊吾城东筑城，并留 1000 多人守卫。

当时吐谷浑部落占据今青海和新疆南部，扼守通往西域的交通要道，经常抢掠西域商人，产生了极大的危害。为了保证这条商路畅通无阻，大业五年，杨广接受裴炬的建议，派兵打败了吐谷浑，并在沿途设置西海、河源、鄯善、且末四郡。

这一年，杨广西游到燕支山，高昌王麹伯雅、伊吾王吐屯设和西域二十七国使者同来朝拜。另有焉耆、龟兹、疏列等10多个国家派使者到隋朝访问交流，发展关系。

开辟西域通道虽然保证了隋朝西部的对外贸易来往，促进了经济发展和文化交流，但是也给隋朝百姓带来了沉重的负担。因为西域商人都是在裴炬的重金引诱下才来的，衣食住行全部由隋朝免费提供。

大业六年正月，西域各国酋长云集洛阳。为了显示自己的富有和热情，杨广下令在端门街演戏百场，耗时月余，耗资亿万。西域商人要求进入洛阳贸易，杨广便要求沿街店铺整齐划一，盛设帷帐，堆满珍奇货物，就连道旁的树上也要缠上丝帛，而且藩胡客商的衣食住行全部免费。

在向西域各国炫富的同时，杨广还对东北的邻国高丽进行了3次大规模的讨伐。

高丽曾于开皇十八年侵袭辽西，被营州总管韦冲打败。之后，杨坚派汉王杨谅等人率军讨伐，不料却因气候灾害、水土不服及粮草供应不足，部队伤亡惨重，不得不退兵。

大业六年，杨广巡游到东突厥启民可汗的牙帐，恰逢高丽使者到来。随行的裴炬建议杨广迫使高丽王高元入朝觐见，但遭到高丽王拒绝，杨广大怒，决定发兵征讨。大业八年，杨广下令发兵113.8万，对外号称二百万，分二十四军，加上杨广亲率的六军，共三十军。另有一支水军由右翊卫大将军来护儿统领，从东莱海口出发，接应陆军。

为了运送军需物资，造船的民工日夜站在水中干活，以致皮肤溃烂，腰下生蛆，死者甚众。在运送武器装备和粮草的过程中，船只前后衔接千里不绝，数十万人来往于水陆两路运输线上，运夫车马常常拥挤在道路上，死亡的民夫被弃于道路两旁，一路上恶臭不堪。

来护儿率军一直攻入平壤，结果被高丽兵打败，几乎全军覆没。另一路陆军在大将宇文述、于仲文的率领下，共计30万人跨越鸭绿江东进。士兵们携带大量粮食，不堪重负，便偷偷地扔掉。结果走了没多远就口粮断绝，不得不撤回。高丽乘机发起反攻，隋军大败，仅2000多人生还。这次出征给隋朝百姓带来了无尽的灾难,以致民怨沸腾,各地起义风起云涌,义军少则数万人,多则几十万人。

但杨广依然一意孤行,于大业九年(613年)再次发兵讨伐高丽。和第一次一样,杨广亲率大军坐镇辽东,派大将宇文述、杨义臣进攻平壤,来护儿仍督率水军从东莱出发。然而,陆军刚刚进入平壤,水军还没有出发,朝中传来急报说司徒杨素之子、礼部尚书杨玄感在黎阳发动兵变,正围攻洛阳。杨广急忙下令撤军,不惜丢弃所有军械物资。

这次征讨高丽失败,加上各地起义不断,使隋朝元气大伤,国力急剧衰退。但杨广仍不罢休,大业十年(614年)又派来护儿率领水军进攻平壤。高丽经过前两次战争,也已经到了山穷水尽的地步,最终被隋军打败。同年十月,高丽同意向隋朝称臣。杨广终于如愿以偿,下令收兵回朝。

滥杀忠臣　宠信奸佞

杨广性格刚愎自用,喜欢听献媚奉承之语,又恃才傲物,妒忌贤能。他非常厌恶甚至痛恨那些敢于直言进谏的大臣,对他们必除之而后快。

尚书仆射高颎是开国元勋,战功赫赫,曾辅助杨广灭掉南陈。高颎见杨广纵情声色,又征召夫役修建长城,便对太常丞李懿说:"周天元以好乐而亡,殷鉴不远,安可复尔?"后来,杨广对待突厥启民可汗礼遇太高,高颎又担心地对太府卿何稠说:"启民可汗知道我国的虚实、山川险易,恐为后患。"礼部尚书宇文弼、光禄大夫贺若弼等人也深有同感。然而,他们正是因为多说了忧国忧民的话,便招来了杀身之祸。

而朝廷中少了这三名德高望重的大臣,商议朝政时经常难以决断。薛道衡⑥对大臣们说:"如果高颎不死,新令早就颁布了。"杨广知道后认为这是对自己的不敬,下令将薛道衡送交司法问罪。薛道衡认为这不过是一句话,不算大罪,自己肯定会被赦免,于是催促早做决断,不料判决下来竟是死罪。

御史大夫张衡深得杨广宠信，曾帮助他夺得太子之位。杨广继位后，张衡青云直上，官至御史大夫。后来，杨广扩建汾阳宫，命令张衡负责设计。张衡劝他说："前几年劳役繁杂，百姓疲惫，应稍加节制。"杨广大怒，立即将张衡贬为榆林太守，之后又派他去监督工程，最后赐他自尽。

第三次征讨高丽之后，杨广又想东游，太史令庚质劝道："陛下连年征战高丽，百姓困敝，应镇服关内，使百姓尽力农桑，经济得以恢复，之后再去东游不迟。"杨广认为庚质以下犯上，遂下令将他杀死。其他大臣看到这种情况，再也不敢多言。

对于大臣们的劝谏，杨广根本听不进去，稍不如意便施以重刑。而对那些逢迎巴结、溜须拍马的奸佞小人，杨广却极为宠信。大业三年，杨广北巡，丘和因为敬献精美食品，当即被提拔为博陵太守。朔州刺史杨廓则是个死心眼，不知道该敬献什么，结果被贬到丘和手下。其他官员看到这种情况，纷纷效仿，争着向杨广敬献奇珍异宝。杨广来者不拒，一一笑纳。礼品丰厚者，他当场提拔，反之，则当场免职。

司徒杨素文武全才，却也善于见风使舵，他摸透了杨广的性格，极尽逢迎巴结之能事，一再受到嘉奖，显贵无比，其府第华丽奢侈，家中仆人成千上万，姬妾数千。

左卫大将军宇文述不仅武艺高强，而且善于察言观色。大业十二年（626年），杨广游览江都，他极力迎合，颇受恩宠。内史侍郎虞世基、御史大夫裴蕴⑦、光禄大夫郭衍等，都因为讨好杨广而受到宠信。

死于兵变　罪有应得

大业七年（611年），王薄⑧在长白山发动农民起义，打着反对远征高丽的口号，并作《无向辽东浪死歌》向人们广泛宣传，吸引了四面八方的人们纷纷加入起义队伍。

大业九年，杨广第二次征讨高丽，司徒杨素之子杨玄感发动兵变。为了得到人们的支持，杨玄感起兵时说："我身为上柱国，家累巨万金，至于富贵无所求也。今者不顾破家灭族者，但为解天下倒悬之急救黎元之命耳。"此言一出，杨玄感顿时被人们视为救星降临，大军所到之处，百姓纷纷争献牛酒，年轻人踊跃参军，很多官僚子弟如韩擒虎之子韩世鄂、来护儿之子来渊、裴蕴之子裴爽，甚至大臣光禄大夫赵元淑、兵部侍郎斛斯政也纷纷参加起义。这次叛乱最终被镇压，但却极大地动摇了隋朝的统治根基。

尽管如此，杨广仍然没有停止外出巡游，他下令在江都重造龙舟，送到东都，又在毗陵修建了16座离宫。大业十二年七月，龙舟造好，宇文述等人劝杨广尽快巡游江都。建节尉任宗、奉信郎⑨崔民象和王爱仁实在看不下去，先后劝谏，结果都被处死。之后，杨广命令越王杨侗留守京都，自己乘船而去。

这一时期又发生了杜伏威领导的农民起义，起义军一路进逼江淮，打败隋将陈稜，攻克高邮，占领历阳。在中原地区，也爆发了翟让⑩、李密领导的瓦岗农民起义，起义军打败了张须陀、裴仁基率领的隋军主力，并发布檄文，历数杨广十大罪状，说他道："罄南山之竹，书罪未穷；决东海之波，流恶难尽。"杨广急忙派大将王世充和留守的越王杨侗合兵一处，迎击瓦岗军。与此同时，河北的窦建德⑪率领起义军打败了攻击李密的涿郡留守薛世雄。

各地守将见天下大乱，隋朝气数已尽，纷纷称王称帝。其中，金城府校尉薛举占据兰州，自称秦帝；武威鹰扬府司马李轨占据武威，自称河西大凉王；鹰扬府校尉刘武周⑫占据马邑，自称皇帝；鹰扬郎将梁师都占据朔方，称大皇帝。不久，太原留守李渊攻下长安，拥立杨广之孙杨侑为帝，遥尊杨广为太上皇。

大业十四年三月，侍从的卫士们推举右屯卫将军宇文化及为首领，发动兵变，将杨广缢杀。

注释：

①贺若弼（544—607年）：北周隋朝时期名将。北周时任寿州刺史。入隋任吴州总管，献取陈十策，大破陈军，以功进爵宋国公，官至右武候大将军。旋以不得为宰相，多怨言，免官。隋炀帝时以诽谤朝政

之罪处死。

②谷水：古水名。即今河南渑池南涧河，东流至洛阳市西注入洛河。

③洛水：即洛河，古称雒水，黄河中游南岸支流，在河南西部。

④汴水：古称"卞水"，又称"汴渠"，是泗水的一条重要支流。

⑤封德彝（568—627年）：隋开皇末，为杨素行军记室。大业中依附虞世基，密为谋划，使事事皆如炀帝之意。江都之变后追随宇文化及，任内史令。宇文化及败亡后归顺唐朝，渐得唐高祖李渊信任，拜中书令，封密国公，结为亲家。唐太宗继位后，拜尚书右仆射。死后数年，阴附李建成之事暴露，被追夺封赠，改谥号为"缪"。

⑥薛道衡（535—609年）：隋朝大臣、诗人。初仕北齐，授主客郎。再仕北周，拜内史舍人。入隋，拜内史侍郎、开府仪同三司。隋炀帝继位时，出为潘州刺史，迁司隶大夫，世称薛司隶，在隋朝诗人中艺术成就最高。其诗词藻华艳，边塞诗较为雄健。

⑦裴蕴（？—618年）：南陈时任兴宁县令，入隋历任洋、直、棣三州刺史。隋炀帝时任民部侍郎，迁御史大夫，参与攻打辽东和游幸江都。为迎合隋炀帝，锻炼刑狱，顺意轻重。后在宇文化及发动兵变时被杀。

⑧王薄（？—622年）：隋末农民起义军领袖。大业七年因兵役繁重，与同郡孟让以长白山为据点发动农民起义，自称"知世郎"。后降唐，被任命为齐州总管。武德五年（622年）为仇家所杀。

⑨奉信郎：官名。大业三年以后置，五十员，从九品，为正员，寻改为散从郎，量事大小，受命出使。隶谒者台。

⑩翟让（？—617年）：隋末瓦岗军前期领袖，武功高强，有胆略。初为东郡法曹，犯法亡命至瓦岗率众起义，众至万余，所部多为善使长枪的渔猎手。后推李密为主，李密称魏公，翟让任上柱国、司徒，封东郡公。不久为李密设计杀害。

⑪窦建德（573—621年）：隋末河北农民起义军领袖，世代务农，曾任里长，尚豪侠，为乡里敬重。大业七年，隋炀帝募兵征讨高丽，窦建德在军中任二百人长，目睹兵民困苦，义愤不平，遂抗拒东征，举兵

抗隋。

⑫刘武周（？—622年）：在隋末群雄竞起的纷乱形势中率先起兵，依附突厥，图谋帝业。但"军无蓄积，以掳掠为资"，没有取得地主阶级和百姓的支持，建立起稳固的统治基础。在与李唐王朝的战争中，为李世民所败，遂弃并州，北奔突厥，不久为突厥所杀。

恭帝杨侑

杨侑档案

生卒年	605—619 年	在位时间	617—618 年
父亲	元德太子杨昭	谥号	恭皇帝
母亲	韦氏	庙号	无
后妃	不详	曾用年号	义宁

杨侑，炀帝杨广之孙，元德太子杨昭第三子，隋朝第三位皇帝。

因为父亲杨昭于大业二年暴病身亡，2 岁的杨侑被立为皇太孙。杨广在位期间，杨侑先后被封为陈王、代王。杨广亲征高丽时，杨侑奉命留守大兴。大业十一年，杨侑随杨广巡幸晋阳，被封为太原太守，后又留镇京师。

大业十三年（617 年），李渊起兵反叛，攻入长安，拥立杨侑为帝，改元义宁。大业十四年（618 年），李渊废黜杨侑，自立为帝，降封杨侑为酅（xī）国公。

唐武德二年（619 年）五月，杨侑遇害（一说病死），年仅 15 岁，谥号恭皇帝，葬于庄陵。

幼年聪敏　命运多舛

杨侑自幼聪明,气度非凡,深得祖父杨广喜爱。大业元年,炀帝杨广立杨昭为太子,但第二年杨昭便因病去世。于是,杨广又立年仅2岁的杨侑为皇太孙。杨侑3岁时被封为陈王,后又改封代王,食邑1万户。大业九年,杨广征讨辽东,任命杨侑为京师总留事,镇守长安。

大业十一年,杨侑随同杨广到山西晋阳巡视,之后被任命为太原太守。次年,为了躲避农民起义,杨广南逃江都,下令修建丹阳宫,并让杨侑据守长安。大业十三年五月,李渊、李世民父子在山西晋阳起兵。同年十月,李渊命令李建成、李世民兵分两路,包围长安,不久便攻克长安城。

辅助杨侑守城的70多岁的老臣卫玄受惊吓而死,左翊卫将军阴世师、京兆郡丞骨仪兵败被杀,其余官员四散逃命,杨侑成了李渊的俘虏。

受制李渊　为隋送终

大业十三年十一月,杨侑在李渊父子的拥立下,于长安城大兴殿登基称帝,改元义宁,遥尊杨广为太上皇。李渊自任大都督、尚书令、大丞相,全权处理朝政大事。

次年三月,杨广在江都被杀。消息传到长安后,李渊见杨侑已经失去作用,便逼迫他退位,自立为帝,改国号为唐。隋朝宣告灭亡。

杨侑退位后,被降为酅国公,幽禁于长安,后被李渊派人杀死(一说病死)。

隋五铢钱↑

隋文帝开皇元年（581年）始铸，外有周郭（古钱的圆边及其方孔凸起的轮廓），质量精良。

隋文帝像→

传为唐代阎立本画作，绢本设色，现存为后人摹本，现藏于美国波士顿博物馆。

←青瓷武士俑

1953年湖北省武汉市出土，现藏国家博物馆。二武士戴盔披甲，仅露脸部，头戴兜鍪，身穿名贵的明光铠甲。

红拂图→

明代尤求绘，现藏故宫博物院。传说红拂是隋朝权贵杨素的侍女，李靖求见杨素，红拂与李靖一见钟情，遂夜奔归李。画中所绘正是李靖拜见杨素场面。

游春图卷↓

传为隋展子虔所作。中国存世最古老的山水画，代表了中国早期山水画面貌。现藏故宫博物院。

←**隋炀帝像**

传为唐代阎立本画作，绢本设色，现存为后人摹本，现藏于美国波士顿博物馆。

隋彩绘陶甲马武士俑→

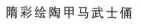

1982年陕西省西安市郭家滩罗达墓出土。骑兵和战马均披很厚的盔甲，是典型的重装骑兵。

唐太宗真像→

选自《历代帝王真像》，传为清代姚文瀚绘。现藏于大都会艺术博物馆。

步辇图↓

唐代阎立本绘，现藏于故宫博物院。内容反映的是吐蕃赞普松赞干布派大臣禄东赞迎文成公主入藏的事。坐在步辇中的是唐太宗。

←唐高祖画像立轴

绢本设色画，立轴，现藏台北故宫博物院，画像上高祖头戴平头帻，身着窄袖绛龙袍，腰间束玉带，脚穿革靴而立。

李靖像→

出自《凌烟阁功臣图》，清代刘源绘，光绪十年（1884年）上海同文书局石印本。

←尉迟敬德像

出自《凌烟阁功臣图》，清代刘源绘，光绪十年（1884年）上海同文书局石印本。凌烟阁是唐代为表彰功臣而建筑的绘有功臣图像的高阁。

红衣舞女壁画↓

1957年陕西省长安县执失奉节墓出土。现藏国家博物馆。执失奉节，执失思力之子。执失思力原是东突厥部落酋长，后来归顺唐朝，成为名将。

内侍图↓

原绘于懿德太子墓第三过洞西壁。画绘宦官七人，头戴幞头，身穿圆领紫、红、绿长袍。

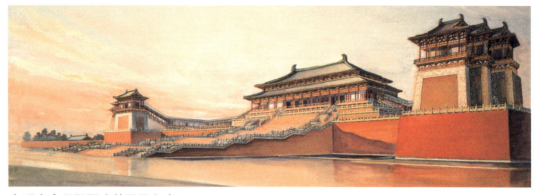

大明宫含元殿图（效果图）↑

含元殿是唐代长安城大明宫的正殿，建成于唐高宗龙朔三年（663年），毁于唐僖宗光启二年（886年）。含元殿遗址位于西安市大明宫国家遗址公园内。

唐人宫乐图↑

唐代佚名画家创作，描绘的是一群后宫嫔妃围坐于一方桌四周宴乐。现藏台北故宫博物院。

彩绘釉陶文吏俑↑

1972年陕西省礼泉县郑仁泰墓出土，现藏国家博物馆。郑仁泰（600-663年），早年即投靠秦王李世民，战功赫赫，死后陪葬于李世民昭陵。

卢舍那大佛→

作于唐高宗咸亨三年（672年），位于洛阳龙门西山南部山腰大卢舍那像龛。"卢舍那"意为智慧广大、光明普照。

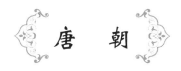

唐 朝

高祖李渊

李渊档案

生卒年	566—635年	在位时间	618—626年
父亲	李昞	谥号	太武皇帝
母亲	独孤氏	庙号	高祖
后妃	窦皇后、万贵妃、尹德妃等	曾用年号	武德

李渊，字叔德，祖籍陇西成纪，生于长安，北周唐国公李昞（bǐng）之子，唐朝的开国皇帝。

李渊7岁承袭父荫，被封为唐国公。隋文帝开皇年间，历任谯、陇、岐三州刺史。隋炀帝杨广继位后，李渊又历任荥阳、楼烦二郡太守，后来又被召为殿内少监，不久升任卫尉少卿、山西河东慰抚大使、太原留守。

隋朝末年，李渊起兵于太原，历经百战，攻占长安。隋义宁二年五月，李渊废掉隋恭帝杨侑，建立唐朝，定都长安，并逐步统一全国。武德九年（626年），其子李世民发动"玄武门之变"，李渊退位，称太上皇。

贞观九年（635年），李渊驾崩，终年70岁，谥号太武皇帝，庙号高祖，葬于献陵。

官宦世家　青云直上

　　李渊的祖上尚武，其七世祖李暠在晋末大乱时占据西凉，建立西凉政权，称凉武昭王。可惜好景不长，西凉政权到李歆这一代时便被北凉消灭。

　　李渊的祖父李虎曾任西魏太尉，被封为陇西郡公，与李弼、独孤信等8人同为柱国，史称"八柱国家"，并被赐姓大野氏。后来，西魏为北周所灭，李虎被追封为唐国公。杨坚在北周任丞相时，下令恢复李渊的本来姓氏。李渊的父亲名叫李昞，承袭李虎爵位，在北周担任安州总管、柱国大将军。北周天和元年（566年），李渊出生于长安，7岁时因父亲李昞去世，承袭唐国公。

　　李渊风流倜傥，性格豪爽，为人豁达，在朝中享有很高的威望，而且他的母亲与杨坚的皇后独孤氏是姐妹，因此他受到杨坚的青睐，担任谯州、陇州、岐州刺史等职。史书称李渊曾自称"李氏昔在陇西富有龟玉，降及祖姻娅帝王"，可见其在陇西的势力不可小觑。

　　李渊的妻子窦氏出身贵族，是隋朝神武公窦毅的女儿。窦毅在挑选女婿时，特意命人在屏风上画了一幅孔雀图，然后找来数十位英俊的贵族少年，让他们比试射箭，谁能射中孔雀的眼睛，就将女儿许配给他。结果，这几十个英俊少年一个个败下阵来，唯有李渊连射两箭，全部命中，窦毅便将女儿嫁给了他，"雀屏中选"也因此成为流传千古的佳话。

　　隋大业初，李渊被任命为荥阳、楼烦二郡太守，后迁殿内少监；隋大业九年，升卫尉少卿。这时，隋炀帝杨广出兵讨伐高丽，李渊被派到怀远镇负责押运粮草。当时百姓们不堪其苦，怨声载道，隋朝大将杨玄感借机发动起义，李渊受命镇守弘化郡，兼知关右诸军事，抵御杨玄感的起义军。在此期间，李渊广树恩德，遍结天下豪杰，受到隋炀帝猜忌，于隋大业十一年被调任山西河东道慰抚大使。李渊带领家小到河东赴任，行经龙门，被毋端儿农民起义军阻拦。经过一番激战，李渊击败起义军，将万余人收归麾下，从此实力大增。次年，李渊迁升右骁卫将军。适逢隋炀帝自楼烦巡游雁门，被突厥始毕可汗率兵包围，形势十分危急，幸得李渊率兵相救才得以脱离危险。不久，李渊又奉命与马邑郡守王仁恭共同抵御突厥。他挑选精锐2000名加以训练，在与突厥的战斗中机智出击，取得了胜利，使突厥不敢再轻易骚扰。

隋大业十三年，李渊留守军事重镇太原，不仅兵源足，而且饷银多。他抓住这一大好时机，积蓄力量，图谋大事。

李渊刚到太原的时候，在高阳有"历山飞"起义军，实力强大，善于打仗，多次击败隋军，截断了上党、西河通往京都的道路。为了树立威信，李渊决定对其进行讨伐。当时李渊所部不过5000多人，而起义军则有2万多人，在双方兵力悬殊的情况下，李渊在河西雀鼠谷口以智取胜，大败起义军，进一步巩固了自己在太原的地位，各地官僚、豪杰、地主纷纷前来投靠。李渊又派次子李世民到晋阳秘密召集豪杰勇士，派长子李建成、四子李元吉在河东暗中结交英雄，发展势力。此时杨广远在江都，沉湎于酒色，对此不闻不问。

起兵晋阳　拥立恭帝

从隋大业七年起，各地起义风起云涌，隋军将领大都拥兵自重，割据一方。全国各地先后出现了200多支反隋武装，这些武装在与隋军作战中相互联合，逐渐形成了以翟让和李密领导的瓦岗军、以杜伏威领导的江淮义军、以窦建德领导的河北义军3支主要力量。

在农民起义军遍地开花的同时，隋朝统治集团内部也出现了瓦解的迹象。李渊清醒地认识到隋朝的统治不可能长久，开始为自己寻找出路。

李渊在山西做官时有个故交叫裴寂①，有勇有谋，胆略过人。他认为以李氏家族的势力完全可以扛起反隋大旗，但李渊却犹豫不决。李世民与裴寂商议后，决定采取断李渊后路的方法逼其起兵。

这天，裴寂在晋阳宫置酒设宴，请李渊过来喝酒，同时又叫来几位美貌女子跳舞唱歌，以助酒兴。席间，套房里走出来两位美女，长得非常漂亮，腰细如柳，柔若无骨。她们来到李渊面前向他敬酒，李渊生性风流，见到如此美貌的女子，顿时心神迷乱，将酒一饮而尽。不知不觉间，他就喝醉了。次日酒醒后，李渊吃惊地发现酒席上的两位美女竟然与自己同床而眠。他大惊失色，急忙翻身坐起，问她们是哪里人，两人回答说是晋阳宫里的妃子。李渊听后更加惊慌，问她们为何如此。她们不慌不忙地回答说："现在天下大乱，陛下焦头烂额，什么都顾不上，又怎么会知道这种事情？裴大人告诉我们，只有跟着你才能享受荣华富贵。"

李渊非常惊恐，急忙穿戴整齐跑出屋子，迎面正好撞上裴寂。裴寂笑着对他说："识时务者为俊杰，现在帝王昏庸，百姓不堪其苦，怨声载道。而您手握重兵，您的儿子又广结天下豪杰，兵强马壮，为何不乘乱而起，消灭隋朝，也算是替天行道、为百姓谋福利的好事。事已至此，就算您不起兵，仅凭您私通晋阳宫人一项罪名就足以掉脑袋。"李渊骑虎难下，经过再三思量，决定起兵反隋。

不久，刘武周在马邑杀死郡守王仁恭，宣布起兵，自称天子，国号定阳。李渊乘机打着讨伐刘武周的名义招兵买马，取得了当地地主武装的支持，不几天队伍就增加到万人。他的这一举动引起了部下王威和高君雅的怀疑，李渊遂设计将他们二人杀死，正式宣布起义。为了取得更多的支持，他主动与突厥和好，以扩大自己的力量。

李渊在晋阳起兵后，决定进军关中，直取长安，以号令天下，图谋大业。西河郡丞高德儒不服从李渊的领导，李建成、李世民奉命前去征讨，很快攻下西河，杀死高德儒，又开仓放粮，安抚民心。拿下西河后，李渊建置大将军府，自称大将军，同时任命长子李建成为陇西公、左领军大都督，统率左三军；次子李世民为敦煌公，右领军大都督，统率右三军；裴寂、刘文静[②]为大将军府长史、司马；殷开山、刘正会、温大雅、唐俭、权弘寿等为记室参佐等职；鹰扬王长阶、姜宝谊、杨毛，京兆长孙顺德、窦琮、刘弘基等为左右统军、副统军，建立起初步的统治机构。

隋大业十三年七月，李渊率兵进军关中，遇到隋将宋老生屯兵霍邑阻挡。恰逢阴雨连绵，粮草供应不足，又有传言说突厥欲与刘武周联合袭击太原，唐军军心动摇。李渊也有意撤军，但遭到李建成、李世民的极力反对。经过一番计议，李渊决定攻取霍邑，并最终打败了宋老生。

之后，李渊又接连攻下临汾和绛郡，直逼河东。镇守河东的是隋骁卫大将军屈突通，他以断绝津梁的方式阻挡义军进攻。裴寂建议以重兵攻克河东，歼灭屈突通；李世民则主张避实击虚，采取突袭的方式直入关中。李渊考虑再三，决定兵分两路，一路由李世民率领，渡过黄河，直取长安；另一路则留下来攻打屈突通。就在这时，李渊的女儿平阳公主率领一支军队赶到，与李世民会合，驻守阿城。李建成则带兵自新丰到灞上，李渊率大军从下邽西上，对长安形成包围之势。

十月，李渊自霸上至长安城春明门西北，与两个儿子兵合一处，共20万人，准备进攻长安。在发起进攻以前，李渊制定了严明的纪律，不许军士进入村舍，骚扰百姓。此时，留守长安的刑部尚书卫文升、右翊卫将军阴世师、京兆郡丞骨仪，要挟代王杨侑固守城池。李渊派人进城招降，遭到拒绝。李渊不得已下令攻城，到十一月，长安城破。

进入长安城后，李渊下令封府库、收图籍、禁抢掠，并派李世民、李建成带兵守城，受到百姓的热烈欢迎，城内秩序井然。当月，李渊拥立杨侑为帝，改元义宁，遥尊杨广为太上皇。恭帝诏李渊假黄钺，任使持节、大都督内外诸军事、大丞相，晋封唐王，位居王公之上，以武德殿为丞相府，设官治事，独揽朝政；又封陇西公李建成为唐国世子，敦煌公李世民为京兆尹、改封秦王，李元吉为齐公，裴寂为丞相府长史，刘文静为司马。全国礼乐征伐，兵马粮饷，全归丞相府管理。如此一来，李渊牢牢地控制了军政大权。

灭隋建唐　统一四方

义宁二年三月，隋右卫将军宇文化及与司马德戡（kān）等人在江郡发动兵变，杀死隋炀帝，拥立秦王杨浩为帝。宇文化及自称大丞相，随后，他率领十几万禁卫军北上，准备返回关中，不料在童山被李密打败。宇文化及将杨浩毒死，然后自称皇帝，改国号为许，年号天寿。次年，窦建德率兵攻打宇文化及，在聊城将他擒杀。

李渊听说隋炀帝已死，手中的杨侑便失去了价值，义宁二年五月，他逼迫杨侑退位，自己称帝，改国号为唐，年号武德，定都长安，大赦天下。同年六月，李渊封李世民为尚书令，裴寂为尚书仆射，刘文静为纳言，隋朝民部尚书萧瑀③、丞相府司录参军窦威为内史令。不久，李渊立长子李建成为皇太子，次子李世民为秦王，四子李元吉为齐王。李氏王朝正式建立。

李渊称帝时，隋朝的残余势力犹存，割据称王者比比皆是；同时，农民起义风起云涌，义军各自称霸一方，国家面临分崩离析的局面。李渊目光长远，胸怀大志，厉兵秣马，养精蓄锐，准备一统天下。

隋大业十三年四月，金城郡富豪薛举赶跑隋朝官员，自称西秦霸王，改年号为秦兴。不久，他又自称皇帝，定都天水，封其子薛仁杲为齐公，统兵13万，占据陇西。薛举实力强大，有意夺取关中，不料却被李渊抢了先，他为此愤愤不平，率10万大军进攻关中。李渊派李世民率兵迎敌，击败薛举。同年五月，李渊称帝后，薛举再次派兵进犯，造成关中混乱。唐军因大意轻敌而战败，薛军士气大振，准备进攻长安。李渊又派李世民率兵征讨，最终打败薛仁杲。自此，陇西并入唐朝。

凉王李轨也自称皇帝，改年号安乐，由安修仁掌管枢密，占据张掖、敦煌等河西五郡。李渊密派安修仁之兄安兴贵入凉，命他见机行事。安兴贵到达凉州后，取得了李轨的信任，被任命为左右卫大将军。武德二年，安兴贵和安修仁共同生擒李轨，投降李渊，张掖、敦煌等河西五郡也并入唐朝。

成功拿下薛举和李轨之后，李渊下一个需要清除的目标就是刘武周。刘武周原本是一个校尉，于隋大业十三年自称太守，联合突厥，攻取楼烦、雁门、定襄等郡，受封为定杨可汗，不久自称皇帝，改年号为天兴。武德二年，他勾结突厥，南侵并州，打败唐并州总管李元吉，之后又攻陷平遥、介州。李渊派大将裴寂带兵迎敌，也被打败。刘武周趁机进攻太原，齐王李元吉放弃太原，逃至长安，致使多地失守。在这种情况下，李渊考虑放弃黄河以东地区，退保关中。这时，李世民力排众议，请求带兵北伐，得到了李渊的同意。于是，李世民率领精兵北渡黄河，成功打败刘武周，并收降其手下大将尉迟恭④。刘武周穷途末路，率领残部投降了突厥，后又被突厥杀死。此后，并州也纳入唐朝版图。

消灭了这三股势力，李渊稳定了关中的形势，开始集中力量平定中原的叛乱。

隋炀帝被杀后，隋江都通守王世充在洛阳拥立隋炀帝之孙杨侗为帝，打败瓦岗军，降服除首领李密之外的所有部众。武德二年，王世充废掉杨侗，自称皇帝，定国号为郑，年号开明，定都洛阳。次年七月，秦王李世民受命进取中原，攻打洛阳。王世充所管辖的河南州县先后投降，王世充势单力薄，急忙向窦建德求援。窦建德有意联合王世充消灭唐朝，遂引兵10万进军成皋。李世民急忙占据虎牢重镇，阻挡窦建德，并将其活捉。王世充见大势已去，只得率部投降唐朝。之后，河北地区州县也相继投降，李渊有效地控制了黄河流域。

在进攻中原的同时，李渊又派李靖率军攻打占据长江中下游地区的萧铣。萧铣于武德元年在巴陵自称皇帝，之后又迁都江陵，带兵夺取巴蜀等地，拥兵40万。武德四年，李靖、李孝恭率兵包围江陵，萧铣不敌，只得投降，唐朝就此控制了长江中下游地区。

消灭割据了称霸的隋朝残余势力，李渊又将矛头对准农民起义军。窦建德被俘杀后，其部将于武德四年推举刘黑闼（tà）⑤为首领，在漳南起兵，与唐朝作对。刘黑闼英勇善战，召集窦建德旧部，很快将窦建德失去的地盘夺回。李渊命令秦王李世民等率兵征讨。唐军先在洺水上游筑坝截水，然后与刘黑闼大战，不分胜负。李世民下令放水，水淹刘军，刘军败逃突厥。两个月后，刘黑闼又卷土重来，收复失地。武德五年，刘黑闼在洺州自称汉王。齐王李元吉奉命征讨，结果兵败。李渊又派太子李建成前去攻打。李建成采纳魏徵⑥的建议，实行安抚政策，争取民心，瓦解刘军。武德六年（623年），刘黑闼兵败被杀，山东、河北又纳入唐朝版图。

杜伏威起初占据江淮地区，于隋大业十三年进据历阳，自称总管。

武德元年，杜伏威又移居丹阳，被隋越王杨侗任命为东南道大总管，封楚王。唐军围攻洛阳时，杜伏威投降唐朝，被封为吴王，任江淮安抚大使。刘黑闼被杀后，杜伏威命部将留守丹阳，自己则去了长安。武德六年秋，其部下在丹阳起兵，自称宋帝。李渊十分气恼，下令毒杀杜伏威，又派大将李孝恭、李靖、李勣兵分多路攻打丹阳。武德七年，杜伏威部下率兵出走，被当地武装俘获，送于唐营斩首，唐朝一举拿下了江南、淮南等地。

最后仅剩一个梁师都。梁师都于隋大业十三年在朔方起兵，攻占雕阴、弘化、延安等地，自称皇帝，国号为梁，年号永隆，依附突厥，受封为"解事天子"。贞观二年（628年），梁师都被堂弟梁洛仁杀害，之后梁洛仁投降李唐，唐军并夏州。自此，唐朝消灭了各地的割据武装，镇压了农民起义军，完成了统一大业。

制定律例　严明政治

李渊称帝后，面临着隋朝留下的烂摊子，一边派人镇压割据武装，一边着手进行政治、经济、军事建设。

唐朝初建时，政权组织沿袭隋制，直到武德七年，为了适应全国统一的局面，在隋制的基础上又制定了一套新的政治制度。

中央朝廷实行三省六部制，即中书省、门下省、尚书省和吏、户、礼、兵、刑、工六部。中书省是决策机构，设中书令、中书侍郎、中书舍人等官职，负责拟写有关军国大事的诏敕。门下省属于审议机关，设侍中、黄门侍郎、给事中等官职，主管审核中书省的决定，并有权驳回。尚书省属于执行机关，设尚书令、左右丞、左右司郎中等职，负责执行中书省、门下省的决定。三省的长官都是宰相，共同商议国家大事。吏部掌管官吏考核和升迁，户部掌管户籍和赋税，礼部掌管礼仪和科举，兵部掌管军事，刑部掌管刑法诉讼，工部掌管土木工程，各部长官均称为尚书，直属尚书省。每部又领四司，共二十四司，分别执行中书、门下二省的命令。此外，又设御史台作为监察机关，负责监督百官，拥有很大的权力。

在地方上，唐朝实行的是州县两级制度，州设刺史，县设县令。刺史每年对属县巡察一次，负责考核官吏、巡察治安、催督赋役、举荐人才。县令是一县之主，县下设乡，乡下设里，里是最基层的机构。里设里正一人，管理百户人家，负责检查户口，督促农民种植，征收徭役赋税，以及检查违法行为等，对百姓直接进行管理。

唐代中央和地方政权机构的建立，在中国历史上有着承前启后的重大意义，各级政府分工明确，各司其职，非常有利于朝廷的集权统治。

在土地政策上，唐朝实行均田制和租庸调制。唐初，经过隋朝的战乱，人口锐减，仅剩余人口200万余户，还不及隋朝鼎盛时期的四分之一。劳动力的缺乏使土地大量荒芜，赋税收入也大大减少。为了增加收入，巩固政权，迅速恢复生产力，唐朝继承北魏、隋朝的均田制和租调制，并对其修正，颁行全国。

武德七年四月，李渊颁布均田令：（一）丁男（21—60岁）和18岁以上的中男（满16岁为中男），各授田1顷，包括口分田80亩、永业田20亩。老男（60岁以上）、笃疾、废疾各授口分田40亩，寡妻妾授口分田30亩，这些人若作户口，则授永业田20亩、口分田30亩。尼姑、女冠（即女道士）各授田20亩，工商业者减丁男之半，一般的妇女、奴婢不再授田。（二）有封爵的贵族按品级不同，授予不同数量的永业田，从亲王到公、侯、伯、子、男爵，授田数量由100顷递减到5顷。在职官员由一品到九品，授田数量由30顷递减到2顷。对于有战功的勋官，则授予30—60顷不等的田地。各级官吏又有职分田，地租算是俸禄的一个补充。官府有公有田，地租作为办公费用。（三）官僚贵族的永业田和赐田可以自由买卖，百姓在无力丧葬时可以出卖永业田。若百姓从人多地少的狭乡迁往人少地多的宽乡，也准许买卖。

这些政策的实施，对恢复生产、发展经济起到了很好的推动作用。

在均田制的基础上，实行租庸调制。租庸调制初定于武德二年二月，武德七年四月重新修订。其中规定：凡授田的农民，每丁每年缴纳粟两石，称为租。每丁每年缴纳绢两丈、绵三两，或布两丈五尺、麻三斤，称为调。每丁每年需服役20天，也可折每天绢三尺或布三尺七寸五分以代役，称为庸。如果政府额外加役，满 15 天，免调；满 30 天，租调全免。每年的额外加役不许超过 30 天。与隋朝的租调制相比，唐朝的政策更为宽松，使农民有更多的时间从事农业生产。

兵役方面实行府兵制，这种制度最早由西魏宇文泰创立。李渊起兵时，人马不足 3 万，进军关中后激增至 20 万。为了解决粮饷问题，李渊将军队逐步纳入府兵系统。唐朝建立后，设置兵府，任用功臣和招降大将为卫大将军、将军，完全沿袭隋制设十二卫所，有骠骑、车骑大将军等职。武德二年置十二军，每军设将、副将各一名，以督耕战。武德六年废十二军。武德八年（625 年）因突厥入侵，又重设十二军。

府兵制建立在均田制之上，农兵合一。兵士农忙时在家生产，农闲时由兵府加以训练。他们的任务是轮流到京师或边境戍卫，称为"番上"，如遇战争则上阵杀敌。

府兵在服役期间免除本身租调，但须自备服装、兵器、粮食。这种"亦兵亦农"的制度，既保证了农业生产，又保证了兵源，因为粮食、兵器、服装都是自备的，还省了国家的开支。另外，练兵权和将兵权分开，还能防止将帅拥兵自重，对加强皇权起到了非常积极的作用。

在官员任用方面，唐朝实行科举制。这种制度始创于隋朝，唐朝加以完善。唐初便在京师和地方分别设立学校，培养人才，同时恢复隋朝废除的中正官，以本州高门士人充任。这算是对士族的让步，不过，大中正⑦仅享有名誉职位，用人权仍在吏部。而吏部任命官员的主要途径仍然是科举考试，士人升迁不再凭门第的高低。科举制很好地改进了用人制度，给了寻常学子步入仕途的机会。

唐初，主持科举考试的是吏部考功员外郎，参加科举考试的生源主要有两种：一是国子监所属的各学校的学生，称为"生徒"；二是各地方私校中由州县官员保举的学生，称为"乡贡"。

唐代科举又分为"常举"和"制举"两种。常举每年定期举行，考试科目一般为秀才、明经、进士、明法、明算等科，其中明经、进士两科为热门。明经主要试帖经，考查对儒家经典的背诵和记忆。进士科主要考诗赋和时务政策，要求考生有独立思考能力，难度较大。但是，考生一旦考中进士，也就取得了做官的资格，所以被称为"登龙门"。

制举是皇帝根据需要亲自主持考试，科目临时设置，时间也不固定，录取人数也较多，但在科举制度中不占主要地位。

科举制度的最后确立和进一步完善，对于唐朝以及后世的官员选拔有着非常重要的意义。与九品中正制相比，它给了一般的中小地主应试和做官的机会，使官员的选拔面扩大，也巩固了朝廷的统治基础。

在刑律方面，唐朝制定出了一套完整的《武德律》。隋末，统治者滥用刑罚，使百姓受到了很大的伤害。李渊攻下长安时，效仿汉高皇帝刘邦，约法十二条。后来，李渊称帝，正式宣布废除隋朝《大业律令》，派裴寂、刘文静等以《开皇律》为基础，增加"五十三条新格"，于武德七年正式颁布，即《武德律》。《武德律》相比隋朝用刑减轻，但制裁劳动人民的反抗却更加严酷。

痛失二子　追悔莫及

李渊一共有22个儿子，其中4个是嫡妻窦氏所生，李渊称帝后，长子李建成被立为太子，次子李世民被封为秦王，三子李玄霸早年夭折，四子李元吉被封为齐王。在建立唐朝的过程中，李建成立下了汗马功劳。后来，他又辅助李渊处理朝政大事，留守京都。李世民则外出征战，屡立战功，声名大振。这也让李建成感到担心，怕李世民跟自己争夺皇位，两人由此展开了一场惊心动魄的皇位之争。在这场争斗中，李元吉站在了李建成一方。

李世民平定关东后，声望进一步提高，与李建成、李元吉的争斗也开始加剧。李建成、李元吉仗着自己留守京都的机会，拉拢了一些大臣和后宫嫔妃；李世民则利用领兵打仗的优势，在自己身边聚集了一班文臣武将，蓄养了八百勇士，又利用妻子在后宫活动，争取支持。武德六年以后，双方的斗争日趋白热化。次年六月发生了杨文干叛乱事件，李建成受到了牵连。李渊知道后十分生气，一面派李世民镇压杨文干，并许以太子之位，一面追查李建成。李世民很快就平定了叛乱。由于李元吉和许多嫔妃都为李建成求情，李渊最终改变主意，放过李建成，仅追究东宫和王府臣僚的责任。不久,李建成请李世民饮酒,席间李世民突感心痛,并口吐鲜血,险些丧命。李渊知道他们兄弟不和,为了防止他们自相残杀,欲调李世民去洛阳,将来与李建成共享天下,各掌半壁江山。但李建成、李元吉害怕李世民到了洛阳会失去控制,便暗中加以阻挠,派人去劝说李渊,李渊遂又改变主意,放弃让李世民去洛阳的打算。

后来,李建成以李世民的谋士房玄龄⑧、杜如晦⑨向皇上进谗言为由,将他们赶出秦王府,然后又收买尉迟恭等人;李世民也以重金收买了东宫官员王晊等人。

武德九年,突厥入侵,李建成趁机推荐由李元吉取代李世民,率军攻打突厥,请求将李世民的部将尉迟恭、程知节⑩、段志玄、秦琼⑪等调到自己手下。这时,东宫官员王晊向李世民告密,说李建成和李元吉准备在李元吉出征的那天暗害他,并坑杀尉迟恭等人。

李世民急忙找来房玄龄、杜如晦、长孙无忌商量对策,密谋发动政变。经过商议,李世民向李渊上奏说李建成、李元吉淫乱后宫,并想杀害自己,为王世充和窦建德报仇。李渊听后十分震惊,准备次日问个清楚。

同年六月四日,李世民率领长孙无忌等人提前在玄武门设下埋伏,杀死了李建成、李元吉。当时李渊正和几位大臣在水中游玩,尉迟恭披盔戴甲求见,说太子和齐王叛乱,被秦王杀死。李渊见事已至此,无力回天,只得亲手写下诏书:"诸军并受秦王处分。"这就是历史上著名的"玄武门之变"。

六月七日,李世民被封为皇太子,并得到诏书:"自今军国庶事,无大小悉委太子处决,然后奏闻。"从此,李世民大权在握,成为唐朝皇位的继承人。

八月九日,李渊禅位于李世民,李世民于东宫显德殿继位,尊李渊为太上皇。

"玄武门之变"是李渊一生中最痛心的事情,由于皇位之争一下子失去了两个儿子,他所遭受的打击是常人无法想象的。李渊做了太上皇以后,不再干涉朝政,安心享乐。李世民在长安城东北修建了大明宫,供他养老之用。

贞观九年五月，李渊因病驾崩于垂拱前殿。

注释：

①裴寂（570—629年或573—632年）：唐朝宰相。隋末任晋阳宫副监，与李渊交好，以宫中所藏米粮、铠甲、彩帛等支援李渊起兵。后又劝李渊称帝。唐朝建立后，任尚书右仆射，改司空。后被唐太宗免官，流放静州，死于流所。

②刘文静（568—619年）：唐朝大臣、开国功臣。隋末为晋阳令，后协助李渊起兵反隋，并奉命出使突厥求助。唐朝建立后，任纳言，与裴寂等修订律令。后迁民部尚书，自以为才能功勋在裴寂之上而位居其下，每有怨言，为裴寂所构陷，以谋反罪被杀。

③萧瑀（575—648年）：南朝梁宗室后裔，梁明帝萧岿第七子，隋炀帝萧皇后之弟。在隋朝历任内史侍郎、河池郡守。后投降李渊，武德初任内史令，深受信任。唐太宗继位，迁尚书左仆射，与同僚封德彝、房玄龄、杜如晦等议事每多不合，屡忤太宗之意。后被贬为商州刺史，不久征还而卒。

④尉迟恭（585—658年）：字敬德，唐朝名将，凌烟阁二十四功臣之一。勇武善战，一生征战南北，驰骋疆场，屡立战功。"玄武门之变"时助李世民夺取帝位。官至右武候大将军，封鄂国公。

⑤刘黑闼（？—623年）：隋末唐初割据势力首领。隋末参加瓦岗军起义，瓦岗军起义失败后，为王世充俘虏。后逃回河北，依附窦建德，封汉东郡公，以骁勇多谋著称。

⑥魏徵（580—643年）：唐初政治家、思想家、文学家和史学家，因直言进谏，辅佐唐太宗创建"贞观之治"的大业，被后人称为"一代名相"。著有《隋书·序论》，其言论多见于《贞观政要》。其最著名并流传下来的谏文表是《谏太宗十思疏》。

⑦大中正：魏、晋、南北朝、隋、唐时期负责评定士族内部品第的官员。

⑧房玄龄（579—648年）：唐初政治家、宰相，凌烟阁二十四功臣

之一。隋末举进士,任隰城尉。唐兵入关中,归李世民,任秦王府记室。协助李世民筹谋统一,取得帝位。李世民继位后,任中书令,后任尚书左仆射,监修国史。长期执政,与杜如晦、魏徵等同为唐太宗的重要助手,后封梁国公。

⑨杜如晦(585—630年):唐朝初年名相。隋末任滏阳尉。唐兵入关中,助李世民筹谋,任天策府从事中郎,兼文学馆学士。参与"玄武门之变",助李世民取得政权。唐太宗时累官至尚书右仆射,与房玄龄共掌朝政,订定各种典章制度。

⑩程知节(?—665年):俗名咬金,唐朝开国大将,凌烟阁二十四功臣之一。隋末先后入瓦岗军、投王世充,后降唐。随李世民破宋金刚、擒窦建德、降王世充,封宿国公。参与"玄武门之变",历任泸州都督、左领军大将军,改封卢国公。

⑪秦琼(?—638年):隋末唐初名将。隋末从张须陀镇压卢明月、李密等起义军,后归附李密,瓦岗军败亡后转投王世充,因见王世充为人奸诈,又投奔李唐。跟随李世民南征北战,击败宋金刚、王世充,镇压窦建德、刘黑闼起义军。曾参与"玄武门之变",官至左武卫大将军。

太宗李世民

李世民档案

生卒年	599—649 年	在位时间	626—649 年
父亲	唐高祖李渊	谥号	文武大圣大广孝皇帝
母亲	窦氏	庙号	太宗
后妃	长孙皇后、韦贵妃等	曾用年号	武德、贞观

李世民,祖籍陇西成纪,高祖李渊次子,唐朝第二位皇帝。

李世民少年从军,参加过雁门关营救隋炀帝杨广的行动。李渊建立唐朝后,李世民任尚书令、右武候大将军、秦国公,后又被封为秦王,率部消灭了薛仁杲、刘武周、窦建德、王世充等军阀武装,在唐朝建立和统一的过程中功不可没。

武德九年六月四日,李世民发动"玄武门之变",杀死太子李建成、齐王李元吉,之后被立为太子。八月九日,高祖李渊退位,李世民继位,次年改元贞观。

李世民在位期间,任人唯贤、虚心纳谏、励精图治,开创了国泰民安、经济繁荣的盛世局面,史称"贞观之治"。他对外开疆拓土,促进各民族融洽相处,被各族人民尊称为天可汗,为之后唐朝百余年繁荣昌盛的局面奠定了坚实的基础。他还爱好文学与书法,有墨宝传世。

贞观二十三年(649 年)五月十日,李世民驾崩于含风殿,初谥文皇帝,后加谥文武大圣大广孝皇帝,庙号太宗,葬于昭陵。

玄武之变　荣登帝位

据说李世民4岁那年,家里来了一位自称会相面的书生,对他的父亲李渊说:"您是贵人,而且还有贵子。"相面书生见到李世民时大吃一惊,说道:"龙凤之姿,天日之表,等到20岁时必能济世安民。"李渊便取"济世安民"之意,为儿子取名"世民"。童年时期的李世民聪明伶俐,不拘小节,除了接受儒家教育,还学习武术,擅长骑射。

李世民的青少年时期正值隋王朝由盛转衰的时候。隋炀帝在位时大兴土木,营建东都洛阳,修建宫殿和西苑,然后开掘大运河,修筑长城,开辟驰道。每项工程都迫使数十万至数百万的老百姓服劳役,严重破坏了生产力,将社会经济推向绝境。加上苛征杂税、兵役繁重,老百姓生活在水深火热之中,怨声四起。当时山东邹平有一个叫王薄的人,为了反对隋炀帝进攻高丽,作了一篇《无向辽东浪死歌》,并在长白山发动起义,由此揭开了隋末农民大起义的序幕。与此同时,又有北方游牧民族突厥乘机作乱,不断侵入隋朝边境。

农民大起义爆发后,隋炀帝依然我行我素,不加收敛,到处巡游。隋大业十一年,隋炀帝北巡至长城,在雁门被突厥军队包围。情急之中,隋炀帝用木头系上诏书,投到汾水中顺流而下,希望以此得到军队的援救。左屯卫大将军云定兴想带兵去援救,无奈人马不足,时年17岁的李世民闻讯前去应募,并献计说:"我们可以用疑兵计。突厥之所以敢包围圣上,是因为他们以为圣上没有援兵。我们去救援的时候,尽管兵寡将少,但可以把队伍拉开几十里的距离,让敌人在白天可以看到我们的旌旗,夜里能听到我们的钲鼓之声,这样敌人一定会以为我们的大军来了,不用交战,我们就可以吓退敌人。不过也有一定的风险,如果敌人知道我们兵力不多,胜败就很难说了。"云定兴听了大喜过望,决定冒险一试,当他们进至今山西宁武、原平一带时,突厥的侦察兵见隋军往来不绝,连忙去向始毕可汗报告,说隋军的大批援兵来了。始毕可汗急忙下令撤军。这件事初步显示了李世民卓越的军事才能。

隋大业十三年，李渊被隋炀帝任命为太原留守。这时有一支叫"历山飞"的农民起义军进攻太原，李渊带兵前去镇压，结果反被起义军包围，所幸李世民带领轻骑将他解救出来。等后面的步兵跟上来以后，李世民又和李渊杀了回去，打败了历山飞。

李世民的妻子长孙氏是右骁卫将军长孙晟的女儿，长孙晟的族弟长孙顺德和右勋侍刘弘基为了逃避辽东之役，亡命到太原来投奔李渊，与李世民关系很好。左亲卫[①]窦琮当时也流亡到太原，他过去与李世民有矛盾，但李世民对他极其友好，他也就慢慢对李世民放下了戒心。晋阳令刘文静因为帮助杨玄感起兵及与李密联姻，被隋炀帝下令关进太原监狱，李世民到监狱去探视他，说："我来监狱探望你，并不是因为儿女之情，而是想和你商量一件大事。"刘文静就在监狱里与李世民定下了起兵的大计。但是，李世民怕父亲李渊不肯起兵，不敢对李渊直言，恰好刘文静与晋阳宫监裴寂的关系密切，裴寂又和李渊有旧情，刘文静就让裴寂去劝说李渊起兵。李渊也看出隋炀帝昏庸无道，经过深思熟虑后，决定于晋阳起兵，并制定了"乘虚入关，号令天下"的战略。

隋大业十三年七月，李渊带着李建成、李世民兄弟，率军南下，攻破霍邑，渡过黄河，向西南挺进。当时隋炀帝远在江都，关内隋军力量薄弱，中原的瓦岗军与王世充激战正酣，均无暇顾及李氏父子的军队。因此，李氏父子进军神速，十一月间便攻入长安。不久，李渊宣布遥尊杨广为太上皇，拥立杨广之孙、代王杨侑为帝，改元义宁。杨侑封李渊为唐王，封李建成为唐王世子；封李世民为京兆尹，改封秦王。

义宁二年三月，隋炀帝在江都被部将杀死。五月，李渊迫使杨侑禅位，自立为帝，国号为唐，建元武德，定都长安。因为太原起兵是李世民的谋略，李渊曾经答应他事成之后立他为太子，但李渊建立唐朝后，却立长子李建成为太子，李世民仅被封为秦王。随着李世民在外屡立战功，威望日高，李渊先后封他为司徒（三公之一）、尚书令、中书令，乃至无可再封时，便创造了史无前例的天策上将之职授予他，位在诸王之上。李世民在朝中的地位仅次于李渊和太子李建成，且拥有众多支持者。李建成自知战功与威信皆不及李世民，心有忌惮，于是和弟弟、齐王李元吉联合起来排挤和陷害李世民。而李世民集团也不服太子，双方明争暗斗。人才济济的秦王府,加上朝廷中李世民的支持者,形成了一个庞大的秦王党,与太子党相抗衡。而李渊优柔寡断,使朝中政令相互冲突,最终促使几个儿子兵戎相见。

武德九年六月四日清晨,李建成和李元吉如平常一样上朝议事,当他们走进玄武门时,突然觉得情况有异,急忙撤退,但为时已晚,李世民和提前埋伏在这里的士兵一下子冲了出来。李元吉见大事不好,连忙摘下弓箭,但因为太紧张,弓箭竟然"再三不毂"(拉不开弓搭不上箭)。一向被李建成视为心腹的玄武门守卫也已被李世民买通,对于发生在眼前的事情,要么视而不见,要么倒向李世民,没有人肯为太子拼命。其中有个叫常何的军官,是李世民从太子阵营中争取过来的,也指挥部下和李世民一起攻打李建成。李世民沉着冷静,一箭射出,李建成猝不及防,正中喉部,当场毙命。

混战之中,李世民的马受了惊,跑到树林里,仓皇之中竟然撞到树上,以致人仰马翻。李元吉见状飞奔而来,取了李世民的弓箭,想用弓弦勒死他,危急之际,尉迟恭大喊一声,飞马赶到。李元吉转身逃跑,尉迟恭开弓放箭,李元吉应声倒地。接着,尉迟恭取下李元吉、李建成的人头。不久,东宫和齐王府的卫兵赶到了玄武门,东宫大将薛万彻高喊着要去攻打秦王府,因为秦王府防御力量薄弱,尉迟恭急中生智,将李建成和李元吉的人头高高举起,东宫和齐王府的士兵们见主帅已死,纷纷放下武器投降。

政变发生时,李渊正与大臣在宫内海池上划船,李世民让尉迟恭入宫担任警卫。尉迟恭身披铠甲,手握长矛,登上李渊的船。李渊惊问道:"今日作乱的人是谁?爱卿到此做什么?"尉迟恭回答道:"太子和齐王作乱,已被秦王诛杀,殿下担心惊动陛下,故派臣担任警卫。"李渊大惊失色,对裴寂等人说:"没想到竟然会出现今天这种事,你们认为应当怎么办呢?"萧瑀和陈叔达附和道:"太子和齐王本来就没有参与举义兵反抗隋朝的谋略,又没有为天下立下功劳。他们嫉妒秦王功劳大、威望高,企图谋害秦王。现在秦王已经声讨并诛杀他们,秦王劳苦功高,天下归心,陛下如果能够立他为太子,将国家大事委托于他,就不会再生事端了。"李渊听了点头表示同意。这时,尉迟恭又请求李渊颁布亲笔敕令，命令各军一律接受秦王处置。李渊无奈，只好写了诏书，由天策府司马宇文士及从东上阁门出去宣布敕令，以安定人心。接着，李渊又让黄门侍郎裴矩前往东宫开导李建成部下，李建成部众群龙无首，均弃职而散。李渊召李世民前来，抚慰他说："近些日子，我几乎产生了投杼的疑惑。"李世民跪了下来，伏在李渊身上，号啕大哭。

随后，李渊颁布诏书大赦天下，宣布立秦王李世民为皇太子。由于李建成、李元吉二人已经伏诛，对其党羽一概不加追究。两府中的僧人、尼姑和男女道士依照原先颁布的诏令处理。同时颁布诏书：朝中各项事务均由太子处置。

同年八月八日，李渊将皇帝位传给李世民，仍居于大内皇宫正殿——太极殿。次日，李世民在东宫显德殿即皇帝位，并大赦天下，从此开始了他辉煌的帝王生涯，即位第二年正月初一改元贞观。

安抚人心　虚心纳谏

武德九年六月五日，前太子旧党冯立、谢叔方出来请罪，而薛万彻在逃亡以后，经李世民多次让人明示，也现身请罪。李世民说："这些人都能够忠于自己所侍奉的人，是义士啊！"并下令赦免他们。

前太子洗马魏徵是个胸怀天下的有才之士，曾劝说太子李建成及早除去李世民。李建成死于"玄武门之变"后，李世民传召魏徵，问道："你为什么挑拨我们兄弟的关系呢？"大家都为魏徵捏了一把汗，但魏徵却举止如常地回答道："如果已故的太子早些听从我的进言，肯定不会有今天的祸事。"面对欲置自己于死地且又死不悔改的魏徵，李世民居然以政治家的风度引为詹事主簿，后擢拜谏议大夫。魏徵亦心悦诚服，感叹李世民的胸襟宽广，心甘情愿投入明主的怀抱。入朝议事之后，他一如既往，敢于直言，秉性不变，只要是对国家不利的，他就敢置身家性命于不顾，屡屡犯颜直谏。

李建成和李元吉的余党流亡到民间后，尽管李世民连续颁布赦免令，但他们内心仍然深感不安，也有人告发他们以邀功请赏。谏议大夫王圭将这种情况告诉李世民，李世民于武德九年七月十日颁布太子令："六月四日玄武门之变以前与东宫和齐王府有牵连的人、六月十七日以前与李瑗谋反有牵连的人，一概不允许相互告发。对于违反规定的人，以诬告罪论处。"

七月十一日，魏徵奉命安抚河北，并获许见机行事。魏徵来到磁州的时候，遇到州县押送带有枷锁的前太子千牛李志安、齐王护军李思行前往京城。魏徵阻止了这一行人，并对押送的人说："我奉命出使的时候，朝廷就已赦免原东宫与齐王府的属官，不予追究。现在又押送李思行等人，那么谁不会对赦令产生怀疑呢？虽然朝廷为此派遣了特使，又有谁会相信他呢？我不能因为顾虑自身遭受嫌疑，便不为国家考虑。何况我既然被视为国中才能出众的人士而受到礼遇，怎敢不以国中才能出众人士的本色来报答陛下呢？"说完，他将李志安等人释放。李世民得知此事后甚为赞赏。

李世民十分注重人才的选拔，并严格遵循任用德才兼备者的原则，初期延揽房玄龄、杜如晦，人称"房谋杜断"，后期任用长孙无忌②、杨师道、褚遂良③等忠直廉洁之士，李勣、李靖等一代名将。李世民认为，只有选用大批有真才实学的人，才能达到天下大治的目的。因此他求贤若渴，先后5次颁布求贤诏令，并增加科举考试科目，扩大应试范围和人数，以便发现更多的人才。由于采取了一系列有利于选拔人才的措施，贞观年间涌现了大量优秀人才，可谓"人才济济，文武兼备"。也正是这些栋梁之材，以他们的聪明才智，为"贞观之治"做出了巨大贡献。

李世民在用人方面除了知人善任以外，还不拘一格，这也是唐朝能够走向繁荣的重要原因。在李世民看来，只要是人才，就不能计较其出身和经历。贞观五年（631年），李世民命令文武百官上疏发表自己的见解。当初在"玄武门之变"中起到重要作用的常何上了一份奏折，李世民看后十分满意，但他也知道，常何只是一介武夫，绝对写不出这样有理有据、颇具文采的奏折来，于是询问是何人所写。常何诚实地回答说，写这份奏折的是他的一个客人，叫马周。李世民急忙召见马周，原来是一位气宇轩昂、谈吐不凡的年轻人。论及天下时局和为政之道，马周不假思索，对答如流，把古往今来的为政得失谈得头头是道。李世民非常欣赏马周的学问，后将他逐步晋升为中书令。

李世民吸取隋炀帝拒绝听从大臣的谏言而亡国的教训，即位后除了扩大谏议大夫等谏官的权力，还大力鼓励臣下直谏。大臣王珪、马周、孙伏伽、褚遂良等皆以极谏知名，其中又以魏徵最敢言直谏。李世民在位期间，进谏的官员不下35人，而魏徵一人所谏达200余事、数十万言，被称为"谏臣"，而且他每次进谏都切中要害，对矫正时弊有着重要作用。

魏徵为了国家的长治久安和黎民百姓的安居乐业，刚直敢言，勇于谏诤，检点李世民的过失，实属难能可贵。李世民有时也难免因魏徵不顾"天子"的面子，当面"揭短"而大为恼火。有一次，魏徵又在朝廷上把李世民弄得很尴尬。退朝之后，李世民发狠道："魏徵每次上朝都扫我的面子，我早晚要杀了他！"当然，李世民并没有杀魏徵，反而更加信任魏徵。在以魏徵为代表的大臣带动下，朝廷中出现了争相谏诤的良好风气。魏徵也因此得到李世民的特别器重，官至二品，封郑国公。贞观十七年（643年），魏徵病重，李世民经常派人送去药品和补品，并专门派人到魏徵家中看护，令其随时禀报病情。他自己也两次到魏徵家中探望，第二次还带上了太子和衡阳公主。魏徵勉强拜见了李世民，李世民忧伤地安慰魏徵，叫他好好养病，并流着泪问他有什么要求。魏徵强支病体说："我不愁别的小事，只担心国家的兴亡。"作为李世民的股肱大臣，魏徵可谓鞠躬尽瘁，死而后已。

魏徵去世时，李世民悲痛万分，罢朝5天志哀，下令以一品官礼厚葬他，还把魏徵像于凌烟阁陈列，经常前往吊唁赋诗，以示纪念。李世民对侍臣说："夫以铜为镜，可以正衣冠；以古为镜，可以知兴替；以人为镜，可以明得失。朕常保此三镜，以防己过。今魏徵殂逝，遂亡一镜矣！"

李世民把魏徵看作是了解自己得失的一面镜子，这既是对他们君臣关系的生动概括，也是对魏徵的公正评价。

以民为本　发展经济

李世民吸取隋朝灭亡的教训，非常重视民生。他强调以民为本，经常说："君，舟也；人，水也。水能载舟，亦能覆舟。"他在继位之初便下令轻徭薄赋，让百姓休养生息。

贞观元年（627年），有人报告称岭南高州统帅冯盎、谈殿拥兵反叛，李世民打算命人率军前去镇压。魏徵劝阻道："现在国家刚刚安定下来，多年征战给百姓带来的创伤尚未得到恢复，如果轻易出兵，百姓又要经受战乱的痛苦。况且岭南气候潮湿，山高川深，给养不便，如果达不到预期的目的，后悔就来不及了。再说，如果冯盎、谈殿真要反唐，大局刚定是最好的时机，但到现在他们都没有什么动静，可见他们并没有反叛的事实。路途遥远，其中有什么误会也说不定。陛下不妨派出使者，一来可以探听虚实，二来可以把朝廷的打算告诉他们，不必动用大军，他们就会主动归顺朝廷。"李世民深以为然，遂打消了出兵的念头。

李世民经常对身边的人说："凡事皆须务本，国以人为本，人以衣食为本。凡经营衣食，以不失农时为本；若想不失农时，君主务必抚民以静。如果频频征战，大兴土木，却又不想失农时，那是不可能的。"李世民爱惜民力，从不轻易征发徭役。他患有气疾，不适宜居住在潮湿的旧宫殿里，但他却在隋朝的旧宫殿里住了很久。

李世民特别关注农业生产，大力推行均田制与租庸调制，奖励垦荒，"去奢省费，轻徭薄赋"，曾遣散宫女3000多人，并下令免去四方珍贡；使农民能安定生产，耕作有时，衣食有余，安居乐业，促进了经济的发展。唐初赋税徭役比隋朝有所减轻，尤其是力役征发较有节制，注意不夺农时，为农业生产创造了良好的条件。

贞观二年，天气异常干旱，李世民非常着急，亲自和百姓一起引河水灌溉农田。大旱过去不久，关中平原又产生了蝗虫灾害，眼看百姓将要颗粒无收，李世民为此忧心忡忡、寝食难安。为了让灾民得以度过荒年，他下令对灾区免除租赋，开仓赈灾；同时精简机构，以节省朝廷开支，减轻百姓负担，并通过"互市"换取大批牲畜用以农耕。

李世民在重视农业发展的同时，还积极扶持商业发展。中国历代封建王朝基本的经济指导思想是"重农抑商"，商人的地位比农民要低。但是，李世民不但不歧视商业，还给商业发展提供了许多便利条件。在他的倡导下，唐朝的商业经济有了迅速和长足的发展，新兴的商业城市如雨后春笋般出现。除了沿海的交州、广州、明州、福州外，还有内陆的洪州、扬州、益州和西北的沙州、凉州等地。

唐朝的强盛给统治者带来了无比的自信，因而唐朝开放程度很高，贸易兴旺，举世闻名的"丝绸之路"在唐朝时发挥出了它最大的价值，成为整个世界的"黄金走廊"。

仁义治国　御边怀远

李世民素来不主张严刑酷法，贞观时期除了沿用隋朝的死刑复核制度以外，为了避免错杀无辜，他又将隋朝临刑前的"三复核"改为"五复核"。即使这样，李世民在每年年底都会把一年之内的死刑案件亲自审查一遍。

贞观六年（632年）年末，李世民如同往年那样，亲自来到狱中看望死囚，看看有没有喊冤的，凡是喊冤的给予重审。有个叫冯二的囚犯见了李世民后什么都不说，只是哭得很伤心。李世民对他说："你有什么冤屈只管道来，朕定会为你做主。"冯二说："回禀陛下，小人失手杀人，罪有应得，无冤可诉，只是小人上有八十老母，下有嗷嗷待哺的幼儿，小人犯事以后，没来得及和家人告别，就被带到了监狱里。明年秋天我就要被处斩了，家里的事情还没有来得及交代，实在是心有不安。小人只想恳求陛下恩准小人回家一趟，安顿好家里的事情，跟家人告个别，小人定会如期返回。"

李世民看着眼前面黄肌瘦的孝子冯二，怜悯之情油然而生，萌生出一个大胆的念头——给这些囚犯一些时间，让他们回家处理后事。几经考虑，他下了一道令人震惊的前无古例的圣旨：全国已决定执行死刑的囚犯，一律放回家与亲人团聚，来年秋天九月四日赴京城执行死刑。

贞观七年（633年），被放回去的390个死囚均按时返回长安，没有一人逃跑。最后，李世民把这些死囚全部赦免了。

李世民深受儒家以"仁"治天下的思想影响，以"仁本，刑末"为立法根本。其倡制的《贞观律》是我国封建法典的模本，影响深远。

在处理与少数民族的关系时，李世民恩威并重，不忘布德施惠，优待归附的少数民族。贞观二年，朔方人梁洛仁杀了夏州割据势力首领梁师都，归降唐朝，唐朝统一全国。贞观四年（630年），李世民命李靖出师塞北，消灭了东突厥，李世民因此被西域诸国尊为"天可汗"。

李靖打败突厥颉利可汗后，颉利可汗统属的部落很多都归顺了大唐，李世民下诏讨论安定边境的政策。中书令温彦博建议说："请陛下仿照东汉建武年间将降服的匈奴安置在五原郡边塞附近的办法，把突厥人安置在黄河以南地区，这样做既可以保留原有的部落编制，作为中原的屏障，同时又不让他们远离本土，不改变他们的习俗，以便实行抚慰政策。如此，一来可以充实空虚的边塞，二来也表明朝廷对他们没有猜疑之心。我认为，这才是包容和安抚他们的正当办法。"李世民深以为然，但秘书监魏徵却坚决反对道："依臣之见，应当把他们发配到黄河以北地区，让他们居住在自己的土地上。秦汉时，他们是中原的祸患，所以当时朝廷常常派猛将去攻打他们。收回他们在黄河以南占有的土地，在那里设置郡县加强管理。如果让他们生活在我们身边，离京城如此之近，将来可能会成为心腹之患，所以千万不可把他们安置在黄河以南。"温彦博反驳说："如今突厥兵败，余部前来归降，如果陛下对他们不加以怜悯，反而弃他们于不顾，这不是天子的胸襟。我认为陛下不应采取抑制少数民族的政策，而应把他们安置在黄河以南地区。把他们安置在中原内地，传授给他们礼教法令，选拔他们的首领，派卫兵驻守那里，让他们畏惧大唐的威严，感激大唐的恩德，这有什么可担忧的呢？"

最后，李世民采纳温彦博的策略，从幽州至灵州，设置了顺、祐、化、长四州安置归顺的突厥部落，从此以后，到长安定居的突厥人达万户之多。像这样对异族采取包容接纳的怀柔政策，在历史上还是第一次。

贞观十四年（640年），侯君集④平定高昌后，李世民想在高昌设立州县。魏徵反对道："陛下当初刚登上皇位的时候，高昌王最先来朝拜谒，后来经商的胡人多次告发高昌王不向朝廷进献贡奉，加上他们对大国的使者不以礼相待，终于获得罪名。如果朝廷只对高昌王一人定罪，也还算合情合理。依臣之见，不如安抚他的臣民，拥立他的儿子。常言道，处罚有罪之君，安抚他的百姓，让威名和仁德播撒到遥远的边关。这是最好的治国安边之策。现在如果在高昌王的土地上设立州县，必须经常有成百上千的人在那里驻守，并且几年就要更换一次。每次换防，士兵们都要往来奔波，死于劳顿者不计其数。士兵们还要添置衣物，离别亲人，饱受背井离乡之苦。10年以后，甘肃以西的地区肯定会人财空虚，而陛下却得不到高昌一把谷子，甚至一尺帛布的援助。这其实是拆散有用的东西，去侍奉无用的东西。我看不出有什么益处。"但李世民没有听取他的意见，仍然在高昌设置西州属地，定西州为安西都护府，每年调派1000多人马驻守该地。

贞观十九年（645年）三月，李世民以高丽摄政王弑主虐民为由，亲率六军从洛阳北进，攻打高丽，但东渡辽水以后，遭到高丽的顽强抵抗。唐军在安市城久攻不下，加上天气转冷，草枯水冻，粮草供给不足，兵马难以久留，李世民只得下诏班师。在这以后，李世民对高丽的进攻仅维持在一些小规模的突袭上。

贞观十九年，薛延陀首领多弥可汗拔灼与唐朝大军对抗。贞观二十年（646年），唐军反击并打败拔灼，薛延陀的附属回纥出兵，并将他杀死。拔灼的堂兄伊特勿失可汗咄摩支向唐军投降，薛延陀部灭亡。

贞观二十年，唐朝在漠北设立安北都护府，在漠南设立单于都护府，建立了南至罗伏州，北括玄阙州（后改名余吾州），西及安息州，东临哥勿州的辽阔疆域。

明君贤后　相得益彰

在李世民的一生中，对他产生重要影响的女人主要有两个，一个是长孙皇后，一个是徐惠妃。

长孙皇后出身贵族，自幼受到良好的教育，知书达理，宽厚仁慈，以自己独有的才干对李世民产生了很大影响，也为开创"贞观之治"的局面做出了不可磨灭的贡献。她最突出的贡献就是有效防止了外戚专权。长孙皇后之兄长孙无忌曾为李世民鞍前马后，立下了汗马功劳，是名副其实的开国元勋，深受李世民信任，李世民有意让他担任宰相。但长孙皇后却要求降低长孙无忌的官职级别，又劝兄长主动上朝辞职，临终前长孙皇后还提醒李世民，千万不能出现外戚专权的事情。这在中国历史上是极为少有的。大凡后宫得宠，必然大力提拔亲属，培植自己的势力，而长孙皇后则避裙带之嫌，将外戚专权引发的历史悲剧当成一面镜子，尽量避免重蹈覆辙，实属难能可贵。另外，长孙皇后对政治也有着自己独到的见解，李世民在位时遇到棘手的政务，经常与长孙皇后商讨，也很乐于采纳她提出的意见。李世民刚继位时能够做到虚心纳谏，长孙皇后在背后也起到了很大作用。每当他使性子不肯听大臣的进言时，长孙皇后总是引经据典，耐心地对他进行劝解，使他心悦诚服。

徐惠妃即徐惠，浙江湖州人，从小便聪明伶俐，据说5个月便会说话，4岁便熟读《论语》《诗经》，8岁能吟诗作赋，文采出众，是个小神童。11岁时，她被召入宫中做了才人。

李世民特别钟爱徐惠，对她尤为照顾，将她由最低级的才人升到九嫔中的第八级充容。徐惠的才气也给李世民带来了无尽的欢乐。有一次，李世民诏见徐惠，徐惠却姗姗来迟，李世民一脸的不高兴。徐惠见状也不辩解，只挥笔写了一首诗，递给李世民。诗文写道："朝来临镜台，妆罢暂徘徊。千金始一笑，一召讵能来。"李世民看后哈哈一笑，满腹怨气随之烟消云散。

除了在文学上的才气，徐惠在政治上同样具有非凡的眼光。李世民在位后期贪图功名,多次远征高丽,以致劳民伤财,怨声载道。贞观二十二年(648年),李世民再次打算用兵,徐惠忍不住写了一篇奏文,李世民看后终于放弃用兵。

文韬武略　名垂青史

李世民是出名的马上皇帝,精于骑射,据说他使用的弓箭比常人用的整整大了一倍,命中率高,穿透力强。在战争年代,身先士卒,骏马大弓,冲锋陷阵,成为他独有的标志。后来登基为帝,他的威风依然不减当年。他特别嗜好弓马,对骏马的爱好胜过一切。昭陵六骏石刻,既代表了唐朝初期精湛的雕刻艺术,也是李世民钟爱良马的一个真实写照。

李世民在文学、书法上也有很深的造诣。他的诗文作品被后世编入《全唐文》和《全唐诗》中,其中有文七卷,赋五篇,诗一卷六十九首。他的文章大多是用骈文写成,语言精练,对仗工整,引经据典,说服力很强,以政论、史论、诏敕为主,其中最具代表性的作品是《帝范》。

尽管文学是李世民一生的爱好,但他并不注重自己的名气,他说:"君主以德治天下,只靠文章是没有用的。"因此,他拒绝了很多人提出的要为他出诗文集的提议。

李世民的书法同样具有很高的水平,承晋代著名书法家王羲之一脉,最擅长飞白书法,功力深厚。他非常注重对技法的钻研,写过大量论文,如《笔法论》《指法论》《笔意论》等,从初学者到大家的不同角度进行分析,语言精辟。他经常将自己的得意作品送给大臣,在他的大力推动下,那个时期兴起了书法革新运动,结束了南北朝以来南师王帖、北宗魏碑的各立门户的局面,使王羲之的书法成为书法界的正宗。

到了晚年,李世民迷恋炼丹术,最终因服用仙丹过量,导致中毒。贞观二十三年五月二十六日,李世民在终南山上的翠微宫含风殿驾崩。

注释：

①左亲卫：东宫武官名。北周有亲卫大都督，掌皇帝宿卫。建德初置东宫左亲卫，属左司卫，掌东宫护卫。

②长孙无忌（？—659年）：唐初宰相、外戚，唐太宗长孙皇后之兄。参与策划"玄武门之变"。贞观年间，历任尚书右仆射、司空、司徒等职，封赵国公，在凌烟阁功臣中位列第一。唐高宗时任太尉、同中书门下三品。因反对立武则天为后，被贬遇害。

③褚遂良（596—658或659年）：唐朝政治家、书法家。唐太宗时历任起居郎、谏议大夫、中书令。贞观二十三年与长孙无忌同受太宗遗诏辅政，唐高宗继位，任吏部尚书、右仆射、知政事。封河南郡公，人称褚河南。主张维护礼法，定嫡庶之分。因反对唐高宗立门第低微的武则天为后，被贬职而死。

④侯君集（？—643年）：唐朝名将，初从李世民作战，累迁至左虞候、车骑将军。曾参与策划"玄武门之变"，与长孙无忌等5人论功第一。李世民继位后，历任右卫大将军、兵部尚书、交河道行军大总管等职。后与太子李承乾谋反，被杀。

高宗李治

李治档案

生卒年	628—684 年	在位时间	649—684 年
父亲	唐太宗李世民	谥号	天皇大圣大弘孝皇帝
母亲	长孙皇后	庙号	高宗
后妃	王皇后、萧淑妃、武皇后等	曾用年号	永徽、显庆、麟德、乾封、总章、咸亨、上元、仪凤、调露、永隆、开耀、永淳、弘道

李治，字为善，小名雉奴，太宗李世民第九子、长孙皇后三子，唐朝第三位皇帝。

李治初封晋王，后因李世民嫡长子、太子李承乾与四子魏王李泰相继被废，他于贞观十七年被册立为皇太子。贞观二十三年，李世民驾崩，李治继位，改元永徽。

李治在位之初勤于政事，很重视解决农民问题，有效地促进了经济发展，故而"百姓阜安，有贞观之遗风"。唐代的版图以李治时为最大，东起朝鲜半岛，西临咸海（一说里海），北到贝加尔湖，南至越南横山，维持了32年。在废立皇后的问题上，李治也极力坚持自己的主张，排除元老派的干扰。显庆五年（660年）以后，李治经常头晕目眩，影响到政务的处理，皇后武则天乘机插手朝政，开始参与国家大事。

弘道元年十二月二十七日夜,李治驾崩,终年56岁,谥号天皇大帝,庙号高宗,葬于乾陵后增谥为天皇大圣大弘孝皇帝。

鹬蚌相争　渔翁得利

贞观五年二月,年仅4岁的李治被封为晋王。贞观七年,他又被任命为并州都督。李治小时候非常聪明,相貌端庄、神态安详,性情宽厚仁慈,与兄弟们相处非常融洽,深得李世民的喜爱。贞观十年(636年)六月,长孙皇后去世,这一年李治年仅9岁,对于母亲的离世非常伤心,身边人也被他对母亲的感情所感动。李世民经常安慰他,也因此更加宠爱他,在长孙皇后去世不久便任命他为右武侯大将军。

李世民一共有14个儿子,长子李承乾、四子李泰、九子李治均为长孙皇后所出。按照传统礼制,李承乾理所当然地被立为太子,成为皇位接班人。但是,李承乾不但天生有腿疾,而且性情顽劣、不守规矩,常常带领手下人去偷老百姓的牲畜回来杀掉吃肉。他还喜欢模仿突厥人的习俗,干出一些令人讨厌的事情。年龄渐长后,他又贪恋声色,而且偏爱男宠。当时有个俊俏的男戏子,深得李承乾喜爱,两人整日厮混,引起了很多非议。李世民一怒之下杀了那个男戏子,并处理了一批对太子教育失职的老师,希望李承乾能够接受教训。然而,李承乾依然如故,又与叔父、汉王李元昌在宫中各自组织人马交战,每次都造成不少伤亡。李世民得知后十分恼怒,将李承乾狠狠地训斥了一顿,并产生了废黜太子的念头。

四皇子李泰得知兄长失宠,有意争夺太子之位。他千方百计地拉拢朝中大臣,又与驸马都尉柴令武以及房玄龄之子、驸马房遗爱结成死党,加上他自己精通文墨,本来就深受李世民喜爱,对太子李承乾产生了巨大的威胁。李承乾对李泰怀恨在心,一心想要除掉他。他先指使心腹冒充李泰的下人到李世民那里告状,诉说李泰的种种不法行为,不料却被李世民识破。李承乾一计不成又生一计,派人去暗杀李泰,结果也失败了。但他仍不死心，干脆暗中招募一批死士，准备杀入宫中，逼李世民退位。事情败露后，李世民将李承乾贬为庶人。

李承乾被废黜后，李泰就成了太子的"理想"人选。为了进一步邀宠，他每天都到宫中向李世民请安。果然，李世民当面表态，有意立他为太子。这时，朝中大臣分为两派，以岑文本①等人为代表的一派主张立李泰为太子，以长孙无忌、褚遂良为代表的一派则主张立李治为太子，两派争执不下，李世民一时拿不定主意。为了争取李世民的同意，李泰承诺愿意在临死前杀掉自己的儿子，将皇位传给李治。李世民又一次征求大臣们的意见，但褚遂良等人都表示不相信李泰，李世民一时又没了主意。

李泰见这条路走不通，只得改变策略，私下威逼李治不要和自己竞争。消息传到李世民耳中，他立即想起因此被贬为庶人的李承乾，心中十分不悦，遂改变主意，准备立李治为太子。为了给李治将来继位打下良好的基础，防备李泰闹事，李世民召集朝中大臣，让他们效忠李治，同时将李泰囚禁起来。就这样，在这场太子之位的争夺战中，李治坐收渔翁之利。

李治性情温和，颇受李世民喜爱。他被立为太子后，李世民为了培养其治国理政的才能，花费了不少心血。比如，剪除李承乾和李泰的党羽，让当时最有权势的大臣兼任东宫官职，为李治继承帝位铺平道路。为了树立李治的威信，他还下令全国的军队都要听从李治调遣，大将军以下官员必须听从李治的处分。为了培养李治的执政能力，李世民经常带着李治上朝，让他观看和听取如何处理政务，并让他发表意见，然后再向他讲解治国的道理。

不过，李世民内心对李治并不是很满意，认为他懦弱柔善，将来难有作为。因此，李世民一度打算废掉李治，改立三子李恪为继承人。但是，李恪是隋炀帝的女儿杨氏所生，是庶子，做皇帝的继承人不合规矩，因此遭到长孙无忌等人的强烈反对，李世民只得搁置此事。之后，李世民东征高丽，留李治镇守京都，李治以出色的表现赢得了李世民的信任，加上他为人孝顺，慢慢地，李世民也就不再提废黜李治之事了。

贞观二十三年四月，李世民身患重病，预感到自己将不久于人世，对李治实在放心不下，于是对李治说："李勣才智过人，但是你从未有恩惠于他，恐怕日后难以为你效力，因此我特意将他贬到外地，等你继位后，再将他召回来做丞相，这样他就会对你感恩。"

临终之前，李世民还特意将支持李治的褚遂良、长孙无忌等人叫到床前，托付后事。五月二十六日，李世民驾崩，李治继位，时年22岁。

继承父志　勤于朝政

李治继位以后，按照李世民的遗嘱，重用长孙无忌和褚遂良，又将李勣调回京城任尚书左仆射，对他们都非常信任。经过李世民多年的悉心培养，李治已经掌握了一套处理朝政的手段，加上长孙无忌、褚遂良、李勣、于志宁②等人大力协助，处理起政事来可谓得心应手，是个颇有政绩的皇帝。

贞观年间法律相对宽柔，李治也很好地继承了下来。他对监狱里囚犯少、死罪率低的情况相当满意。

高祖李渊有22个儿子，太宗李世民有14个儿子，这些宗室皇族常常仗势欺人、飞扬跋扈。李治的小叔滕王李元婴和七兄蒋王李恽屡屡欺压百姓、搜刮民财，激起了很大的民愤。李治知道后十分生气，趁着一次赏赐诸王的机会，旁敲侧击地说："滕王叔叔和蒋王哥哥都善于自己经营，我看就不必赏赐给他们财物了，只赏给他们两车麻，让他们回去做成穿铜钱的绳子吧。"他的话，令李元婴和李恽两人在大庭广众之下无地自容。

太宗李世民的驸马柴令武、高祖李渊第六子荆王李元景及女儿丹阳公主，对李治当皇帝心中或多或少有不满情绪。他们联合起来，形成一股势力，企图推翻李治。李治知道后，下令长孙无忌彻查，最后全部予以严肃处理。

李治在位期间虽然没有做出一番轰轰烈烈的政绩，但也保持了稳定的政局。由于他继承了太宗时期的惠民政策，国家经济仍然快速发展，人口不断增加。

眼见国家的实力不断增强,李治也开始频繁地对外用兵,扩大疆域,维护国家统一,加强对边疆的控制,促进中外经济和文化的交流,从而扩大了当时中国在世界上的影响力。但是,征战频繁也带来了很多负面影响,兵役、徭役相应增加,加重了农民的负担,也使朝政变得腐败起来。

恋母情结　武氏得宠

李治继位后,立王氏为皇后,但王皇后不能生育,渐渐失宠,李治便开始宠幸萧氏和武则天,这也使李唐王朝在日后付出了惨痛的代价。

由于早年丧母,李治在成长的过程中一直有意识地寻找失去的母爱。武则天的出现恰好填补了他这方面的心灵空缺。武则天比李治大4岁,他们第一次相遇时,武则天是李世民的才人,而李治还是一个年轻的太子。当时李治身边虽然妃嫔众多,但武则天的美貌、成熟、稳重以及酷似长孙皇后的性格,对李治有着巨大的吸引力,两人很快走到了一起,做出了有违人伦之事。李世民驾崩后,按照大唐律例,武则天被送到感业寺削发为尼。

李治继位第二年到感业寺进香,再次见到了武则天,两人感慨万分,相对落泪。武则天经历了一番坎坷,母性的成熟在她身上更加丰富地表现出来,也更加强烈地吸引着李治。此时李治刚继位不久,朝中的辅政大臣都以长辈自居,难以驾驭,这给他的心灵造成了很大的压抑,正需要有一个精神寄托,而武则天恰好能给他带来精神上的慰藉。

武则天性情刚烈,身上有一种男人的豪气,令许多男人自愧不如。她刚成为李世民的才人时,皇宫引来了一匹名为狮子骢的宝马,肥壮暴烈,无人能驯。武则天自告奋勇,说只需要三样东西:铁鞭、铁挝、匕首,就能驯服此马。她这种刚烈的性格正是李治所缺乏的,也正是他最需要的,所以,李治感觉自己离不开武则天,于是下诏让武则天重新蓄发,然后把她接入宫内,正式纳为妃子。

武氏第二次进宫,对王皇后"卑辞屈体",百依百顺,使王皇后对她赞不绝口。而她侍奉李治更是无微不至，像母亲照顾自己的孩子一般。

后来武则天当了皇后，又参与朝政，她过人的才华和能力得到了尽情的发挥。她在李世民身边服侍多年，从来没有被重视过，可谓怀才不遇。而到了李治身边，她一下子变成了宝贝，对李治来说，武则天既是他的情人，又像是他的母亲，同时还是一个得力的助手。

力排众议　废王立武

武则天第二次进宫后，王皇后本来打算联合她打倒萧氏，找回昔日的恩宠。然而，她的如意算盘最终落空了，地位反而日渐不稳。这使她开始对武则天心生不满，整天和自己的母亲魏国夫人一起诅咒武则天。消息很快传到了李治的耳中，李治非常生气，下令禁止魏国夫人出入宫廷，王皇后的舅舅柳奭也因此被罢掉了中书令的官职。李治甚至开始考虑重立皇后的事情。

武则天也是个心狠手辣的女人，她进宫不久生下一女，李治非常疼爱这个女儿，几乎每天下朝之后都要去看望女儿。王皇后也不例外，经常到武则天处逗孩子玩。据说武则天为了当上皇后，使了一个阴险歹毒的计谋，瞅准一次王皇后与孩子玩耍的机会，在王皇后走后将孩子亲手掐死，蒙在被子里。之后，她像没事人一样等着李治到来。不大一会儿，李治来了，两人有说有笑走进去，武则天掀开被子，见孩子已死，顿时号啕大哭，诬陷王皇后害死了自己的孩子。李治大怒，决定废掉王皇后。

为了得到大臣们的支持，李治先去见了自己的舅父长孙无忌，希望能得到长孙无忌的赞同和支持，没想到长孙无忌坚决表示反对。李治并不死心，在一次朝见百官时宣布封武则天为宸妃，以示特宠，极大地提高了武则天的地位和威望，让她在称后的道路上迈出了重要的一步。

大臣们都看出皇帝有意废旧立新。中书舍人李义府善于察言观色、逢迎巴结，因为受到长孙无忌的排挤而心怀不满乘机向李治提出改立武则天为皇后，并得到了许敬宗③、袁公瑜、崔义玄等人的支持。这样一来，朝中为废立皇后之事分为两派，争吵不休。

为了达到目的，李治专门召集大臣商讨皇后废立之事。他以"不孝有三，无后为大"为由，提出废黜王皇后，但又一次遭到长孙无忌、褚遂良等人的坚决反对。不过，李治已经下定决心，不愿意再被大臣们左右，一心要把武则天扶到皇后的位置上。

永徽六年（655年），李治以谋害他人为借口，成功地废掉了王皇后和萧淑妃，改立武则天为皇后。事后，当初反对废立皇后的贞观遗臣，除李勣之外，全部被罢免或疏远，而支持武则天的李义府、许敬宗则乘机组成了一个新的权力集团。

显庆五年冬，李治身体不佳，头痛目眩，视线模糊，无法继续理政，就将朝中大事委托武则天代为处理。武则天天性聪慧，又很有文史修养，处理起政务来得心应手，不输须眉。

武则天刚刚当上皇后时，表面上对李治百依百顺，暗中却拉拢了一批心腹。待皇后的位置坐稳，加上自己有了处理朝政大事的能力，她便开始控制李治，派人监视李治的一举一动。她发现李治对被废的王皇后、萧淑妃怀有同情之心，生怕自己的地位被撼动，就派人将王氏和萧氏二人杀死，以绝后患。麟德元年（664年），李治和上官仪商量废掉武则天，再立一个新的皇后，并让上官仪写了一份诏书。武则天得到消息知，马上找李治质问，李治害怕，只好将责任推到上官仪的头上。武则天大怒，下令杀掉上官仪。此后，李治每次上朝，武则天必定垂帘听政，牢牢地将权力掌握在自己手中，因此和李治一起被恭称为"二圣"。

四立太子　临终托政

李治一共有8个儿子，其中4个是皇后武则天所生，另外4个则是后宫嫔妃所生。李治刚继位的时候，王皇后希望能让皇子李忠当太子，自己晚年也好有个依靠。李忠是后宫刘氏所生，虽然没有当太子的资格，但因为王皇后的大力扶持，李治便于永徽三年（652年）将他立为太子。

也正是这一年，武则天生了一个儿子，取名李弘。后来，武则天贵为皇后，许敬宗根据嫡长子继承的原则，提出更换太子，得到了李治的同意。显庆元年（656年），李忠被废，李弘被立为太子。后来，李弘跟随父母前往洛阳巡幸，猝死于东都西苑合璧宫。

李弘死后，李治又立第六子李贤为太子。李贤自幼聪明，饱读诗书，深受李治喜爱，但他已经长大成人，又自负才高，做事独断专行，武则天感到难以控制，不久便借口李贤谋逆将其废去。之后，武则天又将李治第七子李显立为太子。

弘道元年冬，李治病重，托付太子监国，拒绝接见大臣。十二月，李治从奉天宫回到东都洛阳，改元弘道，大赦天下。之后，李治病危，临终前下令太子在灵前继位，由宰相裴炎辅政，凡军国大事无法决断，可听从天后（武则天）处置。

注释：

①岑文本（595—645年）：唐朝宰相、文学家。初为萧铣中书侍郎，后随萧铣降唐，署荆州别驾。贞观初累擢中书舍人，文辞优美，诏诰皆所草定。后拜中书侍郎，专典机密，官至中书令。唐太宗用兵辽东，凡所筹划，一皆委他。贞观十九年从征辽东时暴病而亡。

②于志宁（588—665年）：初仕隋朝，授冠氏县令。晋阳起兵后，投奔秦王李世民，出谋划策，位列秦王府"十八学士"。唐太宗继位，任中书侍郎、太子左庶子。曾多次劝谏太子李承乾，几被太子派人刺死。唐高宗继位，升任尚书左仆射。参与编撰各种律令、礼典。

③许敬宗（592—672年）：唐朝大臣、学者、文学家。唐初为秦王府"十八学士"之一。唐太宗时官至中书侍郎，唐高宗时任礼部尚书，助立武则天为后，转升侍中。又助武后逐褚遂良，逼杀长孙无忌、上官仪等。显庆三年（658年）任中书令，与李义府同掌朝政。

女皇武则天

武则天档案

生卒年	624—705 年	在位时间	690—705 年
父亲	武士彟（yuē）	谥号	则天顺圣皇后
母亲	杨氏	庙号	无
丈夫	唐太宗李世民、唐高宗李治	曾用年号	证圣、神功、圣历、久视、神龙等

武则天，名曌，并州文水人，工部尚书、荆州都督武士彟之女，中国历史上唯一一位女皇帝，她登基时已是 67 岁高龄，也是即位年龄最大的皇帝。

武则天 14 岁被选为唐太宗的才人，赐号"武媚"，唐高宗时先被封为昭仪，后来又当上皇后，尊号"天后"，与李治并称"二圣"。李治驾崩后，武则天正式登上政治舞台。唐中宗、唐睿宗期间，武则天作为皇太后临朝称制，改名为"曌"。天授元年（690 年），武则天建立武周王朝，自立为帝，定洛阳为都城，称"神都"。

武则天在位前后，谋略过人、知人善任，重视选拔人才，开创了殿试、武举及试官制度，还奖励农桑、整顿吏治；同时又任用酷吏打击李唐宗室，但晚年追求舒适生活，以致弊政频出。

神龙元年（705 年），武则天病重，宰相张柬之发动兵变，逼迫她退位，拥立李显复位，史称"神龙革命"。李显恢复唐朝后，为武则天上尊号为"则天大圣皇帝"。同年十一月，武则天在上阳宫崩逝，终年82岁。李显遵其遗命，改称"则天大圣皇后"，以皇后身份入葬乾陵，后加谥则天顺圣皇后。

再度入宫　备受宠爱

武德七年正月二十三日，武则天出生于大唐都城长安。她的父亲武士彠虽然是唐朝贵族，但其祖先并不显要，地位普通。武士彠原本是个木材商人，恰好赶上隋炀帝大兴土木，结果成为富甲一方的财主。在做生意的过程中，他经常与权贵们交往，因此得到了一个下级军职。

隋大业十三年，李渊起兵反隋，武士彠以军需官的身份追随李渊。李渊攻克长安后，武士彠因功被封为光禄大夫，从此成为唐朝的新权贵。武德三年，武士彠的原配夫人病逝，经李渊做媒娶了隋朝显贵杨达的女儿，杨氏后来为他生了3个女儿，武则天是他们的次女。

武则天的少女时代随父亲在四川度过。贞观九年，武士彠在荆州都督任上去世，随后武家返回长安。武士彠原配所生的两个儿子武元庆、武元爽及其堂兄弟武惟良、武怀运对杨氏母女异常刻薄，这也更加坚定了武则天立志出人头地的决心，她十三四岁便博览群书，博闻强识，而且擅长书法，字态卓尔不群。

贞观十年，长孙皇后病逝。次年，武则天因才貌出众被召进宫中做了才人。太宗李世民见她长得十分妩媚，于是赐名"武媚"，大家都叫她媚娘。武则天性格倔强，缺乏少女应有的温柔，所以并不受李世民宠爱，以至于进宫12年，一直没有晋升。她真正的机会来自于李世民的儿子李治，即后来的高宗。

李世民还在世的时候，武则天便和李治有了私情。贞观二十三年，李世民驾崩，按照惯例，未生育过的嫔妃们都要出家为尼，生育过的则打入冷宫，为死去的皇帝守寡。武则天在感业寺出家的两年中，并没有安心礼佛，而是处心积虑地想与新登基的皇帝李治重温旧梦，再次入宫过上荣华富贵的生活。事有凑巧，李治继位后第二年，在李世民忌日当天到感业寺进香，见到了武则天，两人旧情复燃。之后李治不顾礼教约束和群臣反对，毅然将武则天带回了皇宫。

武则天之所以能再次入宫，与宫中的斗争也有关系。当时王皇后为了与萧淑妃争宠，极力鼓动李治接武则天进宫，想与她联手抗敌。王皇后哪里料到自己是在引狼入室，会招来一个更厉害的对手。入宫后，武则天很感激王皇后的照顾，对她非常尊敬，侍奉得也很周到。李治看到她们能够和睦相处，也很高兴。不久，武则天晋升为昭仪。昭仪乃九嫔之首，这样一来，在武则天的上面，就只有皇后和四妃了。为了过上更好的生活，武则天利用王皇后与萧淑妃争宠，联合王皇后攻击萧淑妃，使之被废为庶民。

萧淑妃被废后，武则天开始把矛头指向王皇后。她在后宫笼络太监、宫女，特别是和王皇后、萧淑妃关系不好的人，对他们施予小恩小惠，让他们监视王皇后的行动。由于过人的聪明和绝妙的手段，武则天很快成为李治的专宠。这让王皇后始料未及，后悔不已。

据说，为了嫁祸王皇后，武则天还亲手掐死自己的女儿，加上王皇后久未生育，李治就此下定了废掉王皇后、改立武则天为皇后的决心。

在封建社会，皇后的废立属于国家大事，必须由大臣们共同商议决定。当时朝中大臣分为两派，一边是以重臣长孙无忌、宰相褚遂良等为代表的反对派，另一边则是以李义府、许敬宗为代表的支持派。有记载称，有一次，李治把长孙无忌等反对者召到一起，商量皇后的废立问题，武则天则在帘子后面监听。长孙无忌为王皇后辩解，说她出身高贵，忠厚贤惠，没有什么大的过失，不该废其皇后之位；而武则天出身贫寒，还侍奉过先帝，立为皇后违背礼制。

褚遂良也坚决表示反对，甚至把头都磕破了，并请辞官职。武则天在后面听得一清二楚，怒火顿生，大声喊道："怎么不把这种臣僚乱棍打死！"其他人见状，连忙替褚遂良求情。最后，褚遂良的性命虽然保住了，但被贬到潭州任都督。

后来，开国功臣李勣给李治出主意说，皇后的废立是皇上的家务事，没有必要和大臣们商量。与此同时，李义府、许敬宗等人也在朝廷中制造舆论，支持武则天。永徽六年十月十三日，李治下诏废黜王皇后。6天后，武则天被立为皇后。

巩固地位　涉足皇权

要想不任人宰割，就必须将别人踩在脚下，这是武则天信奉的做人法则。她当上皇后以后，就把干涉朝政、涉足皇权作为自己的目标。为了达到这一目标，她开始笼络大臣、排除异己，把反对她的老臣一个个降职、流放，连长孙无忌也被逼自杀。

显庆二年（657年），唐朝以洛阳为东都，此后李治频繁往返于两都之间。显庆五年，李治初患风疾，经常头昏眼花，有时连眼睛都睁不开，无法理政。他见武则天精明能干，又通文墨，索性把朝政大事全部交给她处理。从此，武则天便成为唐朝的实际掌权者。

武则天掌权后，渐渐不把李治放在眼里。李治想干什么，不经武则天同意就干不了。李治为此十分气恼，有意废掉武则天。麟德元年，他与宰相上官仪商议此事，上官仪本来就反对武则天掌权，乘机建议另立贤后。李治是个没主意的人，听了上官仪的话，就让他去起草诏书。不料隔墙有耳，他们的话被武则天的心腹太监听见，太监连忙把这件事报告武则天。等上官仪把起草好的诏书送给李治，武则天也赶到了。她厉声责问李治："这是怎么回事？"李治吓得结结巴巴地说："我本来没这个意思，都是上官仪唆使的。"武则天气急败坏，下令让许敬宗诬陷并杀害上官仪。

事后，为了加强对朝政的控制，武则天开始垂帘听政。李治上朝，武则天便在旁监视；大小政事都得武则天点头才算数。麟德三年（666年），武则天参加泰山封禅，随后还提议李治给大臣赐官加爵，通过这些举动扩大自己的政治影响力，收买人心。

弘道元年十二月，李治驾崩，临终遗诏：太子李显于柩前即位，军国大事有不能裁决者，由武则天决断。4天以后，李显即位，武后被尊为皇太后。嗣圣元年（684年）二月，李显打算任命韦后之父韦玄贞为侍中，裴炎力谏无效，便去报告武则天，武则天废李显为庐陵王，并迁于房州。随后，武则天立第四子豫王李旦为帝，但是严禁他参与政事，她自己以太后的名义临朝执政。

嗣圣元年九月，将领徐敬业被武则天降职以后，心中不服，以此为借口在扬州起兵反对武则天。武则天找宰相裴炎商议对策，裴炎说："现在皇帝已经长大，还不让他执政，人家就有了借口。只要太后把政权还给皇帝，徐敬业的叛乱自然会平息。"武则天认为裴炎跟徐敬业一样，都想逼她下台，就把裴炎关进牢房，最后处死。随后武则天派梁郡公李孝逸为主帅、魏元忠为副帅，率30万大军讨伐徐敬业。徐敬业兵少势孤，最终战败。

垂拱二年（686年）三月，武则天下令制造铜匦（铜制的小箱子），置于洛阳宫城之前，随时接纳臣下表疏，同时规定任何人均可告密。对于告密者，朝廷供给驿站车马和饮食，即使是农人樵夫，武则天都会亲自接见。所告之事若符合其旨意，就可破格录用；若所告为虚，亦不会问罪。其中有个以卖饼为生的人叫侯思止，因诬告舒王李元名与恒州刺史裴贞谋反，被任命为游击将军。另有王弘义以无德行见称，告乡邻谋反，后被擢授殿中侍御史。

武则天任用酷吏掌管制狱，被告者一旦被投入监狱，酷吏们便使用各种酷刑审讯，能活着出狱的百无一二。随着告密之风日益兴起，朝廷内外形成了一种惶恐的政治气氛，大臣们每次上朝之前都要和家人诀别，人人自危。

为了谋夺李唐的社稷，武则天不但清除了朝中的反对派，而且设计逼害李唐宗室，借机大开杀戒，扫除称帝的障碍。诸王不得不起兵反抗：博州刺史、琅琊王李冲于垂拱四年八月在博州率先举兵。随后，豫州刺史越王李贞在豫州起兵呼应。武则天分别派丘神勣、麴崇裕前往镇压，琅琊王李冲起兵7日就战败身亡；九月，越王李贞兵败自杀。武则天想除尽李氏诸王，便让周兴等人负责审讯，迫使韩王李元嘉、鲁王李灵夔、黄国公李撰、东莞郡公李融、常乐公主等自尽，诛杀其亲信，还鞭杀了故太子李贤的两个儿子。李氏宗室几乎被杀戮殆尽，幼弱幸存者亦被流放岭南、巴蜀，其亲党数百家被诛。

在打击反对派的同时，武则天还制造祥瑞，欺瞒天下。她让男宠薛怀义率领上万人拆毁乾元殿，建筑明堂，历时近一年，明堂落成，称为"万象神宫"。明堂既成，又命薛怀义铸大象，大象的小指也可以容纳数十人，在明堂北起5层高的天堂来收纳这尊大象，花费以万亿计，国家财政为之枯竭。武则天的侄子武承嗣命人凿白石为文曰："圣母临人，永昌帝业。"然后号称在洛水中发现，献给武则天。武则天大喜，为自己称帝大造舆论，命其石曰"宝图"。垂拱四年五月十八日，武则天给自己加尊号"圣母神皇"，向称帝迈出了试探性的一步。

载初元年（690年），武则天废睿宗李旦，自称圣神皇帝，改国号为周，定都洛阳，称为神都，史称武周。

一代女皇　善于治国

在统治逐渐稳定以后，武则天开始弃用酷吏，在称帝第二年利用两大酷吏之一的来俊臣杀死了另一个酷吏周兴，使来俊臣为此背上了骂名。万岁通天二年（697年），武氏诸王与太平公主等揭露来俊臣的种种罪恶，武则天下令处死来俊臣，由此结束了"酷吏政治"。

作为一个政治家，武则天在历史上以知人善任著称，她在位时重用了娄师德[①]、狄仁杰[②]等著名贤臣，又提拔了后来的"开元贤相"姚崇[③]和宋璟[④]。武则天善于用人还体现在她对用人制度的改革和创新上。在武则天以前，贵族子弟不需要参加科举就可以做官。武则天认为这种制度非常不妥，没有经过检验，谁都不能当官，科举制是最好的检验标准。

她亲自在洛阳对全国考生进行考试，当时全国有几万考生，她下令把好的考卷贴到尚书省，让人们知道她选用了什么样的人才。从此，科举制代替了父子相承的选官制度，所有人不论出身如何，都可以通过科举考试当官，一时出现了"将相本无种，男儿当自强"的局面。

武则天统治时期，社会相当安定，农业、手工业和商业都有了长足的发展。早在"建言十二事"中，武则天就提出薄赋敛、息干戈、省力役等主张，以保障农时。此前唐朝土地分配制度是均田制，就是一个人名下有多少土地，到了年终就按土地的指标缴税，并无偿给官府提供劳役。这种制度对农民既有束缚作用，也有帮助作用。但是，随着时代的发展，束缚作用越来越大，阻碍了经济的发展。武则天采取相对宽松的政策，登记制度慢慢不再实行，不再清查户口和土地，老百姓可以进城谋生，可以到其他没有管辖的地方开荒，因此，很多老百姓进入洛阳、扬州这样的大城市做小买卖。城乡经济流动起来，整个国家的经济能力、土地利用率都提高了，创造了50年人口翻一番的成就。在武则天执政的半个世纪中，社会经济快速发展，全国户口数在永徽三年（652年）为380万户，到她退位的神龙元年（705年）增长到615万户。

不过，武则天为了称帝，尊崇佛教，大修庙宇，建造规模宏大的明堂，加重了百姓的负担。民户逃亡也使国家税收受到损失，增加了社会的不稳定因素。

武则天执政后，边疆并不太平。西突厥攻占了安西四镇，吐蕃也不断在青海一带进行骚扰。北边一度臣服的突厥叛乱，与东北的契丹一直打到河北中部。武则天一方面组织御敌，收复安西四镇，打退突厥、契丹的进攻；另一方面在边地设立军镇和常驻军，并把高宗李治末年在青海屯田的做法推广到县。对于在屯田工作中做出巨大贡献的娄师德，武则天还致书嘉勉，书中特别指出，由于屯田，北方镇兵的粮食"数年咸得支给"。

被迫退位　恢复李唐

万岁通天元年（696年），契丹大贺氏⑤部落联盟在首领李尽忠、孙万荣的率领下起兵反叛，并自号"无上可汗"，史称"营州之乱"。这原本是一场小规模的叛乱，但武则天意识到这是一个值得重视的时机，决定抓住这次机会做足文章。她兴师动众，迅速调集大军进行征讨。此时武则天已经开始担心武家宗室子弟的归宿，希望李、武联合执政的格局能够延续下去。为了达到这一目的,她刻意将营州之乱扩大,希望能够借此扩大武氏的兵权,以便其将来在政权中占有一席之地。

而武则天登上帝位以后,继承人问题也成了众人注目的焦点。李氏子孙虽然已经失去权势,但武氏子弟仍然没有十足的把握能够在武则天驾崩后登上皇位,因为在李氏家族中还有李显、李旦两个昔日的皇帝存在。武承嗣、武三思谋求当太子,多次派人探听武则天的意思,武则天回答说:"自古天子未有以异姓为嗣者。"不过,她对于继承人的问题仍犹豫不决,于是询问狄仁杰的意见,狄仁杰说:"姑侄和母子比较,哪个比较亲近?陛下立自己的儿子,则千秋万岁后,祭祖于太庙;立侄则未闻侄为天子祭姑于太庙者。"他又劝武则天召还庐陵王李显。

大臣们的意见显然给了武则天很大触动,她发现天下人对武姓诸王并不支持,但是她也不想看见李、武两个家族为了争夺皇位而兵戎相见,以致天下大乱、百姓遭殃,到时武氏家族恐怕会死无葬身之地。因此,她审时度势,权衡利弊,决定以江山社稷为重,立自己的儿子为太子。圣历元年(698年),在外多年的庐陵王李显被迎接回朝,重新立为太子。不过,武则天没有急于定下继承人,而是继续维持这种局面,让政局不至于过早动荡。与此同时,她也在悄然打击一切关于继承人问题的猜测和流言:武家子弟突然被免去官职,李旦的两个宠妃被她下令杀死,其中一个是李隆基的生母。没有人明白武则天的真实意图,她就这样不动声色地平衡着各方势力,在局势不明朗的情况下,没有一方敢轻举妄动。

到神龙元年,以宰相张柬之为首的强硬派,决定以强硬手段逼迫武则天让位给太子李显,重新恢复李姓天下。

张柬之沉稳有谋,果断敢行,虽然年已八十有余,但他对恢复李唐王朝的初衷须臾不忘。他早年担任合州刺史时,与荆州都督府长史杨元琰一同泛舟,约定"他日你我得志,当彼此相助,共图匡复"。不久,张柬之入朝为相,推荐杨元琰为右羽林军将军,控制京城军权;同时又暗中结交一些要害部门的同僚,伺机起事。

这年正月,武则天病情加重,其男宠张易之、张昌宗兄弟担心武则天去世后无法保全自己,所以也在居中用事,暗蓄异谋。张柬之认为已经时机成熟，刻不容缓，于是又把桓彦范⑥等都安插在羽林军中当将军，直接控制保卫皇宫的禁军。

诸事安排妥当以后，张柬之率左右羽林军500余人直入玄武门，并派人强行从东宫找来胆怯疑惧的太子李显，一起攻入内殿。张氏兄弟听到异动，慌忙从武则天房里跑出来探听情况，恰巧被张柬之碰上。张柬之毫不迟疑，即令就地处斩，然后直奔武则天的寝室长生殿。殿前侍卫环立，拒绝他们进入，张柬之须眉倒竖，大喝一声"退下"，径直闯到武则天内室门口。

武则天听到人声嘈杂，料知有变，便竭力支撑起身子，厉声问道："何人胆敢作乱？"说话间，张柬之已带着太子拥兵来到床前，说道："张易之、张昌宗谋反，臣等奉太子令，进来诛杀这两个逆贼，恐怕消息泄露，因此没有提前通知陛下……"武则天以一贯的强硬态度对太子怒吼道："你竟敢做这样的事情？如今你既然已经诛杀了那两个逆贼，就快点回你的东宫去吧！"

张柬之等此时并不害怕武则天，决心以硬碰硬，大声道："太子不可再返回东宫，以前先帝将太子托付给陛下，现在太子已经长大，该把帝位还给太子了。臣等不忘太宗、天皇的厚恩，所以奉太子之命诛杀逆贼，恳请陛下现在就把帝位传给太子，上顺天心，下孚民望。"

武则天没料到自己强硬，对手更加强硬，事已至此，她也只能咽下这口气。

第二天，张柬之等快刀斩乱麻，把异己分子或捕或杀，干脆利落地消除了后患，然后让太平公主劝武则天传位。不多时，李显复位，为武则天上尊号"则天大圣皇帝"，武周政权结束，唐朝复辟，百官、旗帜、服色、文字等皆恢复旧制，仍把神都作为东都。

神龙元年十一月二十六日，武则天驾崩于上阳宫，临终前留下遗嘱，去皇帝尊号，称"则天大圣皇后"。次年五月，武则天与李治合葬于乾陵，陵前立一座无字碑。

注释：

①娄师德（630—699年）：唐朝宰相、名将。进士出身，由江都县

尉累迁至监察御史。后以文官应诏从军，参与对吐蕃的战争，授殿中侍御史、河源军司马，主持屯田。长寿二年（693年）升任同凤阁鸾台平章事，掌管朝政。后仍出为河源等军营田大使，所至屯田积谷，成效颇著。

②狄仁杰（630—700年）：唐朝武周时期的政治家，官至同凤阁鸾台平章事，以不畏权贵、造福生民而著称。曾力劝武则天复立庐陵王李显为太子，培植和举荐忠于唐朝的大臣，使得唐朝社稷得以延续。

③姚崇（651—721年）：唐朝名相，历任武则天、睿宗、玄宗三朝宰相。睿宗时奏请太平公主出居东都，以削弱其权力，被贬职。开元初复相，奏请禁止宦员、贵戚干预朝政，禁绝佛寺道观的营造，奖励群臣劝谏等十事，为"开元盛世"奠定了政治基础和经济基础，被称为"救时宰相"。

④宋璟（663—737年）：唐朝名相，博学多才，擅长文学。累官至御史中丞，为武则天所重。睿宗时为宰相，革除前弊，选拔人才。开元四年（716年）继姚崇居相位。主张宽赋役，省刑罚，禁销恶钱；选择人才，使百官称职。后罢相，封广平郡公，世称"宋广平"。

⑤大贺氏：唐代契丹世选联盟长氏族。契丹八部在唐朝初年形成部落联盟，历任联盟长均由大贺氏贵族中选举。贞观二年，大贺氏联盟长摩会向唐朝贡，接受唐朝颁赐的旗鼓。贞观二十二年，唐王朝在契丹设松漠都督府，以大贺氏联盟长窟哥为松漠都督，赐姓"李"。

⑥桓彦范（653—706年）：唐朝宰相，以门荫入仕，初为右翊卫，累除监察御史、司刑少卿。与张柬之谋诛张易之兄弟，自任左羽林将军，与敬晖等率禁兵入宫，逼武则天退位，拥中宗复位，以功拜侍中。受韦后与宰相武三思排挤，出为濠州刺史。后又于流放瀼州途中，被矫制杀死。

中宗李显

李显档案

生卒年	656—710年	在位时间	684年 705—710年
父亲	唐高宗李治	谥号	太和大圣大昭孝皇帝
母亲	武则天	庙号	中宗
后妃	韦皇后、上官昭容等	曾用年号	嗣圣、神龙、景龙

李显，原名李哲，高宗李治第七子，武则天第三子，唐朝第四位皇帝。

李显先被封为周王，后又封为英王。因为太子李贤被废，李显得以被立为皇太子，并于弘道元年即皇帝位，武则天临朝称制。光宅元年（684年），李显被废为庐陵王，先被迁往均州，后改迁房州。圣历元年（698年），李显被召回洛阳，重新被立为皇太子。神龙元年，李显第二次称帝。

李显一生两次被立为太子，两次继承帝位，共在位五年半，于景龙四年（710年）被韦皇后和安乐公主合谋毒死，终年55岁，谥号孝和皇帝，后改谥号大和大圣大昭孝皇帝，庙号中宗，葬于定陵。

历经沧桑　终登大极

永隆元年（680年）八月，在长兄李弘猝死、太子李贤又被废为庶人后，英王李显被立为太子。此时高宗李治已病重，为了防备万一，李治任命裴炎为侍中，担负宰相的责任，辅佐李显监国。

弘道元年，高宗李治驾崩，遗诏太子于灵前继位，次年改元嗣圣，军国大事听从武则天吩咐。武则天由此进一步掌握了朝政大权，被李显尊为皇太后。

李显继位以后，有意将时任豫州刺史的岳父韦玄贞提拔为侍中，再给乳母的儿子封一个五品官，却遭到裴炎的坚决反对，两人因此闹得很不愉快。李显气急，冲动之下口出狂言道："朕就算将整个天下都给了韦玄贞又能如何，何况一个侍中之职！"裴炎急忙将此事报告武则天。武则天大怒，立即召集群臣到乾元殿，裴炎、中书侍郎刘祎之、羽林将军程务挺、张虔勖带兵入宫，宣布太后诏令，将李显废为庐陵王，幽禁起来。这时，李显还不知道怎么回事，迷迷糊糊地问道："我犯了何罪，要被这样废掉？"武则天斥责道："你要将天下赐给韦玄贞，罪不可恕！"李显被贬为庐陵王后，被迁往均州，不久又迁往房州。

武则天称帝后，大力提拔自己的宗亲，朝政大权被以武承嗣、武三思为首的外戚掌管。他们勾结趋炎附势的官僚，对李氏宗族进行迫害；洛阳人王庆之联合百余人上表请求立武承嗣为皇太子，结果遭到宰相李昭德杖杀。

宰相狄仁杰、王方庆、王及善都苦口婆心地劝说武则天立李氏宗亲为继承人，以享万年香火，还主张将李显迎回。宰相吉顼则怂恿张易之、张昌宗兄弟劝说武则天恢复李显的帝位，以安民心。立储的事情已经关系到国家大局，甚至成了契丹和突厥起兵的借口。在这种形势下，武则天决定重立李显为太子。圣历元年三月，李显被秘密接回洛阳。同年九月，出于政治上的需要，李显被重新立为太子。

神龙元年，武则天身患重病，身边仅留张易之、张昌宗兄弟二人替她发号施令，连宰相、太子都难得与她见上一面。以宰相张柬之、崔玄为首的大臣们担心夜长梦多，决定逼迫武则天退位，他们紧急行动起来，积极拉拢掌管军权的将领发动政变，控制宫城卫队，然后又派桓彦范、敬晖秘密联络李显。李显虽然恐惧、犹豫，但也给予了配合。正月二十二日，张柬之、崔玄、桓彦范等率领右羽林军500人集结于玄武门，李多祚、李湛以及驸马都尉王同皎一起去迎接李显。但是，李显因为胆小怕事，中途变卦，吓得不敢出宫。王同皎无奈，只得强行将李显抱上马背，向后宫赶去。羽林军很快拿下玄武门，直奔迎仙宫，杀死张易之兄弟。在众人的簇拥下，李显战战兢兢地走进武则天的寝宫。武则天见事已至此，只好同意退位。

正月二十五日，李显再度登基，奉武则天到洛阳宫城西南的上阳宫静养，尊为"则天大圣皇帝"。四月，李显正式恢复大唐国号，武周的大红色旗帜被撤去，换回了唐朝的黄色旗帜，郊庙、社稷、陵寝、官阶等全部恢复永淳元年（682年）以前的旧制；同时废除则天文字，定长安为首都，神都恢复洛阳本名，作为陪都。

后宫干政　祸乱朝纲

李显虽然性格懦弱、才能平庸，但因为有张柬之等忠勇大臣的辅助，倒也将朝政处理得井井有条。然而，随着韦皇后对朝政的干预越来越多，李显的权力渐渐被架空，朝局出现了混乱和动荡。

在陪伴李显被幽禁的10多年里，韦皇后磨炼出了坚强隐忍而又阴狠的性格。李显重新执政以后，她想要成为第二个武则天的野心也暴露无遗，她提出与李显一起处理国家大事。李显当即应允，对她言听计从。

张柬之等大臣对于韦后参与朝政感到十分吃惊，却又无可奈何。为了进一步扩大自己的权力，有朝一日也能像武则天那样成为名正言顺的皇帝，韦后大力培植自己的势力，千方百计地拓展家族势力。李显复位之初，因为感念韦氏在他落难时不离不弃、同甘共苦，便把韦氏立为皇后，又不顾群臣反对，破格追封韦皇后的父亲为上洛郡王，并让韦皇后参与朝政，对张柬之等功臣也不再那么信任了。他对自己与韦氏患难时所生的女儿安乐公主也非常宠爱娇纵，把她嫁给了武三思的儿子武崇训。后来，韦氏与武三思相互勾结，结成了左右朝政的强大势力集团。韦后怂恿李显封自己的堂兄韦温为鲁国公并担任礼部尚书、堂弟韦胥为曹国公并担任左羽林将军，又将成安公主嫁给韦胥的儿子韦捷，韦氏家族的势力日益膨胀。

在武三思的怂恿下，韦后更是欲求不满，对朝政的干预程度进一步加大。她想成为第二个武则天，却又缺乏武则天的政治才能，以至于被武三思操纵。

武三思自从私通韦后，得到了提拔重用，这让反对武氏政权而扶持李显复位的张柬之等大臣深感不安，担心遭到报复。于是，他们请求诛杀武三思，但李显却始终不表态。他还将韦后和武三思视为知己，将张柬之等人的请求告诉武三思。武三思和韦后决定除掉张柬之等人。他们一方面向李显进谗言，一方面设法剥夺张柬之等人的权力，将他们一一杀害。之后，李显又根据武三思的提议，将反对武氏的大臣边缘化，而将以前被张柬之等人流放的大臣全部召回。这样一来，朝政大权便落入了武三思之手。

武三思之所以能够获得巨大的权势，与才女上官婉儿也有很大关系。上官婉儿虽是一介女流，却才华出众，曾担任武则天的"贴身秘书"，备受恩宠。李显继位后也很欣赏上官婉儿的才能，封她为昭容，让她负责起草皇帝诏书，但是因为怕韦后责骂，他只能对上官婉儿敬而远之。恰在此时，武三思走进了上官婉儿的生活，两人一拍即合，在后宫频频幽会。

李显共有四子八女，儿子们都像他一样懦弱无能，女儿们却呈现出少有的阳刚之气。在八位公主中，以韦后所生的长宁公主和安乐公主最为活跃，安乐公主甚至开创了"皇太女"的先例。她卖官鬻爵，收受贿赂，朝廷中因而出现了许多"墨敕斜封"之官。长宁公主也不甘落后，大肆受贿，得来的金钱大都用于建设豪宅山庄。其余几位公主及后宫妃嫔也禁不住金钱的诱惑，纷纷效仿，买通韦后，私自利用皇帝的墨赦大肆卖官，获得巨额贿赂。韦后、武三思把持朝政，两人连同安乐公主又与上官婉儿、宰相宗楚客①相互勾结，形成了极度腐败的政治团体。

面对如此严峻的局面，一度颓废的太子李重俊终于醒悟过来，决心扭转局面。神龙二年（706年），李显迁都长安后，立李重俊为太子，但是韦后、武三思及安乐公主都不喜欢李重俊。尤其是安乐公主，依仗韦后的势力，甚至想取而代之成为皇太女。李重俊感到形势对自己非常不利，决定先下手为强。神龙三年（707年）七月，李重俊与右羽林将军李多祚经过周密的安排，率领1000多骑兵发动政变，诛杀了武三思、武崇训等人，接着攻入后宫，想要杀死韦后和安乐公主。韦后和上官婉儿挟持李显躲到玄武门楼上。韦后献计让李显传令，悬赏诛杀李重俊，结果李重俊、李多祚死于乱军之中。之后，李显另立李重茂为太子。

母女合谋　中毒身亡

神龙二年十二月，突厥默啜可汗对唐朝边界鸣沙发动大规模进攻，长驱直入。神龙三年，李显迫于形势，不得不将养女金城公主远嫁吐蕃赞普，以求得边境的暂时安宁。

然而仅仅过了一年，西部战火再次燃起，本已归顺唐朝的突厥突骑施部酋长娑葛与部将阿史那忠节发生矛盾，相互攻击。唐经略使周以悌没有加以调解，反而唆使阿史那忠节到朝廷中贿赂宰相宗楚客和纪处讷。宗楚客接受贿赂后，应阿史那忠节之请，准备派兵消灭娑葛。娑葛得到消息后怒火万丈，遂脱离唐朝统治，自立为可汗，发兵攻打安西，擒杀唐将。之后，娑葛又向李显索要阿史那忠节的人头，要求诛奸以谢百姓。李显只得亲自宣布娑葛无罪，并加封他为十四姓可汗，娑葛这才同意撤兵。事情虽然得以平息，但大唐自李世民以来在西域苦心树立的威信也一落千丈。

然而，昏庸的李显并没有引以为戒，专心国事，依然和韦后沉湎于享乐，大肆修建佛寺，劳民伤财，致使国库空虚，将负担强加于百姓身上。

韦后想要当女皇,就必须先除掉李显。安乐公主也一直幻想着有朝一日能荣登帝位,多次向李显提出立她为皇太女,但都没有得到同意,这使她对李显心生怨恨。很快,母女二人因为共同的利益勾结起来,谋划杀害李显。

景龙四年六月,韦后和安乐公主指使散骑常侍马秦客、光禄少卿杨均在李显的食物中投毒,将李显毒杀。

注释:

①宗楚客(?—710年):唐朝宰相、诗人。进士出身,累迁户部侍郎。坐罪奸赃,流放岭南,岁余召还。神功元年(697年),升任宰相,得罪权贵武懿宗,贬为播州司马。长安四年(704年),复为宰相。唐中宗复位后,拜中书令,封郢国公,与纪处讷同为韦后心腹,世号"宗纪"。在"唐隆政变"中坐罪伏诛。

少帝李重茂

李重茂档案

生卒年	？—714年	在位时间	710年
父亲	唐中宗李显	谥号	殇皇帝
母亲	不详	庙号	恭宗
后妃	不详	曾用年号	唐隆

李重茂，中宗李显第四子，唐朝第七位皇帝。

李重茂初封北海王，后改封温王，任右卫大将军兼并州大都督。景龙四年，中宗李显驾崩，李重茂继位，改元唐隆，由韦后掌权，但不到一个月便被临淄王李隆基和太平公主推翻了。

开元二年（714年），李重茂去世，死因不明，谥号殇皇帝，庙号恭宗，葬于武功西原。

受人利用　有名无实

圣历三年（700年），李重茂被封为北海王。神龙元年，李重茂又被改封为温王，任右卫大将军之职，并遥领并州大都督。

中宗李显在位后期，韦后利欲熏心，不但淫乱后宫，甚至想要效仿武则天当皇帝。李显的女儿安乐公主也和母亲一样想当皇帝，多次向李显索要皇太女的封号，但因遭到李显拒绝，而怀恨在心。

景龙四年，韦氏和安乐公主共同指使马秦客、杨均用毒饼将李显毒死。李显死后，韦氏并没有马上称帝，而是册立李重茂为太子，自己临朝称制，并让相王李旦参与朝政大事，但不久又剥夺李旦参政的权力，改封他为太师；同时立李重茂为皇帝，改元唐隆。

韦氏的最终目的是自己称帝，所以，李重茂不过是她计划中的一块跳板，朝政大权依然被她紧紧地掌握在手中。遗憾的是，她虽然有当皇帝的野心，却没有驾驭群臣的能力，致使朝廷一片混乱，人心惶惶。相王李旦第三子李隆基是一个非常英明的人物，不甘心李氏江山落入外姓女人之手，于是暗中活动，拉拢了一批效忠自己的文臣武将，其中有一个道士叫冯道力，具有非凡的智慧。据说有一天，冯道力来到李隆基家中，对他说："公子所居住之地名为隆庆，隆即龙也；而韦后又为陛下改元为唐隆，与公子名字相符，预示着公子才是真龙天子。公子要抓住时机，不可错过。"李隆基听了非常高兴，便开始谋划政变。他先跟姑姑太平公主说了自己的打算，太平公主也很讨厌韦后，两人一拍即合，决定尽快除掉韦后。

同年六月二十一日晚，李隆基率领刘幽求、钟绍京等人突然冲入玄武门，杀死羽林将军韦播、韦璿及中郎将高嵩，然后直闯后宫，诛杀韦后及其朋党安乐公主、上官婉儿。

禅位相王　被贬去世

李隆基向大家宣布政变的消息后，朝中大臣无不欢欣鼓舞。李重茂也在相王李旦的陪同下登上城楼，安抚百姓说："韦皇后窥视大唐江山，现已被诛灭，百姓不必惊慌。"之后，李重茂又下诏免除全城百姓全年赋税的一半。不过，李隆基的最终目的是自己当皇帝，于是他又和太平公主商议，逼迫李重茂将皇位禅让给相王李旦。李旦因为没有参与政变，所以连连推辞，最后经不住众人轮番劝说，终于答应下来。

让位当天，李重茂在太平公主的陪同下登上朝堂。太平公主见大臣们已全部就位,说道:"皇帝欲以此位让叔父,可乎?"这时,在政变中起到重要作用的大谋士刘幽求急忙拿出早就写好的传位诏书宣读起来。李重茂其实早已料到有这么一天,只是没想到会来得这么快,一时呆愣在那里,直到诏书宣读完毕还没有反应过来。太平公主见状,大步来到御座前,对李重茂说:"天下之心已归相王,此非儿座!"说完将他从龙椅上拉了下来。就这样,李重茂被降封为温王。

　　李重茂被废后,谯王李重福心中十分不服,认为自己是李显年纪最长的儿子,理应继承皇位,于是假传圣旨到洛阳,说自己才是皇帝,并改元为中元克复;同时封李旦为皇季叔、李重茂为皇太弟。然而,他的皇帝梦还没做几天,洛阳留守裴谈在尚未接到皇帝诏旨的情况下便率兵攻打他,并将他杀死。李重茂受李重福叛乱的牵连,徙封襄王,开元二年转房州刺史,同年七月被贬往梁州,不明不白地死去。

睿宗李旦

李旦档案

生卒年	662—716 年	在位时间	684—690 年 710—712 年
父亲	唐高宗李治	谥号	玄真大圣大兴孝皇帝
母亲	武则天	庙号	睿宗
后妃	刘皇后、窦皇后等	曾用年号	文明、景云、太极、延和

李旦,初名李旭轮、李轮,高宗李治第八子,武则天第四子,中宗李显同母弟,唐朝第五位皇帝。

嗣圣元年,武则天将李显废黜,贬为庐陵王,改立李旦为皇帝,自己临朝称制。武则天称帝后,李旦被降为皇嗣,后复封为相王,参与神龙政变。景云元年(710 年)六月,李旦在儿子李隆基发动政变后再次被拥立为皇帝。

因为宠信妹妹太平公主,致使太平公主干预朝政,并与太子李隆基争夺权力。先天元年(712 年),李旦禅位于李隆基,称太上皇。

李旦和中宗李显一样,也是先后两次登上皇帝位,共在位 8 年多。开元四年(716 年),李旦驾崩,终年 55 岁,谥号玄真大圣大兴孝皇帝,庙号睿宗,葬于桥陵。

死里逃生　二次登极

李旦是李治与武则天的第四个儿子，在兄弟中排行最小，深受李治喜爱。李旦出生不久便被封为殷王，遥领冀州大都督、单于大都护、右金吾卫大将军。他勤奋好学，饱读诗书，为人谦恭有礼，曾任右卫大将军、洛州牧等职，先后受封豫王、冀王、相王。

嗣圣元年，时年23岁的李旦取代李显，被武则天扶立为帝，改元文明，册封刘氏为皇后、长子李成器为太子。武则天临朝称制，把持朝政。不久，李旦被武则天软禁，不得参与朝政，不得随意出入宫廷，甚至在皇宫内也不能随意走动，整天只有几位宫女、太监陪伴在他身旁。

武则天的专制引起了朝野上下的强烈不满。英国公徐敬业在扬州发布檄文，起兵讨伐武则天。宰相裴炎乘机奏请武则天还政于李旦，武则天大怒，以谋反的罪名将裴炎斩首。起义军也被武则天派出的30万大军镇压，徐敬业被杀。垂拱二年（686年）正月，武则天下诏表示要还政于李旦。李旦知道这是母亲在试探自己，于是多次上表推辞，请求武则天继续临朝称制。这正合武则天之意，于是继续把持朝政。

垂拱四年（688年），武承嗣假称在洛水发现了一块刻有"圣母临人，永昌帝业"的白石，将其献给武则天。武则天大喜，给自己加封号为圣母神皇，并将那块白石命名为"宝图"，后又改为"天授圣图"。李唐皇室宗族对此大为不满，琅琊王李冲、越王李贞等人起兵讨伐武则天，但都兵败身亡。而后，李唐皇室宗族相继被害，几乎灭绝。

载初元年（690年），武则天改国号为周，自称神圣皇帝，降李旦为皇嗣，赐姓武氏，迁居东宫；又封侄子武承嗣为魏王。武承嗣野心勃勃，不甘心只做一个王，希望有朝一日继承姑母的帝位。为了达到这一目的，他四处游说，联合众臣，想要说服武则天废掉李旦，立自己为皇太子。但武则天在大臣们的劝说下，明白了立子和立侄的利害关系，遂改变主意，开始冷落武承嗣。

武承嗣不死心，又想方设法置李旦于死地。他买通武则天的男宠，诬告李旦的皇后刘氏和德妃窦氏每天晚上都在诅咒武则天。武则天信以为真，下令处死刘皇后和德妃，又禁止百官与李旦见面，违者斩首。接着，武承嗣又诬告李旦谋反，命酷吏来俊臣审理此案。来俊臣对东宫属官严刑逼供，企图得到李旦谋反的口供，最后乐工安金藏当众剖腹为李旦一证清白，感动了武则天，从而救了李旦的性命。

经过这次变故，李旦决定放弃皇位，以求避祸。圣历元年，武则天在大臣们的劝谏下，将被幽禁的废帝李显召回京都。李旦多次称病不朝，请求将太子之位让于李显。同年九月，武则天将李显立为皇嗣，改封李旦为相王，并加封为太子右卫率①。

后来，李显被扶立为帝，但没过几天又被武则天废掉。神龙元年，宰相张柬之等人趁武则天病重发动政变，诛杀了武则天的男宠张易之、张昌宗兄弟，逼武则天禅位于李显。李旦当时也参与了诛杀张氏党羽的神龙政变，因功被封为太尉，以宰相身份参与朝政，并被加封为安国相王。但没过多长时间，李旦便辞去太尉及参知政事等官职。李显想把李旦立为皇太弟，将来把帝位传给他，也被李旦拒绝。

景云元年，李显被韦后和安乐公主毒杀，太子李重茂被拥立为帝，由韦后临朝听政，处理朝政。为了杜绝后患，韦后和安乐公主又想杀了李旦和太平公主。李旦的第三子李隆基和太平公主决定进行反击，他们联手除掉了韦后和安乐公主，并将其党羽一网打尽。李旦得以二次继位，重新登上皇帝的宝座。

整修纲纪　虎头蛇尾

李旦第二次登基以后，面临的首要问题就是册立谁为太子。按照传统礼制，应该立长子李宪（字成器）为太子。但如果按功劳来说，李成器又无法与李隆基相提并论。最后，在大臣们的一再劝说及李成器的主动谦让下，李旦决定立李隆基为太子，封李成器为雍州牧兼太子太师、扬州大都督，使这件事得到了圆满解决。

李旦登基后，接受太子李隆基的建议，任用姚崇、宋璟为宰相，分别负责兵部和吏部，裁减冗官，整修纲纪，振兴朝政，对稳定时局起到了积极作用；同时恢复唐初的选官制度，规定凡官员都应由尚书省拟定，文官由吏部拟定，武官由兵部拟定，尚书和侍郎合起来主持官吏选授考课，称三铨。

中宗李显在位期间，卖官鬻爵现象十分猖獗，到后期花钱当官的多达上千人，不仅加重了朝廷的负担，也使政令不能通达。李旦下令将这类官员全部清除，并罢免了各公主府官，有效地减少了国家的财政开支，扭转了官员选任中的不良之风。

韦后掌政时期，因为勾心斗角造成了许多冤假错案。李旦继位后命人一一复审，将冤假错案全部平反昭雪，为被武三思迫害致死的汉阳王张柬之、南阳王袁恕己、驸马都尉王同皎等人平反。

不过，李旦也有昏庸的一面。他听从太平公主的建议，将窦怀贞、萧至忠、岑羲、崔湜提拔为宰相，下诏恢复冗官，大兴土木，征召民夫，拆毁民房，花费巨资为自己欲出家的两个女儿金仙公主、隆昌公主建造了金仙、玉真两座道观。这一系列错误之举，导致朝政混乱，百姓怨声载道。

看淡权力　主动禅位

李旦信奉老子思想，看淡权力，一心只求清静无为，朝中的勾心斗角让他感到十分心烦，因此想及早退位。景云二年（711年）二月，李旦下诏令太子李隆基监国。后来他又召集大臣们商议，想要传位给李隆基，结果遭到太平公主一党的极力阻拦。景云三年（712年）八月，大家各退一步，决定政事由李隆基处理，军事、死刑和六品以上官员的任免先与太子商议，再奏请李旦裁决；同时改元先天。

这件事加剧了李隆基与太平公主的矛盾，双方为了争权，各自积蓄力量，准备发动政变。先天二年（713年），李隆基先发制人，将太平公主及其党羽全部捕杀。李旦随即下诏将帝位传给李隆基，自己则在百福殿颐养天年。

李旦两度称帝，其实真正的在位时间也就2年，之后又做了4年的太上皇，于开元四年病逝。

注释：

①太子右卫率：官名。西晋武帝泰始五年（269年）分太子卫率置，宿卫东宫，亦任征伐，地位颇重。东晋、南朝皆置，宋二员，五品，唐高祖武德五年（622年）复为太子右卫率府长官，置一员，正四品上，掌东宫兵、仗仪卫之政令，总诸曹及三府、外府事。

玄宗李隆基

李隆基档案

生卒年	685—762年	在位时间	712—756年
父亲	唐睿宗李旦	谥号	至道大圣大明孝皇帝
母亲	窦德妃	庙号	玄宗
后妃	王皇后、武惠妃、杨贵妃等	曾用年号	先天、开元、天宝

李隆基，睿宗李旦第三子，故称李三郎，唐朝第八位皇帝，也是唐朝在位时间最久的皇帝。

李隆基初封楚王，后因表现突出又封临淄王，累迁卫尉少卿、潞州别驾。景龙四年六月，李隆基与太平公主联手发动"唐隆政变"，诛杀韦后，拥立父亲李旦复位。景云三年，睿宗李旦禅位于李隆基，李隆基在长安太极宫登基称帝，改元先天。

天宝十五年（756年），李隆基因宠爱杨贵妃终酿"安史之乱"，仓皇向蜀地逃跑。太子李亨于乱世中在灵武继位，遥尊李隆基为"太上皇"。

宝应元年（762年），李隆基驾崩于长安太极宫，终年78岁，谥号至道大圣大明孝皇帝，庙号玄宗，葬于唐泰陵。清朝为避讳康熙帝之名玄烨，多称其为唐明皇，另有尊号开元圣文神武皇帝。

发动政变　替父夺权

垂拱元年（685年）八月，李隆基生于东都洛阳，当时正是武周天下，作为李唐皇子，他不可避免地经受了宫廷内部动荡多变的风雨磨炼。李隆基生性英明果断，通晓音律，仪表堂堂，从小就胸怀大志。他7岁那年，有一次在朝堂举行祭祀仪式时，左金吾卫大将军①武懿宗大声训斥侍从护卫，李隆基看到后立刻声色俱厉地喝道："吾家朝堂，干汝何事？敢迫吾骑从！"随后扬长而去。武则天听说此事后十分惊讶，不仅没有责怪李隆基，反而对他另眼相看，不久封其为临淄王。神龙元年，张柬之逼迫武则天退位，拥立李显。其间，李隆基一度兼任潞州别驾，权倾一时。

武则天死后，中宗李显懦弱无能，朝政大权落入韦后和安乐公主手中，原来发动政变恢复唐朝的功臣张柬之也被他们贬官驱逐，太子李重俊被杀。韦后欲效仿武则天，让自己的兄长韦温掌握大权，对于女儿安乐公主卖官鬻爵的违法行为也不加制止，反而纵容。

景龙四年，中宗李显被韦皇后和安乐公主合谋毒杀。一直静观时变的李隆基，与姑母太平公主的儿子薛崇简、总监钟绍京等密谋策划，欲先发制人。同年六月，李隆基等人身穿便服，进入禁苑，来到钟绍京住所。入夜后，万骑果毅李仙凫、葛福顺、陈玄礼等将领先后来到，李隆基发布命令，定于七月二十一日晚发动政变。

七月二十一日晚上，葛福顺率人突袭羽林营，诛杀韦璿、韦播、高嵩，策反了羽林军，并攻入玄德门。李仙凫亦引兵攻入白兽门，三更会师于凌烟阁。守卫内宫的武士纷纷倒戈响应，韦后逃入飞骑营反被斩首，宗楚客、安乐公主、武延秀、上官婉儿等人也陆续被杀，政变队伍全城搜捕韦氏党羽，史称"唐隆政变"。之后，由太平公主出面恢复了李旦的帝位，李隆基因复位有功，被李旦立为太子。

受禅称帝　巩固皇权

睿宗李旦和中宗李显一样昏庸懦弱，毫无主见。当时，太平公主自恃拥立有功，在朝中大量安插自己的亲信，左右朝政。起初她认为李隆基还年轻，对他不太在意，后来看到李隆基精明能干，处处妨碍自己主政，便把攻击的目标转向李隆基，打算另立太子。太平公主制造舆论说："太子宜立长。现在的太子不是长子，不应当立为太子，立了的话必有后忧，更不能继承皇位。"李隆基当然不愿任人摆布，亦想除掉太平公主。而李旦没有主见，每次处理朝政大事，总是先听太平公主的意见，再征求太子的意见。后来，李旦也意识到太平公主的野心日益膨胀，对朝廷构成了威胁，便渐渐疏远太平公主，越来越倾向于李隆基。

景云二年二月，李旦命李隆基监国，六品以下官员的任命及贬谪治罪，由太子处分。景云三年，李旦担心太平公主与李隆基如此争斗，李唐江山又要大乱，于是不顾太平公主等人反对，毅然将帝位传给李隆基，改元先天，但是他仍然掌握着朝廷三品以上官员的任免权和军政大事的决定权。李旦的让位，加剧了李隆基与太平公主之间的矛盾，双方都在积蓄力量，想要除掉对方。

太平公主与窦怀贞、岑羲、萧至忠、崔湜、太子少保薛稷、新兴王李晋（高祖李渊堂弟李德良之孙）、中书舍人李猷、右散骑常侍贾膺福、鸿胪寺卿唐晙、左羽林大将军常元楷、知右羽林将军李慈、左金吾将军李钦、胡僧惠范等人合谋，企图推翻李隆基，并准备命令羽林军从北面、南衙兵②从南面起兵，甚至已经计划好了如何在李隆基的饮食中下毒。

大臣魏知古③偶然得知太平公主欲发动政变的消息，急忙向李隆基报告。李隆基立即召来王琚、张说④（yuè）、崔日用商议对策，最后决定先发制人，抢先一步采取行动。先天二年（713年），李隆基亲率太仆少卿李令问和王守一、内侍高力士、果毅李守德等10多名亲信，另有王毛仲率300多家丁骑马跟随，先杀左、右羽林大将军常元楷、李慈，又擒获太平公主的亲信右散骑常侍贾膺福、中书舍人李猷，诛杀了宰相岑羲、萧至忠，尚书右仆射窦怀贞在混乱中自杀身亡。

太平公主见党羽被诛杀殆尽，不得不逃入佛寺，三天后返回。睿宗李旦出面请李隆基恕其死罪，但遭到李隆基拒绝，太平公主最终被赐死家中。同年，李隆基改年号为开元，表明了自己励精图治，再创唐朝盛世的决心。

任人唯贤　政治清明

李隆基的皇位来之不易，亲政后面临的形势也不容乐观，一是频繁兵变使朝廷元气大伤，二是吏治的混乱、腐败也亟待治理。李隆基量才任官，大力选拔贤才，倡导任人唯贤，他所任用的宰相大都是有名的政治家，如著名的宰相姚崇、宋璟、张说、张九龄。

开元初年，国家需要拨乱反正，李隆基看中了多谋善断的姚崇。在渭川见面时，李隆基提出由姚崇担任宰相，姚崇提出了"十事要说"，包括勿贪边功、广开言路、奖励正直大臣、除租税外不得接受馈赠、勿使皇族专权、勿使宦官专权等，李隆基大都答应了他，他这才同意出任宰相，从而也奠定了开元时期的施政方针。

当时，一些富户往往用出家为僧的办法来逃避服役，姚崇一次就查出1200多名假和尚，勒令他们还俗；又禁止百官与僧尼道士往来，抑制武则天、韦后时期发展起来的寺院地主势力。

姚崇不仅在政治上成绩斐然，还体恤百姓，防止社会发生动荡。开元初年，在黄河的南北地区都发生了严重的蝗灾，蝗虫飞来如云蔽日，所至之处草苗无存，对庄稼的破坏异常严重。蝗虫灾害以前也时有发生，由于捕杀不力，往往造成赤地千里、横尸遍野的惨状，导致物价上涨，民心不稳，政局动荡。姚崇深知如果不能及时消灭蝗虫，不但会导致经济的重大损失和百姓的灾难，而且非常不利于国家的稳定。因此，他亲自指挥，下令各郡县全力以赴消灭蝗虫，有功的进行奖励。在他的大力推动下，蝗灾很快被控制住了，百姓的生活也得到了保障。

国家渐入正轨后，李隆基决定开始"以法治国"，并看中了为人耿直、做事讲究原则的宋璟。宋璟在职期间直言上谏，不树私恩，严于律己。有一次，他的远房叔父宋元超在参加吏部的选拔时，跟主考官说了自己和宋璟的特殊关系，希望能得到特殊照顾。宋璟知道后，不但没有给他说情，反而特地关照吏部不给他官做。因为得罪诸多权贵，宋璟后来被李隆基罢免。

宋璟下台后，张嘉贞接替了他的位置，不久，文武双全的张说又取代了张嘉贞。张说上任后，军事上，裁减了20万边防军，把府兵制改成募兵制；政治上，改革宰相机构，把"政事堂"改为"中书门下"，增强了中书省的权力；文治上，亲任丽正书院（后改名为集贤殿书院）领导。由于张说的辅佐，开元盛世达到了顶峰。开元十三年（725年）十一月，在张说的主持下，李隆基在泰山举行了封禅大典。

开元时期最后一位贤相张九龄，因自身出众的才华被李隆基相中。他在吏部选拔官吏时，一直主张公正选才、量才使用。

李隆基不仅慧眼识人，还对吏治进行了整顿，提高官僚机构的办事效率。他采取了很多有效措施：第一，精简机构，裁减多余官员。第二，确立严格的考核制度，加强对地方官吏的管理。每年十月，李隆基都委派按察使到各地巡察民情，将地方官的政绩按五等划分，然后上报吏部长官，纠举违法官吏。第三，恢复谏官和史官参加宰相会议的制度。这本是李世民时期的一项制度，武则天主政以后，提拔许敬宗、李义府等人为相，有的事不敢公开，就废除了这一制度。第四，重视县令的任免。第五，严明赏罚。

励精图治　再开盛世

在李隆基继位以前，边防危机已经十分严重。万岁通天元年（696年），契丹部落联盟首领李尽忠煽动部众举兵造反，攻占了营州。紧接着，营州都督府管辖的连昌等十二州也相继失守。武则天派王孝杰等领兵征讨，但却战败，几乎全军覆没。长安三年（703年），突厥奴隶主贵族乌质勒攻陷了安西四镇之一的碎叶镇，从此安西道绝。接着，乌质勒又抢占了北庭西部的一些地方，使"丝绸之路"受阻。

李隆基在位初期，逃兵现象极其严重，军队战斗力低下，无法与强悍的突厥军队抗衡。为了巩固政权，维护国家统一，开元十一年（723年），李隆基接受宰相张说的改革主张，建立募兵制，从关内招募10余万人充当卫士，这就是"长从宿卫"，也叫作"长征健儿"。募兵制为集中训练军队、提高军队战斗力提供了保证。除了对兵制进行改革，李隆基还颁布了《练兵诏》，命令西北的郡镇扩充军队，加强训练。在做好充分的准备以后，李隆基派兵收复沦陷了17年的营州等13州，长城以北的回纥等族也主动重新归附唐朝。安北都护府也得以恢复，唐朝重新行使对长城以北土地的管辖权。

西域地区政权的恢复经历了两个阶段：第一个阶段是从开元二十七年（739年）开始，李隆基派节度使盖嘉运打败了突厥，俘虏突厥可汗，收复了碎叶镇。第二阶段是击败吐蕃、小勃律，恢复"丝绸之路"，这不仅维护了国家的统一，也有利于对外经济文化的交流。

李隆基在开元年间注重发展经济，采取了一系列措施，使经济出现了前所未有的繁荣景象。

武周、中宗以来，佛教发展迅速，全国各个州基本都有佛教寺院。僧侣们不仅在官府的包庇纵容下兼并土地，还极力逃避税收。和尚数量的大幅增加，使承担赋税和徭役的人数相应减少，影响了国家的财政收入。开元二年（714年），李隆基下令削减全国僧尼的数量，使还俗的僧尼达到1.2万人。另外，由于朝廷的勒索和大豪族的土地兼并，农民负担越来越重，常常无力维持生存，出现了"天下户口，逃亡过半"的严重危机。李隆基继位后，为了增加国家收入，打击强占土地、隐瞒不报的豪强，发起了一场检田括户运动。

从先天元年（712年）到开元十三年，经过十几年的时间，检田括户运动取得了不错的成绩。李隆基任命宇文融为全国的覆田劝农使，下设十道劝农使和劝农判官，将他们分派到各地去检查隐瞒的土地和包庇的农户，然后把检查出来的土地一律没收，分给农民。对于隐瞒的农户也进行了登记。第一次检田括户共增户80余万，农田亦大增，一年下来国家的财政收入增加几百万之多。这些有效措施使唐朝的经济又步入正轨，有效地减轻了农民的负担，同时也增加了国家的财政收入，促进了经济的繁荣。

李隆基在位初期，在生活上节俭自律。他遣散宫女，毁掉了武则天所造天枢、韦后所立石台，展现了与弊政决裂的决心。由于李隆基君臣的文治武功、励精图治，出现了"开元之治"的盛况。

独宠贵妃　终酿大乱

开元盛世，歌舞升平，李隆基开始为这种繁荣景象所陶醉，渐渐沉湎于享乐之中，没有了以前励精图治的精神，也没有了改革时的节俭作风。随着年龄的增长，他的精神也变得萎靡起来，连政事都懒得过问了。尚直的韩休、张九龄等人先后被罢相，奸佞之人李林甫任中书令，独揽朝政大权。

李林甫善于揣测李隆基的心思。开元二十四年（736年），李隆基想从洛阳回京城长安，宰相张九龄等人说秋收尚未结束，这样上路会骚扰百姓，影响生产。但李林甫在张九龄走后却对李隆基说，长安和洛阳是陛下的东宫和西宫，陛下愿意什么时候来往就什么时候来往，不必再等以后。至于妨碍了农民秋收，免了他们的税收也就行了。

李隆基听了十分高兴，接受了这个建议，而且开始厌恶起张九龄来。李林甫见张九龄失宠，便落井下石，大进谗言，终于取而代之，大权在握。从此，"容身保位，无复直言"成了朝廷的风气。谏官言事，须先告诉李林甫，而后才上报朝廷。对于不巴结自己的官员，李林甫表面和善、言语动听，暗中却阴谋陷害，世人都称他是"口有蜜，腹有剑"。对于才能、功业在自己之上而受到李隆基宠信、威胁自己相位的，尤其是以文才入仕的官员，他必定设法除去。

李林甫的权势如日中天，而李隆基已经被安逸享乐蒙蔽了双目，不识其奸，反以其能，甚至欲将朝政也委托给李林甫。天宝三年（744年），李隆基对宦官高力士说："天下无事，朕欲高居无为，悉以政事委林甫，何如？"高力士答道："天下大柄，不可假人，彼威势既成，谁敢复议之者。"但是，李隆基对这个答复深感不快，高力士见状也不再多言。

开元二十五年十二月，李隆基宠爱的妃子武惠妃病逝，李隆基寝食不安，后宫美人虽多，但却没有一个让他感到满意。这时，有人说寿王李瑁的妃子杨玉环美貌绝伦、艳丽无双。寿王李瑁是武惠妃所生，也就是说，杨玉环是李隆基的儿媳，但此时李隆基也顾不上什么礼义廉耻了，下令召杨玉环进宫。杨玉环懂音律，擅歌舞，李隆基一见倾心，愁怀顿开，遂寻欢作乐，无所顾忌。

皇帝和儿媳的这种私情，毕竟有悖于伦理纲常，为了掩人耳目，李隆基让杨玉环自请为女道士，入居南宫，赐号"太真"，将南宫改名为太真宫。李隆基霸占儿媳后，觉得有愧于儿子，便给李瑁娶了个韦姓女子为妃作为补偿，以示安慰。

杨太真自入宫后，恩宠与日俱增，白居易诗云："后宫佳丽三千人，三千宠爱在一身。"李隆基自有美人陪伴，更加无心政事。天宝四年（745年）八月，李隆基册封杨玉环为贵妃。此时后宫没有皇后，所以杨贵妃就成了实际上的皇后。李隆基视杨贵妃为心肝，连她的家人也都慷慨封赏。杨贵妃的堂兄杨国忠因此平步青云，一步登天，官至宰相。她的姐姐们也得到了实惠，大姐被封为韩国夫人，三姐被封为虢国夫人，八姐被封为秦国夫人。其他兄长也各有封赏，做了朝廷高官。

为了讨杨贵妃欢心，李隆基可以说费尽心机，让700多人专门为她服务，给她做衣服。杨贵妃喜欢吃新鲜的荔枝，但荔枝容易腐烂，离枝四五天便色味俱变。为了让她吃上新鲜的荔枝，李隆基下令开辟了从岭南到京城长安的几千里贡道，将荔枝用快马快速运到长安。

有了君王的宠幸，朝臣官吏也无不曲意逢迎，向杨贵妃进献奇馐珍宝，有时一次送的美食就有几千盘，一盘的价值相当于10户中等人家的财产。宫中为此特设检查食品的官员，评比食品的精美程度。有个岭南的军政长官，因为进献的贡品深得杨贵妃欢心，竟连升三级。这刺激了更多官僚贵族去巴结逢迎杨贵妃。

杨国忠凭借杨贵妃迅速崛起，从依附、勾结李林甫转为与之对抗，并在吉温的帮助下计划取代李林甫。他先后除掉了李林甫的党羽京兆尹萧炅、御史中丞宋浑，并利用王铁与邢姓官员谋反一案，清除了权势很大的王铁；又联合原先依附李林甫的宰相陈希烈，以李林甫交私王铁、王铁与番将阿布思来往密切为由，对李林甫进行弹劾。不久，李林甫病逝，中枢大权落入杨国忠之手。

杨国忠和李林甫一样，善于迎合李隆基的心思。李隆基好战，他就发起了征伐南诏的战争，致使朝廷丧失20万精兵。杨国忠从不体察民间疾苦，更不准下面报灾。有一年大雨成灾，李隆基查问灾情，杨国忠便叫人摘来一些大的粟穗给李隆基看，说雨水虽多，但并未伤害庄稼，李隆基竟也相信了。还有一年，扶风太守房琯奏报当地出现水灾，杨国忠便叫御史审问他，并施以严刑，从此再没有人敢上报实情。不过，杨国忠野心虽大，却无李林甫的威势，无力控制政局。他以待御史升至右相，身兼40余职，整天发号施令，胡乱处理国事，结党营私，唐朝的政局愈发混乱。

从开元二十四年到天宝年间，奸臣当道，贵妃专宠，李隆基日益昏聩，政治腐败，繁荣背后的危机很快显现出来。首先是检田制的瓦解，交税的民户减少，而朝廷的奢侈费用却日益增加，财政赤字日甚一日。朝廷派官员横征暴敛，竟然出现了一次预征30年的租赋，从而激化了官民之间的矛盾，社会基础就此动摇。其次是募兵制的弊端逐渐显现，太平盛世社会风尚耻于当兵，京城所募之兵大部分是无赖子弟、市井小贩，战斗力差。而且实行募兵制以后，边镇兵力加强，京城周围兵力减缩，唐初内重外轻的局面转变为外重内轻，地方边镇的势力日渐强大。

唐朝初年，边镇将领皆是忠勇之臣，功名卓著的人往往担任宰相等职，如李靖、李勣、刘仁轨等。开元以来，薛讷、郭元振、张嘉贞、王晙、张说、萧嵩等边帅和边镇幕僚相继入朝为官。许多出身胡地的将领虽然忠勇皆俱，但不能让他们担任要职，远征时都以大臣为使约束他们，这对抑制军阀割据势力是很有必要的。开元后期因形势发生了变化，边帅往往连任10多年，有的还兼任几镇的节度使。他们既有自己的土地，又有自己的百姓，还有自己的将士和财富。

李隆基的养子王忠嗣兼任四镇节度使，被人诬告想拥兵支持太子，李隆基就罢免了他，交给司法机关惩处。与朝中大臣有牵连的人有了兵权，李隆基放心不下，生怕他们结党营私，危及自己的皇位。李林甫便出了一个主意，用胡人做边帅，理由是胡人骁勇善战，在中原又没有复杂的社会关系，不懂汉文，比汉将可靠。其实，李林甫心中另有打算：胡将的文化水平有限，不能入朝为相，他自己的地位也会更加稳固。在李林甫力劝之下，李隆基陆续提拔了安禄山、安思顺、哥舒翰、高仙芝等胡人做大将。到天宝六年（747年），节度使大部分都是胡将了。

安禄山是营州人，混血胡人，因为通晓多种少数民族语言，当上了"互市牙郎"（翻译），后从军于幽州节度使张守珪⑤帐下，因骁勇善战，逐渐升为高级将领。天宝元年（742年），安禄山担任平卢节度使⑥。天宝三年，安禄山接替裴宽，任范阳节度使⑦，平卢节度使等职照旧。李林甫和河北采访使⑧张利贞经常接受安禄山的贿赂，便在李隆基面前齐说安禄山的好话。

后来，安禄山当了杨贵妃的养子，进宫朝见李隆基时总是先拜望杨贵妃。李隆基疑惑不解，问及原因，安禄山回答说："臣是胡人，胡人的规矩是把母亲放在前头，而把父亲放在后头。"李隆基听了非常高兴，于是命令杨铦（xiān）等杨家兄妹与安禄山以兄弟姐妹相称。

天宝十年（751年），安禄山进宫朝拜李隆基，又请求担任河东节度使，李隆基毫不犹豫地答应了他。安禄山有11个儿子，大儿子安庆宗任太仆卿，迎娶李唐宗室之女荣义郡主为妻；小儿子安庆绪任鸿胪卿。安禄山以欺骗、献媚、贿赂等手段取得了李隆基的信任，表面上对李隆基非常忠诚，其实早就觊觎大唐江山。

安禄山在范阳积极扩张自己的势力，他将张通儒、李廷坚、平洌、李史鱼、独孤问俗等人拉到身边，让高尚做书记，刘骆谷则留在长安为其刺探情报，随时为他提供朝廷中的信息。安禄山对投降或俘虏的兄弟民族战士进行慰问，使其愿为之誓死效忠；又挑选精兵8000人作为军队主力，以备将来谋反时使用。他在范阳城北边筑起了雄武城，表面上看是防御外敌，实际上是为了储藏兵器、粮食，守卫范阳城。此时他拥有战马1.5万匹，牛羊远远超过了这个数目。他一身兼任平卢、范阳、河东三镇节度使，进朝奏请没有不答应的。

天宝十三年（754年）正月，安禄山到华清宫拜见李隆基，乘机哭诉道："我是番人，不识文字，皇上越级提拔我，以致杨国忠想要杀我。"为了表示对他的安抚，李隆基任命他为尚书左仆射，他这才高高兴兴地离去。当月，安禄山又奏请皇帝任命自己为闲厩使⑨、陇右群牧都使⑩，上任以后，他暗地里将上等好马挑出来留为己用，又设法夺得楼烦的监牧，接着又夺取张文俨的马牧。同年三月初一，安禄山离开长安，每天赶路三四百里，回到范阳。

对于安禄山的狼子野心，当时也有人提醒过李隆基，比如张九龄说日后乱幽州的必定是那个胡雏。安禄山犯了法，李隆基包庇他，张九龄表示安禄山不杀，将后患无穷，但李隆基不仅不听劝谏，反而提拔安禄山。李隆基之子李亨也说安禄山必反，李隆基仍然不信。这以后再有说安禄山谋反者，李隆基必定大发雷霆，把他捆起来送交安禄山。李隆基刚愎自用到如此地步，以至于后来酿成大祸。

天宝十四年（755年），李隆基又召安禄山进京，安禄山推说生病没有来。李隆基赐婚给他的大儿子安庆宗，命令他出席观礼，他也推辞了。同年十一月，安禄山从范阳起兵，诈称奉李隆基旨意，率领部队讨伐忤逆朝臣杨国忠。安禄山叛乱的消息传到长安，李隆基还认为是谣言。在得到确切的消息后，满朝文武惊慌失措。当时的宫廷护卫部队多数由集市商贩组成。李隆基下令打开皇家仓库，拿出绫罗绸缎招募兵卒，任命高仙芝、封常清等人为大将，率兵抵抗。

十二月，安禄山叛军渡过黄河，开到陈留郡，河南节度使张介然因州城失守而殉难。李隆基一怒之下，下令杀死安禄山的大儿子安庆宗，并将其首级传到河北。安禄山的小儿子安庆绪看到兄长安庆宗被杀的布告，哭着告诉安禄山，安禄山在战车上大哭道："我儿有什么罪过，要杀死他！"此时投降的官兵挤满大路两边，他就命令他们自相砍杀，死者达六七千人。之后他进军陈留，陈留太守郭纳抵挡了一阵，不久也出城投降。

叛军行进到荥阳，荥阳太守崔无诐（bì）奋力抵抗，后城池失守殉难。叛军驻扎在泥水罂子谷，唐将荔非守瑜用箭射死几百名叛军，还射中了安禄山的战车，安禄山不敢通过，只得绕道泥水罂子谷的南边过去。荥非守瑜的箭射光后，投河自尽。

为了阻挡叛军的进攻，东京洛阳留守李憕、中丞卢奕、采访使判官蒋清烧断了河阳桥。封常清率兵与叛军交战，几战不胜，弃城逃跑。安禄山攻进洛阳，杀了蒋清等人，召见河南尹达奚珣，让他任职理事。封常清失败后逃到了陕郡，高仙芝率兵守卫陕城，也丢盔弃甲向西逃到潼关。监军边令诚挟私诬告他们动摇军心、盗减粮草，李隆基便下令将封常清、高仙芝二人斩首。

随后，李隆基派素有威名的原河西陇右节度使哥舒翰去守潼关。哥舒翰熟悉军事，有勇有谋，又和安禄山有仇，是当时抵抗叛军的最佳人选。他上任以后积极备战，止住了叛军长驱直入的势头。与此同时，常山太守颜杲卿及其堂弟起兵，联络河北诸郡，切断了叛军前线与范阳老巢的联系，安禄山只得停在潼关外。至德元年（756年）正月，安禄山在洛阳自称大燕皇帝。

仓皇出逃　无奈杀宠

叛军攻不进潼关，而关里的唐王朝却起了内讧。哥舒翰主张坚守潼关，等待时机；郭子仪⑪、李光弼也从河北前线奏请引兵北上，攻打安禄山的老巢范阳，要潼关守军千万不要出关。但是，宰相杨国忠却反对这样做，他对李隆基说，潼关外的叛军已经不堪一击，哥舒翰守在潼关按兵不动，会丧失歼灭叛军的时机。昏庸的李隆基听信了杨国忠的话，接二连三派使者到潼关，逼哥舒翰带兵出潼关。哥舒翰不敢抗旨，痛哭一场后带兵出关。

此时，关外的叛将崔乾祐早已养精蓄锐，派精兵埋伏在灵宝西面的山谷里，只等唐军出关。所以，哥舒翰的20万大军刚出关就中了埋伏，几乎全军覆没，仅剩8000人。哥舒翰本想收拾残兵再战，无奈军心已乱，叛军乘胜攻入潼关。至德元年六月，哥舒翰被俘虏，投降了叛军。

事情发展了这个地步，李隆基只得匆忙委任了京城留守官吏，然后带领贵妃姐妹、皇子皇孙、宫中近侍及朝中几个大臣，在禁军的护卫下离开长安，欲往蜀郡避难。走到马嵬坡的时候，将士们止步不前，一致要求斩杀祸国殃民的杨家兄妹。杨国忠被杀后，将士们又请李隆基杀杨贵妃，以平息天下怒火。为了保住自己的性命，李隆基只好狠心叫高力士用带子将杨贵妃勒死。

李隆基如同惊弓之鸟，一直向西逃命，乡民父老遮道请留，李隆基亦不听，百姓无奈，转而又请太子李亨留下主持朝政。李亨从马嵬驿一路收拾残余的队伍北上，在灵武于危难之中继位，改元至德。他重新聚集力量，开始对安禄山发起反攻。

安禄山自天宝十四年叛乱，先后攻陷两京，第三年被他的小儿子安庆绪杀死。安庆绪于至德二年（757年）称帝。不久，长安、洛阳被唐军收复。

新帝猜忌　惨遭幽禁

至德二年秋，唐军收复长安和洛阳，李隆基也从成都返回长安。在长安，李隆基住在兴庆宫里，李亨不时来看望他，又请来梨园子弟天天奏乐、唱歌、跳舞供他消遣。李隆基对昔日的帝王生活念念不忘，经常在楼上徘徊观望，百姓经过这里，一看到他往往跪拜，并高呼"万岁"。他还经常在楼下安排酒食招待客人，宴请将军郭子仪等人。李隆基也许并没有东山再起的意图，但却引起了李亨的猜忌。

之前，武惠妃的女婿杨洄诬告李瑛、李瑶、李琚等在一起商量谋反，李隆基一怒之下赐死了这三个儿子。太子李瑛是李隆基第二子，在他死后，论资排辈，应该是长子庆王李琮为太子，但李琮在狩猎时被野兽抓破脸，而且德才一般，所以被李隆基排除出继承人之列。接下来便轮到了第三子李亨，李隆基一直不大喜欢李亨，对于立他为太子犹豫不决。在大臣们的力争下，李隆基经过一年多的考虑，终于勉强立李亨为太子。

对于李隆基在兴庆宫的所作所为，李亨想采取相应的对策，又怕受到天下人指责，但若置之不理，他又怕李隆基夺了自己的位置。就在他左右为难的时候，善于揣摩人心的太监李辅国给他出了一个主意。李辅国说："陛下乃天下之主，应当为社稷考虑，未雨绸缪，防患于未然，哪能只局限于孝道呢？兴庆宫与里巷相连，围墙低矮，不及太极宫森严，请太上皇搬到太极宫居住，就能杜绝小人口进谗言，这样一来，太上皇便能安度晚年，陛下也可以常去探望，以示孝顺，岂不妙哉！"李亨听了心中豁然开朗，当即采纳了李辅国的建议。

上元元年（760年）七月，李辅国传旨请李隆基游览太极宫，当李隆基走到睿午门时，预先埋伏好的士兵突然冲出来，将他簇拥进了太极宫的甘露殿，就此住下。但李亨还是不太放心，又把高力士流放到了外地，并且命令陈玄礼辞官，仅给李隆基留下几十名老弱病残做卫士。

李隆基住进太极宫后郁郁寡欢，憔悴不堪，于宝应元年（762年）四月五日在神龙殿驾崩。

注释：

①左金吾卫大将军：官名。唐高宗龙朔二年（662年）改左候卫为左金吾卫而置，一员，正三品。德宗贞元二年（786年）置上将军前，为左金吾卫长官，掌宫中、京城巡警，烽候、道路、水草之宜；凡翊府之翊卫及外府佽飞番上，皆属之。

②南衙兵：天子禁军有所谓南北衙兵之分。十六卫驻守在宫城南面的皇城内，负责宫城、皇城的守卫，故称南衙兵。同时设置南北衙兵，除了维持治安以外，还有互相牵制的用意。

③魏知古（647—715年）：进士及第，历任著作郎、凤阁舍人、卫尉少卿、吏部侍郎、晋州刺史、黄门侍郎、右散骑常侍。唐睿宗复位，反对修建道观，任户部尚书、同平章事，成为宰相。唐玄宗继位，迁侍中，晋封梁国公。开元二年（714年）因与宰相姚崇不睦，罢为工部尚书。

④张说（667—730年）：唐朝政治家、军事家、文学家。武则天时应诏对策，得乙等，授太子校书。唐中宗时任黄门侍郎等职。睿宗时，进同平章事，劝睿宗以太子监国。唐玄宗时，任中书令，封燕国公。擅长文辞，朝廷重要文件多出其手，与许国公苏颋并称为"燕许大手

笔"。

⑤张守珪（？—739年）：唐朝名将，善骑射。开元十五年（727年）任瓜州刺史，修筑州城，连败吐蕃兵，并修复渠堰，以利灌溉。开元二十一年（733年），移镇幽州，任河北节度副大使，屡败契丹。后因虚报军功，被贬为括州刺史。

⑥平卢节度使：镇抚室韦、靺鞨，治营州，统辖平卢军、卢龙军、榆关守捉、安东都护府，管兵37500人。

⑦范阳节度使：即幽州节度使。唐玄宗先天二年（713年）设置幽州节度使，幽州节度使负责防御奚、契丹，治幽州，初辖幽州、蓟州、妫州、檀州、易州、定州、恒州、莫州、沧州9州。天宝元年（742年），改为范阳节度使。

⑧采访使：官名。唐初于各道设按察使。唐开元二十一年，分全国为十五道，每道置采访处置使，简称采访使，掌管检查刑狱和监察州县官吏。肃宗时改为观察处置使。肃宗乾元以后，各地兵起，废采访使而置防御使。

⑨闲厩使：使职名。唐武则天圣历三年（700年）二月置，掌仗内六厩，管理御用马匹，以受宠的殿中监充任，夺殿中省、太仆寺部分职权。玄宗开元初，闲厩马至万余匹，骆驼、巨象皆养，以驼、马隶之，殿中省尚乘局只名存而已。闲厩使押五坊，以供时狩：一为雕坊，二为鹘坊，三为鹞坊，四为鹰坊，五为狗坊。

⑩群牧都使：官名。唐太宗贞观十五年（641年），命大臣勾当群牧，系差使而非官名。唐高宗麟德三年（666年），命大臣检校陇右诸牧监，此后置群牧都使，监领陇右诸牧场。

⑪郭子仪（697—781年）：唐代名将、政治家、军事家。以武举累官至天德军使兼九原太守。安禄山叛乱时，任朔方节度使，在河北击败史思明。肃宗继位后，任关内河东副元帅，配合回纥兵收复长安、洛阳。因功迁中书令，后又晋封汾阳郡王。代宗时说服回纥统治者与唐联兵，共破吐蕃。德宗继位后尊为尚父，罢兵权。

肃宗李亨

李亨档案

生卒年	711—762年	在位时间	756—762年
父亲	唐玄宗李隆基	谥号	文明武德大圣大宣孝皇帝
母亲	杨皇后	庙号	肃宗
后妃	张皇后、吴皇后等	曾用年号	至德、乾元、上元

李亨,初名李嗣升、李浚、李玙,唐玄宗李隆基第三子,唐朝第九位皇帝。

李亨初封陕王,后改封忠王。开元二十六年(738年),被立为太子。安史之乱爆发后,李亨被任命为天下兵马大元帅,领朔方、河东、平卢节度使。玄宗李隆基仓皇西逃时,李亨在马嵬坡为百姓所留,之后北上至灵武。至德元年(756年)七月十二日,李亨在灵武继位,改元至德,尊玄宗李隆基为太上皇。

宝应元年(762年),李亨驾崩,终年52岁,谥号文明武德大圣大宣孝皇帝,庙号肃宗,葬于建陵。

因祸得福　登基为帝

李亨出生于景云二年,当时李隆基还是皇太子,李亨的母亲杨氏只是太子姬妾，地位较为低下。李隆基因为和姑母太平公主的关系日趋紧张，担心太平公主会以他贪恋女色、难以担当大任为由，联合党羽废掉他的太子之位，因而，在李亨出生之前，李隆基偷偷命人准备堕胎药，打算不要这个孩子，不过他最终还是不忍心下手，李亨这才顺利得以出生。李亨出生后，太子妃王氏将他接到身边抚养，对他视如己出。李亨2岁时就被封为陕王。

李隆基在位时间颇长，内宠也比较多，一共生了30个儿子。李隆基继位之初，便将张丽妃所生的儿子李瑛（又名李嗣谦）立为太子。后来，武惠妃慢慢得宠，生下儿子李瑁。为了让李瑁继承皇位，武惠妃指使女婿杨洄诬告太子李瑛与鄂王李瑶、光王李琚阴谋叛乱。李隆基不辨是非，一日之内连杀三子。然而，武惠妃很快便得到了报应，不久即死去，李瑁的太子梦也就此破灭。

开元二十六年，李亨被立为太子。但是，李亨当上太子的那一天，也是他噩梦的开始。当朝宰相李林甫曾经力荐武惠妃的儿子李瑁为太子，现在看到李亨被立，担心日后受到报复，便千方百计地陷害李亨，使李亨惶惶不可终日。后来，杨贵妃得宠，又和其兄杨国忠合谋陷害李亨。李亨小心谨慎，在夹缝中生存，度日如年，这样的日子一直持续了17年。天宝十四年，安史之乱爆发，李隆基和杨贵妃仓皇出逃。李亨在众人的拥护下带兵平叛，于次年在灵武登基称帝，改元至德，遥尊李隆基为太上皇，总算从噩梦中走了出来。

绝地反击　重挫安史

李亨登基后，拜杜鸿渐为兵部郎中、崔漪为吏部郎中，裴冕①为中书侍郎、同平章事。当时朝廷中的文武官员加在一起不过30人，直接控制的只有河西、陇右、顺华、扶风、天水等少数地区。不过，这多少给了各地抗击安、史的武装一点希望，勉强支撑着大唐王朝。

至德元年五月，叛军大将令狐潮围攻雍丘，守将张巡多次打败令狐潮，使叛军无法前进。

至德二年正月，安禄山之子安庆绪又派尹子奇率兵13万攻打睢阳。睢阳守将许远向河南节度副使张巡求助，二人兵合一处，坚守睢阳，历经大小战斗400余次，杀敌12万人，最后粮草断绝，睢阳陷落。不过，此时叛军也失去了元气，又丢失了大本营长安，再也无力向南进攻。在尹子奇攻打睢阳的同时，田承嗣等也在率兵攻打南阳，遇到唐军的坚决抵抗。南阳失守后，唐军退守襄阳。唐军在睢阳、襄阳两地扼住叛军的要冲，使唐军的物资供应有了保障。

李亨继位以后，下令调集各路兵马镇压叛乱。河西节度使李嗣业、安西行军司马李栖筠先后率兵到灵武集结。随后，郭子仪也率5万兵马而来。为了进一步增强实力，李亨又派人向回纥、西域求援。各路兵马集结完毕，李亨任命皇子广平王李俶为兵马大元帅，李光弼为户部尚书、北部留守，防守河东；另以第五子李琦为山南五道度支使，负责粮草征调工作。但是，李亨根本不懂用兵之道，听信宰相房琯之言，命其率兵收复长安，结果因准备不足而大败。

同年二月，郭子仪率领大军拿下了位居两京之间的河东郡，隔断叛军，唐军总算掌握了主动权。之后，陇右、河西、安西几处兵马在凤翔集结，江淮庸调也到了洋川。李亨接受教训，以郭子仪为兵马副元帅，准备再次收复长安。

这时，安禄山已经被其子安庆绪杀死，安庆绪称帝。史思明拥兵自重，雄踞范阳，不服从安庆绪的调遣，致使安庆绪孤立无援。

九月，回纥怀仁可汗派其子叶护率4000精兵前往凤翔支援。随后，李亨集结15万大军，以李嗣业为前军、郭子仪为中军、王思礼为后军，向长安进发。唐军在长安西与10万叛军相遇，经过一场激战，叛军大败，唐军乘胜追击，收复了长安。不久，郭子仪又在陕西打败15万叛军。安庆绪感到大势已去，仓皇逃往河北，唐军再度收复洛阳。

安庆绪逃到河北后，驻守邺郡。他对驻守范阳的史思明不派兵增援自己感到十分不满，两人的矛盾日趋尖锐，最后彻底决裂。史思明为了保存实力，不得已投降了唐军。乾元元年（758年），李亨再派郭子仪、李光弼、李嗣业等9位节度使，率60万人马进攻邺郡。这一次，李亨再次犯错，在出兵前未设领兵元帅，仅派宦官鱼朝恩为观军容使，节制诸军。事有凑巧，史思明又起兵反叛，率领 13 万兵马支援安庆绪。在交战中，唐军因为没有统一的指挥，将领们号令不一，鱼朝恩刚愎自用，导致大败，甲仗、战马损失殆尽。

乾元二年（759 年），史思明杀死安庆绪，自封为大燕皇帝。经过一番休整，他集结大军，迅速占领了东都洛阳及附近郡县。李亨急忙派李光弼率兵迎敌，两军在邙山相遇，李光弼战败，史思明率部直逼长安。然而，在向长安进军途中，史思明被儿子史朝义谋杀，之后史朝义在洛阳称帝。但史朝义与史思明旧部不和，导致叛军内部分裂，再也无力与唐王朝抗衡。

宠信内宦　惊吓致死

李亨在位时，虽然没有彻底平息安史之乱，但也算拯救唐王朝于危亡之中。只是他在收复两京的过程中，也为唐朝留下了许多严重的隐患。

首先，由于形势所迫，李亨在向回纥借兵时许诺收复长安以后，子女玉帛尽归回纥所有，为回纥烧杀抢掠提供了合法依据。

其次，李亨纵容地方骄兵悍将为所欲为。平卢节度使王玄志死后，其部将李怀玉推举侯希逸接任，得到了李亨的默许。因为有了这个先例，其他骄兵悍将纷纷效仿，做出不法之事，致使朝廷威严尽失。

再次，李亨缺乏高瞻远瞩的雄才大略，胆小怕事，又听信谗言，不能彻底剿灭叛军势力，将祸患遗留给了后人。在收复长安时，大臣李泌建议派李光弼自太原出井陉、郭子仪自冯翊出河东、李亨率兵占据扶风，以牵制各路叛军，让敌人疲于奔命；然后再派建宁王李倓率军自长城而出，与李光弼会合，呈南北夹击之势，先摧毁安史老巢，再调集大军四面合围，则可以彻底消灭叛军。但李亨拒不采纳，导致平叛不够彻底，安庆绪退守河北。后来，史思明杀掉安庆绪，李亨才突然醒悟过来，打算派郭子仪率 7 万大军拿下范阳，再会合李光弼，前后夹击史思明。这本来是一个非常可行的计划，但他中途又听信宦官鱼朝恩的谗言，停止出兵，使计划最终流产。

李亨奉命留击安、史之时，良娣②张氏时刻不离他左右，对他忠心耿耿，甚至在北上朔方的行军途中，每次宿营她都睡在李亨外面，以防有突发情况时掩护李亨逃跑。后来，李亨在灵武称帝，刚刚分娩三日的张氏，不顾身体虚弱，亲自下床为将士缝战衣，堪称后宫楷模，受到李亨的宠爱。远在四川的李隆基得知这些事情后，也非常高兴，特意赏张氏一个七宝鞍。李泌私下劝说李亨，现在特殊时期，应当注意节俭。李亨采纳建议，收回七宝鞍。李亨的儿子建宁王李倓对此非常高兴，认为李亨虚心纳谏，将来必成大事。然而，张氏却认为李泌和李倓是故意和自己作对，因此怀恨在心。

太监李辅国善于逢迎巴结，看到张氏受宠，便设法攀附。李辅国同样忌恨李泌和李倓，他与张氏一拍即合，相互勾结，千方百计地想要陷害李泌和李倓二人。

当初李亨离开李隆基时，有建宁王李倓、广平王李俶随行。李倓天资聪慧，才智过人，深受李亨喜爱，有意任命他为兵马大元帅，但考虑到李俶年长，最后将这个位置给了李俶。后来，李亨又立李俶为皇太子，改名为李豫。李倓对此没有任何意见，但是，李辅国和张氏却以此为借口，诬告李倓有意谋害李豫。李亨听信谗言，不分青红皂白赐死了李倓。

后来，张氏升为淑妃，不久又被立为皇后。为了专权揽政，她和李辅国四处散播流言，想要谋害李豫。不料张皇后的儿子李佋突然病死，另一个儿子李侗又年幼无知，加上李豫曾经立下汗马功劳，张皇后和李辅国的计谋终未得逞。

李辅国依仗张皇后的权势，为所欲为，而李亨懦弱无能，只能听之任之。后来，李辅国又被任命为兵部尚书，他手握大权，大肆提拔心腹担任地方节度使，把持朝政，凌驾于众臣之上。

宝应元年，李亨身染重病，张皇后和李辅国因争权夺利而发生内讧，反目成仇。张皇后命太子李豫除掉李辅国，李豫不从。张皇后因此又记恨李豫，与越王李系勾结，命人埋伏于宫中，想要刺杀李豫，改立越王李系为太子。不料她手下的人向李辅国告密，李辅国与宦官程元振马上率人截住太子,将他保护起来,并逮捕张皇后党羽100多人。张皇后惊慌失措,急忙跑到李亨的寝宫躲避。李辅国带兵径直入内,逼张皇后出宫,将她逮捕囚禁起来,后将她与李係一同杀死。

李亨本来就胆小怕事,而且又在病中,经此一吓,很快便去世了。

注释:

①裴冕(703—770年):唐朝大臣,以门荫入仕,授渭南县尉,迁监察御史,出任河西行军司马。安史之乱时,参与拥立唐肃宗李亨,授中书侍郎、同平章事。两京收复后,册封冀国公,出任西川节度使,入为右仆射。唐代宗继位后,充山陵使,后因依附权宦李辅国被贬为施、澧二州刺史。广德二年(764年),入朝授检校左仆射、御史大夫、江淮都转运使,领集贤院待诏。大历四年(769年),拜左仆射、同平章事、东都留守。

②良娣:皇太子妾的称号,太子妾中品级较高者,地位仅次于太子妃。

代宗李豫

李豫档案

生卒年	727—779 年	在位时间	762—779 年
父亲	唐肃宗李亨	谥号	睿文孝武皇帝
母亲	吴氏	庙号	代宗
后妃	沈皇后、崔贵妃、独孤贵妃等	曾用年号	宝应、广德、永泰、大历

李豫，初名李俶，肃宗李亨长子，唐朝第十位皇帝，唐朝第一个以长子身份继位的皇帝，也是唐朝第一个完全依靠宦官势力继位的皇帝。

李豫初封广平王，安史之乱时被封为兵马大元帅，负责平定安史之乱。至德二年，李豫率兵收复洛阳，被封为楚王。乾元元年（758年）三月，他改封成王，不久被立为太子。宝应元年四月，肃宗李亨病重，李豫侍疾于病榻前，张皇后与越王李係密谋篡夺政权，李辅国、程元振出兵保护李豫，逮捕了张皇后、李係等人。当天晚上，肃宗李亨病逝。李豫顺利继位，并于同年平定安史之乱。

李豫在位期间，本着"以养民为先"的施政方针，大力发展生产，改革漕运、盐价和粮价等，促进了社会安定和经济发展。

大历十四年（779年）五月，李豫驾崩，终年53岁，谥号睿文孝武皇帝，庙号代宗，葬于元陵。

依托重臣　平定藩镇

李豫生于开元十四年十二月，初名李俶，是肃宗李亨的长子，母亲为章敬皇后吴氏。李豫自幼聪明好学，精通《礼》《易》，深受祖父李隆基的宠爱。李豫性情仁孝温良，谦恭有礼，为人宽厚，气宇轩昂，城府很深，喜怒不形于色，且善决断。李豫15岁时以皇孙身份受封广平王。安史之乱爆发后，李豫被肃宗李亨任命为兵马大元帅，在平定叛乱中屡立战功，受到了朝臣和百姓的拥护，连李亨也感叹自己不如李豫。乾元元年，李豫被立为皇太子。宝应元年四月，李亨病重，张皇后与越王李係勾结，企图废黜李豫，改立李係为太子。宦官李辅国、程无振带兵保护李豫，挫败了张皇后与越王李係的阴谋。李亨驾崩后，李辅国、程元振拥立李豫在灵前继位。

李豫继位后，再次求援于回纥，又任命长子李适为兵马大元帅，进攻在洛阳称帝的史朝义，最终将其打败，收服了许多叛军旧部，史朝义自杀身亡，安史之乱彻底平息。但回纥军进入洛阳后烧杀抢掠，无恶不作。为了报答回纥的帮助，李豫只得对此不闻不问。回纥军在回国途中又一路抢掠，弄得民不聊生。

安史旧部投降后，李豫乐观地认为平叛任务已经结束，于是改元广德，宣布大赦天下，尤其对史思明、安禄山的旧部和亲属，既往不咎，对各级官吏封官加爵，自此以后刺史满3年者、县令满5年者，可以升职，百姓减免赋税。叛军降将摇身一变成为节度使，又形成了新的藩镇。他们在自己的辖区内横征暴敛，招兵买马，扩充实力，不经朝廷允许便随意任免官员，形同小政权。其中尤以卢龙（或称幽州）、成德、魏博（后改称天雄）三地（称为河朔三镇）最为严重。

这样的政策可以说是养虎为患，使得地方节度使得寸进尺、肆无忌惮。他们在政治、军事、财政上完全独立，不听朝廷调遣，职位或父子兄弟承袭，或由部下推举，然后再上报朝廷。中央集权被大大削弱，腐败现象越来越严重。

在纵容藩镇割据的同时，李豫对那些忠勇可嘉的大臣又无端猜忌，总害怕他们功高震主，威胁自己的统治地位。大将郭子仪在平定安史之乱中立下了赫赫战功，被肃宗李亨封为汾阳王。李豫继位后，怀疑郭子仪有篡位之心，于是不予重用。其他将领见状，对朝廷心灰意冷，不仅不肯交出兵权，而且招兵买马，想方设法扩大自己的地盘，致使割据状态越来越严重。

为了平定安史之乱，朝廷除了调集内地部队，还动用了大部分的边疆力量，致使边境防守空虚。吐蕃于至德元年乘机攻占石堡城（又称铁刃城），又进攻陇右、河西二镇。李豫继位后，吐蕃仍不断侵犯滋扰唐王朝边境。广德元年（763年），吐蕃集结吐谷浑、党项、氐、羌等族20余万大军入大震关，攻泾州，进逼奉天、武功等地，震惊朝野。

李豫急忙任命李适为关内元帅、郭子仪为副元帅，奔赴咸阳抵御吐蕃，他自己则匆匆逃往陕州。三天后，吐蕃军队攻入长安城，大肆烧杀抢掠，使繁华的长安毁于一旦。郭子仪率兵赶到后，虚张声势，以少数兵力威吓吐蕃。吐蕃不知底细，守城15天后仓皇而逃，长安失而复得。同年，吐蕃又攻取剑南道的松州、维州、云山城、笼城等地。李豫只得在泾州、邠州、渭北设节度使，抵御吐蕃。

广德二年（764年），曾经跟随郭子仪、李光弼平定安史之乱的铁勒族人仆固怀恩因为不满朝廷的待遇，也起兵叛乱，引吐蕃、回纥等10多万人进攻长安。李豫连忙任命郭子仪为节度使，镇守朔方。朔方旧将闻讯，纷纷脱离仆固怀恩，投奔郭子仪。仆固怀恩只得率300人逃至灵武，不久又收拾残余兵力，再引吐蕃、回纥反击。郭子仪屯重兵于泾阳，闭垒不出，凭坚固守。此时，剑南、严武等地的唐军攻破吐蕃盐川城。仆固怀恩和吐蕃军担心孤军无援，匆忙撤退，京都之围遂解。

永泰元年（765年），仆固怀恩再次纠集回纥、吐蕃、吐谷浑、党项等数十万人攻唐。但是，当队伍行进到鸣沙时，仆固怀恩身染重病，不治而亡。吐蕃军就地抢掠男女数万人，给当地百姓带来了深重的灾难。十月，吐蕃军行至邠州，与回纥军相遇，双方合兵一处，直逼奉天。郭子仪亲赴回纥军帐，说服他们与唐军联合，共击吐蕃。不久，郭子仪派先锋白元光与回纥联手，在灵台西和吐蕃展开激战，杀敌5万，仆固怀恩的部将仆固名臣投降,吐蕃败退,奉天的局势方才稳定下来。

迷信菩萨　京西防秋

吐蕃退兵,郭子仪功当第一,但宰相元载却将功劳归于菩萨保佑。李豫也很迷信,急忙大修寺庙,以求得到菩萨更好的庇佑。每次回纥、吐蕃入侵,他就率领众僧念《仁王护国经》,吐蕃、回纥抢掠后撤回,他认为是众僧的作用,对众僧大加赏赐,而对郭子仪等抗敌大将不闻不问。

由于吐蕃连年入侵,战争不断,李豫不得不花费大量财力物力,在凤翔、泾州、邠州、渭北、西川①等地加派重兵防守。

大历二年(767年)九月,吐蕃再次进犯灵州,接着又进逼邠州。李豫派郭子仪率3万人马迎敌,成功击退吐蕃。次年十一月,吐蕃引兵10万卷土重来,邠宁节度使率军抵御,击败吐蕃军队2万余人。之后,郭子仪自河中移镇奉天。吐蕃再侵灵州,被郭子仪部将白元光在灵武击败。

大历五年(770年)五月,李豫将大量民众移居到甘肃险要之地,以防守吐蕃入侵。九月,吐蕃进犯永寿。大历八年(773年)八月,吐蕃再犯灵武。幽州节度使朱滔率5000骑兵驻河西防秋②,李豫令其赴泾州行营。十月,吐蕃进犯泾州、邠州。郭子仪部将浑瑊与吐蕃交战失利后,与泾源军力合作,击败吐蕃。不久,郭子仪率军击败吐蕃10万大军。

李豫命令郭子仪等检阅部队,准备抵御吐蕃,并下诏各地出资备边,以供防秋之用,这就是历史上所说的"京西防秋"。

大历十一年(776年)春天,剑南节度使崔宁打败吐蕃20万大军;十月,在吐蕃望汉城取得胜利;十二月,西川兵再败吐蕃。

大历十三年(778年)四月,吐蕃进犯灵州,被朔方留后常谦光打败。六月,吐蕃再犯盐州、庆州。同年,回纥登利可汗进犯太原,杀死唐军民万人,抢掠无数。唐代州都督张光晟击败回纥,登利可汗退兵。

尽管李豫在位期间采取了一系列防御吐蕃的措施，但是因为节度使各自独立，没有统一的指挥，所以不能从根本上阻止吐蕃的入侵。在长期的战争中，双方各有胜负，耗费了大量资源，唐朝的国力逐步衰弱。

宦官专权　官逼民反

李豫是由宦官李辅国、程元振拥立的，所以他在称帝之后，对李辅国和程元振二人非常器重。他们也居功自傲，专权跋扈，甚至不把李豫放在眼里。李辅国曾对李豫说："大家（宫人们对皇帝之称呼）但居禁中，外事听老奴处分。"公然向李豫要权。李豫虽然心有不悦，但因为李辅国手握兵权，不得不尊李辅国为尚父。不久，李豫又加封李辅国为司空、中书令，同时任命程元振为左监门卫将军。李辅国、程元振二人相互勾结，把持朝政，排除异己，李豫束手无策，只好听之任之。

然而，李辅国、程元振二人也因争权夺利发生争斗。程元振向李豫献计惩治李辅国，李豫自然求之不得，在程元振的帮助下，他解除了李辅国行军司马一职，将其迁往外地，不久又派人将其刺杀。

李辅国被杀后，程元振担任骠骑大将军，成了第二个李辅国。当时安史之乱被平定，李豫论功行赏，正副元帅及各节度使均升官加爵，唯独山南节度使来瑱因为与程元振有隙，不仅得不到应有的奖赏，反而被流放播州，不久又被赐死。其部将深感不平，推举兵马使梁崇义为统帅，要求为来瑱平反。李豫畏惧其势力，遂下令以功臣礼仪厚葬来瑱，此事方得到平息。

广德元年秋，吐蕃大举进犯唐朝边境，攻取河西陇右诸地，告急文书接连不断传入京城，均被程元振截拦，直到吐蕃进取泾州，李豫才知道此事，急忙召郭子仪镇守咸阳。郭子仪派人进宫请求支援，但是程元振妒忌郭子仪，不让来人进宫，致使吐蕃军队长驱直入，攻取长安，李豫仓皇而逃。

在逃往陕州的路上，李豫多次征召各路人马共同御敌，但是节度使们痛恨程元振，都不愿出兵。随行大臣明知其中缘由，但他们惧怕程元振,不敢弹劾。唯有太常博士柳伉上书请杀程元振,以谢天下。李豫感念程元振拥立有功,仅让他罢官返乡。后来程元振私自入京,李豫得知后将他流放外地。程元振最后客死他乡。

除了李辅国、程元振外,宦官鱼朝恩也受到了重用。鱼朝恩是肃宗李亨时期的老臣,掌管禁卫军。李豫继位后,鱼朝恩担任天下观军容宣慰处置使③等职。后来,仆固怀恩部将范志诚进犯泾阳,李豫打算御驾亲征,鱼朝恩借口平叛,大肆搜刮民财。他的养子鱼令徽任内给使,与同僚发生口角。鱼朝恩便带着养子去见李豫,要李豫赐给养子紫衣,以提高其身价。宰相元载见状,上书请求除掉鱼朝恩,得到了李豫的同意。不久,鱼朝恩被诛杀。

安史之乱后,北方经济严重衰退,百姓流离失所,土地荒芜。而南部江淮地区因为没有受到战争波及,迅速发展起来。与此同时,北方的许多地区藩镇割据,不听朝廷号令,使唐王朝的有效统治区域越来越小,而国家又亟须大量物资,于是将租税的重点转移到江淮地区。

宝应元年,元载担任租庸使④,到江淮地区追征天宝末年百姓积欠的 8 年租调,无论家中财物多少都要上缴,少则一半,多则十之八九。另外还有各节度使、地方官吏巧立名目,横征暴敛,使得民不聊生。在这种高压政策下,老百姓忍无可忍,不得已奋起反抗。这一时期仅历史记载的农民起义就多达十几起,人数有几十万,其中最具规模的是袁晁起义和方清起义。但是,由于起义军力量分散,又缺乏战斗经验,最终失败。

有心改革　壮志难酬

江淮地区的农民起义虽然失败了,却让李豫感到了极大的危机。为了维护统治,他颁布新政,减轻农民负担。

都城长安位于西北,地理位置偏僻,而关中所产粮食又无法满足京师的消费,不得不每年从东南地区调运 100 万石粮食,由淮河入黄河,转渭水到长安。安史之乱期间,洛阳被叛军占领,漕运被切断。广德元年，唐军收复洛阳，安史之乱被平定，李豫随即命令刘晏⑤修复漕运航道。

刘晏接到圣旨后，不敢怠慢，急忙带人来到江淮，仔细勘察地形，制定出一套有效可行的办法。然后，他组织民工、兵丁，控制水流，打造船只，将过去富户督办的漕运改为官运，将直运改为分段接运。由此，江淮地区的粮食源源不断地运抵京师，少则40万石，多则110万石，有效地降低了京师的粮价。

除了漕运，李豫还对盐政实行改革。唐初不收盐税，但在安史之乱期间，朝廷为了增加财政收入，于乾元元年实行盐业专卖。在产盐区设置监院，管理盐务，致使盐价比平常高出几倍。老百姓不买，就强行摊派任务，极大地损害了百姓的利益。永泰二年（766年），李豫命令刘晏对盐务实行改革。

刘晏上任后，首先精简盐务机构，裁减冗员，合并监院，又在各大城市设立13个巡院，负责管理盐业销售市场。之后，刘晏又着手改革销售渠道，由原来的官运官销改为"就场专卖"，即各地所产的盐由朝廷统一收购，不许卖给私人。而盐官所收的盐就在盐场转卖给盐商，商人交纳盐款和盐税后，可以自由运销。同时，为了防止不法盐商哄抬物价，刘晏在偏远地区设立"常平盐"，下令禁止各地节度使对盐商增派税收，从而稳定了百姓的生活。

除了盐业，刘晏又呈报李豫同意，在各道设巡院，选派精干廉洁的官员赴任知院官，负责每月将本州的降水、粮食收成等情况向上汇报，方便朝廷合理调配粮食，在丰收地区高价收入，拉到歉收地区低价卖出，起到了稳定物价的作用，称为"常平法"。同时，刘晏又进一步推出"均输法"，即以当地的部分租赋收入和盐利，购买当地土产品，供应京师，既方便了京师百姓的生活，又促进了当地土产品的生产，使经济得到了良好的发展。

但是，这一系列改革触犯了一些大官僚、大地主的利益，在实施过程中遭到多方阻挠。大历十四年五月，李豫病逝，这也使刘晏的改革失去了后盾，不得不中途而废。

注释：

①西川：西川作为行政区划名，始于唐代。至德二年，原来的剑南节度使分为剑南东川节度使和剑南西川节度使，剑南东川简称"东川"，剑南西川则简称"西川"。宋代，又设置了西川路。从此，"西川"一词逐渐为人们所熟知。唐宋的"西川"相当于今四川中西部的一部分。

②防秋：古代西北各游牧部落，往往趁秋高马肥时南侵。届时边军特加警卫，调兵防守，称为"防秋"。

③观军容宣慰处置使：使职名。唐肃宗乾元元年，郭子仪、李光弼等9个节度使围讨安庆绪，因子仪、光弼均为元勋，难相统属，故不置元帅，而以宦官鱼朝恩为观军容宣慰处置使，总监九军，成为事实上的统帅。其后，鱼朝恩又为天下观军容宣慰处置使，也就是全国的总监军。

④租庸使：官名。主持国家的税政。唐玄宗开元十一年，以宇文融为勾当租庸地税使，是为租庸使之始。以后杨国忠等人继任，专事聚敛。德宗以后，因租庸调制改为两税法，租庸使废。五代时后梁、后唐改为专掌搜括钱物的中枢财政长官，后唐明宗时废。

⑤刘晏（718—780年）：唐代著名经济改革家、理财家，历仕玄宗、肃宗、代宗、德宗四朝。代宗时任吏部尚书、同平章事，不久罢相，仍领度支盐铁转运租庸使及东都、河南、江淮、山南等道转运租庸盐铁使等职，理财达20年，为安史之乱后的唐朝经济发展做出了重要贡献。德宗继位后，被杨炎诬陷而死。

德宗李适

李适档案

生卒年	742—805年	在位时间	779—805年
父亲	唐代宗李豫	谥号	神武孝文皇帝
母亲	睿真皇后沈氏	庙号	德宗
后妃	王皇后、韦贤妃等	曾用年号	建中、兴元、贞元

李适,代宗李豫长子,唐朝第十一位皇帝。

李适初封奉节郡王,代宗李豫继位时,史朝义占据洛阳,李适被封为兵马大元帅,带兵讨伐叛军,后晋封为鲁王、雍王;因平叛有功,又拜任尚书令。广德二年(764年),被立为皇太子。大历十四年,李豫驾崩,李适继位,改元建中。

李适在位前期,对文武百官非常信任和重用,严禁宦官干政,起用杨炎为相,实行了一系列的经济改革措施,使国家出现了中兴局面。建中四年(783年),泾原(治泾州)兵哗变,李适出逃奉天,后依靠李晟[①]等将平定叛乱。李适在位后期任用宦官为禁军统帅,在全国各地增收间架、茶叶等杂税,导致百姓怨声载道;同时又对藩镇放纵姑息,使其势力逐渐坐大,对朝廷产生了严重威胁。

贞元二十一年(805年)正月,李适在会宁殿驾崩,享年64岁,谥号神武孝文皇帝,庙号德宗,葬于崇陵。

改革税收　奸臣挡道

李适出生于天宝元年四月，同年十二月，不满 1 岁的李适被封为奉节郡王。安史之乱爆发时，李适年仅 14 岁。宝应元年，代宗李豫继位，封李适为兵马大元帅，改封鲁王，令其率兵抗击安史叛军；同年八月，又改封李适为雍王。因为在平定安史之乱中立下大功，李适拜尚书令。广德二年，李适被立为皇太子。

大历十四年五月，李豫驾崩，李适继位，改元建中。作为经历过战乱的皇帝，李适深知百姓疾苦，所以一上位便对朝政实行改革，禁止岁贡，提倡节俭，削减宫女及梨园使、伶官的人数，禁止官吏经商，严查贪官污吏。

当时，他任用崔祐甫②、杨炎为宰相，进行赋税改革，推行"两税法"。唐朝前期在推行均田制的基础上，实行租、庸、调三项税收方式。然而，随着均田制的逐步瓦解，农民纷纷逃亡，沦为地主的佃户，必须寻求一种新的制度替代这种制度。

所谓两税法，即取消租庸调及一切杂税，不分主户（原住民）、客户（后迁入户），一律按现住地登记入户，按照资产和田地多少来交税。即使没有固定住处的行商，也要承担赋税。赋税每年分夏秋两季，夏税缴纳时间不超过六月，秋税不超过十一月。

两税法的实行，扩大了朝廷的税收范围，本应减轻劳动人民的负担，但李适依然增加了各种苛捐杂税，使百姓的负担日益沉重。

李适继位时，朝中大臣钩心斗角、争权夺利的现象十分严重。比如，杨炎和刘晏。刘晏是当时的名臣，曾大力辅助代宗李豫，立下了不小的功劳，任尚书左仆射，凡度支出纳事项皆由他兼管。杨炎是代宗李豫时宰相元载的余党，元载被杀与刘晏有关，当时杨炎被贬为道州司马，后来他再次入京，取得了李适的信任，掌管大权，便公报私仇，谋害了刘晏。

刘晏冤屈而死，令满朝文武心中不服，纷纷为其鸣不平。割据淄青镇的李正己多次上表追问刘晏被杀的理由，李适无法回答。杨炎做贼心虚，暗中派人四处奔走，为自己洗白，称杀刘晏是皇帝的意思。李适知道后十分气愤，一怒之下任用卢杞③为宰相，想要除掉杨炎。

卢杞为人阴险，非常明白李适的心思，上任后立即罗织杨炎的众多罪名。李适以此为借口，贬杨炎为崖州司马，又派人在途中将其杀死。

藩镇割据　内乱不止

成德镇节度使李宝臣、李正己、田承嗣三人曾经商定，要在本镇确立传子制，即父亲死后，位置传给儿子或侄子。大历十四年，田承嗣去世，其侄子田悦继承。李宝臣要求朝廷承认田悦的地位，得到了应允。建中二年（781年）李宝臣病逝，其子李惟岳同样请求朝廷承认自己的地位。当时，李适正要改革这个不合理的制度，于是一口回绝。田悦又上疏为李惟岳求情，也遭到拒绝。李惟岳遂联合田悦、李正己起兵叛乱。李适急忙调集1.2万人入守关东，任李怀光为朔方节度使，镇压叛军。然而，李适缺乏行之有效的用兵计划，也没有统一的指挥，以致战斗连连失败。

田悦进攻邢州和临洺时，被河东节度使马燧、昭仪节度使李抱真、神策军都将李晟打败，连夜撤退到洹水县，与淄青军、成德军首尾相接、互相呼应，最后被唐军在魏博、淄青两地打败。次年，马燧、李抱真、李晟又打败田悦。田悦带着1000多残兵败将逃往魏州。淄青镇节度使李正己死后，其子李纳接任，继续与朝廷对抗，又被唐军打败，逃回濮州。之后，李适命令卢龙节度使朱滔攻打成德镇李惟岳部。李惟岳兵败，逃回恒州，被部将王武俊杀死，王武俊投降朝廷。至此，藩镇割据叛乱暂告一段落，紧接着另一场战争又开始了。

藩镇割据叛乱平息后，李适任命降将张孝忠为易、定、沧三州节度使，王武俊为恒、冀二州都团练使，又将德州（治安德）、棣州（治厌次）分给朱滔，以分散旧成德军的力量。然而，王武俊自恃功高，地位反而不如张孝忠，心中不服，于是拒不受命。朱滔也因受封的二州到不了自己手中，心生不满，于是仍然驻兵深州，拒绝将深州交给接任的康日知。不久，王武俊、朱滔起兵叛乱，并联合田悦、李纳二人。为了进一步扩大自己的势力，朱滔秘密联系镇守凤翔的兄长朱泚（cǐ），李适知道后，立即将镇守凤翔的朱泚召回京师，派宦官监视起来；同时命马燧率兵攻打魏州。朱滔、王武俊急忙救援，唐将朔方节度使李怀光又奉命支援马燧。李怀光先打败了朱滔，后来被王武俊击败，被迫撤退到魏县，两军相持。之后，朱滔自称冀王，田悦称魏王，王武俊称赵王，李纳称齐王。四人组成联盟，推举朱滔为盟主，许诺相互支援，不许反悔。朱滔又劝说淮西节度使（驻蔡州）李希烈反唐，李希烈便自称天下都元帅，派兵四处抢掠，一直进至洛阳附近。

建中四年，李希烈攻打襄城，宣武节度使李勉奉命率兵1万救援襄城，李适又加派3000人前去助战。李勉上书建议攻打李希烈驻地许州，则襄城之围可解，并为此做好了兵力部署。但是，李适不允，并派宦官前去斥责李勉。当朝廷所派人马来到离许州数十里的地方时，遭到许州兵力的拦截，大败而逃，死伤过半。李勉又分兵助守洛阳，结果被李希烈截断后路，无法退回。襄城危在旦夕，李适急忙调派人马去救援襄城，不料却引发了泾原兵哗变。

原来，泾原兵5000人被调去救援襄城，路过京都，将士们又冷又饿，希望能饱餐一顿，没想到朝廷只给了一点简单的饭食，没有半点赏赐。将士们为此十分不满，遂发动叛乱，攻入京师。李适惊慌失措，狼狈出逃，一直逃到奉天。不久，左金吾卫大将军浑瑊前来护驾，朝中其他官员也陆续到来，人心才渐渐稳定下来。

此时，朱泚被叛军拥立为主，而援救襄城的部队，有的还没有走出潼关，也发生兵变，归顺了朱泚。朱泚见自己实力日渐强大，便自称大秦皇帝，唐朝百官也都做了秦官，只有司农卿段秀实等少数官员不愿归顺朱泚，密议诛杀朱泚，但反被朱泚处死。

李适派人到魏县求援，李怀光、李晟先后来救，马燧回归本镇，李抱真留守河北，浑瑊坚守奉天。朱泚亲率大军围攻奉天一个月，无法攻破。城中粮食断绝，李适和将士们一起，每天处于饥饿之中。危急时刻，朔方节度使李怀光等各路援军陆续赶到，和浑瑊一起，打败朱泚，解了奉天之围。

李适削藩失败,以致国内四处狼烟,百姓流离失所。兴元元年(784年)正月,李适下"罪己诏",向天下谢罪,承认因为自己的过失导致天下大乱,愿意承担全部责任,赦免所有参与叛乱的藩镇节度使。于是,各地节度使纷纷上表谢罪。然而还不到一个月,朔方节度使李怀光联合朱泚再度起兵,李适又一次逃往山南西道的梁州。在李晟打败朱泚、收复长安后,李适才得以返回京师。

生性多疑　君臣离心

为了平定李怀光、朱泚叛乱,李适曾向吐蕃求援,愿将安西、北庭割让。兴元元年,李适刚刚回到长安,吐蕃便派人来索要割地,遭到大臣李泌等人严词拒绝。吐蕃大怒,派兵来伐,但被李晟打败。吐蕃不甘心,决定使用离间计。兴元三年(786年),吐蕃派兵2万到凤翔,假称是受李晟邀请而来。李适不辨真假,先后解除了李晟、浑瑊、马燧三员大将的兵权。朝中武将因此与李适产生了嫌隙,君臣之间相互猜忌。后来,李适任命李泌为宰相,局面有所缓和,但君臣间的隔阂已经形成。

经过多次失败和出逃后,李适也失去了当年的雄心壮志。回到长安后,他将精力集中在搜刮民脂民膏上,还主动向地方索取财物,称为"宣索",与当初的节俭背道而驰。

李适对朝政失去热情,凡事依赖宦官。兴元元年十月,他将神策军分为左右两厢,分别交给宦官窦文场、霍仙鸣掌管。神策军是朝廷的精锐部队,比羽林军、龙武军还重要,驻扎在京城周边和皇宫苑内。李适这样做,等于将自己的性命交到了宦官手中。

贞元二十一年正月,李适在长安会宁殿病逝。

注释:

①李晟(727—793年):唐朝中期名将,善骑射,勇武绝伦。初在

西北边镇为裨将，屡立战功，后任右神策军都将。唐德宗时为神策军都将。建中二年（781年），率军平定河朔三镇叛乱。建中四年，泾原兵变时亲往奉天勤王。兴元元年（784年）收复长安，平定朱泚之乱，拜司徒兼中书令，领凤翔、陇右、泾原三镇节度使、行营副元帅，受封西平郡王，世称李西平，驻守泾州，防御吐蕃进攻。贞元三年（787年）解除兵权。

②崔祐甫（721—780年）：唐朝大臣，进士及第，授寿安县尉，历任舒、洪二州司马。入为起居舍人，历任吏部郎中、御史中丞、著作郎、中书舍人，处理中书省事务和吏部选才事宜。德宗继位，拜门下侍郎、同平章事，后迁中书侍郎，监修国史。崔祐甫忠贞正直，有重臣节操，在宰相任上执政宽简，政声蔼然，颇有贞观之风。

③卢杞（？—784年）：唐朝大臣，样貌奇丑，颇有口才。建中初由御史中丞迁宰相，陷害杨炎、颜真卿，排斥宰相张镒等。为了筹集军饷，实行括率、增收房屋间架税、设立除陌税，以致民间怨声载道。建中四年泾原兵哗变，京师失守，不久朔方节度使李怀光上疏斥其罪恶，被贬职，后死于澧州。

顺宗李诵

李诵档案

生卒年	761—806 年	在位时间	805 年（同年禅位太子）
父亲	唐德宗李适	谥号	至德弘道大圣大安孝皇帝
母亲	昭德皇后王氏	庙号	顺宗
后妃	王皇后、牛昭容等	曾用年号	永贞

李诵，德宗李适长子，唐朝第十二位皇帝。

李诵初封宣城郡王，后又晋封宣王，大历十四年十二月被立为太子。贞元二十一年正月，德宗李适病逝，李诵带病继位，改元永贞。同年八月，禅位给太子李纯，自称太上皇。

元和元年（806 年）正月，李诵驾崩，谥号至德弘道大圣大安孝皇帝，庙号顺宗，葬于丰陵。

带病继位　政托二王

李诵生性慈善孝顺，为人仁厚，勤奋好学，对佛教经典颇有研究，也很喜爱书法，尤其擅长隶书。大历十四年，李适继位，不久立李诵为皇太子。

李诵生逢乱世，特殊的环境使他养成了为人低调、谨小慎微的性格。德宗李适非常赏识李诵的才干，每次赐朝臣与节度使诗句，他必让李诵代为书写。更为难能可贵的是，建中四年泾原兵变发生后，李诵随李适出逃避乱，总是手持利剑殿后。在朱泚叛军围攻奉天时，李诵身先士卒，勇敢作战，将士们为此备受鼓舞，奋勇杀敌，最终战胜了强敌，取得了奉天保卫战的胜利。

李诵还是太子时，纳娶肃宗李亨之女郜国公主与驸马萧升的女儿为妃。郜国公主生性淫荡，在丈夫萧升去世后，与彭州司马李万私通，又与太子詹事李昪、蜀州别驾萧鼎暗中交往，还被人举报行巫蛊之术。德宗李适大怒，幽禁了郜国公主，并杖杀李万；郜国公主的5个儿子以及李昪、萧鼎被流放边远之地。太子妃萧氏也受到牵连，被杀死。当时德宗李适还打算废掉李诵，改立舒王李谊为太子。多亏李泌极力劝谏，李诵才保住了太子之位。

贞元二十年（804年）九月，李诵突然中风，口不能言。德宗李适十分担心，多次前去探视，并派人遍访名医为他治病，但效果不佳。没过多久，德宗李适也卧病在床，于次年正月驾崩。当时宦官专权，因为李诵无法参加德宗李适的葬礼，他们就谎称禁中尚未确定继承人，反对让李诵当皇帝。但是，负责起草诏书的翰林学士王叔文、王伾力排众议，坚持立嫡立长，李诵才得以继位。

李诵因为不能说话，无法理政，便委托王叔文、王伾代之，封他们为翰林学士，宦官李忠信、后妃牛昭容侍奉在旁。他的旨意由李忠信和牛昭容代为传达给王叔文和王伾，经二人商议之后，再交给宰相韦执谊①具体执行。同时朝中还有刘禹锡、柳宗元等名臣大力协助，时称"二王刘柳集团"，在李诵的支持下，他们对朝政进行了一系列的改革。

永贞革新　有始无终

李诵久居深宫，深深体会到了宦官专权的危害，继位之初，他决定先拿宦官开刀。当时设置的宫市，是宦官们负责宫中采买的场所，他们巧取豪夺，鱼肉百姓。另外还有专门负责购置供皇帝玩乐的雕、鹘、鹞、鹰、狗等玩物的部门，名曰五坊使。在他的支持下，王叔文等首先废除了宫市和五坊使，并裁减冗余人员，打击贪官，取消进奉，受到百姓的交口称赞，史称"永贞革新"。

随后，李诵开始着手削弱宦官的权力，同时抑制藩镇的势力。剑南西川节度使韦皋上表，欲兼领三川，李诵不允，又罢免了浙西观察使李锜兼任的盐铁转运使职务。这一系列措施引起了节度使和宦官的强烈不满，纷纷向朝廷施压，使王叔文处理政务日益艰难。而李诵又口不能言，每项旨意都要由人代传，百官不能谋其面，天长日久，人们不免心中生疑。那些被触及利益的宦官、节度使，对王叔文等人专权也心怀不满，以俱文珍为首的宦官们强烈要求"立嫡立长"，要求李诵立李纯为太子；剑南西川节度使韦皋等人则强烈要求太子监国。李诵顶不住压力，只好答应，"永贞革新"宣告失败。几天后，李诵被迫禅位于太子，自己当太上皇，史称"永贞内禅"。

李诵退位以后，宦官得势，将王叔文、王伾贬谪，随后赐死。刘禹锡、柳宗元等8人也被贬到偏远地区当司马，即历史上有名的"二王八司马②"事件。

元和元年正月，李诵驾崩。他在位数月，只留下一个失败的"永贞革新"和无奈的"永贞内禅"，再无其他作为。

注释：

①韦执谊（764—812年）：唐朝宰相，"二王八司马"之一。进士出身，历任翰林学士、南宫郎、吏部郎中，与顺宗宠臣王叔文交好。永贞元年（805年），拜中书侍郎、同平章事，推行永贞革新，抑制宦官和藩镇势力。宪宗继位后，被贬为崖州司马。

②二王八司马：指在唐顺宗年间推行一系列善政的一批革新派官僚士大夫，主张打击宦官势力、革新政治。其中，"二王"指王叔文、王伾，"八司马"指韦执谊、韩泰、陈谏、柳宗元、刘禹锡、韩晔、凌准、程异，他们在改革失败后，俱被贬为州司马。

宪宗李纯

李纯档案

生卒年	778—820年	在位时间	805—820年
父亲	唐顺宗李诵	谥号	昭文章武大圣至神孝皇帝
母亲	王皇后	庙号	宪宗
后妃	郭氏、郑氏等	曾用年号	永贞、元和

李纯，初名李淳，德宗李适之孙、顺宗李诵长子，唐朝第十三位皇帝。

李纯早年被封为广陵郡王，贞元二十一年三月被立为太子，改名李纯。同年八月，顺宗李诵被迫内禅，李纯继承皇位，改元永贞。

李纯在位期间，重用贤良之士，改革朝廷弊政，为政勤勉，励精图治，采取手段削弱藩镇势力，重新提升了朝廷的威望，使唐朝又一次出现中兴局面，史称"元和中兴"。

元和十五年（820年）正月，李纯为宦官陈弘志等人谋杀，终年43岁，谥号昭文章武大圣至神孝皇帝，庙号宪宗，葬于景陵。

终结藩镇　恢复一统

李纯出生于大历十三年二月，原名李淳，为顺宗李诵长子。李纯自幼经历战乱，在他出生第二年，其祖父李适继位，父亲李诵被立为太子。"泾原之变"发生后，德宗李适仓皇出逃，留下的李唐宗室子弟大多被杀。李纯六七岁时，返回长安的德宗李适有一次逗他玩耍，把他抱在膝上问道："你是谁家的孩子，怎么会坐在我的怀里呢？"没想到李纯回答道："我是第三天子。"德宗李适听了非常惊奇，从此更加喜欢李纯。贞元四年（788年）六月，年仅11岁的李纯被封为广陵郡王。

贞元二十一年三月，李纯被册立为皇太子，名字由原来的李淳改为李纯；同年七月开始参与政事，行使监国大权。八月四日，李诵在剑南西川节度使韦皋等人的逼迫下宣布退位，5天后，李纯正式登基称帝，改元永贞。

李纯颇有皇帝的气度，继位后便着手清除藩镇割据势力。剑南西川节度使韦皋死后，其部将刘辟上书朝廷，请求代替韦皋之职。李纯不允，将刘辟征召入朝，任命为给事中，另派袁滋接任剑南西川节度使。

自唐朝中期以来，节度使的权力越来越大，各自为政，不把朝廷的诏令放在眼里，而且职位可以世袭，俨然成了"小皇帝"。所以，刘辟不愿入京，还起兵围攻梓州。李纯力排众议，采纳宰相杜黄裳①的建议，派兵征讨刘辟。

元和元年，李纯命令左神策军行营节度使高崇文率兵出征。高崇文正月自斜谷出兵，一路军纪严明，势如破竹，到九月攻克成都，生擒刘辟，叛乱得以平定。

就在高崇文征讨刘辟的时候，夏绥节度使韩全义被征召入朝，他留外甥杨慧琳坐镇夏绥，拒绝交出兵权，并派兵阻止李纯派去接任的官员。李纯命令河东、天德两地出兵，消灭杨慧琳。

李纯牛刀小试，给其他节度使以极强的威慑力。各地节度使纷纷请求入朝，愿意交出兵权。这正合李纯的意愿，他忙派使者前去抚慰，询问行程。其中，镇海军节度使李锜并不想入朝，不过是表面敷衍，所以一拖再拖。李纯恼怒之余，任命李锜为左仆射，另派御史大夫李元素前去接任。李锜举兵造反，李纯下诏削去他的官爵及宗室属籍，并派兵征讨，很快平定了叛乱。

元和四年（809年），成德节度使王士真病逝，其子王承宗接任。

河北三镇节度使纷纷效仿，以嫡长子为副大使，以便自己死后儿子可以代领其职。王承宗为了得到朝廷的认可，表示愿意献出德、棣二州，但遭到李纯拒绝。

当时，朝中大臣见接连取得胜利，有些得意忘形，纷纷劝李纯发兵河北。宰相裴垍[②]（jì）、翰林学士李绛则认为不可莽撞行事。但李纯也被胜利冲昏了头脑，低估了河朔的实力，下诏削去王承宗官爵，命令宦官吐突承璀讨伐王承宗。尽管翰林院学士白居易等人极力反对，但是李纯坚持出兵。

不过，吐突承璀根本不懂行军打仗，威令不振，屡战屡败，损兵折将。李纯闻报，方知河北形势复杂，自己过于轻敌，不禁懊悔不已。这时，裴垍又出谋划策，擒杀昭义节度使[③]卢从史，平定昭义，消除内患，很快将形势扭转过来。王承宗不敢再战，遂上书朝廷请罪，李纯也想尽快结束这场旷日持久的战争，便接受王承宗的投降，下令撤回军队。

这次讨伐王承宗失败，并没有动摇李纯削藩的决心，他接受教训，决定采取恩威并施的策略削除藩镇势力。

元和七年（812年），魏博节度使田季安病逝，按照以往的惯例，其幼子田怀谏为副大使，接替父位，掌管军事。然而，李纯决心改变这种不经朝廷任命就私自上任的行为，他听从宰相李吉甫[④]的建议，派兵征讨田怀谏，而宰相李绛则反对出兵。经过一番争论，李纯采纳了李绛的建议，不予出兵，静观其变。

事情的发展正如李绛所料，田季安的部下田兴擒获田怀谏，向朝廷投降，称愿意遵守法令，朝廷由此免除了一场战事。李纯当时还有些怀疑，想派使者前去抚慰，李绛又进谏不如直接下诏封田兴为节度使。李纯认为可行，遂下诏加封，田兴非常感恩，一生对朝廷忠心耿耿。

元和九年（814年），淮西节度使吴少阳在蔡州病逝，其子吴元济接替父位。他作恶多端，四处抢掠，甚至侵扰到洛阳附近。李纯忍无可忍，决意对他进行讨伐。但是，其他节度使为了阻止李纯出兵，故意设置障碍，以惑乱人心。其中，淄青节度使李师道派兵前去寿春，名为支援朝廷，实则伺机而动，策应淮西。元和十年（815年），他又派刺客入京，偷盗抢掠，杀死宰相武元衡⑤，刺伤宰相裴度，闹得人心惶惶。宣武节度使韩弘也拥兵自重，对李纯的出兵诏令一再拖延。幸亏有陈州刺史李光颜率兵与吴元济作战，只是受宦官监军，搞得军心涣散、士气低落，历时3年仍然无法平定叛乱。

李纯非常气恼，下令撤掉监军严绶，封羽林大将军高霞寓为唐、随、邓三州节度使，平定叛乱。然而，高霞寓兵败铁城。大臣们纷纷上书劝李纯罢兵，李纯不予理会。众臣又劝李纯撤掉在家养伤的宰相裴度，以讨好藩镇，也被李纯拒绝。接着，李纯撤掉高霞寓，任命荆南节度使袁滋为彰义节度使，申、光、蔡、随、邓等五州观察使，后又任命名将李愬为唐、随、邓三州节度使，率军征讨吴元济。

至元和十二年（817年），战争已经进行了4年，国库耗费殆尽。宰相裴度请求督战，李纯便任命他为淮西宣慰处置使，全权指挥军队。裴度来到前线，撤掉监军宦官，使将领能够独立处理军务，战局很快得到了扭转。之后，裴度又重用李愬、李光颜等一批名将，整顿前线军务，一改以往军令混乱的局面。

同年九月，李愬率领9000人马，冒着大雪夜袭蔡州，活捉吴元济，终于结束了淮西几十年来不听朝廷号令的局面。

平定吴元济起到了杀一儆百的作用，此后，河北藩镇纷纷上书表示愿意归降。至此，大唐王朝终结了藩镇割据的混乱状态，实现了国家的统一。

锐意改革　深得民心

与几个前任皇帝大不相同的是，李纯对奇珍异兽、字画古玩毫无兴趣，对奸佞小人更是嗤之以鼻，他下定决心要重整朝纲，因此十分注重任用人才，经常和大臣们讨论历代选用宰相的利弊得失，大胆任用杜黄裳、裴垍、李绛、裴度、崔群等一大批贤臣为宰相。

李纯在位期间，无论是在削藩还是政治、经济方面，都做出了不可磨灭的贡献，开创了唐朝后期的鼎盛局面。他任人唯贤，不拘一格，虚心纳谏，从而避免了许多过失。有一次，有人向李纯禀报，称大臣郑细（yīn）与昭义节度使卢从史勾结谋反。李纯听后十分生气，但并没有贸然行事，而是召李绛前来商议。李绛分析认为，郑细为人忠直，不可能做出如此忤逆之事。后来李纯派人去调查，果然是受人诬陷。

当时僧人鉴虚以财货结交权贵，受藩镇贿赂，横行不法，被御史中丞薛存诚拘禁。李纯有心释放鉴虚，派宦官到御史台传圣旨，但薛存诚坚决不放，回答说："陛下若召而赦之，请先杀臣，然后可取，不然，臣期不奉诏！"事后，李纯非但没有怪罪薛存诚，反而嘉奖了他。

正因为李纯能采纳忠言，从谏如流，在重大问题上明辨是非，锐意改革，除旧布新，才成就了他的一番伟业。

在他执政前期，诸道官吏进京都要带大量财物进贡，以求升迁。李纯对此非常反感，遂下令诸官进京不得进奉。枢密使⑥刘光琦奏请派使者到各地宣布诏令，企图分割这些进奉。宰相裴垍、李绛坚决反对，主张由驿站层层传递。刘光琦找借口说这是旧例，李纯说："故事是耶，当守之，守之不然，当改之。"

李纯也很关注各地灾荒及战乱造成的灾难，刚上任就派度支、盐铁转运使潘孟阳宣慰江淮，行视租赋，监察官吏，体恤民情。然而，潘孟阳到处吃请受贿，胡作非为，李纯得知后罢免了他的官职。元和四年，南方出现旱灾，李纯派左司郎中郑敬德等为江、淮、荆、湖、襄、鄂等道宣慰使，前去赈灾。临行之前，他再三告诫郑敬德等人说："朕宫中用帛一匹，皆籍其数，唯赐救百姓，则不计费。卿辈宜识此意，勿效潘孟阳饮酒游山而已。"后来，李纯又接受白居易、李绛等人的建议，诏令天下：降天下系囚，调租税，出宫人，绝进奉禁掠卖。这些举措，有效地缓和了社会矛盾，安定了百姓的生活。

晚年昏庸　命丧黄泉

李纯在位前期头脑清醒，颇有作为，然而到了晚年却昏庸奢侈，大兴土木，追求长生不老，到了让人无法理解的地步。

元和十三年（818年），李纯命六军修建麟德殿，右龙武军将军张奉国、大将军李文悦认为淮西初平，善后之事繁多，于是找到宰相裴度，希望能劝阻李纯。然而，李纯不仅不听劝阻，还罢免了他们的官职，又下令疏浚龙首池，筑承晖殿。如此劳民伤财，激起许多民怨。户部侍郎、判度支皇甫镈及盐铁转运使程异多次向李纯进献财物，受到提拔。宰相裴度、崔群极力劝阻，李纯拒不从谏。在罢免裴、崔两位贤相之后，李纯身边只剩下一群奸佞小人，整日阿谀奉承，将他哄得团团转。

李纯晚年迷信长生不老之术，他听人说陕西凤翔法门寺有一块佛骨，急忙派人迎到宫中，供奉三日，之后在京师诸佛寺巡回供奉。在他的带动下，后唐迅速兴起了一股崇信佛教的风气。

后来，宗正卿李道古与宰相皇甫镈勾结，说山人柳泌能制长生不老之药。李纯大喜，急忙召柳泌入宫。柳泌又说，天台山有神仙、多灵草，李纯对此深信不疑，封他为台州刺史。

元和十五年正月，李纯服用金丹以致性情暴躁，稍不如意便责罚身边的宦官。宦官人人自危，朝不保夕，后来宦官陈弘志忍无可忍，将李纯杀死。

注释：

①杜黄裳（738—808年）：唐朝大臣，进士及第，由太常卿迁门下侍郎、同平章事。唐宪宗继位后，极力主战，主张削藩。举荐高崇文为将，讨平西川节度使刘辟。后出任河中、晋、绛等州节度使，封邠国公。

②裴垍（？—811年）：唐朝中后期名相。进士出身，贞元时以监察御史转殿中侍御史、考功员外郎。唐宪宗继位后，召为考功郎中、知制诰兼充翰林学士，举荐李绛、崔群同掌机要政务。元和三年（808年）因举人不当，罢为户部侍郎。他为官好直，深得唐宪宗信任，迁中书侍郎、同平章事，加集贤院大学士，监修国史。拜相之后改革税收弊政，减轻百姓负担。推荐韦贯之、裴度为知制诰，擢拔李夷简为御史中丞，知人善任，贬抑庸劣，使政治清明。

③昭义节度使：又名泽潞节度使，是唐朝到五代期间，辖区位于今山西东南部与河北西南部的藩镇，始于中唐，首府为潞州。

④李吉甫（758—814年）：唐朝政治家、地理学家。博学多闻，初任太常博士，出为忠州等地刺史。唐宪宗继位后，由考功郎中迁翰林学士。元和年间，两次拜相，其间一度担任淮南节度使，封赵国公，策划平定西川、镇海二个藩镇，削弱藩镇割据，裁汰冗官，巩固边防，辅佐唐宪宗开创"元和中兴"。

⑤武元衡（758—815年）：唐朝大臣、诗人。进士出身，官至门下侍郎、同平章事。长于五言诗，重藻饰。

⑥枢密使：官名。唐代宗永泰（765—766年）中始置，以宦官充任，掌宫廷奔走，宣传机密诏奏，承受表奏，于内中进呈，若皇帝有所处分，则宣付政事堂及翰林院学士。唐僖宗时，杨复恭、西门季玄任枢密使，始于堂状后帖黄，指挥公事，侵夺宰相之权，地位极重，与两军中尉合称"四贵"。五代后梁太祖开平元年（907年）改崇政院使，以士人充任，备顾问，参谋议，出纳诏奏，职权与唐略同。

穆宗李恒

李恒档案

生卒年	795—824 年	在位时间	820—824 年
父亲	唐宪宗李纯	谥号	睿圣文惠孝皇帝
母亲	郭皇后	庙号	穆宗
后妃	王皇后、萧皇后、韦皇后等	曾用年号	长庆

李恒,原名李宥,宪宗李纯第三子,唐朝第十四位皇帝。

李宥初封建安郡王,其父李纯继位称帝后,又晋封为遂王,遥领彰义军节度大使。元和七年,太子李宁去世,李宥被立为太子,改名李恒。元和十五年正月,宪宗李纯被宦官所杀,李恒继位,改元长庆。

李恒在位期间,亲信奸佞之徒,远离忠良之臣,沉迷于宴游,不理朝政,致使朝中牛李党争①日益严重,藩镇叛乱不止,百姓负担更加沉重,政治更加腐败。

长庆四年(824年)正月,李恒驾崩,年仅 30 岁,谥号睿圣文惠孝皇帝,庙号穆宗,葬于光陵。

凭母继位 一世昏庸

李恒于贞元十一年(795年)在大明殿出生,先被封为建安郡王,后晋封遂王，遥领彰义军节度大使。李恒有两个兄长，即李宁和李恽，但他们都是地位不高的嫔妃所生。李宁平素爱好读书、举止大方、心地善良，颇受宪宗李纯喜爱。在大臣李绛等人的建议下，李宁被册立为太子，不料李宁却在元和七年暴病身亡，宪宗李纯只得再次册立太子。这时，最受宪宗李纯恩宠的太监吐突承璀建议按照长幼顺序立次子李恽为太子，但是大臣们一致建议立李恒为太子。李恒的母亲郭氏家世显赫，是郭子仪的孙女，又是代宗李豫长女升平公主的女儿，宪宗李纯在位时没有册立皇后，只将郭氏立为贵妃，郭氏因此成为后宫之主。相比之下，李恒具有极大的优势，最后，宪宗李纯将李恒立为太子。

元和十五年正月，宪宗李纯为宦官陈弘志所杀，李恒在宦官梁守谦、王守澄、韦元素等人的扶持下登基称帝，次年改元长庆，尊郭氏为皇太后。

李恒当太子时便不学无术，整天只知道吃喝玩乐。当上皇帝以后，他除了对扶持自己上位的几个宦官大加封赏之外，对朝政之事一窍不通且不闻不问。

元和十五年二月初一，李恒下令大赦天下，在丹凤楼宣召歌姬舞伎上台表演，以示庆贺。宪宗李纯的丧事结束后，李恒更是无所顾忌，整天带着一群优伶四处巡游，偶尔回一次皇宫也是日夜笙歌、嬉戏无度。

李恒的身边总是围绕着一群奸佞小人，朝政日趋腐败。以前宪宗李纯费尽九牛二虎之力平定下去的藩镇势力又乘机抬头，全面反叛。朝中大臣也结党营私，欺上瞒下，致使政令无法实施；加上宦官把持大权，为所欲为，国内混乱不堪，边境危机四伏。

叛乱纷起　软弱求和

元和十五年十月，党项族、吐蕃联合出兵，入侵唐西北边境，告急文书传入宫中，李恒却不理不问，跑到华清宫游玩。御史大夫李绛、常侍崔元略在宫外等候，非常焦急。直到日落西山，李恒才意犹未尽地返回，但仍不听他们的谏言，自顾回宫去了。

李恒继位以后，提拔崔植②、杜元颖为宰相，然而这两人鼠目寸光，缺乏对朝政的长远规划，面对藩镇问题，头痛医头，脚疼医脚，无法彻底解决问题。

　　长庆元年（821年），卢龙、成德节度使叛乱，朝廷付出了很大代价才平定叛乱。次年，魏博又发生叛乱。此时，河朔三镇再次脱离唐王朝的统治，直到唐王朝灭亡。其他藩镇也纷纷起兵，各自为政，唐王朝陷入了分崩离析的局面。

　　对于藩镇割据，李恒无可奈何，只好默认，以求和平共处。对外，李恒则采取和亲和安抚政策。他将自己的妹妹安定公主远嫁回纥，并封回纥新君为"崇德可汗"。九月，吐蕃遣使来长安请求结盟。十月，双方在长安西郊会盟，重申自贞观以来的舅甥关系，罢兵休战，明确提出"患难相恤，暴虐不作"。之后，李恒又派刘元鼎与吐蕃使者同返吐蕃，与吐蕃宰相会盟，即历史上著名的"唐蕃会盟"。长庆三年（823年），吐蕃又用汉藏文字将盟书刻于石碑上，立在西藏大昭寺内，即现存的长庆会盟碑。李恒利用这种方式安定了边境，同时也增进了唐王朝与周边少数民族的经济、文化交流，具有一定的历史意义。

　　长庆二年（822年）十二月，李恒和宦官一起打马球，其间有个宦官从马背上掉下来，马受了惊，直奔李恒而来。虽然马很快便被制服，但李恒却受到了惊吓，突然双脚不能站立，头晕目眩，中风病倒，从此卧床不起。之后，宫外多日得不到李恒的消息。次年，和宪宗李纯一样，李恒也迷上了长生不老之术，大量服用方士所炼仙丹。长庆四年（824年）正月，李恒驾崩。

注释：

　　①牛李党争：指唐朝统治后期的9世纪前半期以牛僧孺、李宗闵等为领袖的牛党和以李德裕、郑覃等为领袖的李党之间的争斗。斗争从唐宪宗时开始，到唐宣宗时才结束，持续将近40年，唐武宗时李党达到鼎盛，牛党纷纷被罢免；唐宣宗前期，李党纷纷被贬谪到地方为官。最终以牛党苟延残喘、李党离开中央而结束。故唐文宗有"去河北贼易，去朝中朋党难"之叹。

②崔植（772—829年）：唐朝大臣，博通经史。门荫入仕，元和年间授给事中。唐穆宗继位，拜中书侍郎、同平章事。与同列杜元颖皆不知兵，未能妥善处置河朔三镇降兵，以致朱克融勾结王庭凑发动兵变，复失河朔，天下不安，于是罢知政事。官终华州刺史。

敬宗李湛

李湛档案

生卒年	809—826 年	在位时间	824—826 年
父亲	唐穆宗李恒	谥号	睿武昭愍孝皇帝
母亲	王氏	庙号	敬宗
后妃	郭贵妃等	曾用年号	宝历

　　李湛，穆宗李恒长子，唐朝第十五位皇帝。

　　李湛初封鄂王，后改封景王，长庆二年十二月，被立为皇太子。长庆四年正月，穆宗李恒驾崩，李湛灵前继位，时年16岁，次年改元宝历。

　　李湛在位期间，荒淫奢侈，沉迷击鞠，宦官王守澄与权臣李逢吉相互勾结，把持朝政，排斥异己，祸乱朝纲。李湛昏庸无道、贪图享乐的程度比其父李恒有过之而无不及，从而加速了唐王朝灭亡的进程。

　　宝历二年（826年），李湛被宦官刘克明等人杀死，终年18岁，谥号睿武昭愍孝皇帝，庙号敬宗，葬于庄陵。

荒唐皇帝　醉心享乐

　　长庆二年十二月，穆宗李恒因受到惊吓而生了重病，无法行走，在大臣裴度等人的建议下，立14岁的长子李湛为太子，并让其监国。李湛幼年时，祖父李纯忙于平藩，父亲李恒继位后又只顾享乐游玩，根本无暇顾及对他进行教育，所以李湛和父亲一样只知玩乐，对朝政之事一窍不通。

长庆四年，穆宗李恒驾崩，李湛继位，次年改元宝历。李湛对皇帝的宝座毫无兴趣，根本不把朝政放在心上，他将朝政交给宦官和大臣们处理，自己则专注享乐。他大兴土木，劳民伤财，修建各种稀奇古怪的玩乐场所。大臣们屡次劝谏，他都当耳旁风。后来，他甚至一个月也难得上朝两三次。

李湛喜欢打马球，还要求禁军将士及后宫之人都参加。宝历二年（826年），他在宫中举行了一场项目繁多的体育竞技比赛，一直闹腾到深夜。

姑息养奸　死于宴饮

李湛在位时期，朝政混乱不堪，大权被宰相李逢吉①等人把持。李逢吉又拉拢心腹，身边的"八关十六子"形成一个强大的政治集团。他们排除异己，为所欲为，完全将李湛视为傀儡。王守澄、梁守谦等宦官也是几朝元老，势力强大，掌管着皇帝的废立大权，朝中大臣一举一动都要看他们的脸色。

朝廷中腐败不堪，地方官员也贪污受贿、鱼肉百姓，致使社会矛盾迅速激化。加上藩镇势力抬头，节度使世袭成了不成文的规定，每个藩镇都是一个独立王国，朝廷只能听之任之。

李湛继位不久，后宫接连出事。有一天，平民徐忠信居然闯进浴堂门，引发了一场混乱。长庆四年四月，染坊役夫张韶又联合卜者苏玄明，率染工从右银台门杀进宫内。李湛当时正在清思殿打马球，见情况不妙，慌忙逃到左神策军避难。张韶率人攻进清思殿，登上皇帝御座想过一把皇帝瘾，结果被左神策军兵马使康艺全率兵剿灭。八月的一天夜里，马文忠、季文德等纠集了1400多人欲图不轨，很快被平定，参与叛乱者全部被杖杀。

宝历二年十二月，宦官刘克明趁李湛打夜狐回来饮酒作乐之机，伙同苏佐明等人将其杀死。

注释：

①李逢吉（758—835年）：唐代大臣，贞元进士，宪宗时累迁至宰相。为人阴险诡谲，密阻裴度讨淮西吴元济，出为剑南东川节度使。唐穆宗继位，召拜兵部尚书。排挤名臣裴度，勾结郑注及宦官王守澄把持朝政，其党羽张又新等16人皆任要职，号称"八关十六子"。唐敬宗时以使相出镇山南东道。及至李训用事，官尚书左仆射。

文宗李昂

李昂档案

生卒年	809—840 年	在位时间	827—840 年
父亲	唐穆宗李恒	谥号	元圣昭献孝皇帝
母亲	萧皇后	庙号	文宗
后妃	王德妃、杨贤妃等	曾用年号	大和、开成

李昂，原名李涵，穆宗李恒次子，敬宗李湛之弟，唐朝第十六位皇帝。

宝历二年十二月，敬宗李湛被宦官杀害，大太监王守澄等人拥立李昂为帝，改元大和。

李昂在位期间政治黑暗，大臣和宦官争权夺利，导致唐王朝走向末路。李昂本是一位开明君主，可惜生不逢时，没有驾驭群臣的能力，一生受制于宦官和朋党，加上藩镇之祸，无法施展抱负，郁郁而终。

开成五年（840年）正月，李昂驾崩，终年32岁，谥号元圣昭献孝皇帝，庙号文宗，葬于章陵。

青年继位　勤于朝政

李昂性情温顺，于长庆元年受封江王。宝历二年十二月，敬宗李湛被宦官刘克明等人杀死，之后，大太监王守澄等人诛杀刘克明，将李昂扶上皇位，改元大和。

李昂继位后，决定革除父兄遗留的弊政。首先是提倡节俭，大幅裁减教坊乐工、宫女、太监等，减少宫中开支；其次禁止各地官吏进献奇珍异玩，关闭所有游乐场所。敬宗李湛在位时，一两个月才上一次朝，凡事都交给宦官处理。李昂一反敬宗李湛的作风，每逢单日必上朝，从不间断。凡国家之事，无论大小，必详细询问，与大臣们商量处理办法。李昂十分注重纳谏，为了让谏官们省去繁杂的传递程序，不受宦官约束，他特意下令铸造一枚"谏院之印"，从而减少了文件泄密的可能性。

李昂很喜欢读书，闲暇之余总是手不释卷，所以，他也十分重视教育，尤其是科举考试。开成年间（836—840年），他命人将十三经的标准本刻在一块石碑上，作为学子们考试的范本，即历史上著名的"开成石经"。

李昂虽然勤政，却有一个致命的缺点——优柔寡断，尤其在处理国家大事时往往犹豫不决。大和元年（827年），宰相韦处厚①因为对李昂的性格感到失望，主动请辞。这也正好让王播②钻了空子，接替了宰相之位，从此王播拉帮结派、排除异己，将李德裕等许多大臣贬到地方任职。

藩镇割据的情况日益严重，到底是征是抚，李昂拿不定主意，最后将绛王李悟之女寿安公主嫁给成德节度使王庭凑的儿子王元逵，以示安抚。

缺乏魄力　终致叛乱

李昂之所以能当上皇帝，完全是宦官的功劳，因此，李昂对他们十分纵容，同时也害怕宦官对自己下手，所以对他们是又敬又怕。大和二年（828年），李昂下诏征召敢于直言进谏的贤良人士，并亲自出考题。当时幽州昌平进士刘蕡（fù）直言不讳，说出了宦官专权的危害，李昂对他十分欣赏，有意重用，但又因为受到宦官的威胁而不敢提拔。这事引起了其他中第进士的不平，他们联名上书请求提拔刘蕡，但最终没有得到李昂的答复。

李昂极度渴望改变这种局面，大和四年（830年）七月，他提拔翰林院学士宋申锡为宰相，希望他能帮助自己剪除宦官王守澄等人。为了扩大势力，他们又将京兆尹王璠拉了进来，不料王璠胆小怕事，竟然偷偷向王守澄告密。王守澄抢先下手，诬陷宋申锡与李昂的弟弟漳王李凑合谋反叛。李昂不辨真伪，将宋申锡贬为开州司马，贬李凑为巢县公。这样一来，李昂不但没有达到预期的目的，反而暴露了自己，使宦官们加强了防备。

时隔不久，李昂又提拔郑注和李训③，让他们帮助自己铲除宦官的势力。郑注、李训二人巧设计谋，利用宦官内部的矛盾瓦解他们的力量，先铲除王守澄身边的党羽，又毒死王守澄本人。之后，他们要求所有宦官为王守澄送葬。大和九年（835年）十一月，李训提前在宫中设下埋伏，准备将太监一网打尽，不料被大太监仇士良识破，抢先下手，劫持李昂逃入宫内，然后假传圣旨捕杀郑注、李训及其同伙，使1000多人无辜而死。因为郑注、李训在这次行动中约定的信号里有"甘露"二字，史称"甘露之变"。

"甘露之变"使李昂彻底沦为宦官的傀儡。他们气焰嚣张，对皇帝毫不尊敬，政事均由宦官掌握的北司决议。开成五年正月，李昂郁郁而终。

注释：

①韦处厚（773—828年）：唐代大臣、文学家、藏书家。元和进士，初为咸阳尉，迁右拾遗，兼史职，参与编修《德宗实录》，时称信史。穆宗继位，召为翰林侍讲学士。宝历二年主持文宗礼仪，以功拜宰相，监修国史。善于用人，重视理财，为官刚正，时称贤相。

②王播（759—830年）：唐代大臣，贞元进士，累任盐铁转运使。初为淮南节度使，大肆搜刮民财。任满还京时，献银碗数千只、绫绢数十万匹，擢为尚书左仆射，同平章事，领使如故，后封太原郡公。

③李训（？—835年）：唐代大臣，右仆射李逢吉从子。长庆进士。大和九年与郑注等建议诛宦官，收复吐蕃所据河湟地区，清除河北藩镇势力，得文宗重用。不久拜翰林学士，迁礼部侍郎、同平章事，成为宰相。

武宗李炎

李炎档案

生卒年	814—846 年	在位时间	840—846 年
父亲	唐穆宗李恒	谥号	至道昭肃孝皇帝
母亲	韦氏	庙号	武宗
后妃	王贤妃	曾用年号	会昌

李炎，本名李瀍（chán），穆宗李恒第五子，敬宗李湛、文宗李昂异母弟，唐朝第十七位皇帝。

李炎早年被封为颍王，后加封开府仪同三司、检校吏部尚书。开成五年正月，文宗李昂病重，宦官仇士良、鱼弘志矫诏废皇太子，拥立李炎为皇太弟。同月文宗李昂驾崩，李炎继位，时年27岁，次年改元会昌。

会昌三年（843年），昭义军节度使刘从谏病逝，其侄刘稹有意承袭，因遭到拒绝而起兵叛乱。李炎采纳李德裕的建议，召集兵马进行征讨。次年八月，刘稹为部下所杀，叛乱得以平息。李炎在位期间，对内打击藩镇和佛教，对外击败回纥，加强了中央集权，唐朝一度出现中兴局面，史称"会昌中兴"。

会昌六年（846年）三月，李炎驾崩于大明宫，终年33岁，谥号至道昭肃孝皇帝，庙号武宗，葬于端陵。

得益宦官　荣登帝位

李恒称帝后，李炎被封为颖王，和兄弟们一起住在玄宗李隆基为子孙们建造的16座宅院中。李炎胸怀大志，有报国之心，开成年间加开府仪同三司，任检校吏部尚书等职。

文宗李昂继位后，立敬宗李湛长子李普为太子，不料李普在大和二年（828年）暴亡，李昂只得立自己的儿子鲁王李永为太子，结果李永又猝逝。李昂的后妃杨贤妃和李昂的弟弟安王李溶私通，于是怂恿李昂立李溶为皇太弟，李昂没有同意。

开成四年（839年）十月，文宗李昂又立敬宗李湛幼子、陈王李成美为太子。李昂病危的时候，准备传位于李成美，但却遭到宦官们阻止，他们以李成美年幼为借口，逼迫李昂改立颖王李炎为太子，贬李成美为陈王。不久，李昂驾崩，李炎继位，次年改元会昌。

重用贤臣　内征外讨

李炎继位后显示出与众不同的魄力，将文宗后妃杨贤妃、安王李溶、陈王李成美全部赐死，追封生母韦氏为皇太后，并封赏拥立自己的功臣仇士良等人。仇士良因此掌权，在朝中飞扬跋扈，为所欲为，处处制约李炎。

李炎不甘受制于人，于是将晚唐名相李吉甫之子李德裕提拔为宰相，希望能除掉仇士良。李德裕在穆宗李恒时便担任翰林院学士，身为几朝元老，有着丰富的从政经验，而且为人正直。当时李德裕正担任淮南节度使，接到调令后，他于会昌二年（842年）风尘仆仆地从淮南入京，不料刚上任就遇到外敌侵袭，回纥乌介可汗率领10万大军进犯边疆，对唐王朝形成严重威胁。

李德裕分析敌情后，认为回纥正处于衰退时期，可以出兵应战，建议李炎诏令陈州、徐州、许州、汝州、襄阳等地抽调人马会师太原,协同振武军、天德军布防,准备战斗。李炎接受了建议,兵马布署完毕,又写信劝乌介可汗投降。乌介可汗自恃兵强马壮,拒绝投降。会昌三年,唐军各路协同作战,大败回纥军,俘敌2万多人,乌介可汗中箭逃跑。

边疆刚刚平定,昭义节度使刘稹又起兵叛乱。大臣们主张进行安抚,李德裕则力排众议,主张对其讨伐。五月,李炎下诏,命令成德、魏博、河中等地抽调兵力讨伐刘稹。唐军军纪严明,一路受到老百姓的热烈欢迎。会昌四年(844年)八月,唐军打败刘稹,平定了昭义之乱。

接连两次取得了重大胜利,李炎声望大振,接着将矛头指向了专权的宦官。他接受李德裕的建议,有步骤、有分寸地剥夺宦官的权力,尤其是对仇士良,处处限制他,令其无法施展拳脚,并采用强制手段迫使其交出权力。不久,仇士良病死。一年以后,李炎又将仇士良生前所得的官爵全部褫夺、家产没收。从此,朝廷任免官员不再受宦官设置的枢密使控制,宦官的权力被彻底解除。

宠道灭佛　步入极端

李炎和前任几位皇帝一样,笃信道教,排斥佛教。会昌五年(845年),李炎发布诏令,对全国的寺院财产进行登记,命令50岁以下的僧尼全部还俗,回乡参加劳动,每州只准保留一座寺庙,其余全部拆毁。至年底,共计拆毁寺庙4万多座,10万多顷寺庙用地收归国有,20万僧尼还俗,这就是历史上著名的"会昌灭佛"。在打击佛教的同时,李炎又大力推崇道教,并将其定为国教。为了追求长生不老,李炎还在京都南郊建造望仙台,在皇宫内建造望仙楼。

会昌六年三月,李炎因服用过量丹药,突然病发身亡。

宣宗李忱

李忱档案

生卒年	810—859年	在位时间	846—859年
父亲	唐宪宗李纯	谥号	元圣至明成武献文睿智章仁神聪懿道大孝皇帝
母亲	郑氏	庙号	宣宗
后妃	晁皇后	曾用年号	大中

李忱，又名李怡，宪宗李纯第十三子，穆宗李恒异母弟，唐朝第十八位皇帝。

长庆元年，李怡被封为光王。会昌六年，李炎驾崩，李忱在宦官马元贽等人的拥立下，以皇太叔的身份登基称帝，时年37岁，次年改元大中。

李忱在位期间，明察善断，勤于政事，整顿吏治，限制皇亲和宦官的权力，又为死于"甘露之变"的百官（郑注、李训除外）平反昭雪。他屡次出兵击败吐蕃，收复河湟之地，安定塞北，平定安南，有效地维护了边疆的稳定。他创造了继"会昌中兴"之后又一个安定繁荣的时期，史称"大中之治"。

大中十三年八月，李忱因服用丹药过量，毒发身亡，终年50岁，谥号献文睿智章仁神聪懿道大孝皇帝，庙号宣宗，葬于贞陵。

庶子继位　才智尽展

李忱的生母郑氏原是镇海军节度使李锜的小妾，李锜起兵反唐，后来被镇压下去，家眷均充作宫人，郑氏得以在郭皇后的寝宫里当差。据说有一次，宪宗李纯看到郑氏长得非常漂亮，就临幸了她。郑氏后来怀孕生下了李忱，但她自知地位低下，不敢和尊贵的郭皇后争宠，带着儿子小心谨慎地过日子，这也造就了李忱内向的性格：不善言语，行事低调。

李忱平时沉默寡言，所以周围的人都认为他蠢笨。他十几岁时，得了一场大病，十分严重。

据说有一天，忽然有一道光照在他身上，他翻身而起，恭恭敬敬地冲着光亮作了个揖。他的乳母认为他是得了心病，但其异母兄、穆宗李恒却不这么认为，他用手摸着李忱的背说："这孩子非同寻常，将来必成大器！"于是赐给他玉如意、御马、金带。后来，李忱又经常梦见自己骑着一条龙飞上天去。他将这个梦告诉母亲郑氏，郑氏很惊异，告诫他一定要守口如瓶，不许让任何人知道。从此以后，李忱更加沉默寡言。他身经两朝，李昂、李炎都是他的侄子，但并不尊重他，常常在宴饮时故意逼他说话，称他为"光叔"。

会昌六年，武宗李炎因服用过量丹药而驾崩，因为他的几个儿子尚年幼，他生前并没有册立太子。这时，以马元贽为首的宦官们乘虚而入，假传遗诏，拥立看起来软弱无能、容易操纵的李忱为帝。宰相李德裕等人对于"遗诏"虽然感到十分意外，但也没有怀疑。李忱顺利登基，次年改元大中。

李忱继位后，一改往日逆来顺受的行事作风，变得刚强果断。他勤于朝政，与大臣们商议朝事，有理有据，大大出乎人们的意料。他上任第一件事就是对郭太后采取报复行动，封生母郑氏为皇太后，冷落郭太后。郭太后过惯了受人尊崇的日子，忽然受到冷落，自然无法忍受，绝望之中跑到勤政殿上跳楼自尽，幸亏被宫女发现，被好说歹说劝回寝宫，但当夜便气绝身亡。郭太后下葬的时候，李忱依然不准她与先帝李纯合葬，而是葬在了李纯陵园的一旁。

对于自己登基称帝，李忱认为是继承了父亲的帝位，而不承认是继承侄子的帝位。因此，他废除了从穆宗李恒到武宗李炎时期所有的施政方针，恢复父亲李纯在位时的政策；同时罢免李德裕、李让夷等人的宰相职务，提拔与李德裕对立的白敏中为宰相。白敏中为白居易的堂弟，也曾受到李德裕的提拔重用，后来被拉入牛党阵营，与李德裕为敌。李德裕因此备受打击，多次被贬，最后客死崖州。

抛开这些报复行为不说，李忱绝对是一个开明的皇帝。他非常注重官员的任用，重视科举考试，经常微服私访，听取百姓对科举考试的意见，一旦发现有营私舞弊的行为，严惩不贷。在官员任用上，他有一套自己的策略，不看家世资历，而讲究真才实学。他曾经下诏，要求观察使、刺史等职先经朝廷试用，政绩合格，才正式任命。他还将人口的增减纳入地方官员的考核，并且规定，凡在京官员必须具有一定的地方任职经验，因为只有来自基层才能真正了解民间疾苦，这在当时是一项非常了不起的举措。

李忱不仅对大臣们要求严格，而且凡事以身作则。他崇尚节俭，除了上朝以外，平时都穿破旧的衣服，并要求儿女们也不得铺张浪费。万寿公主出嫁，按以往的标准须用银箔饰车，他下令改用铜饰。上行下效，在他的影响下，官员之中很快流行起节俭之风。李忱的舅父郑光原才能平庸，因为外戚关系被封为河中镇守，李忱下旨将他降职为京城右羽林统军。郑太后多次为弟弟求情，希望郑光原能够官复原职，但均遭到李忱婉拒。

妄求长生　中毒身亡

国家强大，边境自然安宁。大中四年（850年），沙州军民在张义潮的带领下，赶跑吐蕃守将，夺回了沙州。次年，张义潮归顺大唐，一度被吐蕃占领的河陇地区重新回归唐朝，这在唐朝历史上是一个辉煌的功绩。

　　李忱是唐王朝最后一位开明的皇帝，不幸的是，随着年龄越来越大，他和前几任皇帝一样，开始迷信虚无的长生不老之术。大中十一年（857年），他派人到罗浮山恭请道士轩辕集入宫，教授长生不老的秘诀。轩辕集告诉他，只要不近女色，不食荤腥，哀乐如一，多施恩惠，自然可以长寿。然而，李忱不信，又找来江湖术士李元伯为自己炼制丹药，结果越吃身体越差。大中十三年八月，李忱因服用丹药过量，毒发身亡。

懿宗李漼

李漼档案

生卒年	833—873 年	在位时间	859—873 年
父亲	唐宣宗李忱	谥号	昭圣恭惠孝皇帝
母亲	晁皇后	庙号	懿宗
后妃	王皇后、郭淑妃等	曾用年号	咸通

李漼，初名李温，宣宗李忱长子，生于藩邸，唐朝第十九位皇帝。

宣宗李忱继位后，李漼被封为郓王。大中十三年八月，宣宗李忱驾崩，李漼被宦官拥立为帝，时年27岁，次年改元咸通。

李漼虽然"器度沈厚，形貌瑰玮""洞晓音律，犹如天纵"，但他在位期间，不问朝政，沉湎酒色，以致政治腐败，也使宣宗李忱得来不易的"大中之治"局面迅速消失，大唐江山岌岌可危。

咸通十四年（873年）七月，李漼病逝，终年41岁，谥号昭圣恭惠孝皇帝，庙号懿宗，葬于简陵。

不事朝政　耽于享乐

李漼出生时，他的父亲李忱还是光王，母亲晁氏则是一个小妾。会昌六年，李忱继位，封李漼为郓王。在11个儿子中，宣宗李忱最喜欢的是第三子夔王李滋，有心立他为太子，但因长幼有序而遭到大臣们的反对，所以册立太子之事便一直搁置。

大中十三年八月，宣宗李忱突然病重，召枢密使王归长、马公儒等人入宫议事，立夔王李滋为太子。但是，担任右中尉之职的宦官王宗实与王归长不和，一向反对立李滋为太子。王归长本打算将他调离京城，扫除障碍。然而调令刚下，王宗实还未起程，宣宗李忱就突然驾崩。王宗实抓住机会抢先下手，拥立李漼为皇太子。李漼于次年二月正式继位，十一月改元咸通。

宣宗李忱虽然性格刚强，将朝政之事处理得井井有条，但对儿女们的教育却十分缺失。李漼继位时已经27岁，正是年富力强的时候，但他却昏聩无能，一心只图享乐，对朝政不管不问，致使大权完全掌握在宦官手中。

当时地方藩镇混战，百姓饱受战争之苦，颠沛流离，在走投无路之下纷纷揭竿而起，拉开了推翻唐王朝的战争序幕。李漼继位当年，浙东就发生了裘甫领导的农民起义。咸通九年（868年），又有从桂林返乡的戍卒在庞勋的领导下发动兵变，尽管后来都被朝廷镇压下去，但是唐王朝的统治根基已经动摇。

生活奢侈　推崇佛教

李漼沉湎于享乐，宫中三日一小宴，五日一大宴，珍馐美味，歌女乐工，极尽奢靡。他爱好音乐，当时宫里的乐师李可及"甚得君心"，竟然被提拔为将军。大臣刘蜕认为此举十分荒唐，于是上书劝阻，但李漼不仅不听，反而将他贬为华阴县令。

李漼很喜欢长女同昌公主，在同昌公主出嫁的时候，不仅为她修造奢华的公主府，还赐予数不胜数的金银珠宝。无奈同昌公主红颜薄命，出嫁不久便染病身亡。李漼将此事归罪于御医，致使几十位御医无辜被杀，家属也被关押入狱。大臣们劝李漼手下留情，反被贬职。之后，李漼又为同昌公主举办了一场奢华的葬礼，隆重程度堪比帝王。

和前几任皇帝不一样，李漼信佛而不信道。他继位以后，佛教得到了快速的发展，佛寺、佛像遍地开花，为此耗费了大量钱财。继宪宗李纯之后，李漼又于咸通十四年三月将法门寺的佛骨迎入宫中，场面更加隆重，上至文武百官，下至黎民百姓，纷纷施舍金帛。

同年七月，李漼病逝。

僖宗李儇

李儇档案

生卒年	862—888 年	在位时间	873—888 年
父亲	唐懿宗李漼	谥号	惠圣恭定孝皇帝
母亲	王皇后	庙号	僖宗
后妃	孟才人等	曾用年号	乾符、广明、中和、光启、文德

李儇（xuān），初名李俨，懿宗李漼第五子，唐朝第二十位皇帝。

咸通十四年，懿宗李漼身患重病，李俨在宦官的扶立下成为太子，改名李儇。同年七月，懿宗李漼驾崩，李儇于灵前继位，年仅12岁，是唐朝即位年龄最小的皇帝，也是唐朝历史上最贪玩的皇帝。

文德元年（888年），李儇驾崩于长安，年仅27岁，谥号惠圣恭定孝皇帝，庙号僖宗，葬于靖陵。

年幼贪玩　荒废朝政

李儇于咸通三年（862年）生于长安东内，初封普王，咸通十四年被立为太子。他生于深宫，由宦官带大，从小缺乏良好的教育，只知享乐。咸通十四年七月，懿宗李漼驾崩，李儇于灵前继位，次年改元乾符。由于李儇继位时尚年幼，根本不懂朝政之事，大权自然就落在了与他关系最密切的宦官手中。其中，宦官田令孜平时负责照顾李儇的起居饮食，因而最受李儇宠信，被其亲切地称为"阿父"。李儇继位后，马上封田令孜为左神策军中尉，负责朝廷的军政事务。

李儇年少贪玩，当上皇帝以后更是肆无忌惮。他聪慧的天性在玩耍中发挥得淋漓尽致，除了擅长算术、音乐、下棋这些脑力游戏外，他也是玩蹴鞠、斗鸡、斗鹅、骑驴、击球等体力游戏的高手。他曾经自豪地说："若现在科举中设置击球科进士，我一定能中状元。"

李儇继位时，唐王朝已经摇摇欲坠。乾符二年（875年），山东发生王仙芝、黄巢领导的农民起义。起义军得到广大农民的拥护，迅速发展壮大，转战山东、河南、湖北等地，直接威胁着大唐政权。乾符五年（878年）二月，起义军首领王仙芝在湖北黄梅被唐军诛杀，余部全部投到黄巢麾下，推举黄巢为"冲天大将军"。各地的节度使虽然拥有重兵，但他们为了保存自身实力，都消极抵抗，观望不前。广明元年（880年）十一月，起义军占领洛阳；十二月，拿下长安门户潼关，直逼长安。

这时，李儇已经19岁，对于眼前的危机仍然毫无忧患意识，直到起义军兵临长安城下，他才打算任命剑南东、西川及山南西道节度使，准备向四川撤退。但是，在具体由谁担任这三处节度使的问题上，他又拿不定主意，最后竟然采用打马球的方式来决定，这就是历史上著名的"击球赌三川"。

广明二年（881年）正月，李儇带领皇室宗族和宦官田令孜逃往四川。不久，黄巢攻克长安，自立为帝，改国号为大齐，年号金统，并且俘虏了大部分没来得及逃走的唐朝官员。

李儇进入四川后，又建立了一个小王朝，但大权仍然控制在宦官田令孜手中。在田令孜的操纵下，朝廷联合各地节度使对起义军进行镇压。中和三年（883年），唐将李克用击败黄巢；次年六月，黄巢死于山东虎狼谷中，起义宣告失败。

历经坎坷　幡然醒悟

中和五年（885年），已经24岁的李儇心有余悸地回到长安城，看到昔日繁华的都市满目疮痍，自然免不了一番长吁短叹。经历了这场劫难后，他内心对田令孜专权感到不满，却又无力反抗。这时，河东节度使李克用以诛杀田令孜为借口，率兵攻打长安，田令孜惊慌之中挟持李儇逃往凤翔。襄王李煴因病无法逃走，被邠宁节度使朱玫俘获并挟持。光启二年（886年）十月，李煴在朱玫的扶持下登基称帝，改元建贞，遥尊李儇为太上皇。

远在凤翔的李儇自然不甘心这样退位，他下令召集各地节度使讨伐朱玫。河中节度使①王重荣、河东节度使李克用看准时机，率兵向朱玫发起进攻。这时，李儇又使出离间计，暗中拉拢朱玫手下大将王行瑜，使他们内部产生矛盾。光启二年岁末，王行瑜杀死朱玫，导致军中大乱，王重荣趁机率兵进入长安，杀死襄王李煴，叛乱遂告平息。李儇也借着这一次叛乱，找了个理由将田令孜处死。

内部混战　憾离人世

叛乱平息以后，李儇迫不及待地班师回朝，此时的朝政由宦官杨复恭把持着。为了巩固自己的地位，杨复恭党同伐异，全面清除田令孜余党及曾经拥立襄王李煴的官员。盘踞长安的李昌符曾经追赶过皇帝的车驾，虽然后来回心转意并杀死朱玫，立下了大功，但是他看到杨复恭的恶劣行径后，担心自己性命不保，便想方设法阻止李儇进入长安。

面对势力强大的李昌符，杨复恭无可奈何，只好暂居凤翔。不久，杨复恭之子、神策将军杨守立在行宫中与李昌符产生矛盾。李儇从中调解失败，闷闷不乐地回到寝宫。次日，李昌符命令手下纵火烧掉李儇的行宫，杨守立进行阻止，双方人马发生激战，李昌符兵败而逃。李儇惊魂未定，慌乱之中连列祖列宗的牌位也丢失了。他觉得回去无法交代，决定先派人回长安修复太庙，车驾仍留在凤翔，等待牌位刻制完毕再起程。

文德元年（888年）二月，李儇患病，因不愿客死他乡，他下令马上起程返回长安。到了长安，他的病情更加严重，杨复恭拥立其七弟寿王李晔为皇太弟。三月初六，李儇病逝。

注释：

①河中节度使：唐肃宗至德二年设立，治所在蒲州，乾元二年蒲州升为河中府，长期管辖河中府、晋州、绛州、慈州、隰州。

昭宗李晔

李晔档案

生卒年	867—904 年	在位时间	888—904 年
父亲	唐懿宗李漼	谥号	圣穆景文孝皇帝
母亲	王皇后	庙号	昭宗
后妃	何皇后、李昭仪等	曾用年号	龙纪、大顺、景福、乾宁、光化、天复、天祐

李晔，初名李傑，继位后曾改名李敏，懿宗李漼第七子，僖宗李儇之弟，唐朝第二十一位皇帝。

李晔初封寿王，领幽州大都督。文德元年，僖宗李儇驾崩，李晔在宦官杨复恭的拥立下继位，时年22岁，次年改元龙纪。

李晔继位时，唐王朝在农民起义军的打击下已经处于衰亡的边缘，地方藩镇林立、军阀各占一地，目无天子，各自为政，完全不听朝廷号令；又有外藩觊觎，频频对唐用兵。面对内忧外患，李晔精心设计了一套适应形势的统治方略，首先发动对四川与河东李克用的战争，最后虽然取得了胜利，但也折损了一大半他辛辛苦苦创立的禁军。而李克用的部将朱温则坐收渔翁之利，实力一天天壮大起来，很快成为中原霸主，为唐王朝的灭亡埋下了祸根。此后，李晔一直受制于李茂贞与朱温。

天祐元年（904年）八月十一日，李晔驾崩，终年38岁，谥号圣穆景文孝皇帝，庙号昭宗，葬于和陵。

空有抱负　无处施展

李晔于咸通八年（867年）二月出生，始封寿王。乾符四年（877年），李晔领幽州卢龙等军节度使，加封开府仪同三司、幽州大都督、管内观察处置使等。僖宗李儇非常喜爱这个弟弟，每次逃难总是带上他。

文德元年，僖宗李儇身患重病，因为他的几个儿子都还年幼，大臣们准备立皇弟、吉王李保为嗣君。但是，宦官杨复恭却坚持立寿王李晔为嗣君。因为李晔颇有军事才能，与大臣们的关系也比较融洽，所以没有人提出反对意见。僖宗李儇此时已经不能说话，只是点点头表示同意。同年三月六日，僖宗李儇遗诏立寿王李晔为皇太弟，监军国事。当天，中尉刘季述迎李晔入宫，住少阳院，接受宰相孔纬、杜让能的考核。孔纬、杜让能见李晔气宇轩昂，身带王者之气，都认为他是皇位继承者的不二人选。三月八日，僖宗李儇驾崩，李晔正式继位，次年改元龙纪。

李晔是一个有抱负的皇帝，他接手朝政的时候，唐王朝已经到了病入膏肓的地步。宦官、朋党、藩镇相互争权夺利、钩心斗角，朝政一片混乱。为了让朝政重新走上正轨，复兴大唐，李晔想尽了一切办法。

当时，宦官首领杨复恭自恃立帝有功，专权朝政，李晔对他深恶痛绝，希望能借助大臣们的力量将其诛杀，但在一次与宰相崔胤秘密商议后，不小心走漏了风声，致使计划流产，并造成了以宦官代表的南衙及以朝臣代表的北司严重对立的局面。双方都想除掉对方，又各自拉拢地方藩镇力量，相互对抗，使本来就混乱不堪的局势更加动荡。

二次复位　得益朱温

藩镇同样是让李晔伤透脑筋的事情，在镇压黄巢起义军的过程中，藩镇形势也发生了变化，各地割据势力为了争夺地盘，扩充实力，相互攻击，以强并弱，其中实力最强的要数黄巢的旧将朱温。

光化三年（900年）十一月，号称"四贵"的大太监刘季述与右军中尉王仲先、枢密使王彦范、薛齐偓等宦官准备废黜李晔，另立一个傀儡皇帝。他们趁李晔喝醉酒的时候将他囚禁，拥立其子李裕为新帝。朱温得到消息后，急忙派蒋玄晖到长安找宰相崔胤共议大事。天复元年（901年）正月，在朱温的指挥下，神策军杀死刘季述等人，迎李晔复位。

李晔再次登基后，对宦官更加仇恨，找来宰相崔胤商议，打算杀掉所有的宦官。宦官韩全诲等人得知后，又将他劫持到凤翔，投靠凤翔节度使李茂贞。朱温紧追而来，将凤翔团团围住。一年多后，李茂贞迫于朱温的压力，将韩全诲等几百名宦官全部杀死，李晔也被释放。

天复三年（903年），李晔返回长安，一怒之下将宫中遗留的800多名宦官全部处死。自此，祸乱唐王朝100多年的宦官势力终于得以全部剪除。

清除宦官后，李晔本以为自己终于可以掌握大权了，但事情远没有他想的那么简单。朱温自认为保驾有功，专权跋扈，凌驾于朝臣之上。天祐元年，朱温杀死宰相崔胤，又威胁李晔迁都洛阳。李晔无奈，只好带着皇后等人前往洛阳。途中，他秘密派人通知各地藩镇，诏令出兵救驾。

李晔经过华州时，一路受到老百姓的拥护，纷纷高呼万岁。他泪流满面地说："以后不要再称我万岁了，我已经不是你们的天子了。"抵达洛阳后，朱温立即将李晔软禁起来。这时，接到诏令的各地节度使陆续赶来，李克用、李茂贞、王建等人扬言要征讨朱温以恢复唐室。朱温见状，认为留着李晔已经没有用处，便派人将他杀死。

哀帝李柷

李柷档案

生卒年	892—908年	在位时间	904—907年
父亲	唐昭宗李晔	谥号	哀皇帝、昭宣光烈孝皇帝
母亲	何氏	庙号	景宗
后妃	不详	曾用年号	天祐

李柷（chù），初名李祚，唐昭宗李晔第九子，唐朝最后一位皇帝。

李柷初封辉王，天复三年（903年）二月授开府仪同三司、充诸道兵马元帅。天祐元年八月，昭宗李晔被朱温派人杀死，李柷继位，时年13岁，仍沿用昭宗年号天祐。

天祐四年（907年）四月，李柷被迫禅位于朱温，降封为济阴王，迁往曹州。唐朝宣告灭亡。

后梁开平二年（908年），李柷被鸩杀，终年17岁，谥号哀皇帝，庙号景宗，葬于温陵。后唐时追谥为昭宣光烈孝皇帝。

幼年登基　决于朱氏

乾宁四年（897年），李柷被封为辉王。天复三年二月，授开府仪同三司、充诸道兵马元帅。天祐元年八月，已经掌握朝廷大权的朱温派蒋玄晖到洛阳杀了昭宗李晔，同时被害的还有昭仪李渐荣及河东夫人裴贞一。次日，蒋玄晖假传圣旨，宣布由辉王李柷灵前继位；然后又诬蔑昭仪李渐荣和河东夫人裴贞一是杀害昭宗李晔的凶手，并说她们已经畏罪自杀，追废为庶人。

李柷继位时年仅13岁，而朱温觊觎皇位已久，为了能够早日登基，他展开了一场针对宗室大臣的杀戮行动。

天祐二年（905年）二月，在朱温的授意下，蒋玄晖将昭宗李晔的9个儿子全部召到九曲池，设宴招待。席间，埋伏的士兵突然冲了出来，将他们全部诛杀。杀了这些亲王之后，朱温又让李柷颁布诏书，将裴枢等旧朝宰相以及30多名大臣全部杀死，尸体抛入黄河。

天祐二年十月，为了避讳朱温父、祖的名字，李柷将成德军改为武顺军，改下辖的藁城县为藁平、信都为尧都、栾城为栾氏、阜城为汉阜、临城为房子。

天祐二年十一月，李柷准备在十九日亲祠圜丘（祭天），诏令各衙门做好各项准备工作，宰相也已去南郊坛熟悉有关仪式。朱温认为这是蒋玄晖、柳璨、李柷和皇太后的密谋，意在延长大唐国祚，坚决不允许，最后只好停止。事后，朱温又找了个借口将柳璨、蒋玄晖等执政大臣全部清除。

被迫禅位　死于毒杀

李柷继位后，加封朱温为相国，总百揆，又晋封其为魏王，依旧担任诸道兵马元帅、太尉、中书令，兼宣武、宣义、天平、护国等军节度观察处置使等职务，"剑履上殿，入朝不趋，赞拜不名，兼备九锡之命"，权倾朝野，等同皇帝。但朱温仍不满足，三次上表辞让魏王、九锡。

天祐四年（907年）正月，御史大夫薛贻矩奉李柷之命，前去慰问平定魏博镇叛乱归来的朱温，趁机向朱温劝进，正中朱温下怀。薛贻矩回到洛阳后，上书说："元帅（朱温）已经同意受禅，陛下应该及早做好准备。"事已至此，李柷也无力挽回，只得于同年三月下诏，命宰相张文蔚、杨涉等大臣带着玺绶前往大梁，迎接朱温登基。

朱温在假意推辞后接受了李柷的"禅位"，四月七日正式登基，建国号为梁，改元开平，以开封为国都，史称后梁。唐朝至此灭亡。

李柷禅位以后，先被降为济阴王，迁于开封以东的曹州，住在朱温的族叔朱琮的宅子里。后梁开平二年二月，李柷被朱温派来的人毒死。

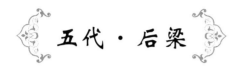

五代·后梁

太祖朱温（晃）

朱温档案

生卒年	852—912 年	在位时间	907—912 年
父亲	朱诚	谥号	神武元圣孝皇帝
母亲	王氏	庙号	太祖
后妃	张皇后等	曾用年号	开平、乾化

朱温，称帝后改名为朱晃，曾被唐僖宗赐名"朱全忠"，宋州砀山人，五代十国时期后梁的开国皇帝。

唐乾符四年（877年），朱温加入王仙芝、黄巢领导的农民起义军，后来归附唐军，与李克用等联合镇压起义军。唐天复元年，朱温率军进入关中，控制了唐朝的中枢，不久便以武力逼迫唐昭宗李晔迁至洛阳，然后又将其杀害，立其子李柷为帝。唐天祐四年朱温逼迫李柷退位，自己登基称帝，国号为梁，改年号为开平，史称后梁。

乾化二年（912年），朱温为儿子朱友珪所杀，终年61岁，谥号神武元圣孝皇帝，庙号太祖，葬于宣陵。

出身贫苦　逆境成长

朱温的父亲朱诚原是一名私塾先生，英年早逝。朱温的母亲王氏在生活无望的情况下，带着3个儿子投奔同乡富户刘崇，在刘家做用人，他们兄弟三人也跟着干活。

唐乾符年间（874—879年），河南、山东地区百姓因不满唐王朝暴政，纷纷揭竿而起。其中规模最大的王仙芝和黄巢领导的起义军，转战于曹、沂、徐、宋、汝、邓一带。当地百姓纷纷响应，积极参加起义军。当时朱温已经20多岁，不甘心一直在刘家当长工，决定出去闯荡一番。于是，他拉上有同样想法的二哥朱存，辞别老母，投奔黄巢。

朱温为人勇猛，在战斗中多次立功，被提拔为队长、偏将军。等到黄巢攻陷长安，朱温已经成长为军中的一员大将。不过，他的二哥朱存却不幸战死沙场。

唐广明元年十二月，黄巢攻克长安，朱温奉命率军驻扎在东渭桥。当时，夏州节度使诸葛爽率兵驻扎栎阳。朱温奉黄巢之命去招降诸葛爽，事情进展非常顺利，诸葛爽同意归降。唐中和元年（881年），朱温被任命为东南面行营先锋使，率军攻克了南阳。回到长安后，朱温受到黄巢的热情招待。七月，朱温奉命向西进讨，驻扎于兴平，抵抗邠、岐、鄜、夏等地武装，立下了不小的战功。

唐中和二年（882年）二月，朱温被任命为同州防御史，从丹州领兵南下，很快攻克同州。唐朝廷得知同州失守，忙派河中节度使王重荣联合其他诸侯收复同州。朱温多次战败，向黄巢求援，但黄巢左军使孟楷却隐瞒不报。此时黄巢军队也陷入困境之中，人心涣散。朱温失望至极，产生了叛变之心。九月，朱温杀死监军严实，投降了唐朝。这时，唐僖宗李儇还在成都，任命朱温为左金吾卫大将军、河中行营副招讨使，赐名朱全忠。朱温投降受封后，转而镇压昔日与自己并肩战斗的起义军兄弟，立下了赫赫战功。

唐中和三年（883年）三月，朱温被任命为宣武节度使。自此以后，他有了自己的势力范围，又兼并群雄，势力迅速扩大。

救陈定蔡　攻郓围凤

唐中和三年（883年）三月，朱温被任命为汴州刺史、宣武军节度使，仍然担任河中行营副招讨使，但是，他必须先收复长安才能赴任。四月，黄巢起义军从蓝关（峣关）撤走，朱温趁机收复了长安。七月三日，朱温赶赴汴州上任。当时，蔡州刺史秦宗权与黄巢余部纠集在一起，围攻陈州。朱温被任命为东北面都招讨使，去支援陈州。

唐中和四年（884年）春，朱温率兵来到陈州，历经大小40多次战斗，打败黄巢余部，解了陈州之围。陈州刺史赵犨非常感激，特意出城到朱温马前迎接。朱温听说黄巢余党还在陈州北面的故阳垒，便直接回汴州上任。这时，唐朝廷又命河东节度使李克用统率骑兵数千进击黄巢，与朱温合兵一处，在中牟北面击败黄巢起义军，并收服黄巢部将霍存、葛从周、张归厚、张归霸等人。

五月十四日，朱温和李克用率部回到汴州，大摆宴席庆祝。席间，李克用假装酒醉，对朱温大发脾气。朱温非常气恼，当晚下令火攻李克用的住地。恰好碰上大雨，雷电交加，李克用趁着雷电光翻墙逃走，其部下数百人被杀死。李克用回到京城后，向唐僖宗李儇告状，请求讨伐朱温，唐僖宗加封李克用为陇西郡王予以安抚，但并没有治朱温的罪。

这年六月，陈州百姓为感谢朱温解陈州之围，为他修建了生祠。六月十七日，黄巢兵败逃往泰山狼虎谷，被其外甥林言杀害。蔡州刺史秦宗权乃据蔡州称帝。九月二日，朱温被任命为检校司徒、同平章事，封沛郡侯，食邑1000户。

唐光启元年（885年）春天，秦宗权发兵攻陷亳州、颍州，朱温急忙领兵救援，到达焦夷，与之交战，杀敌数千，活捉敌将殷铁林凯旋。三月，唐僖宗李儇从蜀地回到长安，改元光启，朱温被加封为检校太保，增加食邑1500户。唐光启二年春天，秦宗权又接连攻陷汝、洛、怀、孟、唐、邓、许、郑等州，致使千里无人烟，白骨遍荒野。宋、亳、滑、颍等州勉强闭关自守。朱温多次出兵与秦宗权交战，互有胜负。三月初一，朱温被封为沛郡王，十二月又被任命为检校太傅，改封吴兴郡王，食邑 3000 户。

唐光启三年（887 年）二月，朱温封朱珍为淄州刺史，派他到东道招募兵士，响应者如潮。朱珍将招募的 1 万多人带回汴州，朱温高兴地说："我大事有成了！"这时，秦宗权的部将张晊率军驻扎在北郊，秦贤则率军驻扎在版桥，两人均拥有几十万人，树起的栅栏相连 20 余里，实力强盛。朱温采取主动出击、先发制人的战术，亲自领兵进攻秦贤。秦贤毫无防备，连失 4 座营寨，损失 1 万多人。之后，秦宗权部将卢瑭率 1 万多人在圃田北面的万胜戍守，沿汴水两岸扎营，跨河面建起桥梁，以控制河运。朱温利用大雾，四面相合，对其发起突然袭击，敌军大败，卢瑭也投河自尽。秦宗权连遭失败，只得退出河南。

五月三日，朱温从酸枣门①出兵，再次对秦宗权发起攻击，从清晨一直打到中午，大败敌军。秦宗权非常恼怒，亲自带领几名突击将领，径直奔入张晊军营中。五月八日，兖、郓、滑州的军队都赶来增援朱温，在汴水岸边摆开阵势。秦宗权不敢应战。次日，朱温向秦宗权发起进攻，杀敌 2 万多人，缴获牛马、辎重、俘虏、武器、铠甲无数。当天晚上，秦宗权、张晊逃走。秦宗权兵力超过朱温多倍，却屡屡战败，他恼羞成怒，把所有的怒气都发泄到老百姓身上，大肆屠戮之后才撤出城，并把兵力分散在陕、洛、孟、怀、许、汝等州，不过他的手下早已被朱温的大名所震慑，以至于朱温率军到达时，守将全都弃城逃走。

唐文德元年三月，唐昭宗李晔继位。次年二月，秦宗权的部下申丛反叛，将秦宗权抓住并囚禁起来，遣使向朱温报告。朱温十分高兴，任命申丛为淮西留后。不久，申丛又被部将郭璠杀害，郭璠押解秦宗权来见朱温，朱温派人用囚车将秦宗权解押到长安处死，叛乱至此平定。因朱温平叛有功，唐昭宗增加其食邑 100 户，并赐给庄园和住宅各一处；三月，又加封朱温为检校太尉，兼任中书令，晋封为东平王。

朱温与秦宗权交战时，曾经得到郓州朱瑄、兖州朱瑾的大力帮助。秦宗权被击败后，朱温对他们二人厚礼相谢。朱瑄、朱瑾见朱温的部将个个勇猛强悍，不禁动了私心，花重金挖走朱温的部将。朱温知道后，派人责问朱瑄、朱瑾，朱瑄出言不逊，两人因此产生了矛盾。唐景福元年（892年）二月，朱温率兵攻打郓州，命朱友裕率先遣部队驻扎在斗门。朱瑄率领1万步骑兵向朱友裕发起进攻，朱友裕败退南方。二月十日，朱温派兵支援斗门，但朱友裕已经撤走，援军被郓州兵所杀。朱温追赶郓州兵无果。二月十二日，朱瑄再次对朱温发起攻击，朱温不敌，向南奔逃。唐乾宁元年（894年）二月，朱温亲自率领大军从郓州东路向北到达鱼山。朱瑄闻讯也领兵直奔鱼山，经过一番激战，朱瑄被打败，伤亡1万多人。朱温在鱼山下收殓敌尸，堆起高大的坟墓以示庆贺，几天后返回。

唐乾宁二年（895年）正月，朱温派朱友恭进兵兖州，挖堑壕将兖州城团团围住。不久，朱瑄从郓州率领步兵、骑兵运送粮食，进入兖州时遭到朱友恭伏击，番将安福顺、安福庆被俘，粮食也丢了。十一月，朱瑄派部将贺瑰、柳存及番将何怀宝等对曹州发起突然袭击，欲解兖州之围。朱温闻讯，从兖州领兵到巨野南边，将对方打败，俘虏贺瑰、柳存、何怀宝及其部众3000多人。

唐乾宁四年（897年）正月，朱温率领洹水的军队再次对郓州发起攻击，在济水旁边安营扎寨。其部将庞师古砍伐树木搭起桥梁，趁夜率军渡过济水，喊杀声震天。朱瑄被庞师古所部的气势镇住，连夜弃城而逃。葛从周率军追赶，将朱瑄及其妻子抓住，当场诛杀。朱温进入郓城，任命朱友裕为郓州兵马留后。这时，有消息称朱瑾与史俨儿在丰、沛一带搜刮军粮，仅留康怀英据守兖州，朱温抓住机会派兵袭击兖州。康怀英听说郓城失守，又见朱温大军压境，遂出城投降。朱瑾、史俨儿只得逃奔淮南，郓州、兖州得以收复。

唐光化三年（900年）十一月，宦官刘季述等幽禁唐昭宗李晔，拥立太子李裕为帝。不久，朱温与宰相崔胤、护驾都头孙德昭等杀死刘季述，拥立李晔复位，改元天复。崔胤与朱温关系密切，想借朱温之手杀宦官。韩全诲等宦官忙向凤翔李茂贞、邠宁、王行瑜等人求援。同年十月，崔胤矫诏令朱温带兵奔赴京师，朱温乘机率兵7万由河中攻取同州、华州，到达长安近郊。韩全诲等劫持唐昭宗李晔到凤翔投靠李茂贞。朱温追到凤翔城下，要求韩全诲释放唐昭宗，韩全诲矫诏令朱温返回藩镇。唐天复二年（902）冬，朱温在一度返回河中之后再次围攻凤翔，多次击败李茂贞。节度使李周彝率兵支援李茂贞，也被拦截，后归降朱温。凤翔被围日久，粮草断绝，冻饿死者不计其数。

李茂贞认为不能取胜，便于唐天复三年正月杀死韩全诲等宦官，派人与朱温议和。朱温带着唐昭宗李晔回到长安，此后，唐昭宗对朱温唯命是从。不久，朱温诛杀宦官，结束了唐代中期以来宦官长期专权的局面。朱温因此被任命为守太尉兼中书令、宣武等军节度使、诸道兵马副元帅，晋爵梁王，并获赐"回天再造竭忠守正功臣"的荣誉头衔和御制《杨柳词》5首。

挟持天子　自立为帝

唐天祐元年（904年）正月，朱温上书说宰相崔胤专权乱国、离间君臣，应立即诛杀。同时，朱温密令侄子、护驾都指挥使朱友谅带兵进京。朱友谅派兵包围了皇宫，唐昭宗无奈，只得在敕书上签字，崔胤及一门数百人被杀。没有了崔胤，唐昭宗如失臂膀，只能听从朱温的摆布，朱温威逼他迁都洛阳，他也不得不从。

同年四月，唐昭宗到达洛阳，刚刚安顿下来，朱温便让部将、养子朱友恭和族叔朱琮担任左右龙武统军，负责宫廷宿卫，又将其他重要位置也换成自己的心腹爱将。五月，唐昭宗在崇勋殿大摆宴席，请朱温及文武百官喝酒。酒后，唐昭宗诏令朱温到便殿继续畅饮，朱温担心中了埋伏，便推辞不去。

安顿好唐昭宗后，朱温立即回到汴州，同时密令在洛阳的朱友恭、族叔朱琮及枢密使蒋玄晖杀掉唐昭宗，改立13岁的辉王李柷为帝。唐昭宗被杀后，朱温佯装悲痛，于十月三日赶到洛阳，在唐昭宗灵前大哭不止。为了掩盖真相，朱温以朱友恭、朱琮治军不严、手下扰民为由，将朱友恭贬为崔州司户、朱琮贬为白州司户，之后又命他们二人自尽。朱琮临死前大骂朱温："卖我以塞天下之谤。"

为了扫清自己称帝的障碍，朱温指使人将唐昭宗的儿子全部杀掉。

六月，他又下令将朝中重臣 30 多人押至白马驿处死，然后投入黄河。

一切准备就绪，朱温准备称帝，这时，枢密使蒋玄晖、宰相柳璨劝他不要急躁，要一步一步来，说只有正式举行受禅大礼，皇位才得名正言顺。在蒋玄晖、刘璨的建议下，唐哀帝李柷加封朱温为魏王，再加九锡，朱温"怒而不受"，三次上表辞让，改为诸道兵马元帅。

唐天祐四年三月二十七日，李柷正式退位。3 天以后，宰相张文蔚率领百官，带着玉玺、仪仗，浩浩荡荡地来到汴州，准备为朱温举行登基仪式。

四月五日，朱温改名朱晃。两天后，张文蔚率百官来到金祥殿前，向朱温献上玉玺，为其加冕，并宣读李柷禅位诏书，百官庆贺，山呼万岁。朱温在玄德殿大摆宴席，招待百官。

荒淫乱伦　　被子弑杀

朱温亲身经历了唐王朝覆灭的整个过程，也吸取了一些教训。他登位之后，对朝政进行了一些改革，减轻农民负担，奖励农耕，与民休息，对经济的发展和社会的稳定起到了积极作用。

朱温政治上虽然清明，但却有一个致命的缺点——好色，甚至到了有失人伦的地步。他的结发之妻张惠是个贤妻良母，而且很有智谋，深受朱温敬重，每当遇到解决不了的国家大事，朱温总会听取她的意见。他们共同生活了几十年，相濡以沫。朱温称帝之前，张惠便去世了。临终前，她拉着朱温的手说："夫君是人中豪杰，妾身没有什么好忧虑的，但有时冤杀部下、贪色却让人担心，所以'戒杀远色'四字，夫君一定要留意。"然而，贪色是朱温的本性，即使妻子的忠告也无法改变。

朱温当上皇帝以后，马上在全国选拔美女。开平二年（908 年）正月，河东节度使、晋王李克用病逝，李存勖继承父位。九月，朱温亲自率军前去讨伐。李存勖自知不是朱温的对手，于是采取坚守不出的策略，朱温无奈之下只好悻悻而回。回师途中，他在魏王张全义家中住了十几天，居然将张家妻妾、女儿一一奸淫。张全义的儿子们气愤难当，欲杀死朱温，但被张全义死死拦住。朱温不但对别家女人随意糟蹋，就连自家女眷也不放过。他有4个儿子，除了长子死得早，其余3个儿媳都没逃过他的魔爪。他经常以照顾起居为名，将儿媳召入自己的寝宫临幸。他的儿子们为了争宠，也心甘情愿地献上自己的妻子。二子朱友文是他的养子，其妻王氏长得非常漂亮，而且又会献媚，深得朱温宠爱，朱温一度有意立朱友文为太子。

朱温称帝以后，藩镇势力并没有完全消失，为了巩固来之不易的皇位，他不得不发动战争。乾化二年（912年），李存勖再次率兵进攻幽州，幽州首领刘守光急忙向朱温求援。朱温带兵北上，途中遭到李存勖偷袭，他气怒非常，身染重病，返回洛阳后病情越发严重，大臣们开始商议册立太子的事情。

朱温也感到自己时日无多，便命儿媳王氏前往汴州召回朱友文。当时，他的另一个儿媳张氏就在床边，她马上找了一个借口出宫，将这个消息报告丈夫朱友珪。朱友珪本来以长子自居，认为太子之位非自己莫属，听说朱温要立朱友文为太子，顿时火冒三丈，急忙召集左右商量对策。

朱温料到朱友珪有夺位之心，便下诏将他贬为莱州刺史，并打算让人在途中将他秘密杀死。但朱友珪提前行动，悄悄溜进禁军左龙虎军营，请求统军韩勍出兵相助。当天晚上，韩勍派500人跟随朱友珪进宫，闯进朱温的寝殿。朱温听到有动静，虚弱无力地问道："反者是谁？"朱友珪说道："非他人也。"朱温听出是儿子的声音，骂道："汝悖逆如此，天地岂容汝乎！"朱友珪回骂："老贼万段！"说完，命令侍从上前将朱温杀死。之后，朱友珪亲自用毯子把朱温包裹起来，埋于寝殿，秘不发丧；又派人赶往汴州，将朱友文杀死。

同年六月三日，朱友珪假称朱温旨意，命自己主持军国事务。隔日，前往汴州的人返回，说朱友文已死，朱友珪这才宣布朱温"寿终正寝"，自己登基称帝。

注释：

①酸枣门：汴京外城北三门中，中门的俗称。

郢王朱友珪

朱友珪档案

生卒年	？—913年	在位时间	912—913年
父亲	梁太祖朱温（晃）	谥号	无
母亲	王氏	庙号	无
后妃	张氏	曾用年号	凤历

朱友珪，又名朱友球，小字遥喜，后梁太祖朱温庶长子，五代十国时期后梁第二位皇帝。

朱友珪初封郢王，历任左右控鹤都指挥使、莱州刺史。乾化二年六月，朱友珪弑父登基，改元凤历。

朱友珪在位期间，大量赏赐将士收买人心，令众多老将心中不平。朱友珪本人亦荒淫无度，以致民怨四起。

凤历元年（913年），朱温的外孙袁象先、女婿赵岩、儿子朱友贞及魏博节度使杨师厚等人密谋政变，朱友珪出逃未成，命冯廷谔将自己及张皇后杀死。

先发制人　杀父夺位

朱友珪的母亲本是亳州的一名妓女，朱温行军打仗时路过亳州，见她长得十分漂亮，便召来侍寝。后来，王氏生下了朱友珪。朱友珪自幼跟随母亲在亳州长大，朱温当上皇帝以后，将他们母子接到汴州居住，封朱友珪为诸军都虞侯①。

由于长期不在一起生活，又同父异母，朱友珪与两个兄弟之间的感情非常淡薄。尤其是朱温晚年，因为要册立太子继承皇位，兄弟之间的矛盾变得尖锐起来。而朱温酷爱女色，连自己的儿媳也不放过。在3个儿媳中，数朱友文的妻子王氏最为貌美，又会献媚，深得朱温喜爱，因此，朱温打算立朱友文为太子。朱友珪得知消息后，亲率500名牙兵闯入朱温寝宫，将他杀死，之后又派人急赴汴州杀死朱友文，自己登基称帝，改元凤历。

荒淫无度　死于弟手

朱友珪和父亲朱温一样贪色成性，继位以后不理朝政，整天和后宫妃子纵情淫乐。他任命弟弟朱友贞为东京留守、开封尹，朱友贞表面上文质彬彬，实则内心狡诈，一直觊觎皇权。

凤历元年二月八日，朱友珪联合驸马都尉赵岩、左龙虎统军袁象先、魏博节度使杨师厚发动政变。袁象先率领数千士兵冲入后宫，朱友珪猝不及防，仓皇逃跑。然而，整个洛阳城已经为叛军所控制，朱友珪走投无路，只得令部将杀了自己。朱友贞继位后，追废朱友珪为庶人。

注释：

①都虞侯：官名。唐朝中后期诸节度使置，掌整肃军纪。其职颇重，有继任藩帅者。元帅、都统出征，置中军都虞侯一人。五代侍卫亲军马步军都指挥使司、殿前都指挥使司各置一员，其属亦各置一员，俱为统兵官。

末帝朱友贞（瑱）

朱友贞档案

生卒年	888—923年	在位时间	913—923年
父亲	梁太祖朱温（晃）	谥号	无
母亲	张氏	庙号	末帝
后妃	张德妃等	曾用年号	乾化、贞明、龙德

朱友贞，又名朱瑱、朱锽，后梁太祖朱温第三子，五代十国时期后梁的末代皇帝。

朱友贞是朱温的嫡子，初封均王，任左天兴军使、东京马步军都指挥使。朱友珪篡位后，朱友贞被授为东京留守、开封府尹。乾化三年二月，朱友贞与赵岩、袁象先、杨师厚等人发动政变，诛杀朱友珪，然后在东京洛阳称帝。

朱友贞在位期间，疏远敬翔、李振等旧臣，重用赵岩、张汉杰等无能之辈，在梁晋争霸战中胜少败多，接连丧失国土，以致国势日衰。

龙德三年（923年），晋王李存勖建立后唐，对后梁发起总攻。朱友贞在后唐军攻入东京前夕，命亲信皇甫麟将自己杀死，终年36岁，庙号末帝，葬于河南宣陵附近。

杀兄继位　中计兵败

开平元年，朱友贞被封为均王。乾化二年，其兄朱友珪弑父称帝后，朱友贞被任命为开封府尹、东京留守。次年，朱友贞联合魏博节度使杨师厚等人，带领禁卫军杀了朱友珪，自己登基称帝。

虽然当了皇帝，但朱友贞的日子并不好过，北有强敌窥视，内有藩镇拥兵自重，而国家在经过连年征战后，国库已经入不敷出。为了赏赐帮助自己登上帝位的杨师厚，他又花费了大量财物，更加重了国家的财政负担。

贞明元年（915年）三月，杨师厚病逝，这对朱友贞来说无疑是一件天大的好事。租庸使赵岩趁机献策说："魏博自唐以来，事事为心腹之患，原因就在于地广兵强，陛下应该将魏博分为两个节度使，以削弱其力量。"朱友贞觉得他言之有理，于是打算将魏博一分为二。但是，魏博已经传承多年，父子相承，姻亲相连，谁也不愿意分开，应命前往昭德的将士痛哭失声。大家在盛怒之下决定起兵反叛，并派人向晋王李存勖求援。李存勖乘虚而入，占领了魏州。后梁由此失去了一个重要门户。

朱友贞闻讯万分焦急，忙命刘鄩（xún）率兵前去阻击。天佑十三年（916年）二月，李存勖使出引蛇出洞之计，称自己要率兵返回晋阳，只留下部将李存审守城。刘鄩认为战机已到，遂率大军攻取魏州，不料半路被李存勖团团包围，伤亡惨重。刘鄩仓皇而逃，渡过黄河，据守滑州。朱友贞得知消息后，知道大势已去，完全丧失了斗志。在之后的两三年里，李存勖和后梁的军队在黄河两岸多次交战，后梁败多胜少，地盘不断缩小。

困兽犹斗　绝望自杀

龙德三年，李存勖偷袭郓州，随后包围汴州。朱友贞困兽犹斗，下令开封全民皆兵,登上城墙准备迎战,同时派亲信换上便衣,分头出城骚扰敌人。然而,令他失望的是,这些亲信都一去不返,要么逃跑,要么投降了李存勖。

朱友贞召集群臣商议对策,宰相郑珏主动请缨,愿意带着玉玺向晋军诈降。朱友贞问道:"事到如今,我绝不会可惜玉玺,只是你这样做,会有效果吗?"郑珏如实回答:"只怕无用。"大臣们闻言哭成一片。

朱友贞自感走投无路,回到寝殿后,他将禁军将领皇甫麟叫过来说:"我无力自裁,卿可助我。"皇甫麟遵命,先杀死朱友贞,而后自杀。后梁如同昙花一现,自此灭亡。

武则天像 ↑

绢本设色,现藏台北故宫博物院。图中画武则天着圆领袍,头戴旒冕。

鹡鸰颂(局部) ↑

唐玄宗李隆基书,是现存唐玄宗唯一的墨迹,现藏台北故宫博物院。

←开元通宝和乾元重宝

唐高祖于武德四年(621年)废隋代五铢钱,铸"开元通宝"铜币。唐肃宗乾元元年(758年),御史中丞奏请铸行"乾元重宝",以乾元重宝1枚当开元通宝10枚使用。

华清宫 ↑

位于临潼区,西距西安30千米,南依骊山,北临渭水。贞观十八年(644年)李世民在此建汤泉宫。天宝六年(747年),李隆基改名为华清宫。图为现在的华清宫正门。

丽人行 ↓

北宋李公麟画,绢本,现藏台北故宫博物院,描绘杜甫诗《丽人行》中秦、韩、虢三国夫人于三月三日春游长安郊外的情景。

←唐玄宗像

出自日本庆安本《历代君臣图像》。日本后光明天皇庆安年间(1648—1651年)刻印的汉本古籍《历代君臣图像》,收录了中国上至上古伏羲氏,下至南宋宋宁宗的君主画像,以及仓颉、伊尹等名臣画像。

唐宪宗像↑

出自日本庆安本《历代君臣图像》。

唐代仪仗队列壁画↑

乾陵章怀太子(唐高宗李治和武则天的次子)墓出土。此图为墓室东壁上的画面,人物有九位,三人一组,当为武士仪仗队列。

唐宣宗像↑

出自日本庆安本《历代君臣图像》。

杨贵妃上马图↑

元代钱选绘。现藏美国弗利尔美术馆。此卷绘李隆基与贵妃杨玉环上马的情形。玄宗骑照夜白,侧面望着贵妃,贵妃旁有两侍女协助。

← 螺钿紫檀五弦琵琶（正面）

唐代时期宫廷送给日本圣武天皇，现藏日本奈良东大寺正仓院。

望贤迎驾图（局部）→

绢本设色，现藏上海博物馆。图中画唐明皇于758年返回长安的场面。图左着红色袍服者为唐肃宗，图右着黄色袍老者为唐明皇。

←明皇游月宫图扇面

明周臣根据民间传说绘。整个画面构图繁复，局部精细入微，最引人注目的是几位仙女与唐明皇游乐的场景。

秘色瓷碗↑

1987年陕西省扶风县法门寺塔地宫出土。这种秘色瓷是宫廷专用的越窑精品。

←贵妃晓妆

明代仇英《人物故事图册页》，故宫博物院藏，全册十页，所绘多属传统题材。此为"贵妃晓妆"部分，以晨起听乐、梳妆、采摘鲜花、簪头等情景，再现了杨贵妃等人的宫中生活。

←明皇幸蜀图

北宋宫廷画家绘制，团扇，设色绢本，现藏台北故宫博物院。

郭子仪→

出自南宋佚名画家《八相图》。绢本设色，现藏故宫博物院。"八相"指周公旦、张良、魏徵、狄仁杰、郭子仪等八位宰相。此为唐代郭子仪。

十八学士图→

宋代绘画，绢本设色，现藏台北故宫博物院。"十八学士"是唐李世民为秦王时，于宫城西开文学馆，罗致杜如晦、房玄龄等十八人，讨论文献，商略古今，号为十八学士。此画面上仅画其中四学士。

不空和尚碑（局部）↑

唐建中二年（781年），原立于陕西西安大兴善寺。现藏西安碑林。

摹张萱捣练图↓

此图为唐代张萱所作《捣练图》的临摹本，传为宋徽宗所摹。画卷图绘宫廷妇女十二人，表现捣练、缝纫及熨烫等情形。

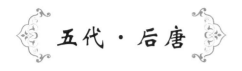

庄宗李存勖

李存勖档案

生卒年	885—926 年	在位时间	923—926 年
父亲	晋王李克用	谥号	光圣神闵孝皇帝
母亲	曹氏	庙号	庄宗
后妃	刘皇后等	曾用年号	同光

李存勖,小字亚子,代北沙陀人,生于晋阳,晋王李克用之子,五代十国时期后唐的开国皇帝。

唐末,李存勖担任检校司空兼晋州、汾州刺史,后袭父位为河东节度使、晋王。他当了15年晋王,南征后梁,北讨契丹,东攻河北,西伐河中,使晋国逐渐强盛起来,雄霸一方。同光元年(923年)四月,李存勖在魏州称帝,定国号为唐,史称后唐。

同光四年(926年)四月,李存勖驾崩,终年42岁,谥号光圣神闵孝皇帝,庙号庄宗,葬于雍陵。

承袭父位　占据河北

唐乾宁二年（895年），邠宁节度使王行瑜联合凤翔节度使李茂贞、镇国节度使韩建起兵，攻陷长安。河东节度使李克用率军勤王，讨平三镇叛乱。当时11岁的李存勖也随军征战，并多次立下战功，受到唐昭宗李晔的夸奖与赏赐，被授为检校司空，遥领隰（xí）州刺史，后改领汾州、晋州刺史。

唐天复二年（902年），李克用因为太原两次被朱温围困而感到忧虑，李存勖极力劝慰他，让他忍耐静观，积蓄力量，待朱温衰弱之时再图复兴。唐天祐三年（906年），朱温遣军攻打沧州，幽州节度使刘仁恭向李克用求援。李克用很讨厌刘仁恭，不愿发兵，李存勖劝道："如今朱温已占据天下十之八九，连魏博、成德等藩镇都归入囊中，黄河以北能与之对抗只有刘仁恭一人。如果我们不出兵援救，形势将更加不利。若出兵援助，可使我晋国重振雄风，万万不能因小失大。"李克用接受建议，遂派兵攻取潞州，迫使朱温从沧州撤兵。后来，朱温篡唐称帝，建立后梁。李克用拒不承认后梁政权，仍沿用唐朝天祐年号，以复兴唐朝的名义与后梁对抗。朱温派10万兵马围攻潞州，李克用派周德威率军与后梁军对抗一年多，但始终未能解潞州之围。

后梁开平二年正月，李克用病逝，李存勖承袭父位，为新晋王。这时，各地战争频发，后梁占据了广大的地盘，李存勖不过是盘踞河北的一个节度使，而且兵权还掌握在其叔父李克宁手中。李克宁有意夺取侄子的位置，李存勖对此也有所觉察，同年二月，他先发制人，设计捕杀李克宁，夺回了河东的军政大权。

同年四月，李存勖亲自率兵援救潞州。五月初二，他趁着大雾弥漫，率军突袭后梁军营，杀死后梁军领军大将符道昭，彻底解除了潞州之围。

李存勖心中非常清楚，如果想要统一中原，夺取后梁江山，首先要积蓄力量。于是，他开始整顿吏治，罢免了一大批贪官，选拔有识之士，减轻农民负担，鼓励生产，发展经济；同时整顿军队，制定严明的军纪，让一些老弱将士复员，选拔年轻的骨干力量，日夜操练，为战争做准备。

屡战屡胜　灭梁称帝

后梁开平四年（910年），后梁军大举攻赵，赵王王镕不敌，义武节度使王处直向李存勖求援。李存勖命令大将周德威屯兵赵州，不久又亲率5万大军与周德威会合，直逼后梁军营。周德威建议说："敌军气盛，我军应按兵不动，以观其衰。"李存勖接受建议，命令大军后退10里，截断后梁军的粮草供应道路。至第二年春天，后梁军粮草匮乏，军心动摇。李存勖和周德威设计将后梁军引入野河谷之地，将其打败；又乘胜追击，攻下贝州、博州、澶州等地。

后梁乾化元年，燕王刘仁恭之子刘守光称帝，建立燕国。李存勖早有灭燕之心，于是假意派人前去祝贺。刘守光误以为李存勖惧怕自己，便派兵攻打晋国。此举正中李存勖下怀，他派大将周德威前去迎敌，不仅大败燕军，还夺取了燕国的几座城池。后来，朱温认为有机可乘，又率50万大军攻打河东。李存勖亲率大军迎战，并成功击败后梁军。连续两次取得重大胜利，李存勖声名大振，战略上也由被动转为主动。

后梁乾化二年，李存勖率军攻破幽州，擒获刘守光及其父刘仁恭，并将他们斩首，为父亲李克用报了仇。

后梁贞明元年三月，后梁名将杨师厚去世，魏州发生兵变，叛军首领张彦向李存勖求援。李存勖当即决定与契丹联合进攻后梁，并于六月率军驻守魏州。

后梁贞明四年（918年），李存勖率领大军自扬州渡河，在濮州与后梁将领谢彦章相遇，经过多次激战均无法取胜。年末，李存勖将老弱残兵统统送回魏州，并命令其他将士分头行动，绕开两军军营，直取后梁都城汴州。后梁军见势不妙，急忙追赶，双方再次交战，结果晋军大将周德威战死。李存勖临危不乱，率领残部继续作战，终于打败后梁军。经此一战，晋军力量消耗甚大。李存勖见一时难以攻克汴州，遂领兵回魏，命李存审留守。

后梁龙德元年，李存勖又率大军在幽州打败30万契丹骑兵。次年，双方再次交战于望都，李存勖再次击败契丹，将耶律阿保机赶回北方。

同光元年，李存勖在魏州称帝，国号为唐，改元同光，史称后唐。同年，李存勖接受后梁降将康延寿的建议，御驾亲征，以李嗣源为先锋，渡过黄河，很快攻取了汴州。朱友贞被迫自杀，后梁就此宣告灭亡。之后，李存勖移师西进，定都洛阳。

沙场悍将　治国无能

李存勖自幼喜爱戏曲，为此还专门养了一批伶人。有时看得心痒难耐，他还亲自登场表演一段。因为钟爱戏曲，他给自己取了个艺名叫"李天下"。据说，有一次在表演中，他大叫自己的艺名，与他同台表演的伶人敬新磨抬手给了他两个耳光。旁观者都被敬新磨的举动吓傻了，李存勖也非常气恼，喝问敬新磨为什么打他。敬新磨不慌不忙地说："天下只有一个皇帝，你喊了两声，难道还有另一个人不成？"李存勖闻言心中大悦，不但不怪罪敬新磨，反而赏赐他大量金银。从此，伶人更加受宠，可以自由出入皇宫，与皇帝随意嬉闹，戏耍朝臣。

那些善于投机取巧者看到了机会，便逢迎巴结伶人，以求他们能在皇帝面前美言几句。李存勖也乐意通过这些伶人去了解大臣们的言行，一旦发现有人不尊重自己，或杀或贬，一律严惩。在这些伶人中，最受宠爱的是景进，朝中大小事务都由景进向李存勖传报，景进也因此掌握着朝廷的生杀大权，以致大臣们人人自危。

除了听戏唱戏，李存勖对其他的玩术也相当喜爱。有一年清明，他带着伶官和禁军将领在宫中的球场进行角力比赛。当时，李存勖对战禁军将领李存贤，接连取得了几次胜利，他为此得意扬扬地说："李存贤若能胜我，就授他卢龙节度使。"这时突然有人来报，说契丹大举进犯。李存勖回到朝中，群臣已经等候在那里。李存勖问谁能领兵出征，众人都推荐天平军节度使李嗣源，然后又说："请陛下授予卢龙节度使一职。"李存勖回答说："朕已经将卢龙节度使一职当作角力押物，不能再授他人。"说完拂袖而去，回到球场与李存贤继续比赛。结果李存贤真的取得了胜利，李存勖说："朕不食言，卿可为卢龙节度使，三日后赴任。"

李存勖不但贪玩，而且荒淫，在伶官的怂恿下巡游四方。他率领文武百官和一群伶人，一边打猎一边游玩，肆意践踏麦田，毫不怜惜。李存勖所到之处，地方官倾力奉献，稍有不慎，或被削职或被斩首，以致沿途州官纷纷弃职逃命。到达魏州后，李存勖命伶人景进到民间挑选秀女，以充实后宫。景进便派人到太原、幽州搜寻民女，不到一个月便有数千美女被拉到魏州。景进又在魏州抢走驻防将士的妻女 1000 多人。魏州将士自归顺后唐以来，屡立战功，结果不仅得不到嘉奖，反而被抢走妻女，都气愤难耐，产生了反叛之心。

李存勖下令将这些美女运往都城，自己则和百官、伶人继续打猎游玩。行至中牟，正是秋苗长势喜人的时候，田野里一片碧绿。李存勖又将此处当成天然猎场，率领左右将军、伶人在田地里奔驰追逐，老百姓看着赖以生存的庄稼被如此践踏，心痛不已。随行的中牟县县令忍无可忍，冒死进谏道："陛下是百姓父母，怎能忍心践踏青苗，断绝百姓的生路呢？"李存勖听了勃然大怒，欲将其斩首，多亏伶官敬新磨求情，中牟县县令才保住了性命。

众叛亲离　下场可悲

同光三年（925 年）九月，李存勖觊觎四川的财富，决定出兵伐蜀。他命令其子魏王李继岌为诸道行营都统，郭崇韬为西川东北面行营都招讨制置使，主持军务，为战争做准备。

战争进行得非常顺利，后唐军很快拿下了四川。这时忽然传来一个消息，川人请求让郭崇韬留下。李存勖顿感不安，立即命令郭崇韬返回。郭崇韬派人回报说："成都虽然早已拿下，但四川其他地方还有不少武装没有征服，待大功告成，自然班师回朝。"李存勖不相信，任命孟知祥为西川节度使，另派心腹宦官向延嗣赶赴四川，将郭崇韬杀害。

事后，李存勖自感心虚，便派伶人四处探听消息，情况稍有不对或者得罪伶人者，便被杀头。一时间，朝廷上下草木皆兵，人人自危。不久，李存勖又听信谗言，杀了功臣朱友谦一家，让人寒心。

二月初，贝州兵变，乱军拥戴效节指挥使赵在礼占领了邺都（即魏州）；几乎同一时间，伐蜀将领李绍琛也发起兵变，自称西川节度使。这时，李继岌大军仍然留在川中，对于叛乱鞭长莫及。李存勖一时发不了兵，只好派人前去安抚，但李绍琛并不接受，坚持独立。李存勖无奈，只好接受大臣们的建议，派李嗣源率军前去征讨。

然而，李嗣源刚到邺都，其部众便发动兵变，拥立他为首领，反叛后唐。消息传到京城，李存勖惊慌失措，一面派人疾奔四川召回李继岌大军，一面诏令诸军救援京都。

李嗣源很快渡过黄河，占领滑州。李存勖决定御驾亲征，为了笼络人心，他下令打开国库，对将士们大加赏赐。王公大臣、伶官也纷纷捐献财物，仅景进一人就捐钱30万贯。但将士们并不领情，大骂道："我们的妻儿老小都已饿死，还要这些钱干什么！"

当李存勖大军行到荥泽时，李嗣源又迅速攻占了汴州。李存勖派龙骧指挥使姚彦温率领3000人马前去迎敌，然而，姚彦温却投降了李嗣源，还将粮草带了过去。李存勖率军继续前行，一路上不断有士兵逃跑。为了稳定军心，李存勖谎称："魏王又送回西川银50万两，到京都后赏给大家。"将士们却回答说："陛下的赏赐太迟了。"李存勖追悔莫及，绝望之情油然而生，禁不住痛哭起来。

次日，大军行到洛阳东的石桥，李存勖摆酒设宴，慰劳诸将，感慨道："诸卿随我数十年，患难与共，荣华同享，如今事已至此，卿等有何退敌良策？"将士们纷纷剪发明志，表示愿意以命抗敌，但又说不出具体的退敌之计。

这天晚上，李存勖率军入驻洛阳城，李嗣源大军紧随其后，占据汜水关。祸不单行，李存勖进城不久，指挥使郭从谦突然发动兵变。郭从谦原是一名伶官，曾认郭崇韬为叔父，郭崇韬被杀后，他一直愤愤不平，伺机报复。如今机会来了，他率人纵火烧毁兴教门，趁乱杀入宫中，用箭射死了李存勖。李存勖的左右侍从见状纷纷逃命，唯有一个伶人感恩李存勖的宠爱，担心他的尸体被叛军肢解，于是将许多乐器放在他的身上，点火焚烧。后来，李嗣源攻入洛阳，在灰烬里找到李存勖的遗骸，葬于雍陵。

明宗李嗣源（李亶）

李嗣源档案

生卒年	867—933 年	在位时间	926—933 年
父亲	李霓	谥号	圣德和武钦孝皇帝
母亲	刘氏	庙号	明宗
后妃	曹皇后、王淑妃等	曾用年号	天成、长兴

李嗣源，原名邈吉烈，沙陀部人，李克用养子，五代十国时期后唐第二位皇帝。

李嗣源早年跟随李克用，官至天平军节度使。同光四年四月，李存勖死于兵变，李嗣源入洛阳监国，即位后改名李亶，改元天成。

李嗣源在位期间，杀酷吏孔谦，褒廉吏，罢宫人、伶官，废内库，关注民间疾苦。但他不通汉文，无力理政，加上用人不明，姑息藩镇，权臣安重诲跋扈、次子李从荣骄纵，以致变乱迭起，局面失去控制。

长兴四年（933 年），李嗣源驾崩，终年 67 岁，谥号圣德和武钦孝皇帝，庙号明宗，葬于徽陵。

昔日养子　今日皇帝

李嗣源的父亲李霓原是代北①节度使李昌国的部将，镇守雁门。李嗣源17岁那年,父亲去世,此时他已经可以骑马射箭,武艺超群,深受李昌国之子李克用的赏识,并被收为养子。

有一次,李嗣源跟随李克用赴朱温宴请,刚进城便遇到伏兵袭击,李嗣源不惧生死,用自己的身体保护李克用逃跑。李克用感念李嗣源的救命之恩,任命他为侍卫队长,统率精锐部队。

唐乾宁三年(896年),李嗣源奉命跟随李存信救援朱瑾,李存信主力吃了败仗,李嗣源率300名骑兵左冲右杀,无人能挡。战后,李克用给这数百骑兵取名"横冲都",李嗣源则被任命为横冲都指挥使,还因此得了个绰号叫"李横冲"。

后来,李嗣源又率军在邢州打败后梁大将葛从周,但他也身受重伤,血染战袍。

李存勖承袭父位(晋王)后,李嗣源和后梁大军在柏乡交战,后梁军分为红、白两支马队,十分威武。晋军心生怯意,李嗣源却不屑一顾,笑道:"他们这是徒有虚名,明日就会归我所有。"两军交战时,他率领1000名骑兵横冲直撞,擒获两支马队的首领,晋军顿时士气大振。不久,李嗣源因功被任命为代州刺史。

同光元年,李嗣源奉命攻打郓州,俘获后梁将领王彦章,又率军攻克汴州,消灭后梁,迎接李存勖入城。李存勖非常高兴地说:"朕有天下,全赖你们父子血战之功,以后与朕共享天下!"遂任命李嗣源为中书令,次年又加封为藩汉内外马步(军)总管、汴州节度使。

李存勖称帝后重用伶官、宦官,对重臣妄加猜忌,郭崇韬、朱友谦先后被杀,就连李嗣源也成为伶官陷害的对象。同光四年二月,贝州发生兵变。李存勖因为对李嗣源失去了信任,便不再让他率兵出征,而派奸臣李绍荣前去平叛。三月六日,李嗣源部众哗变,将他挟持到叛军营中。李嗣源向李绍荣求救,李绍荣却拒不发兵。而叛军首领赵在礼则恭迎李嗣源入城,要立他为帝,统管河北诸地。李嗣源借故脱身,但李绍荣却上奏李存勖,称李嗣源已经投降叛军。李嗣源的部将石敬瑭、安重诲得到消息后,劝李嗣源起兵反叛,攻取洛阳。事已至此,李嗣源只得答应起兵,他派人到各地联络,召集河北大多数节度使,以及河南的泰宁、齐州等地方力量,使自己的力量迅速壮大,成为一支最有实力的军队。孔循有意归顺，于是派人对李嗣源说："皇帝正率军东来，如果你能抢先一步，就可以占据汴州。"李嗣源急忙派石敬瑭率军占据汴州。李存勖知道无力夺回，只好沮丧地返回洛阳，不久被杀。李嗣源趁乱占据洛阳，后唐宣告灭亡。

进入洛阳后，李嗣源并没有急于称帝，在石敬瑭、安重诲的再三请求下才任职监国。他上任后，任命安重诲为枢密使，掌管军机要务；下令搜捕逃跑的皇室成员，一旦抓住立即处死；派石敬瑭去镇守陕州，以防李继岌的军队进攻洛阳。同光四年四月二十日，李嗣源在西宫称帝，改元天成。

勤于朝政　敢于改革

李嗣源不失为一位开明的皇帝，只是他目不识丁，凡大臣上书，都要由安重诲读给他听。可惜安重诲也不比他强多少，读起奏书来磕磕巴巴的，处理朝政十分困难。于是，安重诲建议选拔一些知名学士参与朝政。但李嗣源有一种自卑心理，害怕那些文人笑他浅薄；安重诲也担心文人会分走自己的权力，最后挑了几个胆小怕事的文人来帮忙处理朝政。

庄宗李存勖在位时宦官专权、伶官乱政，大臣们的奏折根本送不到皇帝面前，李嗣源执政以后对此进行了整顿。他称帝时已经61岁，虽然文化素养不高，却有多年的从政从军经验，很快就发现了前朝遗留下来的诸多弊端，比如百官俸禄，因为朝廷没有现金，只能折合成实物，而且还要折半，更要拖欠半年之久。这使地位低下的士卒苦不堪言。于是，他下令废除李存勖时期的苛敛条目，并处死前朝租庸使孔谦，以任圜为宰相，专管盐铁、度支、户部三司，主管财政。任圜上任以后，先取消了夏、秋两税的省耗（后唐时期的每纳税一斗，需加损耗一升）。之后，他又规定地方官员不许额外加税，刺史以下的官员不许向皇帝进贡，以减轻百姓负担。

在任圜改革的同时，李嗣源又下令将皇宫中的鸟兽全部放掉，各地禁止再进贡此类东西。他非常痛恨贪官，称之为"民蠹"，一旦发现必严惩不贷。供奉官丁延徽监守自盗，李嗣源当即下令处死。丁延徽的好友、侍卫使张从宾为其求情，李嗣源怒斥道："丁延徽执法犯法，论罪当死，即便苏秦在世也无法说动我的心，你说也是没用。"坚决予以严惩。对于清廉的官员，李嗣源十分珍惜。宰相李愚得病，翟光邺奉命前去探望，回朝后告知李嗣源说李愚家徒四壁，只有一条破毯子裹身。李嗣源唏嘘不已，赐李愚绢 100 匹、钱 10 万、棉衣被褥 13 件。

对于欺凌百姓、兼并土地的豪绅，李嗣源也做了限制。对于后宫，他更是严格要求。他入洛阳监国时，庄宗李存勖的后宫尚存 1000 多人，宣徽使又选拔了几百名年轻貌美的女子送入宫中，供庄宗享用。李嗣源责问："要此何用？"宣徽使回道："负责宫中各项执掌。"李嗣源道："宫中执掌应了解过去的习惯和规矩，这些人怎能胜任？"于是命宣徽使送她们回家，宫中只留一些老妇人。李嗣源称帝后，又严格规定后宫只能留 100 个宫人、30 个宦官；朝中官吏，凡有名无实者，一律废除。当时洛阳城里集结了大批军队，军粮运送困难，李嗣源下令军队分批驻扎在附近州县，消除了运送军粮的困难。

这一系列措施，有效地促进了后唐的经济发展，稳定了民心，也解决了财政危机。

长子争位　伤心而逝

在李嗣源的众多儿子中，以李从珂能力最强，李从珂是养子，封潞王，任凤翔节度使；李从荣，封秦王，驻洛阳；李从厚，封宋王，任天雄军节度使，驻魏州。李嗣源在位前期，安重诲掌权，对几个皇子严格管束。后来，安重诲病逝，3 个皇子便放肆起来，其中尤以长子李从荣为甚。

长兴四年五月，李嗣源突患中风，无法处理朝政。此时，李从荣已经掌握兵权，在朝中十分骄横。太傅少卿何泽见皇帝病重，便想攀附李从荣，遂上书请求册立李从荣为太子。次日，李嗣源召集群臣，正式商议册立之事，李从荣推辞说："儿臣年幼，只愿随父皇学习治国平天下之术，不愿为太子。"范延光、范延寿则劝李嗣源先不要立太子，任命李从荣为兵马大元帅。从此，李从荣掌管军国大事。

同年十一月，李嗣源病重，李从荣入宫探视，王德妃说："从荣在此。"但李嗣源无法抬头，也不愿说话。李从荣只得告退，走出寝宫后，他听到身后一片哭声，误以为李嗣源已病危，次日便不再探望，而是加紧部署继位之事。李从荣率步骑兵1000多人，到城外天津桥驻扎，然后派人向宰相送信说："我今日要入居兴圣宫，尔等各有妻子儿女，千万不要固执，不然将要大祸临头。"宰相不敢怠慢，急忙向李嗣源报告。此时，李嗣源的病情已有所减轻，听闻秦王已到端门外，问道："从荣何苦如此？"又问："是否真要谋反？"宰相如实回答。李嗣源大怒，命令枢密使冯赟、朱弘昭，宣徽南院使孟汉琼指挥禁军讨伐李从荣，将他诛杀。

当李从荣的死讯传来，李嗣源悲从中来，几度昏厥，病情急剧恶化。之后，李嗣源令人到邺城召五子李从厚回来，就在李从厚到达洛阳的前一天，李嗣源驾崩。

注释：

①代北：唐方镇名。中和三年以雁门节度使改置，治所在代州。辖忻、代二州。五代唐复名雁门镇。

闵帝李从厚

李从厚档案

生卒年	914—934 年	在位时间	933—934 年
父亲	明宗李嗣源	谥号	闵皇帝
母亲	夏皇后	庙号	无
后妃	孔皇后等	曾用年号	应顺

李从厚，小字菩萨奴，明宗李嗣源第三子，五代十国时期后唐第三位皇帝。

李从厚自幼聪明伶俐，深得明宗李嗣源宠爱，历任河南尹、汴州节度使、镇州节度使等职，加授中书令，封宋王。长兴四年，李从厚被召回洛阳，在李嗣源的灵柩前继位，次年改元应顺。

应顺元年（934 年），潞王李从珂在凤翔起兵叛乱，很快攻入洛阳，自称皇帝，将李从厚废为鄂王。李从厚逃至卫州，不久被杀死。李从厚在位仅 5 个月，死时年仅 21 岁，葬于徽陵。后晋时期被追谥为闵皇帝。

英年继位　软弱无能

李从厚幼年时最喜读《春秋》，相貌酷似其父李嗣源，因而备受宠爱。李嗣源称帝后，他被任命为金紫光禄大夫、校检司徒，次年迁河南尹、判六军诸卫事，加授检校太保、同平章事，不久又加授检校太傅。天成三年（928年），李从厚被任命为宣武军节度使，出镇汴州，兼判六军诸卫事。天成四年（929年），李从厚改任河东节度使、北都留守，镇守太原。长兴元年（930年），李从厚再任成德军节度使，镇守镇州，后封宋王；长兴二年（931年），加授检校太尉、兼侍中，镇邺都。长兴三年（932年），李从厚获封中书令。

长兴四年十一月，李嗣源病重，李从荣准备发动政变，以武力夺取皇位，兵败被杀。随后，李嗣源派宣徽南院使孟汉琼赶往魏州，召李从厚回京，立为太子。十二月一日，李从厚于灵前继位。

李从厚即位时刚满20岁，正是朝气蓬勃之时，他也有志于做一个明君。他在登基的第五天便召学士为自己讲解《贞观政要》《唐太宗实录》。次年，他又大赦天下，改元应顺，取天顺人意之意。遗憾的是，他虽然富有极强的上进心，但性格软弱、优柔寡断，这成了他执政的最大障碍。

朝臣朱弘昭、冯赟原本只是普通官吏，没有丝毫战功，政绩平平，只因参与立李从厚为帝，便受到了重用。他们也知道自己的威望远远不够，为了巩固自身地位、消除老将的势力，他们向李从厚提出换镇的建议，要求各地节度使调防。李从厚也认为节度使权力过大，必须削弱，便接受建议，开始策划换镇工作。

受人操纵　忠奸不分

应顺元年，李从厚下诏，命凤翔节度使李从珂调任河东节度使，河东节度使石敬瑭调任成德节度使，成德节度使范延光调任天雄军节度使，天雄军节度使孟汉琼赴京任职，并派使臣监送各节度使赴任，这一决定引起了众多节度使的强烈不满。凤翔节度使李从珂首先发动兵变，以"清君侧"为名起兵造反。李从厚急忙派掌管军权的康义诚率军征讨。康义诚担心失去兵权，抗旨不遵，李从厚只得另派西京留守王思同前去，但被李从珂打败。

李从厚闻讯顿时乱了方寸，哭道："朕本无心做天子，都是诸卿拥立。朕年纪尚幼，国家大事都要委托诸卿办理。诸卿决定的国家大事，朕没有不同意的。当初凤翔起兵，诸卿都说叛军不足为患，现在到了如此地步，诸卿如果找不出有效的办法，朕便亲自迎接李从珂入京，把帝位传给他。如果他还要怪罪朕，朕也心甘情愿。"众人听了都不胜悲切。康义诚见此情形，打算率领禁军投降李从珂，于是假装愿意迎战，向李从厚要兵。侍卫马军都指挥使朱洪实看出了康义诚的心思，主张坚守洛阳，不应发兵。康义诚怒斥道："朱洪实说这样的话，是想造反吗？"朱洪实针锋相对地说："你自己要反，还说别人要反！"结果，李从厚不辨真伪，下令斩杀朱洪实，任命安重进为侍卫马军都指挥使。

康义诚率军出了洛阳，到达新安时，李从珂大军已进至陕州，两军相距还有200多里，康义诚手下将士便成群结队地逃走，投奔李从珂。当康义诚进入陕州时，部下仅剩几十人，又巧遇李从珂派来的先头部队，康义诚遂摘下随身弓箭，请他们转交李从珂，表示愿意归降。

消息传到京都，李从厚急忙召朱弘昭商议对策。朱弘昭误以为李从厚要杀自己，遂投井自杀。安重进闻讯，立即杀掉冯赟，然后将朱弘昭、冯赟的首级一起送给李从珂。

李从厚知道京城已然不保，准备逃往魏州，于是让孟汉琼先去魏州做些准备，但孟汉琼出城后便去投奔李从珂。李从厚只得命令控鹤指挥使慕容迁率军护驾前往魏州。慕容迁信誓旦旦地保证说："生死跟随圣上。"李从厚刚刚出城，慕容迁便关闭城门，派人前往陕州联络叛军。

次日，宰相冯道入朝，行至端门才听说李从厚出城的消息。这时，有人过来劝说："潞王李从珂正倍道而来，相公应率百官出城迎候。"冯道不敢怠慢，急忙率领文武大臣来到城西上阳门，一直等了三天，才等到了李从珂。冯道率百官三次劝进，最后曹太后下诏让李从珂监国。两天后，李从珂在明宗李嗣源灵前继位；同时废李从厚为鄂王，命殿直①王峦赶赴卫州毒杀李从厚。李从厚不愿喝下毒酒，最后被王峦用绳子勒死。清泰三年（936年），石敬瑭消灭后唐，自称皇帝，追谥李从厚为闵皇帝，将他与李从荣、李重吉一同葬于徽陵。

注释：

①殿直：官名。即殿前承旨，五代后晋高祖天福五年改。

末帝李从珂

李从珂档案

生卒年	885—936 年	在位时间	934—936 年
父亲	明宗李嗣源	谥号	无
母亲	魏皇后	庙号	无
后妃	刘皇后等	曾用年号	清泰

李从珂，本姓王，小字阿三，又名二十三，镇州平山人，明宗李嗣源养子，五代十国时期后唐的末代皇帝。

长兴二年（931 年），李从珂出任左卫大将军兼西京留守，次年进位太尉，升凤翔节度使。长兴四年，晋封潞王。应顺元年（934 年）四月，李从珂废黜李从厚，自立为帝，改元清泰。

清泰三年（936 年），石敬瑭联合辽军攻打洛阳，城破，李从珂自焚身亡，终年 52 岁，葬于徽陵。

庶子叛乱　弑弟继位

李从珂出身卑微，父亲早逝，与母亲相依为命。李从珂 11 岁那年，李嗣源率军攻取平山，见魏氏貌美，便强抢为妻。李从珂也因此成了李嗣源的养子。李从珂长大后身体魁梧、骁勇善战，深得李嗣源喜爱。

据说有一次，晋军与后梁军在黄河岸边交战，后梁军败退，李从珂带领十几名骑兵混在敌人的队伍当中，退至敌人的营寨大门时，他突然大喊一声，杀死几个敌兵，然后用斧头砍倒敌人的瞭望杆，从容不迫地回到自己营寨。李存勖见状大喜，夸赞道："壮哉，阿三！"亲手赐酒一大杯。

在后唐出兵攻打后梁的战斗时，李从珂跟随李嗣源先攻占郓州，后生擒后梁大将王彦章，又长途奔袭后梁首都汴州，最先到达城下，攻克了汴州。战后，庄宗李存勖慰劳李嗣源说："兴复唐朝社稷，爱卿父子之功也。"后来，李嗣源被迫领兵南下攻打洛阳，争夺帝位。李从珂也从北方的曲阳、盂县等地领兵南下，助李嗣源一臂之力。

李嗣源称帝后，李从珂与大臣安重海矛盾渐生，有一次他们一起喝酒，李从珂因为平时对安重海的所作所为十分反感，便在酒醉之时打了安重海。虽然他酒醒后向安重海道了歉，但仇恨的种子已经埋下。后来李从珂犯了错，安重海要大臣们讨论如何治罪，大臣们认为应该交明帝李嗣源处理，安重海却自行上奏要求治罪。明帝李嗣源生气地说："朕还是一个小校时，家里贫苦不堪，多亏了从珂背石灰、收马粪勉强养家，现在竟不能保护一个儿子，还要我这个父亲何用！"然后让李从珂不用上朝，在家躲避。但李从珂依然心虚，就在家念佛经，祈祷平安。不久，安重海被明帝李嗣源赐死，李从珂被任命为左卫大将军，后又进位太尉，升任凤翔节度使，并于长兴四年晋封潞王。

李从厚继位后，对李从珂十分猜忌，先是解除了李从珂之子李重吉的禁军之权，改任其为亳州刺史，将他调出京师；接着又听取朱弘昭、冯赟的建议，实行换镇，命李从珂离开凤翔，前往河东。李从珂十分不满，找来部下商议对策。部将们说："陛下年幼，奸臣当道，主上功高盖主，离开凤翔必定凶多吉少。"于是，李从珂决定起兵反抗。李从厚得知消息后，急忙派大军前去征讨。

长兴四年三月，朝廷诸军齐聚凤翔城下，大举攻城，双方将士均伤亡惨重。李从珂登上城头，向攻城将士哭诉道："我自小随先帝出生入死，身经百战，伤痕累累，才有了大唐江山，诸君心中自然明白。而今，陛下重信奸佞，猜忌自家骨肉。我身无过错，为何要受此惩罚？"

众人都被他的话感动,加上山南西道节度使张虔钊攻城心切,惩罚将士,而羽林指挥使杨思权本是李从珂旧部,素来与李从厚不和,便趁机倒戈,率众投降了李从珂。李从珂由此反败为胜,实力大增。随后,他整顿军马,兵发洛阳。

一路上,各县郡纷纷归顺李从珂,就连朝廷派来镇压的军将也都先后投降。很快,李从珂率大军压境,李从厚惊慌失措,急忙逃走。四月三日,李从珂顺利进入洛阳。次日,曹太后下诏,命李从珂监国。四月五日,李从珂继位,改元清泰。四月九日,李从珂派人到魏州将李从厚杀死。

抗敌无能　自焚身亡

李从珂不过一介草莽英雄,虽然做了皇帝,却治国无能。为了奖赏部下,他到处搜刮民财,以致民不聊生,百姓怨声载道。

清泰三年,河东节度使石敬瑭起兵叛乱,打败后唐军。许多藩镇趋炎附势,立即归顺石敬瑭,就连朝廷派去征讨的军队也先后投降。李从珂无奈,只得御驾亲征。

李从珂到达河阳后,迟迟不前,整天醉酒笙歌,不理朝政。大臣们纷纷进行劝谏,均遭到拒绝。十一月,石敬瑭联合契丹,先后打败后唐各路援军,各州郡相继归降。

李从珂见回天无力,仓皇退回洛阳,河阳守将随即投降石敬瑭。李从珂绝望之余,带着玉玺和曹太后、刘皇后及二子李重美登上玄武楼自焚而亡。

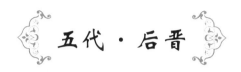

五代·后晋

高祖石敬瑭

石敬瑭档案

生卒年	892—942 年	在位时间	936—942 年
父亲	石邵雍	谥号	圣文章武明德孝皇帝
母亲	何氏	庙号	高祖
后妃	李皇后等	曾用年号	天福

石敬瑭，沙陀族，五代十国时期后晋的开国皇帝。

石敬瑭年轻时效力于李克用义子李嗣源，在后梁朱温与李克用、李存勖父子争雄时期，他冲锋陷阵，战功卓著。后唐明宗李嗣源在位时，石敬瑭被封为节度使，经营河东，成为很有实力的藩镇主。后唐末帝李从珂继位后，与石敬瑭互相猜忌。后唐清泰三年（936年），石敬瑭勾结契丹，起兵反叛后唐，不久攻克洛阳，登基称帝，国号为晋，定都汴梁，史称后晋。

天福七年（942年），石敬瑭忧郁成疾，于同年六月病逝，终年51岁，谥号圣文章武明德孝皇帝，庙号高祖，葬于显陵。

征战沙场 威猛将军

石敬瑭的父亲石绍雍原是李克用手下大将,官拜平州、洺州刺史。石敬瑭自幼习武,刀枪骑射样样精通。在父亲去世后,石敬瑭成为李存勖帐下校尉,跟随李存勖南征北战,立下了汗马功劳。石敬瑭不但精通武艺,而且粗通文墨,喜读兵书,才思敏捷,能将战国时李牧、汉时周亚夫的战术灵活运用,因此打了许多胜仗。

后梁乾化五年(915年),李存勖占据魏州,后梁将领李郭率军攻打清平。李存勖亲率大军前去救援,结果遭遇埋伏,身陷重围。关键时刻,石敬瑭挺身而出,率领10多人冲入敌阵,救出了李存勖。事后,李存勖赞叹道:"将门虎子,果然名不虚传!"自此,石敬瑭声名大振。

因为救主有功,石敬瑭受到李存勖的重用,被调入李嗣源帐下听命。李嗣源也是一员虎将,每次作战必身先士卒。石敬瑭紧随其左右,不畏生死,久而久之,李嗣源便将石敬瑭视为心腹,并将自己的女儿嫁给他,让他统率精锐亲兵"左射军"。

后唐同光三年,效节指挥使赵在礼在魏州发动叛乱,李嗣源奉命前去讨伐。行至邺都时,将士们发动兵变,挟持李嗣源,非要他当皇帝不可。李嗣源本无叛变之心,坚决不从,石敬瑭劝道:"大事成于果断而败于犹豫,天下哪里有上将和叛卒攻入贼城而保平安的?大梁乃天下之要津,假若给敬瑭三百骑兵,先往占据,公再引兵急进,以此为根据地,方能保全。"李嗣源被说动了心,遂命石敬瑭率500名骑兵攻占洛阳。石敬瑭昼夜兼程,很快兵临洛阳,他先派大将李琼突入封丘门,自己则自西门而入,占领洛阳,接着再向西杀去,庄宗李存勖因内乱而亡。

李嗣源进入洛阳城后,石敬瑭因扶立有功,又是驸马,官职得到迅速提升,由总管府都校升为光禄大夫、检校司徒,任陕州保义军节度使,得赐号"竭忠建策兴复功臣"。次年,石敬瑭加封检校太傅兼六军诸位副使,晋升开国伯,不久又升任宣武军节度使、侍卫亲军马步军都指挥使兼六军诸卫副使,晋封开国公,获赐号"竭忠匡运宁国功臣",掌管军事大权。明宗末年,石敬瑭被任命为河东节度使、蕃汉马步军总管。

投敌卖国　对外称儿

后唐长兴四年,后唐明宗李嗣源驾崩,三子李从厚继位。为了巩固政权,李从厚决定实行换镇措施,导致凤翔节度使李从珂起兵造反,并打败朝廷大军。石敬瑭趁机拥兵南下,将李从厚囚禁于魏州,欲挟天子以令诸侯。然而,李从珂大军势如破竹,很快攻克洛阳,即位称帝。石敬瑭无奈,只得到洛阳朝拜新帝。李从珂担心石敬瑭实力扩大,会威胁到自己的帝位,想将他囚禁于洛阳。后因曹太后从中讲情,他最终放走了石敬瑭。

石敬瑭早有称帝之心,回到晋阳后,他暗中积蓄力量,伺机发动政变。有一次,朝廷犒劳军士,其部将对着他山呼万岁。石敬瑭自知时机尚未成熟,马上下令将那些山呼万岁的人抓起来斩首,然后奏报李从珂,以表忠心。但他这一举动适得其反,反而使李从珂对他更加猜忌。为了牵制并监视石敬瑭,李从珂任命武宁节度使张敬达为北面行营副使,驻军代州。石敬瑭对此心知肚明,也加紧了起兵的准备。

后唐清泰三年五月,李从珂改任石敬瑭为郓州节度使,晋封赵国公,又改赐"扶天启运中正功臣"名号,接着降诏催促石敬瑭赴任。石敬瑭先是装病不走,后又要求李从珂让位给后唐明宗李嗣源幼子李从益。李从珂大怒,下令罢免石敬瑭的所有官职,并派兵讨伐。石敬瑭自知力量薄弱,与后唐军作战没有必胜的把握,便向契丹求援,以幽云十六州①作为交换条件,并主动认耶律德光为义父。耶律德光率领5万精兵支援,解了晋阳之围。石敬瑭亲自出城迎接,奴颜婢膝,当着众将的面称比自己小10岁的耶律德光为义父。

同年十一月,石敬瑭在耶律德光的帮助下攻克洛阳,消灭了后唐。之后,石敬瑭接受耶律德光的赐封,称帝,改国号为晋,改元天福,定都汴州，史称后晋。

之后，石敬瑭践行诺言，割让幽云十六州给契丹，并且每年向契丹进贡布帛30万匹，太后、贵族、大臣均有重礼；书信来往中称表，以示君臣之别，并自称儿皇帝；每有契丹来使，必恭敬招待。天福三年（938年），耶律德光赐封石敬瑭为"英武明义皇帝"。

奴颜婢膝　屈辱一生

石敬瑭借助契丹的势力当上了皇帝，对耶律德光唯命是从，不敢有半点违抗，逢年过节总是派使者带着大批财物到契丹进贡，很快便将国库挥霍一空，但这仍然远远不够，他只好将负担转嫁到百姓身上。

石敬瑭在位时期，自然灾害不断发生。有一年，连着5个州郡发大水，18个州郡遭遇旱灾；又有一年，黄河滑州段决堤，水淹千里，老百姓背井离乡，无以生存。即便如此，石敬瑭依然不放松对百姓的盘剥，致使饿殍遍野、流民遍地，农业生产也遭到严重破坏，社会矛盾迅速激化。

石敬瑭对外软弱、对内凶悍，引起了老百姓的强烈不满，不时有人反抗。为此他还制定了许多残酷的法律，比如：凡偷盗一钱以上者，依律处死；男女无论通奸、强奸，一概处死；另外还有扒皮、剜心、油煎等骇人听闻的酷刑，以致民怨沸腾。不仅普通百姓，就连统治阶级内部也开始出现分裂的现象。

天福二年（937年），天雄军节度使范廷光率先在魏州起兵，石敬瑭急忙命东都巡检张从宾率兵讨伐。但张从宾到达魏州以后，立即加入了范廷光的队伍。不久，渭州也发生兵变。天福六年（941年），成德节度使安重荣指责石敬瑭奴事契丹，蹂躏中原，要与契丹决一死战。耶律德光大怒，派使者追责。石敬瑭非常惊慌，只好杀掉安重荣，将其首级献给契丹以谢罪。

石敬瑭的一系列行为使得自己众叛亲离，人人愤而诛之。其中，河东节度使刘知远拥兵自重，雄踞晋阳，拉拢不愿归顺辽国的吐谷浑白承福等部，共同抗击契丹。天福七年（942年），耶律德光再次派人前来责问，石敬瑭既无力讨伐刘知远，又不敢得罪契丹，左右为难，最后忧郁成疾，于六月病逝。

注释：

①幽云十六州：又称燕云十六州、幽蓟十六州，指中国北方以幽州和云州为中心的16个州，具体指：幽州、顺州、儒州、檀州、蓟州、涿州、瀛州、莫州、新州、妫州、武州、蔚州、应州、寰州、朔州、云州。

出帝石重贵

石重贵档案

生卒年	914—964 年	在位时间	942—947 年
父亲	石敬儒	谥号	出帝
母亲	安氏	庙号	无
后妃	冯皇后等	曾用年号	天福、开运

石重贵,高祖石敬瑭从子,五代十国时期后晋第二位皇帝。

天福七年,高祖石敬瑭病逝,石重贵继位,沿用天福年号。天福九年(944年)七月,改元开运。

与父亲石敬瑭不同,石重贵虽然能力一般,但他很有骨气,不肯向契丹称臣,敢于同契丹开战,可惜他身边无可用之人。开运三年十二月(947年1月),契丹攻陷汴州,石重贵被俘,送往契丹,后晋宣告灭亡。

北宋乾德二年(964年),石重贵病逝,终年51岁,谥号出帝。

荒淫皇帝　鼠目寸光

石重贵自幼不爱读书,但擅长骑马射箭,跟随石敬瑭南征北战。后唐清泰三年,石敬瑭起兵反唐,后唐大军围困太原,石重贵冲锋陷阵,杀敌无数，受到石敬瑭的赞赏。同年十一月，石敬瑭联合契丹击败后唐军，并攻取洛阳。石重贵奉命镇守太原，被任命为太原尹、河东节度使，总领河东军务。石敬瑭称帝后，石重贵担任左金吾卫上将军，封郑王，后又改封齐王。

天福七年（942年）五月，石敬瑭病危，委托宰相冯道、天平军节度使景延广辅助幼子石重睿继位。但石敬瑭死后，冯道和景延广认为国家正值多事之秋，幼子无知，应该由年长者继承帝位，于是拥立石重贵当了皇帝。

石重贵登基以后，任命景延广为宰相，掌管军国大事，自己则专事享乐。他即位第三天便将寡居的婶娘冯氏纳为贵妃，而且非常宠爱她。冯氏的弟弟冯玉本是一个小吏，也因此受到提拔，晋升为端明殿学士、户部侍郎，冯氏兄妹开始干预朝政。

石敬瑭驾崩后，因为他一向对契丹自称儿皇帝，按理后晋应当向契丹送去告哀书，但群臣对此深感耻辱，因此，景延广等大臣建议石重贵在送告哀书的时候以个人的名义，按孔子礼节称孙，不称臣。石重贵早就对契丹恨之入骨，便接受了这一建议。耶律德光接到书信后大怒，当即派军南下征讨。石重贵率军迎战，两次打败契丹军。契丹军撤退后，石重贵以为可以高枕无忧，开始沉湎于享乐，大肆搜刮民脂民膏，建造殿宇楼阁，劳民伤财，致使百姓怨声载道，不堪其苦。

石重贵对百姓严苛，对身边的优伶乐工却非常大方，动则赏赐数万钱。中书令桑维翰劝谏他应当体恤将士，不要过度赏赐伶人，但他依然我行我素。

豪情壮志　国破受囚

此前两次打败契丹军，石重贵有些得意忘形，欲北伐契丹，收复被石敬瑭丢失的国土。

开运三年（946年）十月，石重贵派大将杜重威、李守贞率兵北上。杜重威平庸无能，早有向契丹投降之心。他到达边境地区后并不出战,而是谎报军情,再三向朝廷请求支援。石重贵对杜重威寄予厚望,根本没想到他会别有用心,于是将守卫宫门的禁军都派去支援。杜重威暗中派人与契丹军联系,契丹许以皇帝之位对其笼络。杜重威遂在军帐中设下埋伏,召集众将前来,宣布投降契丹,有不愿投降者立即杀死。众将不敢违抗,一一在降表上署名签字。之后,杜重威将降书送往契丹,命令全军出营列阵,解除军甲,道:"现在粮尽援绝,我们必须另谋生路。"将士们悲痛异常,相拥痛哭。

契丹军引兵南下,收编了杜重威的部队,命张彦泽为先锋,率2000名骑兵攻打汴州。张彦泽很快攻克滑州,直逼汴州。石重贵急忙召集大臣冯玉、李崧等人商议对策,冯玉建议召河东节度使刘知远进京保驾,但为时已晚。次日清晨,张彦泽便率军攻入汴州,包围了皇宫。

石重贵见大势已去,带领10多名后妃准备自焚,但被亲军将领薛超拦住。这时,张彦泽派人送信过来,说只要石重贵投降,可以饶他不死。石重贵不敢怠慢,急忙委托翰林学士范质写降书。契丹军进入汴州,后晋文武百官出郊外迎接,后晋宣告灭亡。

石重贵被废为负义侯,迁往辽境,被囚禁于黄龙府,不久又迁往辽阳,途中因粮草缺乏,不得不以野果充饥。后来,石重贵再被迁往建州,在那里与随从以耕种为生。北宋乾德二年,石重贵去世。

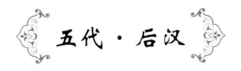

高祖刘知远

刘知远档案

生卒年	895—948 年	在位时间	947—948 年
父亲	刘琠	谥号	睿文圣武昭肃孝皇帝
母亲	安氏	庙号	高祖
后妃	李皇后等	曾用年号	天福、乾祐

刘知远，字达，晋阳人，沙陀族，五代十国时期后汉的开国皇帝，称帝后改名刘暠。

刘知远幼时不好嬉戏，为人稳重寡言，而且武艺高强，勇猛善战，追随后唐李嗣源和后晋石敬瑭时立下赫赫战功。刘知远称帝后，改元天福。

刘知远在位期间，各地割据势力拥兵自重，朝廷难以控制，加上他用人不当，朝中多贪婪之辈，以致弊政连连，一时敛赋成灾，民心尽失。

乾祐元年（948 年）正月，刘知远驾崩于万岁殿，终年 54 岁，谥号睿文圣武昭肃孝皇帝，庙号高祖，葬于睿陵。

开封称帝　四方臣服

刘知远自幼家境贫寒,以替人牧马为生,10多岁时他投奔到李嗣源手下当兵,因作战勇敢而被提拔为偏将,与石敬瑭共事。据说有一次,李嗣源率兵与后梁作战,石敬瑭马鞍断裂,处境危险。刘知远果断提出与其交换战马,并负责断后,救了石敬瑭一命。后来,后唐明宗李嗣源驾崩,刘知远劝石敬瑭南下称帝。石敬瑭称帝后,任命刘知远为侍卫亲军马步军都指挥使,权点检随驾六军诸卫事,典掌禁军。后晋天福六年七月,刘知远被任命为北京留守、河东节度使。后晋出帝石重贵在位时,刘知远占据河东,大力扩充兵马,很快达到5万多人。

契丹军攻克汴州后,石重贵投降,刘知远分兵遣将,四面防守。契丹军占据汴州后,遭到各地百姓的顽强抵抗,已经归服的后晋藩镇也对其阳奉阴违。刘知远目光敏锐,看清局势后决定起兵自立。蕃汉兵马都孔目官郭威、武节都指挥使史弘肇、河东行军司马张彦威也劝他起兵。二月十日,刘知远称帝,自称不忍改后晋正朔,仍沿用年号天福。

当时河北、河南已经被契丹占领,关中诸镇也多归降契丹。契丹国主听到刘知远称帝的消息后,分别向潞州、相州、孟州等地派驻军队,准备迎击刘知远。

五月七日,经与群臣商议,刘知远采纳郭威"由汾水南下取河南、进而图天下"的建议,以侍卫亲军马步军都指挥使史弘肇为先锋,率军自太原出发,向洛阳前进。

弄假成真　魏州生变

天福十二年(947年)六月三日,刘知远兵临洛阳,后晋百官出城迎接。刘知远宣布,凡受契丹任命的官员全部保留职位,不必惊慌,同时秘密杀死王淑妃及后唐明宗李嗣源幼子李从益。6天后,刘知远又攻取汴州，改国号为汉。他下诏凡契丹所任命的节度使和各级特使，保持原职不变。各地藩镇见状陆续上表称臣。七月，天雄军节度使杜重威、天平军节度使李守贞也送来表书，以示臣服。

杜重威在向刘知远称臣时，假意提出自己愿意改任其他地方节度使。刘知远顺水推舟，任命他为归德军节度使，并任命李守贞为护国军节度使。杜重威心中气愤，以自己的儿子为人质，向契丹求援。契丹派1500人，加幽州兵2000人，赶赴魏州。刘知远闻讯，立即削去杜重威的官职，任命归德前节度使高行周为招讨使、镇守节度使，慕容彦超为其副手，前去讨伐杜重威。但慕容彦超与高行周不和，发生了争执。为稳定军心，刘知远亲自前往魏州支援。

十一月，魏州城粮尽草绝，杜重威无力坚守，只得开门向刘知远投降，得到刘知远的宽大处理，被任命为检校太师、守太傅兼中书令，获封楚国公。至此，中原的局势基本稳定下来。

次年，刘知远改元乾祐，并将自己的名字改为刘暠。

乾祐元年正月二十七日，刘知远患病，急诏苏逢吉、史弘肇、郭威等入城，委托他们辅佐皇太子刘承祐，并一再叮嘱"善防重威"。当天，刘知远驾崩于万岁殿。

隐帝刘承祐

刘承祐档案

生卒年	931—950 年	在位时间	948—950 年
父亲	高祖刘知远	谥号	隐帝
母亲	李皇后	庙号	无
后妃	不详	曾用年号	乾祐

刘承祐，沙陀族，高祖刘知远之子，五代十国时期后汉第二位皇帝，也是后汉最后一位皇帝。

乾祐元年正月二十七日，后汉高祖刘知远驾崩，刘承祐继位，沿用高祖年号乾祐。

刘承祐在位时期，朝政大权掌握在顾命大臣史弘肇手中。

乾祐三年（950年），刘承祐诛杀权臣，引发了郭威叛乱，叛军攻入汴州，刘承祐被杀，谥号隐帝，葬于颍陵。

父业子承　权臣当道

后晋天福六年七月，刘知远担任北京留守，刘承祐被任命为任节院使，历官至检校尚书右仆射。刘知远称帝建立后汉后，刘承祐被任命为左卫大将军、检校司空，后升任大内都点检、检校太保。

刘知远很喜欢长子刘承训，于乾祐元年正月十一日将其立为太子，但刘承训不久便去世了，刘知远只好将希望寄托在次子刘承祐的身上。大臣苏逢吉请求先将刘承祐封王，然后再册立为太子。但刘知远当时已经病重，还未来得及将刘承祐封王便驾崩了。苏逢吉等人秘不发丧，先诱杀权臣杜重威，然后于二月初一授刘承祐为特进、检校太尉、同平章事，封其为周王。当天刘承祐便在刘知远灵前继位，仍沿用乾祐年号。

刘承祐继位后，朝政大权完全掌握在武将杨邠、史弘肇、王章、郭威和文官苏逢吉等人手中。杨邠、史弘肇为人彪悍、行事粗莽，根本不把新皇帝放在眼里。据说有一次，刘承祐赏赐给伶人锦袍玉带，史弘肇看见后随手夺了过来，怒斥道："军士驻守边疆，尚未得到赏赐，这群巧言令色之徒，哪里有资格得到赏赐！"还有一次，杨邠、史弘肇在朝堂议事，刘承祐接话说："二位再考虑考虑，别有什么不周之处，给人留下话柄。"杨邠却直言道："陛下不要插话，臣等自有道理。"刘承祐听了心中无比气愤，对他们越发不满。

不辨忠奸　命丧荒野

乾祐二年（949年），辽世宗耶律阮听到刘知远驾崩的消息后，立即发兵进攻后汉，刘承祐急忙派大将郭威率军御敌。郭威出发后，刘承祐准备封嫔妃耿氏为皇后，结果遭到杨邠、史弘肇的坚决反对。刘承祐无奈，只好放弃。不久，耿氏郁郁而终，刘承祐想以皇后的礼节安葬她，又一次遭到杨邠和史弘肇的阻拦。刘承祐忍无可忍，在宠臣郭允明、李业的蛊惑下，欲杀死杨邠和史弘肇。李太后闻讯急忙劝阻，但刘承祐不听，执意要处死他们。

乾祐三年十一月，杨邠、史弘肇、王章三人上朝时刚走到广正殿，被埋伏的刀斧手杀死。随后，刘承祐以谋反罪宣布他们的死刑，并诛杀其亲族和朋党。郭威听到消息后十分痛心，上书为三人鸣不平。刘承祐又起了杀郭威之心。李太后再次劝阻，但刘承祐执意不听，派人到邺城去执行任务，同时命人杀尽郭氏宗亲。

郭威非常气怒，于十一月十四日以"清君侧"为名，起兵讨伐刘承祐。郭威大军很快进至汴州城下，刘承祐欲亲自率军迎战。李太后劝道："郭威乃先帝故旧，非为旁人，何至于如此无情？只要坚守城池，派人出去安抚，说是误会，自然也就没事了。"但刘承祐固执己见，执意命慕容彦超出城迎战，结果被郭威打败，全军覆灭，仅剩 10 余人突围，逃往兖州。

当时，刘承祐正在慕容彦超的军营中等着慰劳将士们，得知兵败的消息后，急忙退回城里。当他走到玄化门时，只见城门已经被开封尹刘铢紧锁，一支支利箭向他们射来，片刻间便有许多将士死于箭下。刘承祐慌忙带领苏逢吉、聂文进、郭允明向西逃跑，夜宿荒野。次日，他们正在逃命时，见后面尘埃大起，似有追兵赶来，众人急忙躲进一个村庄里。郭允明为了保命，将刘承祐杀死，欲向追兵邀功。然而大军到了跟前，众人才发现原来是护驾的后汉军队。郭允明自知死罪难逃，拔剑自刎。苏逢吉也自杀身亡，聂文进则被追兵杀死，后汉自此灭亡。

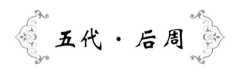

五代·后周

太祖郭威

郭威档案

生卒年	904—954 年	在位时间	951—954 年
父亲	郭简	谥号	圣神恭肃文武孝皇帝
母亲	王氏	庙号	太祖
后妃	柴皇后、张贵妃等	曾用年号	广顺、显德

郭威,字文仲,别名郭雀儿,邢州尧山人,五代十国时期后周的开国皇帝。

后汉高祖刘知远在位时,郭威曾任邺都留守,后来,隐帝刘承祐以"厌为大臣所制"为名,派人到邺都去诛杀郭威,郭威一怒之下发起兵变。后汉乾祐三年冬,郭威率兵攻克汴州,推翻后汉。次年,郭威即位,建元广顺,国号为周,史称后周。

显德元年(954年),郭威因病驾崩,终年51岁,谥号圣神恭肃文武孝皇帝,庙号太祖,葬于嵩陵。

建功立业　黄袍加身

郭威本姓常，因幼年丧父，母亲改嫁后晋顺州刺史郭简，遂改姓郭。郭威3岁时，郭简为刘仁恭所杀，郭威跟随母亲到晋阳生活。不久，他的母亲染病身亡，他只能投奔姨妈，日子过得十分艰苦。18岁那年，郭威和亲戚一起加入了后梁潞州节度使李继韬的军队，成为其手下的一员大将，作战非常勇猛，立下了不少战功。

后来，李存勖杀死李继韬，收编其部下，郭威因粗通文墨，被任命为军中校尉。不久，天下大乱，群雄纷起，朝代更迭频繁。能征善战、能力出众的郭威，官职也一升再升，最后成为刘知远的部将。刘知远在太原称帝建立后汉，郭威因功被任命为枢密副使、检校司徒。后汉乾祐元年正月，刘知远驾崩，临终前任命郭威、史弘肇、杨邠等人为顾命大臣。太子刘承祐继位后，任命郭威为枢密使，加检校太尉。郭威上任后，奉命率军平定河中节度使李守贞、永兴节度使赵思绾、凤翔节度使王景崇等人的叛乱，因功加封检校太师兼侍中。不久，契丹入侵，边境告急，郭威被任命为枢密使兼邺都留守、天雄军节度使，统领河北诸郡，抵御契丹。结果，郭威大军未到，契丹便闻风丧胆，急忙退兵。

后汉乾祐三年，刘承祐受到郭允明、李业的蛊惑，杀死杨邠、王章、史弘肇等大臣，后来又要诛杀郭威及其家眷。郭威遂起兵造反，攻占京都，刘承祐仓皇出逃，途中被部下郭允明杀死。郭威进驻京都后，主持国政，请李太后临朝听政，李太后决定立高祖刘知远的养子刘赟为帝，并派宰相冯道迎刘赟入京。这时契丹再次入侵，郭威率军北征，行至澶州时将士们突然停止不前，纷纷嚷道："我等跟随郭公攻取京都之时已经和刘氏结下了深仇大恨，如今再立刘氏为帝，又替他到前线卖命，以后还会有什么好下场，不如拥戴郭公为帝！"有人扯下一面黄旗，披在郭威身上，众人立即倒身下拜，山呼万岁。郭威见事已至此，只好率领大军回师汴州。其手下监军王峻派侍卫亲军马步都指挥使郭崇威率兵赶到宋州，杀了刘赟身边的亲信，招降其部众，并将刘赟囚禁于宋州。

李太后闻讯，只得废刘赟为湘阴公，立郭威为帝，将后汉传国符宝授予郭威。郭威遂登基称帝，改国号为周，年号广顺，史称后周。

一生节俭　后世留名

郭威称帝后，为了杜绝后患，派人到宋州杀了刘赟。刘赟之父刘崇听到儿子的死讯后，大为愤怒，也自称为帝，史称"北汉"。他占据北方十二州，联合契丹进攻晋州，但被后周军队打败。刘崇不甘心，于广顺元年（951年）十月再次统兵2万，加上契丹5万人马，气势汹汹地向后周杀来。郭威连忙派人迎战。到十二月时，下了一场大雪，刘崇和契丹军队不敢久留，连夜撤退。后周军队急追猛赶，杀敌无数，取得了重大胜利。接着，郭威又率军平定兖州慕容彦超的叛乱，使边境得以安定下来。

之后，郭威将精力转移到内政治理上。他首先下令废除前朝的一些苛捐杂税，均定田赋，安抚流民，鼓励百姓开垦荒地，发展农业生产；同时选贤用能，严格管理州县地方官员，不许他们欺压百姓、私征乱收。他还宣布废除前朝的一些酷刑，实行人道的刑罚方式，规定除反叛和杀人之外，不再株连亲属。

郭威曾对身边的大臣们说："朕出身寒微，尝尽人间苦楚，现在当了皇帝，怎能养尊处优而不顾百姓！"因此，他非常节俭，禁止地方官员进献美食和特产。为了表示自己禁止奢靡的决心，他还特意让人在朝堂上砸碎了几十件玉器珍品。

经过这一系列措施，后周的经济在短短几年间得到了快速发展，百姓安居乐业，君臣和睦，上下一心。

广顺三年（953年）十二月，郭威身染重病，预感到自己时日无多，但他的亲生儿子在他起兵时便已被刘承祐杀死，所以他只得立养子柴荣为太子，封其为晋王，总理朝政。

显德元年，郭威病危，将柴荣叫来交代后事："我死之后，陵墓从简,不许强征民工,也不要宫人长期守陵,更不可在墓前立石人石兽,下葬时瓦棺纸衣,嗣天子不敢有违。"之后又说,"朕在西征时,曾经看到唐朝帝王的18座陵墓全部被盗,就是因为里面藏了太多金银珠宝,刘恒死后薄葬,陵墓至今完好无损。因此,你一定要按照我的要求埋葬。每年的寒食节,你可以派人来为我扫墓,也可以在京城遥祭。另外,要将我心爱的盔甲、弓箭、剑分别葬于我曾经征战过的沙场,作为纪念,如此足矣。"当天晚上,郭威驾崩。

世宗柴荣

柴荣档案

生卒年	921—959 年	在位时间	954—959 年
父亲	柴守礼	谥号	睿武孝文皇帝
母亲	不详	庙号	世宗
后妃	符皇后等	曾用年号	显德

柴荣,邢州龙冈人,太祖郭威养子,五代十国时期后周第二位皇帝。

广顺元年,郭威建立后周,委任柴荣治理澶州,其境"为政清肃,盗不犯境"。因为郭威无后,柴荣被立为太子。显德元年,郭威驾崩,柴荣继位,时年34岁,沿用"显德"年号。

柴荣在位期间,南征北战,西败后蜀,夺取秦、凤、成、阶四州;南摧南唐,尽得江北、淮南十四州;北破契丹,连克三州三关。

显德六年(959年),柴荣在商议攻取幽州时病倒,不久驾崩,终年39岁,谥号睿武孝文皇帝,庙号世宗,葬于庆陵。

托身继父　继承帝位

柴荣出生于富豪之家,后来家道中落,不得已投奔姑父郭威,被收为养子，改名郭荣。据说，柴荣的姑母曾是后唐庄宗李存勖的嫔妃，在李存勖去世后被遣送回家，路遇狂风暴雨，在客栈停留，恰遇郭威，二人一见倾心，互生爱慕，不久便成婚了。

当时郭威家中并不富裕，柴荣聪明伶俐又踏实肯干，跟随郭威的朋友四处做买卖，补贴家用。闲暇时，他就跟着郭威读书习武，练就了一身好本领。后来，郭威在军中担任要职，柴荣也弃商从军，跟随郭威南征北战。郭威辅助刘知远建立后汉后，升为枢密副使，成为后汉王朝的掌权大臣，柴荣也被封为左监门卫将军。

后汉乾祐三年，郭威担任邺郡留守、天雄军节度使，率重兵镇守河北。柴荣也跟随郭威改任天雄军牙内都指挥使，兼贵州刺史、检校右仆射。次年，郭威起兵南下，进攻汴州，柴荣奉命留守邺郡。不久，郭威拿下汴州，建立后汉，柴荣被任命为澶州节度使、检校太保，封太原郡侯。

柴荣非常体谅民间疾苦。在澶州任上，他下令减少苛捐杂税，减轻农民负担，深受百姓赞誉，也受到了郭威的嘉奖。郭威多次想提升他的官职，但因枢密使王峻一再反对，只得放弃。

广顺二年（952年）正月，慕容彦超在兖州起兵反叛，郭威准备御驾亲征，遭到大臣们的坚决反对。郭威见状，打算派柴荣出兵平叛，柴荣也多次主动请战，但是王峻担心被柴荣夺去兵权，百般阻挠，最终还是由郭威亲自带兵平定叛乱。

次年三月，郭威贬王峻出京，任命柴荣为开封尹，封晋王。同年十二月，郭威病重，柴荣入京监国。显德元年正月，郭威驾崩，柴荣继位称帝。

御驾亲征　决胜高平

柴荣刚刚继位，北汉刘崇便乘虚而入，与契丹组成联军，数万人进犯潞州。消息传来后，朝廷中一片慌乱，柴荣打算御驾亲征，但大臣冯道等人坚决反对，认为刘崇不过虚张声势，肯定不敢到中原来。柴荣则坚持说："刘崇欺朕刚即帝位，年轻无为，企图吞并中原，朕如不挫败他，他必定更加猖狂。"他决定亲自率领军队征讨，后因大臣强烈反对而作罢。但后周一败再败，柴荣便御驾亲征。

两个月后，两军在高平之南相遇，经过一场激战，刘崇被击败。但刘崇不甘战败，重整旗鼓，再次出击。北周将士见刘崇部下和契丹军队兵强马壮，心中胆怯。柴荣却镇定自若，毫不怯惧，亲自上阵督战。双方交战不久，柴荣手下大将樊爱能、何徽等不敌，落荒而逃，右军溃败；紧接着，步兵千余人也缴械投降。柴荣见状，亲上战场与敌人拼杀，宿卫将军赵匡胤和殿前都指挥使张永德见形势危急，各自率领一支精锐部队冲向敌军。将士们看到皇帝和两位大将都亲自上阵杀敌，顿时士气大振，喊杀声震天动地。北汉军被对手如此勇猛的气势所惊吓，纷纷后退。刘崇忙高举红旗，想要稳住阵脚，但终究无济于事，只好随军溃败。后周军队乘胜追击，杀得敌人尸横遍野，丢盔卸甲，狼狈而逃。刘崇仅率百余人逃回晋阳。

次日，柴荣进入高平，立即对军队进行严厉整顿，将临阵逃脱的樊爱能、何徽及战场投敌的士兵斩首，又重赏了救驾有功的赵匡胤、张永德。经此一战，后周威名远扬。

显德元年五月，柴荣再度亲率大军围攻晋阳，遭遇刘崇顽强抵抗。因为准备不足，又恰逢天降大雨，后周将士人困马乏，晋阳久攻不下，柴荣只好下令撤军。

回到汴州后，柴荣吸取教训，大力整顿军队，将老弱将士悉数淘汰，从各地选拔年轻勇猛的将士入京，编为禁军，建立了一支战无不胜、攻无不克的威武之师。在以后的作战中，这支军队发挥了决定性的作用。

改革政治　富国强民

除了对外用兵，在国内政治上，柴荣继承郭威的遗志，在其改革的基础上进一步推行惠民措施。

柴荣早年有底层生活的经历，又在经商期间走南闯北，见多识广，深知民间疾苦，所以对贪官污吏恨之入骨。他继位后严明法纪，贪赃枉法的官吏，一经查出，决不轻饶。显德元年十月，左羽林军大将孟汉卿被查出有贪赃行为，被赐自杀谢罪。还有一次，宫中修建永福殿，供奉官孙延熙在负责监工时，利用职务之便，克扣粮饷，使民工们以瓦盛饭，用树枝代替筷子。有人将此事报给柴荣，柴荣大怒，立即将孙延熙斩首示众。他还规定，凡向朝廷推荐人才，经试用后，如发现其有贪赃枉法、营私舞弊的行为，推荐者也一并治罪。这些措施对朝中大臣产生了极大的震慑。到柴荣执政后期，政风得到了很大转变，官员们自觉遵纪守法。这时，柴荣又对五代以来严苛而繁杂的刑法做了很大修整，废除了凌迟等酷刑，推行人道的刑律，制定出了一套较为完善的《大周刑统》。

在用人方面，柴荣选贤任能，无论出身贵贱，只要有真才实学，便能得到重用，政绩优秀的官员也能得到破格提拔。他下令官员们将自己的政见写成奏表或者当面表达，若从中发现优秀人才，他便立即加以重用。例如，魏仁浦并非经过科举选出的人才，但与其交谈数次后，柴荣力排众议，任命他为宰相。

柴荣也很能体恤农民疾苦，继位当月便下诏，凡军中老弱者，愿意回家种田的，均可退伍返乡；之后又下诏安抚流民，分给田地，鼓励他们开荒垦田。他还下令清查户口，规定无论贵贱一律纳税，甚至取消了历代得到优惠的孔子后裔的特权，让他们和别人一样缴税。这一措施有效地打击了土豪劣绅，减轻了普通农民的负担，增加了国家收入，为统一大业打下了基础。

在宗教方面，柴荣采取了较为严厉的政策。显德二年（955年），他下令废除全国未经朝廷特许建造的佛寺，严格控制出家和受戒人员，规定凡出家者必须经父母、祖父母同意，并诵读指定的经文方可。柴荣还将寺院里的铜像全部收归官府，用来铸造钱币。在政策实施的一年内，朝廷共销毁寺院30336座，令僧尼还俗61200人，回乡参加劳动。

显德二年，柴荣下令对汴京进行整修，拓宽街道，加筑外城，对汴京内外皇城甚至民宅做出系统的规划。他征召10万民工，耗时3年，完成了对京都的整修，使其规模比原来扩大一倍，成为当时规模最大、设施最完备、经济最繁荣的城市，为后来宋都的建立奠定了基础。

柴荣粗通文墨，很重视文化教育事业的发展，他委托枢密使王朴[①]会同司天监修订历法，编制出《大周钦天历》，颁布全国使用。又命王朴、窦俨考证雅乐，重定音律，恢复了失传多年的唐代音乐。经过订正的音乐一直流传到宋代。显德三年（956年），柴荣命史臣张昭[②]等人编修郭威、朱友贞、李从厚、李从珂等人实录，填补了五代史书的空白；同时又下诏搜求遗书，将散落于民间的典籍保存到国家史馆，对文化事业传承做出了杰出贡献。

壮志未酬　英年早逝

柴荣胸怀大志，目标一统天下，为了实现自己的抱负，他特意让20多位大臣各自写文章表达政见，名为"为君难为臣不易论""平边策"，共同讨论治国及统一天下的策略，最后采纳王朴的建议，制定了先南后北的统一方针。

显德二年五月，柴荣命向训（原名向拱）、王景率军西征后蜀，收复秦、凤、成、阶四州。向训、王景打败西川军，秦、成、阶三州相继被收复，接着又攻破凤州。之后，柴荣仔细分析了天下形势，命向训、王景班师，讨伐实力强大的南唐。

同年十一月，柴荣命令大将李谷率军围攻南唐寿州等地。李谷围困寿州多日，久攻不克，又得知刘彦贞正率兵来援，担心后路被切断，遂退兵正阳。柴荣得到消息后，决定御驾亲征，先派李重进率兵驰援李谷。李重进率兵渡过淮河，在正阳东与刘彦贞交战，斩敌2万余人。

次年二月，柴荣大军到达寿州，经多次交战仍无法取胜，于是以重兵包围寿州；又派大将赵匡胤夺取南唐其他州郡，攻克滁、扬、泰等地。李璟急忙派人求和，遭到柴荣拒绝。四月，天降大雨，后周军备供应紧缺，柴荣只好下令退兵，留下一支军队继续围困寿州。返回汴京后，柴荣下令建造舰船，训练水军。

显德四年（957年）二月，柴荣亲率战舰数百艘、水师数千人，沿颍水入淮河，三月到达寿州，对寿州发起进攻。他采取围城打援的策略，全歼四面支援寿州的南唐大军，缴获粮船数百，使寿州守军无力坚守，最终出城投降。同年十月，柴荣再次出兵夺取南唐江淮之地。一个月后，攻克濠州，又在洞口打败南唐援军，乘胜攻取泗、海、楚等州，直逼高邮、扬州。

次年正月，柴荣再次率几百艘战舰，打败南唐水军，逼近金陵。李璟再次派人求和，表示愿意割让庐、舒、蕲、黄四州，以长江为界，纳贡称臣。柴荣因为担心北汉和契丹趁机袭击自己的大后方，便接受投降，返回汴京。

几年下来，后周攻取南唐十四州六十县20多万户的地盘，疆域面积扩大，实力增强，有效地震慑了其他各地的割据军阀。

显德六年（959年）四月，柴荣又向北方用兵，兵不血刃，收降易州、益津关、瓦桥关、淤口关。不久，契丹莫州刺史刘楚信、瀛州刺史高彦晖也先后投降。柴荣出兵42天，夺得三州十七县，创造了自五代以来对契丹作战最辉煌的战果。柴荣正准备乘势拿下幽州，却不幸身染重病，在众将的劝说下班师回朝。在撤退之前，柴荣将瓦桥关改名雄州，将益津关改名霸州，留韩令坤、陈思让镇守，以待来年再次北伐。

同年五月末，柴荣回到京都，病情略有好转。为防备万一，他册封已故宣懿皇后的妹妹为皇后，封幼子柴宗训为梁王，立为太子；任命范质、魏仁浦[3]、王溥[4]总理朝政，赵匡胤为殿前都点检[5]，统领禁军。

尽管卧病在床，柴荣仍幻想着能够重新踏上征途，收复幽云十六州，一统天下。可惜天不遂人愿，他的病情越来越重，于显德六年六月驾崩。

注释：

①王朴（906—959年）：五代时后汉、后周名臣，初为柴荣掌书记。柴荣继位后，献"平边策"，主张先取江淮，再逐步消灭南方割据势力，最后平定北汉。官至枢密使，兼东京留守。精历法，著有《大周钦天历》。

②张昭（894—972年）：五代至北宋初年官员、藏书家。历仕后唐、后晋、后汉、后周，官至吏部尚书，获封郑国公，后改封陈国公。自后唐至宋，屡承诏修撰实录。

③魏仁浦（911—969年）：五代后周至北宋初年宰相。历官后晋小吏、后周枢密都承旨、中书侍郎、同平章事，居高位而不念私怨，宋初进位右仆射，从征太原途中病逝。

④王溥（922—982年）：后汉乾祐进士，后周时累官参知枢密院事加右仆射。入宋，进司空，罢参知枢密。乾德二年罢相，改太子少保。乾德五年，加太子太傅。开宝二年（969年），迁太子太师。

⑤都点检：官名。五代后唐时，每逢皇帝巡行和出征，置大内都点检。后周世宗整顿军队，选武艺高强的士兵为禁卫军，称殿前诸班，置殿前都点检为最高指挥官。

恭帝柴宗训

柴宗训档案

生卒年	953—973年	在位时间	959—960年
父亲	世宗柴荣	谥号	恭皇帝
母亲	不详	庙号	无
后妃	无	曾用年号	显德

柴宗训,后周世宗柴荣第四子,五代十国时期后周第三位皇帝。

显德六年,柴宗训任左卫上将军,封梁王;同年,世宗柴荣驾崩,柴宗训继位,时年7岁,沿用显德年号。第二年柴宗训便被迫禅位给赵匡胤,降封为郑王,迁往房州,后周宣告灭亡。

北宋开宝六年(973年),柴宗训去世,年仅21岁,谥号恭皇帝,葬于顺陵。

幼年即位　权归赵氏

柴宗训出生于澶州,显德六年六月,柴宗训被任命为左卫上将军,晋封梁王,食邑3000户,实封500户。几天后,世宗柴荣驾崩,柴宗训于灵前继位,因年纪尚幼,由宰相范质①、王溥辅政;同时任命赵匡胤为宋州节度使,晋封开国侯,由其担任检校太尉、殿前都检点,掌管禁军实权。

柴宗训继位之初，朝政混乱，人心不稳，而且京城里忽然传出许多莫名其妙的谣言，使人们联想到了掌管禁军大权的赵匡胤。于是，那些忠于后周的大臣纷纷上奏，希望柴宗训收回赵匡胤手中的兵权，甚至还有人建议将其除掉。但是，这些建议并没有引起柴宗训的警惕，他只是将赵匡胤改为归德军节度使、检校太尉。

其实，赵匡胤早有篡位之心，只是慑于世宗柴荣的威望不敢轻举妄动。现在柴荣不在了，他便利用自己的特权在朝中安插心腹，由慕容延钊出任殿前副都检点、王审琦任殿前都虞候、石守信任殿前都指挥使，组成了以自己为核心的集团，整个殿前司系统所有的高级将领都是赵匡胤的人。

显德七年（960年）正月初一，整个京城处于一片喜气洋洋的新年气氛之中，边关告急文书突然传进宫中，称契丹和北汉联合进犯边境。朝中顿时慌作一团，柴宗训更是手足无措，在征求宰相范质、王溥的意见后，命令赵匡胤率领禁军前去迎敌。

陈桥兵变　被迫禅位

赵匡胤接到出战命令后，当即召集人马，于次日北出汴梁城，傍晚时分来到距离京城几十里的陈桥驿，命令将士们就地扎营休息。这时，赵匡胤的亲信赵普[②]及其弟弟赵光义等，将其他将领召集到一个单独的营帐，密谋将柴宗训从皇帝的宝座上推下来，然后把赵匡胤扶上去。众人经过商议，决定当天晚上便动手。

这天夜里，赵普和赵光义找赵匡胤喝酒，并把众将的意思告诉他。赵匡胤佯装喝醉，被人搀扶到自己的军帐里倒头睡下。次日天亮后，他忽然听到外面一片嘈杂声，急忙起床走出军帐，发现外面熙熙攘攘地站满了人，大家齐声呼喊："请点检称帝！"站在最前面的人手中还拿着一件黄袍，不由分说便将黄袍披在他的身上。接着，众人纷纷下跪磕头，山呼万岁。这就是历史上著名的"陈桥兵变"。

随后，赵匡胤一边整顿人马返回京城，一边派人飞奔京城，联络驻守京城的亲信王审琦和石守信，让他们做好政变的准备。

回到京城后，赵匡胤在石守信、王审琦的配合下，不费吹灰之力便控制了整个皇宫。他在回京前曾经对部下约法三章，不得伤害柴宗训及周室宗亲。唯一意外的是王彦升杀死了试图组织抵抗的韩通及其家人、奴仆，赵匡胤对此非常生气，从此不再重用他。

由于赵匡胤的强大压力，柴宗训不得不禅位，被降封为郑王。后周太后符氏被封为周太后，居于西宫，以奉大周神位。

北宋建隆三年（962年），柴宗训离开汴梁，到房州居住。北宋开宝六年，柴宗训去世，死因不明。赵匡胤特意诏令将他葬于世宗柴荣的庆陵旁边，为顺陵。

注释：

①范质（911—964年）：五代后周时期至北宋初年宰相。后唐长兴进士，历仕后唐、后晋、后汉、后周。后周广顺初为参知枢密院事，进位左仆射兼门下侍郎、同平章事、监修国史。北宋初仍为相，加侍中，罢参知枢密院事。

②赵普（922—992年）：五代至北宋初年著名政治家，北宋开国功臣。后周时为赵匡胤的掌书记，策划"陈桥兵变"，帮助赵匡胤夺取政权。宋初任枢密使，乾德二年拜相，协助赵匡胤削夺藩镇、罢禁军宿将兵权，实行更戍法、改革官制、制定守边防辽等许多重大措施。

太祖杨行密

杨行密档案

生卒年	852—905 年	在位时间	902—905 年
父亲	不详	谥号	武忠、孝武、武皇帝
母亲	不详	庙号	太祖
后妃	朱氏、史氏等	曾用年号	天复、天祐

杨行密,字化源,原名行愍,庐州合肥人,唐末著名政治家、军事家,五代十国时期吴国的奠基人。

唐乾宁二年,杨行密被封为弘农郡王。天复二年,杨行密被晋封吴王。他盘踞江淮一带,割据称王,有力地阻挡了朱温南进的步伐,为避免全国大范围的动乱起到了重要作用。他建立了吴国政权,使得南方割据势力与北方中原政权并存,为南唐的建立奠定了基础。

天祐二年十一月,杨行密去世,终年 54 岁,谥号武忠,南吴建立后改谥号为孝武。杨溥继位后,杨行密被追尊为武皇帝,庙号太祖。

脚踏实地　伺机而动

杨行密生于庐州合肥的一个农民家中,据说他长大后膀大腰圆,力气很大,可以轻松举起100斤的东西,而且能日行三百里,是个名副其实的飞毛腿。

唐僖宗乾符年间,杨行密加入黄巢起义军,被唐军俘获。不久,州里募兵,他再次参军,因作战勇猛,屡立战功,很快被提升为卫队长,奉命带领乡兵到朔方守边,一年后返回。因为得罪了主管征调的军吏,杨行密再次被派往边疆守卫。

临行前,官吏故意戏谑他,问他还需要什么,杨行密怒喝道:"需要你这颗人头!"说罢手起刀落,将官吏斩杀。之后他一不做二不休,干脆自称八营都知兵马使,率军攻占庐州全境,后又投降唐军,被淮南节度使高骈任命为庐州刺史。

高骈晚年昏庸无能,宠信方士,陷害忠良,致使上下离心、矛盾尖锐。淮南将领毕师铎、宣州观察使秦彦忍无可忍,起兵攻占扬州,将高骈囚禁起来。高骈的亲信吕用之侥幸逃脱,假借高骈的名义,任命杨行密为行军司马,火速发兵扬州,讨伐毕师铎和秦彦。杨行密认为这是扩充自己实力的大好机会,于是接受命令,率兵南下。

唐中和三年,杨行密与吕用之会合,驻扎于蜀冈。毕师铎率兵攻打,杨行密假装害怕逃跑,给对方留下空营,在毕师铎的兵士进入营寨,忙着抢掠财物时,他杀了个回马枪,大败毕军,最后仅剩毕师铎一人逃回城中。毕师铎恼怒之下,将高骈杀死。杨行密闻讯大哭一场,而后令三军缟素,攻克扬州,毕师铎和秦彦趁乱逃脱。

进入扬州城后,杨行密吃惊地发现城内的状况惨不忍睹,粮食早已消耗殆尽,甚至出现了人吃人的情况,他急忙下令用军粮救助城中百姓,但远远无法满足需求。考虑到城内毁损严重,不利于防守,杨行密率部返回庐州驻扎。

受封后唐　御敌有方

随后几年，杨行密不断对外用兵，先后攻取宣州、泗州、濠州、寿州等地。之后，他再次攻破扬州，打败孙儒50万大军。为了充实自己的兵力，他从孙儒的军队中挑选数千名年轻力壮的士兵，组成一支亲军，身披黑衣铠甲，称为"黑云都"，作为他对外征战的主力军。

攻下扬州不久，杨行密被朝廷封为淮南节度使，后加封弘农郡王。唐乾宁二年，杨行密被加封检校太傅、同平章事。杨行密派田頵守宣州，安仁义守润州。不久，昇州刺史冯弘铎归服。之后，杨行密又攻占淮河以南、长江以东地区，接着南下苏州，擒获苏州刺史成及。唐乾宁四年，兖州的朱瑾受到朱温攻击，战败后与支援他的李承嗣一起投奔杨行密。杨行密实力大增，频繁对外用兵，几年间占据了淮南、江东大片地区。

眼见杨行密的实力不断增强，周围的地方军阀越发不安，纷纷上书朝廷，要求铲除杨行密。很快，朱温兵发淮南，对杨行密进行讨伐。杨行密见敌众我寡，决定采取各个击破的策略，先后打败后梁军庞师古、葛从周等部，又水淹后梁大军。庞师古战死，葛从周率领残部逃回京都。此战后，朱温无力南下，杨行密趁机休养生息，彼此互不侵犯，相安无事地度过了几年时间。

勤政为民　与邻为善

天复二年，杨行密被唐昭宗李晔封为吴王，地位大大提高。之后，他开始着手处理内政，增强自身实力。他本人出身贫寒，深知民间疾苦，因而尽力减轻农民负担，开仓赈灾，召集流民，奖励农桑，严禁军吏扰民害民，并命人册定《格令》50卷，颁发给部下，用以规范他们的行为。在他的治理下，江淮之地再次出现了歌舞升平的安定局面。

在外交上，杨行密运用灵活的策略，首先联合朱温、钱镠对付孙儒，然后又联合李克用、李茂贞抗击朱温，打出拥唐讨逆的旗号，为自己的行动正名。对于周边的弱小势力，他则出兵讨伐，进行兼并。当初钱镠弱小之时，他出兵征讨，夺取苏南部分州县。后来，钱镠实力壮大，他又主动示好，与其结为亲家，双方相安无事。之后，他见武昌的杜洪实力弱小，遂带兵讨伐，斩杀杜洪，吞并了鄂州。

天祐二年十月，杨行密染病，召长子、宣州观察使杨渥到扬州，任命他为淮南留后。一个月后，杨行密去世，杨渥继位。

烈祖杨渥

杨渥档案

生卒年	886—908 年	在位时间	905—908 年
父亲	太祖杨行密	谥号	景皇帝
母亲	李氏	庙号	烈祖
后妃	不详	曾用年号	天祐

杨渥，字承天，太祖杨行密长子，五代十国时期吴国第二位君主。

太祖杨行密在位时，杨渥先后任牙内诸军使、宣州观察使。天祐二年，杨行密病重，他对杨渥并不满意，但其他儿子还年幼，只能将杨渥召回嘱咐后事，并指定右牙指挥使徐温、左牙指挥使张颢辅佐朝政。同年十一月，杨行密去世，杨渥继位，沿用唐昭宗天祐年号。

杨渥在位期间，整天游玩作乐，大臣张颢、徐温屡劝无果，其亲信又不断欺压元勋旧臣，使大臣们颇感不安。天祐四年，张颢、徐温发动兵变，控制军政，杨渥大权尽失。

天祐五年（908 年）五月，杨渥被张颢、徐温派人杀死，终年 23 岁。其弟杨溥称帝后，追谥他为景皇帝，庙号烈祖，葬于绍陵。

浪荡公子　大权旁落

杨渥生性懦弱，胆小怕事，贪图享乐。在太祖杨行密驾崩后，他继任淮南节度使、东南诸道行营都统，兼侍中、弘农郡王，表面上看他的官衔并不少，只是实权都被手下几员大将所瓜分，他能直接指挥的只有守卫节度使牙城的数千亲军。

一个偶然的机会，杨渥消灭了江西的钟氏政权，此后愈加骄奢狂妄，不把众将放在眼中，整天饮酒作乐，或单骑出外游玩，随从遍寻不见。天祐四年，杨渥以出卖国家的罪名将节度使判官①周隐处死，大臣们对此深感不安。

徐温和张颢一直对杨渥犯颜进谏，杨渥很不高兴地说："你们认为我不行，不如干脆杀了我，自己当节度使算了！"二人挨了训斥，心中不服，便密谋叛乱。杨行密在位时，牙城内有数千亲军驻守，但杨渥为了建射场，将他们全部迁了出去，以致城内防守空虚，给徐温、张颢创造了绝佳的机会。

天祐四年正月，杨渥正在府中处理政务，张颢、徐温带人全副武装闯了进来。杨渥惊问何事，两人回说要除掉陈璠、范遇等人，接着，徐温历数二人罪状，并将他们杀死。杨渥对此敢怒不敢言，此后军政大权落入张颢、徐温二人手中。

天祐五年五月，张颢、徐温又派亲信纪祥、陈辉等手持兵器闯入杨渥寝宫，要杀杨渥。杨渥对众人说："如果你们能杀掉张颢、徐温两人，我就封你们为刺史。"众人听了有些心动，但纪祥却不受利诱，挥刀将杨渥砍倒，又用绳子将他活活勒死。之后，徐温等对外宣称杨渥暴病而亡，由其弟杨渭继位。

注释：

①节度使判官：官名。协助节度使处理日常事务。

高祖杨隆演

杨隆演档案

生卒年	897—920 年	在位时间	908—920 年
父亲	太祖杨行密	谥号	宣皇帝
母亲	史氏	庙号	高祖
后妃	不详	曾用年号	天祐、武义

杨隆演,字鸿源,原名杨瀛,又名杨渭,太祖杨行密次子,烈祖杨渥之弟,五代十国时期吴国第三位君主。

天祐五年,杨渥为张颢、徐温所杀,杨渭继任淮南节度使,军政大权则掌握在徐温手中。

天祐十六年(919年),在徐温的拥立下,杨渭就任吴国国王,改元武义,宣布与唐朝断绝关系。杨渭个性稳重恭顺,当时徐温父子把持朝政,他表面上保持着谦虚谨慎的态度,毫无反抗之意,所以徐温对他也很放心。

武义二年(920年),杨渭忧郁而死,终年24岁,谥号宣王。其弟杨溥称帝后,改谥号为宣皇帝,庙号高祖,葬于肃陵。

被拥为王　权在他手

天祐五年五月，张颢、徐温合谋杀死杨渥后，张颢欲接替杨渥的位置，但遭到徐温拒绝。徐温与门客严可求商议后，认为杨行密次子杨渭年幼，易于掌控，打算拥立他为节度使。

杨渥死后第四天，淮南众将受召到张颢府中议事，张颢对众将说："弘农郡王已经死了，军政大事应当由谁来主持？"他大声问了三次，但无人应答。这时，徐温的门客严可求走上前来，伏在他的耳边说："军府之大，按理应由将军来主持事务。但是，陶雅、刘威、李遇等人和将军一样，都是三十六将之一。如果您当了节度使，恐怕他们不服，将军又该如何？"张颢一时哑口无言，严可求接着说道："不如辅立杨渭，将军居中执政，岂不更好？"张颢默然无语，严可求趁机出去写了一份假托太夫人的教令，然后回来叫大家一起到杨行密府上拥立幼主。众将均无异议。

就这样，杨渭当上了淮南节度使、弘农郡王。这以后，张颢和徐温之间的矛盾激化，后来，徐温派人将张颢杀死在议事的公堂上。

称王建国　徒有虚名

杀掉张颢后，徐温就成了诸将的首领，被杨渭任命为左、右牙都指挥使，掌握军政大权。他对内部进行了一些改革，重视发展农业，保持周边安全，尽量避免与其他势力发生摩擦，对内部的控制也越来越紧，逐渐将杨渭架空。

天祐八年（911年），徐温得知淮南水军集结于金陵。金陵是淮南的要冲之地，所以他自请兼任昇州刺史，但他并不赴任，只是派养子徐知诰（即南唐烈祖李昇）为昇州防遏使兼楼船军副使，驻守金陵。

天祐九年（912年），徐温拥立杨渭为吴王，自任镇海军节度使、同平章事。

天祐十六年四月,徐温再拥杨渭为吴国王,改元武义,设百官。徐温担任大丞相,都督中外诸军事,诸道都统,镇海军、宁国军节度使,守太尉兼中书令,东海郡王;其养子徐知诰担任左仆射、参知政事兼知内外诸军事。杨渭依然是徒有君主的虚名,大权实际上掌握在徐氏父子手中,他内心深感不平,所以常常借酒消愁,积郁成疾,以致卧床不起,于次年五月病逝。

睿帝杨溥

杨溥档案

生卒年	900—938年	在位时间	920—937年
父亲	太祖杨行密	谥号	睿皇帝
母亲	史氏	庙号	无
后妃	不详	曾用年号	顺义、乾贞、大和、天祚

杨溥，太祖杨行密第四子，五代十国时期吴国第四位君主。

武义二年，杨渭去世，杨溥在徐温等人的拥立下继位，此后完全受制于徐温。

天祚三年（937年）十月，杨溥被迫禅位于徐知诰。同年（一说次年）十二月，被徐知诰杀死，终年39岁，谥号睿皇帝，葬于平陵。

受制于人　被迫称帝

杨渭在位时，大权完全掌握在徐温父子手中。杨溥继位后也不例外，他的一些活动如主持庆典仪式，甚至包括他的生活起居乃至出宫游玩，都必须经过徐温的亲信翟虔同意。这也使杨溥对徐温怀恨在心。

顺义四年（924年），杨溥突然想去白沙观看楼船，翟虔向徐温请示后，勉强得到了同意。同年十一月，杨溥来到白沙镇，徐温也赶了过来。两人说话时，杨溥故意将雨说成水，徐温不解，问及原因，杨溥说："雨是翟虔父亲的名字，我已经避讳习惯了。"言语之间表达了自己的不满。事后，徐温将翟虔流放到抚州，表面上放松了对杨溥的管制，实际上对他监视得更加严密，并暗中加紧了篡权的行动。

顺义七年（927年），徐温染病不治身亡，其养子徐知诰继承父位后，逼迫杨溥称帝，改元乾贞。

无奈禅位　难逃一死

大和五年（933年），徐知诰派儿子徐景通镇守扬州，执掌朝政大权，自己则返回金陵，开始修建大元帅府，制定完备的臣僚制度，为下一步称帝做准备。

次年，徐知诰下令在金陵修建宫殿，准备迁都，以便更好地控制杨溥。杨溥深知徐知诰的企图，拒绝迁都。

天祚三年，徐知诰让杨溥划出昇州等十州为齐国，封自己为齐王，以金陵为国都，设置百官。之后，徐知诰又让诸将到扬州为自己造势宣传，再逼迫杨溥禅位。同年十月，杨溥下诏禅位于徐知诰，随后被迁到润州丹阳宫，不久被徐知诰杀害。

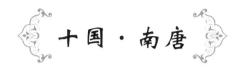

十国·南唐

烈祖李昪

李昪档案

生卒年	889—943 年	在位时间	937—943 年
父亲	李荣	谥号	光文肃武孝高皇帝
母亲	刘氏	庙号	烈祖
后妃	宋皇后	曾用年号	升元

李昪（biàn），字正伦，又名徐知诰，南吴权臣徐温的养子，五代十国时期南唐的开国皇帝。

顺义七年，徐温病逝，徐知诰继承父位，逼迫杨溥称帝。天祚三年十月，徐知诰废掉杨溥，自立为帝，建立大齐政权。升元三年（939年），徐知诰恢复本姓，改名为昪，自称是唐宪宗之子建王李恪的四世孙，改国号为唐，史称南唐。

升元七年（943年），李昪驾崩，终年55岁，谥号光文肃武孝高皇帝，庙号烈祖，葬于永陵。

篡权夺位　建立南唐

李昇幼年丧父，被伯父带往淮南。不久，他的母亲病逝，伯父因家贫也无力抚养他，于是将他送到濠州一座寺庙里出家。杨行密攻克濠州时，无意中看到李昇，见他长得聪明伶俐，心中喜爱，于是将他收为养子。由于遭到亲生儿子的极力反对，杨行密只好将李昇送给部下徐温收养，改名徐知诰。

徐知诰长大后，相貌英俊，胆大心细，又仁孝至爱，深得徐温喜爱。杨行密去世后，徐温受命辅佐杨渭，不久杀掉张颢，掌握了军政大权。天祐六年（909年），徐之诰被任命为昇州防遏使兼楼船军副使，不久又升为昇州副使，知州事。他在昇州政绩突出，安抚流民，发展农业，减轻赋税，惩治贪官污吏，深受百姓爱戴。天祐十一年（914年），徐温加封他为检校司徒，调往润州任刺史。

天祐十六年，徐温拥立杨渭为吴王。后来，徐知诰被任命为左仆射，参政执事，位同宰相。顺义七年，徐温去世，徐知诰接管金陵，大权独揽，又逼迫杨溥称帝。

天祚元年（935年），徐知诰强迫杨溥迁都金陵，遭到拒绝。天祚三年，他又公开要求杨溥划出十州给自己，自称齐王。同年十月，杨溥被迫退位，徐知诰正式称帝，改国号为齐，改元升元。升元三年，徐之诰应众臣之请，恢复李姓，改名李昇，改国号为唐，史称南唐。

对内勤政　对外亲和

李昇在位期间，采取休养生息的政策，勤于朝政，澄清吏治，减免百姓赋税，鼓励农桑。他还提倡节俭，并身体力行，穿粗布线衣，吃粗茶淡饭，不修宫殿，裁减宫女，节约宫中开支。

对外，他也尽量与相邻势力保持友好关系，避免战争。有一年吴越发生火灾，将宫室和府库烧得一片狼藉，铠甲被烧毁殆尽。大臣们纷纷建议趁吴越空虚之时将其消灭，但李昪不仅没有发兵，还派人带着大量物资前去慰问，化解两国之间的恩怨。在他的治理下，江淮人口增加，经济得到了很好的发展，百姓安居乐业，呈现出一片繁荣景象，成为当时十国中文化和经济最繁荣的地区之一。

可惜到了晚年，李昪也开始迷信丹药，追求长生不老。升元七年，李昪因服用过量丹药，毒性发作而驾崩。

元宗李璟

李璟档案

生卒年	916—961 年	在位时间	943—961 年
父亲	烈祖李昇	谥号	明道崇德文宣孝皇帝
母亲	宋氏	庙号	元宗
后妃	钟皇后等	曾用年号	保大、中兴、交泰、显德

李璟,字伯玉,又名徐景通,烈祖李昇长子,五代十国时期南唐第二位皇帝。

南唐建立后,徐景通跟着李昇恢复李姓,改名璟。升元七年,李昇驾崩,李璟继位,改元保大。

李璟在位期间,对后周称臣,为避后周信祖郭璟讳而改名景。他好读书,多才艺,"时时作为歌诗,皆出入风骚",具有较高的文学艺术修养,经常和宠臣韩熙载、冯延巳等饮宴赋诗。他书法亦佳,词亦有名,与儿子李煜并称"南唐二主"。

北宋建隆二年(961 年),李璟驾崩于南昌,终年 46 岁,谥号明道崇德文宣孝皇帝,庙号元宗,葬于顺陵。

诗词皇帝　治国无策

李璟自幼酷爱文学，言谈举止都带着文人气质，尤其擅长书法，辞赋水平较高，至今流传有 6 首，全是名篇，其中"细雨梦回鸡塞远，小楼吹彻玉笙寒"为千古名句。李璟 10 岁时被任命为驾部郎中①，后迁诸卫将军。李昪执掌大权后，李璟担任司徒、同平章事、知中外诸军事等职，负责扬州的政务。

李璟虽然文学造诣颇深，但却缺乏执政才能，李昪为此一度打算立次子李景迁为太子。可惜天不遂人愿，李景迁因病身亡。李昪悲痛之余，又打算立四子李景达为太子，但李景达年纪还小，而且废长立幼也会埋下皇位之争的祸根。经过慎重考虑，李昪最后决定立长子李璟为太子。

升元七年，李昪驾崩，李璟并没有马上继位，而是有意将皇位让给弟弟李景遂，但遭到百官的极力劝阻。最后，李璟勉强继位，改元保大，大赦天下。

李璟身无治国之才，却好大喜功，总想干一番事业。他首先罢免了一批元老重臣，提拔与自己意气相投，又极尽谄媚的冯延巳、冯延鲁、陈觉、魏岑、查文徽。这 5 人拉帮结派，排除异己，史称"五鬼"，使南唐的政治一片混乱。他们改变李昪在位时发展经济、与民休息的基本国策，频繁对外用兵，消灭闽、楚，极大地消耗了国家的财力，使南唐开始出现颓废之势。

割地求存　称臣北宋

保大十三年（955 年），后周世宗柴荣率兵攻打南唐，势如破竹，很快便占领寿、泗、海、楚、扬等州郡，直逼金陵。李璟为求自保，只好割让江北十四州。随着后周的实力逐渐强大，李璟又自废帝号，降称为王，并废除南唐年号，改用后周年号。后来，为了避讳后周信祖郭璟的名讳，他又改名李景。

北宋建隆元年，后周大将赵匡胤发动政变，建立北宋，李璟继续向北宋称臣。次年，李璟留太子李从嘉在金陵监国，自己则带领嫔妃、大臣迁往南都洪州。由于群臣思乡心切，李璟也郁郁寡欢，于当年六月驾崩。太子李煜继位后，将李璟的灵柩运回金陵厚葬，另派使者到汴京请求恢复李璟的皇帝名号，得到了赵匡胤的同意。

注释：

①驾部郎中：掌舆辇、车乘、传驿、厩牧马牛杂畜之籍。

后主李煜

李煜档案

生卒年	937—978年	在位时间	961—975年
父亲	元宗李璟	谥号	文宪昭怀孝懿皇帝
母亲	钟皇后	庙号	无
后妃	大周后、小周后等	曾用年号	建隆、乾德、开宝

李煜,初名从嘉,字重光,号钟隐、莲峰居士,南唐元宗李璟第六子,五代十国时期南唐最后一位国君。

北宋建隆二年六月,元宗李璟驾崩,李煜继位,时年25岁。

李煜在位期间,继续向北宋称臣,每年向北宋朝贡,以换取平安。北宋开宝四年(971年)十月,赵匡胤消灭南汉,李煜也去除唐号,改称"江南国主"。北宋开宝八年(975年),李煜为使百姓免遭战火,开城向北宋投降,被当成俘虏押至汴京,受到赵匡胤的厚待,授右千牛卫上将军等职,封违命侯。

北宋太平兴国三年(978年)七月七日,李煜去世,终年42岁,追赠太师,追封吴王,世称南唐后主、李后主,谥号文宪昭怀孝懿皇帝,葬于金陵。

子承父业　才子掌国

李煜长得一表人才，玉树临风，而且据说有一只眼睛是重瞳。按照相面人的说法，这叫帝王之相。他是古代帝王中难得的才子，不但文章出众，而且擅长书法、绘画，性格温和，非常受人喜爱。

按照传统，王位应该由长子继承，但李煜的5个哥哥中，有4个早逝，只有他和大哥李弘冀长大成人。李弘冀颇有政治才能，但疑心很重，总担心叔父李景遂夺取自己的皇位，于是设计将其害死，后来又开始怀疑李煜。李煜性格温顺，与世无争，醉心于诗词与书法。可惜事与愿违，李弘冀19岁时身染重病，不治而亡，李煜只好挑起治理南唐的大任。

北宋建隆二年，元宗李璟迁都到洪州，李煜被立为太子，总揽朝政，镇守金陵。同年六月，李璟驾崩于洪州。李煜继位以后，下诏减免赋税，鼓励农桑，发展经济。他也非常清楚南唐无力与北宋抗衡，于是继续采取李璟的策略，向北宋纳贡称臣，沿用北宋年号。

与元宗李璟不同的是，李煜贪图享受，继位后便大兴土木，建造亭台楼阁，供他和文人雅士吟诗作赋。因为崇尚佛教，他下令广建佛塔。他还非常贪色，后宫有个嫔妃名叫窅（yǎo）娘，长得十分美貌，善歌舞，深受李煜宠爱。为了讨得窅娘的欢心，李煜特意以黄金铸六尺莲台，饰以珍宝等，极尽奢华。

山河破碎　沦为俘虏

赵匡胤建立北宋后，接受大臣们的建议，采取先南后北的战略，经过多年的战争，先后灭掉了后蜀、南汉等割据政权，继而三面合围南唐。北宋开宝七年（974年），赵匡胤派人通知李煜前往汴京朝觐，李煜害怕丢了性命，称病不去。赵匡胤以此为借口，率兵攻打南唐。

南唐大臣徐铉受李煜所托朝见赵匡胤，劝说道："李煜没有罪，陛下师出无名。李煜和陛下，就好比地和天，儿子和父亲一样。天盖地，父亲庇佑儿子，此乃理所当然的事情。"赵匡胤不以为然地说："既然是父子，为什么两处吃饭？"徐铉听了无言以对。不久，徐铉再一次面见赵匡胤，赵匡胤极其不耐烦地怒斥道："江南国主没有罪，但是天下本是一家，我的睡榻边上，怎么能容忍他人酣睡？"李煜见求和无望，只好背水一战，下令以倾国之力抵抗宋军，同时去除宋朝年号，改年号为"甲戌岁"，以表决心。

然而，南唐的10万大军在强大的北宋面前仍不堪一击，加上李煜根本不懂军事，先是中了赵匡胤的离间计，错杀大将林仁肇，后又提拔庸才皇甫继勋领兵作战，最终兵败。

北宋开宝八年十二月，宋军攻陷金陵，李煜率文武百官投降，之后被押往汴京，赵匡胤封他为光禄大夫、检校太傅、右千牛卫上将军、违命侯，封其妻小周后为郑国夫人。

北宋开宝九年，赵匡胤驾崩，其弟赵光义继位，即宋太宗。和赵匡胤不同的是，赵光义对李煜充满了猜忌。北宋太平兴国三年（978年）的一天，赵光义派南唐旧人去探望李煜，两人见面，相拥而泣。李煜非常感慨地说："当初错杀潘佑、李平，悔之晚矣！"赵光义听说后非常生气。七夕当晚，正值李煜生辰，他一时高兴，命伶人作乐，自己填词，其中有"小楼昨夜又东风，故国不堪回首月明中""一江春水向东流"等句。赵光义认为他眷恋故土，有意复辟，遂派人赐毒药将其杀死。不久，小周后也郁郁而终。

才华出众　千古绝唱

李煜治国无能，但是多才多艺，琴棋书画样样精通，尤以词为最。他的词风格细腻婉约，千百年来一直传诵不衰，被誉为"千古词帝"。他的词作流传至今的有30多首，随着他的人生际遇，分为前、后两个部分，风格也有所不同。他身为南唐国主时，主要写宫廷生活和男女情爱，主题欢快，词句浪漫，描写了宫廷的艳丽和奢靡；成为亡国之君后，词句变得凄婉哀怨，意境深远，艺术成就远远超过前期。

受父亲李璟的熏陶，李煜的书法也很有特色，被称为"金错刀"。其绘画多以山水竹石为题材，刻画细腻，栩栩如生，许多作品被收入宋代《宣和画谱》中，可惜该书已经失传。

李煜一生中最宠爱的两个女人是大周后、小周后。大周后不仅貌美，还精通经史，擅长音律歌舞，弹得一手好琵琶。大周后嫁给李煜为妻后，二人非常恩爱，经常在一起吟诗作赋，其乐融融。他们一起根据《霓裳羽衣曲》残谱，将其复原，使失传了200多年的曲谱再现。可惜大周后英年早逝，李煜悲痛万分，执笔写下"双眸永隔，见镜无波。皇皇望绝，心如之何！草树苍苍，哀摧无际。历历前欢，多多遗致"的诗句来悼念亡妻，句句血，字字泪，让人柔肠寸断。

大周后去世后，李煜又纳其妹周嘉敏为妃，周嘉敏同样美貌绝伦、才华出众，性格天真烂漫，深受李煜喜爱，史称小周后。南唐灭亡后，小周后随同李煜被押往汴京，过着寄人篱下的生活，受尽屈辱。李煜悲愤交加，先后写下了《虞美人》《浪淘沙》《乌夜啼》《相见欢》等凄美词作，流传至今。

←后梁太祖朱温

出自明代万历《三才图会》。

王蜀宫妓图→

人物画,绢本设色,明代唐寅绘,现藏于故宫博物院。取材于五代前蜀后主王衍的后宫故事。画面中,四个歌舞宫女正在整妆待君王召唤侍奉。

←吴越国鎏金铜观音造像

1958年浙江省金华市(原金华县)密印塔寺万佛塔塔基出土。现藏国家博物馆。

张议潮统军出行图(局部)→

壁画位于甘肃敦煌石窟156窟南壁下层。是张淮深为纪念其叔父、收复河西地区的张议潮(799-872年)的功绩而开窟绘制,也是敦煌最早的"出行图"。

←后唐庄宗立像轴

绢本设色,旧藏清南薰殿,现藏台北故宫博物院。画中后唐庄宗黑须,皂纱,折上巾,蓝袍,玉带。

后晋高祖石敬瑭→

出自明代万历《三才图会》。

后汉高祖刘知远→

出自明代万历《三才图会》。

八达春游图(局部)↑

五代赵嵒作,绢本设色,台北故宫博物院藏。赵嵒是梁太祖女婿,善画人马。此图中画八人纵马踏青春游,图中人物皆着五代时官吏服饰。

闽王王审知→

出自庆安本《历代君臣图像》。

←后周世宗柴荣

出自明代万历《三才图会》。

李煜→

出自日本庆安本《历代君臣图像》。

王建石雕像↓

前蜀国开国皇帝王建（847–918年）的陵墓，史称永陵，位于四川成都金牛区永陵路。王建坐像在墓穴正中石床的后边，是目前中国历代陵墓中仅见的帝王写真雕像。

宋太祖像→

绢本设色，台北故宫博物院藏。图中画宋太祖着公服、头戴直脚幞头，腰束革带像。

宋军官铜印↑

宋太宗时"神卫左第四军第二指挥第五都记"铜印，为北宋禁军"神卫"左厢所管辖第四军第二指挥第五都的印信。现藏国家博物馆。

宋仁宗后坐像→

此画绘宋仁宗曹皇后肖像。旧藏清南薰殿,现藏台北故宫博物院。

雪夜访普图↑

明代刘俊画,绢本,淡设色。此图描写宋太祖赵匡胤雪夜访赵普的历史故事。现藏故宫博物院。

范仲淹→

字希文,庆历三年(1043年),范仲淹出任参知政事,提出改革措施,宋仁宗颁诏施行,史称"庆历新政"。

宋太宗赵炅↑

旧藏清南薰殿,现藏台北故宫博物院。

宋真宗赵恒↑

旧藏清南薰殿,现藏台北故宫博物院。

宋仁宗赵祯↑

旧藏清南薰殿,现藏台北故宫博物院。

十国·吴越

武肃王钱镠

钱镠档案

生卒年	852—932 年	在位时间	907—932 年
父亲	钱宽	谥号	武肃王
母亲	水丘氏	庙号	太祖
后妃	陈氏、许氏、吴氏等	曾用年号	天宝、宝大、宝正

钱镠,字具美,亦作巨美,小字婆留,又名婆留喜,杭州临安人,五代十国时期吴越政权的创建者。

唐末,钱镠跟随董昌保护乡里,抵御乱军,累迁至镇海军节度使。后来董昌叛唐称帝,钱镠受诏讨伐董昌,加镇东军节度使,逐渐占据以杭州为中心的两浙十三州,先后被中原王朝(唐朝、后梁、后唐)封为越王、吴王、吴越王、吴越国王。

钱镠在位期间,采取保境安民的政策,鼓励扩大垦田,修筑钱塘江沿岸捍海石塘,疏浚内湖,使苏州、嘉兴、长洲等地得享灌溉之利,被两浙百姓称为"海龙王"。但吴越毕竟地域狭小,三面强敌环绕,所以钱镠只能始终依靠中原王朝,尊其为正朝,不断遣使进贡以求庇护。

宝正七年(932 年),钱镠驾崩,终年 81 岁,谥号武肃王,庙号太祖,葬于钱王陵。

青云直上 平民为王

据说,钱镠出生时突现红光,而且面相怪异,其父钱宽认为他是妖怪,想将他投入井中,幸亏祖母苦劝而保住性命,因此取"婆留喜"为乳名。钱镠出身贫贱,却喜爱舞枪弄棒,被家人视为不务正业。为了糊口,他和别人一起贩卖私盐,也当过强盗。后来,临安镇守将董昌招兵买马,钱镠和几个同伴一起投军,成为一名士兵。这一年,他24岁。因为会武术,钱镠在战场上表现得十分勇敢,受到董昌赏识,提拔为身边大将。唐乾符五年,钱镠平定朱直管、曹师雄、王知新等人叛乱,被授予石镜镇衙内知兵马使、镇海军右职。

次年,黄巢起义军进入浙江,钱镠向董昌请求带领20人埋伏于山谷,杀死起义军先锋数百人。之后,他又率部驻守在一个名为"八百里"的地方。他叮嘱路旁的一位老妇人说,如果有人问起,就说临安兵驻守八百里。果然,黄巢的部队很快到达,询问了老妇人之后,误以为临安军防线有800里之远,不战而撤。

董昌联合杭州各县,组建八都兵后,钱镠被任命为临安县石镜都副将。不久,钱镠和董昌一起被召回广陵,晚唐名将高骈当众大赞钱镠,任命董昌为杭州刺史,钱镠为都知兵马使、太子宾客。

唐中和二年(882年),董昌与浙东观察使刘汉宏产生矛盾。钱镠奉命讨伐刘汉宏,率八都兵过江,火烧刘汉宏营寨,又击败其部将黄珪、何肃。刘汉宏率军迎战失利,乔装逃跑。之后,唐僖宗出面调解董昌与刘汉宏之间的矛盾,但他们仍然不肯息兵罢战。刘汉宏派朱褒、韩公玫、施坚实等人屯兵于望海。唐光启二年(886年),钱镠率军出击,攻破越州,杀死刘汉宏。董昌进入越州,取而代之,钱镠也顶替董昌任杭州刺史。

唐乾宁二年,董昌因部下的鼓动,在越州自称皇帝,改国号大越。钱镠急忙向朝廷举报,被封为彭城郡王,受命讨伐董昌。经过几年的战斗，钱镠打败董昌，兼并越州。因为平叛有功，他被朝廷诏令兼领镇海军、镇东军节度使，加封越王。

唐天复二年，乘钱镠出巡之际，武勇都左右指挥使徐绾、许再思起兵叛乱，攻打杭州内城。钱镠偷偷回城，派兵防守各城门，又接受顾全武的建议前往广陵，向南吴的杨行密求助。恰在此时，徐绾也向杨行密的都将田頵（jūn）求援。杨行密很赏识钱镠的儿子钱元璙（liáo），于是将女儿许配给他，留钱镠的另一个儿子钱元瓘为人质，并召回田頵的部队。唐天祐元年，钱镠被改封吴王，赐免死铁券。

钱镠发迹后，衣锦还乡，大摆宴席，兴建宅院。左邻右舍纷纷前来道贺，但他的父亲钱宽却不知去向。钱镠派人找到钱宽，问他为何避而不见，钱宽回答说："我们家世代以打鱼种田为生，从来没有这么富贵过。现在你发迹了，树敌也多，我不愿见你，是因为害怕你将灾祸带进家中。"钱镠听后恍然大悟，从此牢记父亲的教导，崇尚节俭，拒绝奢华，致力于保家卫国，造福人民。

后梁开平元年，钱镠被后梁太祖朱温封为吴越王兼淮南节度使，之后又加封守尚书令，兼淮南、宣润等道四面行营都统。后梁乾化二年，郢王朱友珪杀父篡位，尊钱镠为尚父。后梁贞明三年，钱镠被加封为兵马大元帅，次年又加封为兵马都元帅，设元帅府。

钱氏石塘　泽被后世

钱镠在位期间，鼓励垦荒，劝课农桑，兴修水利，发展经济。为了治理钱塘江潮患，他征召数十万军民在候潮门、通江门修筑堤坝。刚开始时，因为潮水太大，浪高数丈，无法动工，钱镠便命几百名弓箭手站成一排，向潮头射箭。潮水退去后，他又命人砍来山中大树，打夯入水中，前后竖立9排；然后命人劈开竹子，编成竹笼，里面装入巨石、泥土，再放入水中阻挡海潮。几个月后，举世闻名的捍海石塘终于建成，泽被后世，意义重大。后人为了纪念钱镠的这一功劳，将石塘称之为"钱氏捍海塘"或"钱氏石塘"。

在政治方面，钱镠考虑到吴越弱小，邻国强盛，决定向中原政权称臣，以求大树下面好乘凉，被后梁太祖朱温封为吴越王兼淮南节度使。后梁灭亡以后，他又向后唐称臣，依然被封吴越王，得到玉册金印。至此，钱镠作为吴越王，虽然没有称帝，但许多制度、待遇都与皇帝同等。

后唐长兴三年，钱镠驾崩，临终前他叮嘱儿子们一定要善事中原，不要因为朝代的更迭而破坏与中原之间的友好关系。他的儿孙们也谨遵祖训，使得吴越政权存续时间较长。

文穆王钱元瓘

钱元瓘档案

生卒年	887—941 年	在位时间	932—941 年
父亲	武肃王钱镠	谥号	文穆王
母亲	陈氏	庙号	世宗
后妃	马氏、许氏等	曾用年号	沿用中原王朝年号

钱元瓘，字明宝，原名传瓘，武肃王钱镠第七子，五代十国时期吴越政权第二位君主。

钱元瓘早年历任盐铁发运巡官、尚书金部郎中、礼部尚书、检校尚书左仆射、内牙将指挥使，在讨伐叛乱、抗击贼寇中立下赫赫战功。后梁贞明四年（918 年），钱元瓘被任命为水战各军都指挥使，率军大败吴国，迁镇海军节度副使、检校司徒；之后历任检校太傅、同平章事、中书令等。

后唐天成三年（928 年），钱元瓘被册立为继承人，加封为镇海军、镇东军节度使。后唐长兴三年，钱镠驾崩，钱元瓘继位，先后被后唐册封为吴王、吴越王。后晋天福二年（937 年），钱元瓘被后晋封为吴越国王。

后晋天福六年，钱元瓘驾崩，终年 55 岁，谥号文穆王，庙号世宗，葬于今浙江杭州市萧山区龙山南。

少年英才　步步高升

唐乾宁元年，钱元瓘任盐铁发运巡官，后改任尚书金部郎中，赐紫衣、金鱼袋。唐天复元年，钱元瓘任礼部尚书，遥领邵州刺史。次年，杭州将领许再思勾结宣州节度使田頵起兵反叛，钱元瓘统领大军击败许再思。田頵见大势已去，遂提出与钱镠结为姻亲。当然，名义上是当女婿，实际上是去做人质，所以钱镠的几个儿子都默不作声。就在钱镠感到为难的时候，钱元瓘站出来，说道："儿臣愿意听从父王的吩咐。"钱镠大喜，从此对他刮目相看。

唐天复三年，田頵再次起兵叛乱，钱镠联合南吴的杨行密讨伐田頵。田頵每遇战事失利，回到家中都会将钱元瓘作为出气筒发泄一番。田頵的母亲心地善良，常常出面保护钱元瓘。据说有一次，田頵又要出战，临走时他说："今天如果再不能取胜，我一定要杀了钱元瓘。"田老夫人看着田頵消失的背影，说道："鼠辈无能，必将死去。"结果不幸被她言中，田頵当天便战死了。之后，钱元瓘被田老夫人送回杭州，钱镠提升他为检校尚书左仆射、内牙将指挥使。

后梁贞明四年夏，钱镠大举讨伐吴国，任命钱元瓘为水战各军都指挥使。钱元瓘率军乘坐战船出发，抵达东州时遭到吴人水军的顽强抵抗。钱元瓘决定智取，他命人在筏子上顺风点火扬起灰烟作为掩护，使吴军迷失方向，失去战斗能力，成功打败吴军，俘虏吴国军使彭彦章以及军校70多人，获得战船400艘。吴国自知不敌，只好向钱镠求和，两国遂罢兵息战。钱元瓘因功被提升为镇海军节度副使、检校司徒。到后梁末年，钱元瓘迁任清海军节度使、检校太傅、同平章事。

后唐同光元年，钱元瓘被加封检校太师，兼任中书令、镇东军等军节度使、观察使、处置使等。当时钱镠任天下兵马都元帅、尚父、守中书令、吴越国王，到钱镠以太师之职请求退位时，钱元瓘上奏后唐朝廷，请求恢复旧号并得到了同意。

堂前论功　顺利继位

后唐天成三年七月，钱镠自感年事已高，欲立储君，于是将儿子们叫到自己面前，说道："现在你们可以把自己的功劳讲出来，我要选择你们中功劳大的人立为继承人。"钱元瓘的兄弟们都很有自知之明，一致推选钱元瓘继位。钱镠便上奏后唐朝廷，请求授予钱元瓘两镇的职务，很快得到答复，钱元瓘被授予镇海军、镇东军节度使。

后唐长兴三年三月，钱镠身患重病，临终前他将下属召到病榻前，说道："我大限已至，犬子懦弱无能，恐会辜负诸君期望。等我走后，诸君如果感到他不能胜任，可以自立。"众人闻言哭道："大王无须多虑，大令公军功卓著，仁义孝道，肩挑大任，主管两处藩镇，天下归心，我等必将尽力辅助，请大王放心！"钱镠听了非常满意，令人把印信、锁钥全部取出交给钱元瓘，并嘱咐他说："既然诸君都这样抬举你，你当好自为之，不可失望于天下。"钱镠驾崩后，钱元瓘继承父位。

安抚将士　恢复建国

钱元瓘继位后勤于朝政，免除民田荒芜无收者的租税，又设置择能院，掌管选拔评定优劣之事。他还善待下属，受到了众人一致的赞誉。内牙指挥使刘仁杞、陆仁章在朝中为官多年，权势很大，但他们的性格迥然不同，陆仁章性情刚直，刘仁杞喜欢贬低人，都得罪了不少大臣，为众臣所厌恶。一天，诸将经过商议，一起来到府门请求钱元瓘除掉他们。钱元瓘说："这二位将军都是朝中元老，侍奉先王多年，我正有意表彰他们的功劳，怎么能随意诛杀呢？如果众卿执意要我那么做，我只有让位于贤，返回临安了。"众人听了也不敢再说什么。事后，钱元瓘果然没有食言，提拔陆仁章为衢州刺史、刘仁杞为湖州刺史。对于官员们上书互相告状，钱元瓘一般搁置不理，对大臣不偏不倚。

后唐长兴四年，钱元瓘服丧满期，被后唐任命为尚书令，不久又赐封吴王。次年正月二十三日，钱元瓘被封为吴越王。

后晋天福二年，钱元瓘恢复建国，实行大赦，册立第六子钱弘佐为世子，任命曹仲达、沈崧、皮光业为丞相，镇海节度判官林鼎掌管教令。同年十一月，后晋高祖石敬瑭加封钱元瓘为天下兵马副元帅，封他为吴越国王。后晋天福四年八月，钱元瓘被封为天下兵马元帅。

衙门失火　惊惧而亡

后晋天福六年七月，钱元瓘的府署突然失火，宫室府库几乎烧光。钱元瓘受此惊吓，卧病不起。

八月，钱元瓘的病情加重，他知道自己时日无多，便开始托付后事。他对大臣章德安说："弘佐年纪小，应当选择宗室中的年长者立为君主。爱卿为人忠厚，能够决断大事，可以辅政。"章德安说："公子虽然年轻，但英明敏捷，可以担此大任，请您不要为此忧虑！"八月二十四日，钱元瓘驾崩。

忠献王钱弘佐

钱弘佐档案

生卒年	928—947 年	在位时间	941—947 年
父亲	文穆王钱元瓘	谥号	忠献王
母亲	许氏	庙号	成宗
后妃	杜夫人等	曾用年号	沿用中原王朝年号

钱弘佐,又名钱佐,字元祐(一作玄祐),文穆王钱元瓘第六子,五代十国时期吴越政权第三位君主。

后晋天福六年,钱元瓘驾崩,钱弘佐继位,时年 14 岁。

钱弘佐在位期间,礼贤下士,勤于政务,曾免除百姓 3 年赋税,出兵援救闽国,诛杀擅权之臣杜昭达、阚璠等。

后晋开运四年,钱弘佐驾崩,年仅 20 岁,谥号忠献王,庙号成宗,葬于杭州龙山西南。

辅臣除奸　年少继位

后晋天福六年夏,钱元瓘因火灾而受到惊吓,一病不起。眼看快到大限之日,他找来能够决断大事的内牙上都监使章德安,向他托付后事,请他辅佐钱弘佐。八月二十四日,钱元瓘驾崩。

当时，钱元瓘有个养子叫钱弘侑，其亲戚戴恽深受钱元瓘信用，被任命为内牙指挥使，掌管军政大事。钱元瓘刚刚驾崩，章德安便得到消息称戴恽有意发动政变，想要拥立钱弘侑继位。章德安不敢大意，严密封锁钱元瓘去世的消息，然后召来朝中值得信赖的同僚，商议诛杀戴恽之事。他们让将士们全副武装埋伏在王府中，然后召戴恽到王府来。戴恽不知是计，毫无防备，大摇大摆地进入王府，结果伏兵一拥而上，将其诛杀。随后，章德安宣布戴恽的罪行，又废钱弘侑为平民，恢复孙姓，将他幽禁在明州。

九月三日，钱弘佐正式继承王位，任命丞相曹仲达执掌政务。这一年，钱弘佐14岁。

勤于政务　清除权臣

钱弘佐性格温和谦恭，喜好读书，又礼贤下士，虽然年纪小，却能做到亲理政务，在章德安、曹仲达的辅助下，将朝政大事处理得有条不紊。据说有一年，有百姓向朝廷奉献嘉禾，钱弘佐问管理仓库的官吏："现在库存粮食有多少？"官吏回答说："可以保障10年。"钱弘佐说："既然如此，不如对民众松宽一些。"于是下令免除境内百姓3年的税收。

后晋天福六年十二月，钱弘佐被后晋册封为镇海军、镇东军节度使兼中书令、吴越国王。

钱弘佐继位之初，统军使阚璠强横霸道，排斥异己，钱弘佐一时也奈何他不得。内牙上都监使章德安不畏强权，多次与阚璠争执；内牙右都监使李文庆也不依附阚璠。阚璠为此愤怒异常，逼迫钱弘佐将章德安贬至处州（一作明州）、李文庆则贬至睦州（治今浙江建德东北）。此后，阚璠与右统军使胡进思相互勾结，更加专横。

后晋开运二年（945年），闽国受到南唐的攻击，国主王延政派使者向吴越求援，愿意上表称臣，作为吴越的附庸。吴越大臣考虑到一旦闽国失败，吴越边境将直接受威胁，因此纷纷表示反对，但钱弘佐却力排众议，下令发兵3万相救，最终取得胜利，保障了南部边境的安宁。

同年十一月，钱弘佐设计诛杀了内都监杜昭达，之后又将内牙上统军使、明州刺史阚璠处死，除掉了心头大患，但也引起了吴越吏民的恐慌。

后晋开运四年二月，内都监程昭悦聚积众多门客，私造兵器，并与方士往来密切。钱弘佐听到风声后，感觉这对自己是个很大的威胁，便命令内牙都监使水丘昭券率1000人于傍晚时分埋伏在程昭悦的府邸周围，欲将其诛杀。但水丘昭券反对说："程昭悦是家臣，有罪应该明正典刑，当众处决，不宜于夜晚兴兵问罪。"钱弘佐认为他言之有理，遂改令内牙指挥使储温到程昭悦家中，将其抓送东府审讯，然后将其处死。

同年三月，钱弘佐任命弟弟、东府安抚使钱弘倧为丞相。六月，钱弘佐因病去世，遗命委任丞相钱弘倧为镇海军、镇东军节度使兼侍中。

忠逊王钱弘倧

钱弘倧档案

生卒年	929—975 年	在位时间	947 年（同年禅位）
父亲	文穆王钱元瓘	谥号	忠逊王
母亲	鲁国夫人鄜氏	庙号	无
后妃	不详	曾用年号	沿用中原王朝年号

钱弘倧，又名钱倧，字隆道，文穆王钱元瓘之子，忠献王钱弘佐异母弟，五代十国时期吴越政权第四任君主。

钱弘倧初任内牙指挥使、检校司空、东府安抚使、检校太尉等职，后迁丞相。后晋开运四年六月，忠献王钱弘佐驾崩，钱弘倧继位，时年19岁。

同年十二月，闽国将领李孺赟（yūn）起兵叛乱，钱弘倧命令鲍修让等前去平叛。当时内牙统军使胡进思掌握大权，钱弘倧对此非常不满，内牙指挥使何承训建议诛杀胡进思，但钱弘倧犹豫不决。何承训失望之余，转而投奔胡思进，并向其告密。胡进思便先发制人，将钱弘倧软禁在义和院，谎称钱弘倧突然中风，不能理朝政，决定传位给弟弟钱弘俶。钱弘俶继位后，将钱弘倧迁至越州的衣锦军私宅居住。

北宋开宝八年，钱弘倧病逝，终年47岁，谥号忠逊王，葬于会稽秦望山。

兄终弟及　年轻气盛

钱弘倧初任内牙指挥使、检校司空、东府安抚使，后多次升迁至检校太尉。后晋开运四年三月，钱弘佐任命钱弘倧为丞相。同年六月，钱弘佐驾崩，钱弘倧继任镇海军、镇东军节度使兼侍中。几天后，钱弘倧正式继承吴越王之位。

七月，钱弘倧让弟弟、台州刺史钱弘俶处理相府事务；又加封闽国将领李仁达兼任侍中，赐名为李孺赟。然而，李孺赟很快便后悔了，想要回福州，于是以重金贿赂内牙统军使胡进思。在胡进思的周旋下，钱弘倧答应了李孺赟的请求。

八月，钱弘倧被后汉任命为东南兵马都元帅，镇海军、镇东节度使兼中书令，吴越王。不久，钱弘倧在碧波亭检阅水军，对将士们予以厚赏。胡进思好意劝阻道："望大王能够注意节度，以备不时之需。"钱弘倧听了十分生气，将笔狠狠地扔进水里，说道："我的财产和士卒共有，多给他们点赏赐，有什么不可以的！"

到十二月，李孺赟突然背叛吴越，起兵叛乱。钱弘倧急忙派东南面安抚使鲍修让等人率军前去平叛，所幸叛乱很快被平息，李孺赟被诛杀。

君臣不和　政变遭废

钱弘倧与兄长钱弘佐宽厚仁慈的性格完全不同，他严厉刚毅，对大臣们要求十分严格，刚上任就诛杀了杭、越二州玩忽职守、败坏法纪的3名官吏。当时，胡进思自恃拥立有功，干预政事，钱弘倧对此非常反感，想将他打发到地方去管辖一个州。胡进思自然不愿意，于是，钱弘倧经常当着众臣的面羞辱胡进思。胡进思表面上不敢说什么，却在家里设了一个钱弘倧的牌位，私下对其进行诅咒。

一天，有个官吏向钱弘佐进献了 1000 斤牛肉，说是刚刚宰了一头牛。钱弘佐不信，问一旁的胡进思，一头牛大概能有多少斤肉，胡进思说约有 300 斤。钱弘佐点头称是，下令将官吏治罪。胡进思称赞钱弘佐明察，钱弘佐又故意问道："你怎么知道一头牛能杀 300 斤肉？"胡进思知道钱弘佐想羞辱自己，但又不敢不回答，只好说道："臣过去没从军前，也曾干过这种事。"

李孺赟回福州后起兵反叛，钱弘佐想到当初正是胡进思求情，自己才放李孺赟回福州，遂狠狠地训了胡进思一顿。胡进思心中十分不安。这时，钱弘佐和内牙指挥使何承训策划诛杀胡进思，并找来内牙都监使水丘昭券商议行动计划。水丘昭券认为胡进思党羽众多，难以制服，劝钱弘佐不可轻举妄动。钱弘佐一时犹豫不决。何承训担心夜长梦多，如果事情泄露，胡进思会怪罪自己，于是便向胡进思告密。为了保全自身性命，胡进思决定先发制人。

后晋开运四年除夕，钱弘佐宴请众多将领和官员。席间，他让画工献上《钟馗击鬼图》，并亲自在画上题诗。胡进思立即想到钱弘佐可能要对自己动手，于是在酒席散后迅速召集亲信，连夜策划行动。一切准备妥当后，胡进思率领亲兵 100 人，全副武装闯入钱弘佐的天策堂，质问道："老奴一向对大王忠心耿耿，大王为什么要置我于死地？"钱弘佐呵斥胡进思退下，胡进思非但不退，反而指挥手下捉拿钱弘佐。钱弘佐急忙跑进义和院躲避。胡进思追过来后，锁上院门，然后对外宣称钱弘佐突然中风，无法理政，不得已退位，由其弟钱弘俶继位。

迁居越州　安度余生

钱弘俶非常清楚钱弘佐的处境，担心自己有朝一日也会遭胡进思下毒手，于是在上任前与胡进思约法三章，必须保证钱弘佐的生命安全，否则便不答应即位，最终得到胡进思的承诺。但钱弘俶依然不放心，为了保证钱弘佐的安全，他下令将钱弘佐及其妻儿迁居至越州的衣锦军私宅，赐予丰厚的财物，并派薛温带领亲兵护卫。他还一再嘱咐薛温等人说:"你们要小心护卫我的兄长,路上如有差错,我决不饶恕!"

胡进思多次请求钱弘俶诛杀钱弘倧,但都遭到拒绝。钱弘倧临走之前,胡进思又假称钱弘俶的命令,让薛温处死钱弘倧。薛温说:"我受命之日,不曾听到此话,决不敢妄自行动。"胡进思不死心,又派两名刺客于深夜翻墙进入钱弘倧的院子里,想要刺杀他。钱弘倧吓得高声呼救,薛温闻讯赶来,杀死刺客,使钱弘倧躲过一劫。

钱弘倧在越州居住20多年后病逝,以王礼安葬。

忠懿王钱弘俶

钱弘俶档案

生卒年	929—988 年	在位时间	947—978 年
父亲	文穆王钱元瓘	谥号	忠懿王
母亲	吴氏	庙号	无
后妃	黄氏等	曾用年号	沿用中原王朝年号

　　钱弘俶，初名俶，小字虎子，改字文德，武肃王钱镠之孙，文穆王钱元瓘第九子，五代十国时期吴越政权最后一位君主。

　　钱弘俶曾任台州刺史，后被胡进思拥立为吴越国王。赵匡胤平定江南时，他出兵策应有功，被授予天下兵马大元帅之职，后被北宋召入朝中，仍为吴越国王。北宋太平兴国三年，他将所据"一军十三州"献给北宋朝廷。

　　北宋端拱元年（988 年），钱弘俶去世，终年 60 岁，谥号忠懿王。关于他葬于何地，有两种说法：一是洛阳，二是苍南。

策应后周　共击淮南

　　钱弘俶十几岁即任内牙诸军指挥使、检校司空。钱弘倧继位后，将他从台州召回，主持相府工作。后晋开运四年，胡进思发动政变，将钱弘倧幽禁起来，然后假传圣旨，谎称钱弘倧中风，拥立钱弘俶继位。

钱弘俶继位以后，下诏减免百姓租税，整顿内政，使国内形势得以安定。同时，他仍然沿用父兄旧制，向后周称臣纳贡。

钱弘俶本人崇信佛教，继承王位以后，奉天台山德韶大师为国师，并从道潜律师受菩萨戒，号慈化定慧禅师。后周显德二年，以慕阿育王造塔一事，铸8.4万座小宝塔，中纳宝箧印心咒，广行颁施，被称为钱弘俶塔，甚至远传至日本。后来，他又下令复兴杭州灵隐寺，请永明延寿为中兴第一世；又迎请螺溪义寂讲法华经，特赐"净光大师"之号；之后又遣使赴日本、高丽，求取天台论疏，使吴越兴起了一股修建道观寺院之风。此外，他还在杭州建普门寺、在钱塘建兜率院等。

后周显德二年，后周世宗柴荣命令李谷、王彦超率兵征讨淮南；钱弘俶也受命进攻常、宣二州，以牵制南唐李璟。李璟得到消息后，一边向后周求和，一边下令防守。苏州候吏陈满不知道李璟已派人向后周求和，认为后周已经攻下了淮南多州，于是向钱弘俶提议发兵进攻淮南。钱弘俶便命相国程遽率军出击，但丞相元德昭认为后周大军还没有渡过淮河，不可妄动。程遽坚持出兵，进攻常州，结果被南唐将领柴克宏打败。程遽部将邵可迁奋力拼杀，仍不能胜，其子不幸战死沙场。不久，后周大军渡过淮河，钱弘俶下令举全国之力，由邵可迁率战船400艘、水军1.7万人到通州与后周军会合。

后周显德四年，柴荣再次讨伐淮南，命左谏议大夫尹日就、吏部郎中崔颂等到吴越面见钱弘俶，说道："朕此行决平江北，卿等还当陆来也。"次年，后周大军出征淮南，正月攻克静海军凯旋。为了表示对钱弘俶的嘉奖，柴荣特意遣使赐其兵甲旗帜、橐（tuó）驼羊马。

纳土归降　臣服北宋

北宋建隆元年（960年），赵匡胤建立北宋，钱弘俶见北宋实力强大，为保一方平安，倾国所有向北宋朝贡。

北宋开宝七年，赵匡胤讨伐南唐，矛头直逼江南。李煜自知力量薄弱，便遣使向吴越求救，希望与钱弘俶联合御敌，但却遭到钱弘俶的拒绝。不久，南唐灭亡，钱弘俶顿时有了唇亡齿寒的感觉。北宋太平兴国三年一月，钱弘俶接到赵匡胤要求他入京的命令，不敢不从。出发前，他来到武肃王钱镠的陵庙前，失声痛哭道："孙儿不孝，不能守祭祀，又不能死社稷。"

钱弘俶来到汴京后，先被封为淮海国王，后改封南阳国王。北宋端拱元年又改封许王，同年病逝。

高祖王建

王建档案

生卒年	847—918 年	在位时间	907—918 年
父亲	不详	谥号	神武圣文孝德明惠皇帝
母亲	不详	庙号	高祖
后妃	周皇后等	曾用年号	天祐、武成、永平、通正、天汉、光天

王建,字光图,许州舞阳人,五代十国时期前蜀的开国皇帝。

唐末,王建加入忠武军,因护驾有功而成为神策军将领,后任利州刺史,不断发展势力,驱逐阆州刺史杨茂实,自称阆州防御使。唐文德元年,王建与西川节度使陈敬瑄交战,历经3年苦战,终于取而代之,成为西川节度使。之后,他又相继打败黔南节度使王建肇、东川节度使顾彦晖、武定军节度使拓跋思敬,被封为蜀王。天祐四年,王建自立为帝,定国号蜀,史称前蜀。

光天元年(918年)六月,王建驾崩,终年72岁,谥号神武圣文孝德明惠皇帝,庙号高祖,葬于永陵。

护驾受封　扩充实力

黄巢起义时，天下大乱，王建投奔蔡州刺史秦宗权，因勇敢机智而被提拔为列校[①]。不久，黄巢攻占长安，唐僖宗李儇仓皇逃跑。王建跟随监军杨复光去镇压起义军，成功击败黄巢，之后被提升为都将。

收复长安以后，唐僖宗在王建等人的保护下回到长安，王建被任命为禁军将领，负责宫廷护卫。不久，长安又遭到河中节度使王重荣、河东节度使李克用的联合攻击，唐僖宗再次出逃，王建负责保卫皇帝和玉玺的安全。他们来到一座山上，发现山上的栈道几乎被烧断，浓烟中甚至看不清道路，行走十分困难，危险重重。王建奋不顾身，冲在队伍的最前面。途中，唐僖宗困乏至极，便枕着王建的腿休息。为了表示对王建的感谢，唐僖宗解下自己的御袍相赠。到达兴元后，王建被提拔为壁州刺史。

局势相对稳定后，王建开始扩充自身实力，大量招募勇士，日夜操练，很快训练出了一支精良之师。这时，王建的野心也开始膨胀起来，他率领这支队伍攻下利州和阆州，自任阆州防御使，继续招兵买马。

镇守成都的西川节度使陈敬瑄见王建的势力迅速壮大，向自己的哥哥、西川监军田令孜表达了内心的担忧。田令孜安慰他说："不碍事，只要我写封信过去，王建就会归顺。"果然，王建接到田令孜的书信后，马上带领2000人赶往西川。然而，当他们快要到达成都时，陈敬瑄恐其有诈，下令将士阻挡他们前进，并督促王建返回阆州。王建恼羞成怒，马上率部夺取汉中，兵临成都城下。但成都城墙高大，一时难以攻破，王建只得下令先撤回汉中。之后，王建以汉中为据点，向四处发展，但进展缓慢，于是他又重新盯上了成都。

唐文德元年三月，唐僖宗驾崩，李晔继位，是为唐昭宗。王建向唐昭宗上表请求讨伐叛将陈敬瑄。唐昭宗也有意将地方大权集中在中央，于是任命宰相韦昭度为西川节度使兼两川招抚制置等使，召陈敬瑄进京任龙武统军。陈敬瑄害怕失去权力，拒不接诏。唐昭宗以此为借口，任命韦昭度为招讨使、王建为行营诸军都指挥使，领兵 10 万讨伐陈敬瑄；同时割邛、蜀、黎、雅四州，设置永平军，以王建为永平军节度使。

韬光养晦　立嗣犹疑

在王建讨伐陈敬瑄的同时，唐王朝内部，朱温和李克用严重对立，李茂贞割据凤翔，南方很多地方也都形成了割据势力，独霸一方，唐王朝名存实亡。相比于南方的混乱局面，北方相对安稳。王建抓住这个机遇，在蜀地务农训兵，经济、军事两不误。后来，唐昭宗为朱温所弑杀，李柷被拥立为帝。唐天祐四年，朱温通过禅让的形式代唐称帝后，派使者到蜀地与王建建交，但遭到王建拒绝。王建还昭告天下，要讨伐朱温。同年九月，在谋士韦庄的策划下，王建自称皇帝，国号为大蜀，以韦庄为宰相，张格、王锴为翰林学士，次年改元武成。

王建在位期间，招贤纳士，除了重用著名文人韦庄以外，还选拔毛文锡、牛峤、牛西济、道士杜光庭、诗僧贯休等文人名士；又封杜光庭为蔡国公，贯休为禅月大师，称其为"得得来和尚"，使前蜀成为又一个文化中心。

王建是行伍出身，对于跟随自己征战沙场的部众有着强烈的防备意识，尤其对于手握兵权的将帅，无论是功臣、养子，还是亲生儿子，他都不信任，以致在册立太子时酿成悲剧。

在众多儿子中，王建最喜欢雅王宗辂和信王宗杰，本想在他们二人中选一位做太子。而他宠爱的徐贤妃则想让自己的亲生儿子宗衍当太子，但宗衍年幼且懦弱无能，王建很是反感。为了达到自己的目的，徐贤妃暗中买通宦官飞龙使②唐文扆（yǐ）。唐文扆找到宰相张格，谎称王建有意立宗衍为太子，让他率领群臣上表。张格信以为真，连夜找到中书令王宗侃，称收到王建密旨，要立宗衍为太子。之后，他们联合文武大臣向王建上书，请求立宗衍为太子。王建心中不喜，又不好驳众臣的面子，一时左右为难，便找来相师为儿子们相面。相师早已被徐贤妃买通，对皇子们一一相面后，连夸宗衍具有帝王之相。王建遂下诏立宗衍为太子，但他很快又后悔了，对左右说："宗衍幼懦，不知能否当其任？"

果然不出王建所料，宗衍的表现让他十分失望，他下决心废掉宗衍，改立宗杰为太子，不料宗杰却暴病身亡。王建怀疑有人蓄意谋害，但又一时找不到证据，只好作罢。

光天元年（918年）五月，王建身染重病，急召北面行营招讨使兼中书令王宗弼返回成都，任命为马步军都指挥使，掌管兵权。

五月二十日，王建召大臣们入宫，说道："太子无能，若不堪大事，可置于别宫，幸勿杀之。只要是王氏兄弟，诸公可择而辅立。徐妃兄弟，只可显爵厚禄，不可掌权。"徐贤妃听到消息后，唯恐王宗弼趁机掌权，于是和唐文扆联手，派人把守宫门，切断王建与外界的联系。两人合谋，只要王建一死，便立即诛杀王宗弼及忠于王宗弼的大臣，并派内皇城使潘在迎负责侦察。然而，出乎他们意料的是，潘在迎将消息透露给了王宗弼，王宗弼又将此事告诉王建。王建大怒，贬唐文扆为眉州刺史，不久又剥夺其官爵，将其流放雅州。与此同时，王建也担心王宗弼等人多是武将，不听命于太子，于是又任命宦官、宣徽南院使宋光嗣为枢密使，掌管军事，与王宗弼共同辅政。

六月初一，王建驾崩。

注释：

①列校：东汉时守卫京师的屯卫兵分作五营，称北军五校，每校首领称校尉，统称列校。唐朝、五代时地方军队亦设列校。

②飞龙使：官名，即内飞龙使。唐武则天万岁通天元年置仗内六闲，以殿中丞检校仗内闲厩，以宦员为内飞龙使，掌仗内六厩之御马。五代后梁沿置。

后主王衍

王衍档案

生卒年	899—926年	在位时间	918—925年
父亲	高祖王建	谥号	无
母亲	徐贤妃	庙号	无
后妃	高皇后、金皇后、卫妃等	曾用年号	乾德、咸康

王衍,初名王宗衍,字化源,高祖王建第十一子,五代十国时期前蜀最后一位皇帝。

王衍初封郑王,因母亲徐贤妃得宠而被立为皇太子。光天元年,高祖王建病逝后,王衍继位,次年改元乾德。

王衍在位期间,荒淫无道,委政于宦官、狎客,喜欢微服出游民间,纵酒狂欢,生活奢侈,又大兴土木,营建宫殿,巡游诸郡,耗费大量财力,使蜀人不得安宁。太后、太妃卖官鬻爵,臣僚贿赂公行,政治十分腐朽。乾德元年(919年),王衍为自己加尊号为圣德明孝皇帝。咸康元年(925年),后唐庄宗李存勖派魏王李继岌、郭崇韬等发兵攻打前蜀,王衍带着棺材,自行绑缚出降,前蜀宣告灭亡。

后唐同光四年(926年),王衍在被送往洛阳途中,被李存勖派人杀死,年仅28岁,葬于今陕西长安区三赵村。

年少放荡　无心朝政

王衍在王建的诸子中排行最小，初封郑王。据说他长得方面大嘴、双手过膝，侧目可以看见耳朵，颇有几分帝王之相。当时，他的生母徐贤妃为王建所宠爱，便勾结宦官唐文扆教唆相师在王建面前称赞王衍长相高贵，可堪大任，王衍因此被立为太子。光天元年王建驾崩后，王衍继位。

王衍年少荒淫，继位后醉心享乐，懒于朝政，带着后妃到处游玩，走遍附近的山山水水，挥霍无度，致使朝中各派势力争权夺利，朝政混乱不堪。

光天二年（919年）秋，王衍又假借征讨凤翔之名，带领嫔妃从成都向汉州一路游玩，鼓乐喧天，声闻十里。到达汉州后，他只派兵象征性地出击，不几日便粮草匮乏，下令撤军。十二月，王衍游阆中，创作了一首新曲《水调·银汉曲》，让乐工反复弹奏，并让人四处搜寻美女。阆中村民何康的女儿长得十分漂亮，但已经嫁人，王衍便命人强抢，据为己有，把何氏的丈夫活活气死。

游幸秦州　江山易手

从阆中回到成都后，王衍依然沉醉于声色之中无法自拔，对大臣们的劝谏置若罔闻。咸康元年，天雄节度使王承休为了巴结王衍，称秦州多美女，希望皇帝前去游幸。于是，王衍不顾群臣反对，带领韩昭等人向秦州而去。他刚到汉中，边关就送来告急文书，说后唐大将李继岌、郭崇韬兴兵伐蜀，已经杀进关中。但王衍置若罔闻，继续游玩。行至利州，他遇见从前线败退下来的将士，这才意识到问题的严重性，仓皇逃回成都，召集群臣商议对策。然而，众臣也都一筹莫展，相顾无言。

几天后，驻守利州的王宗弼大败而归，发动兵变，囚禁了太后和王衍，并夺走玉玺，自称西川兵马留后。很快，后唐军攻入汉州，王宗弼一面派人置酒慰问，一面逼迫王衍写降书。王衍无奈，只得照办。

后唐同光四年，王衍及其宗族百余人被押往洛阳。四月，王衍在秦川驿被李存勖派人杀死。后唐明宗李嗣源继位后，追封王衍为顺正公。

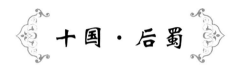

十国·后蜀

高祖孟知祥

孟知祥档案

生卒年	874—934年	在位时间	934年（当年去世）
父亲	孟道	谥号	文武圣德英烈明孝皇帝
母亲	李氏	庙号	高祖
后妃	李皇后等	曾用年号	明德

　　孟知祥，字保胤，邢州龙冈人，五代十国时期后蜀的开国皇帝。

　　孟知祥是晋王李克用的侄婿，受到后唐重用，历任中门使、马步军都虞候、北京留守等职，后迁西川节度使。后唐明宗年间，孟知祥逐渐产生据蜀自立之心，不听后唐朝廷诏令，甚至一度举兵反叛。后唐长兴四年，孟知祥吞并东川，尽占两川之地，被拜为检校太尉兼中书令，剑南东、西两川节度使，封蜀王。后唐应顺元年正月，孟知祥在成都称帝，建立后蜀，四月改元明德。

　　孟知祥在位仅7个月便因病去世，终年61岁，谥号文武圣德英烈明孝皇帝，庙号高祖，葬于和陵。

依附李氏　坐镇前蜀

孟知祥年轻时在后晋当官，因表现优秀而受到李克用赏识，被任命为马步军左教练使①，并招为侄女婿。李存勖承袭父位后，仍然重用孟知祥，提拔他为中门使、典章枢密。但孟知祥婉辞，推荐郭崇韬代任，自己则担任马步军都虞候。李存勖称帝后，改太原府为北京，孟知祥被任命为太原尹、北京留守。

后唐同光三年，郭崇韬奉李存勖之命攻打前蜀，推荐孟知祥为成都尹、剑南西川节度副大使，主持蜀地的军政事务。这时，宦官诬陷郭崇韬作乱谋反，李存勖欲将其诛杀。孟知祥闻讯急忙劝阻道："郭将军乃国家功臣，忠贞不贰，待臣到了蜀地，一定仔细调查，请陛下明鉴。"然而，他到了成都才知道郭崇韬在几天前便被刘太后派来的人杀害。孟知祥悲愤之余，安抚众将，派人四处平定盗贼，整顿地方治安，并任用清廉官员，减免苛捐杂税，减轻农民负担。不久，后梁将领康延孝起兵造反，并占领汉州。孟知祥派兵前去镇压，俘获康延孝，收降了他手下的几千人马，扩充了自己的实力。

老来登极　短暂称帝

后唐同光四年，明宗李嗣源继位为帝。孟知祥见中原局势不稳，各地节度使拥兵自重，也有意登基称帝。他表面上仍然对李嗣源毕恭毕敬，暗中却伺机谋反。李嗣源听到风声后，派蜀将李严为西川监军，对孟知祥进行监视。孟知祥知道自己受到了怀疑，便以假传圣旨罪杀了李严。

李嗣源得知李严被杀，又派心腹到蜀地任节度使，分化孟知祥的势力，结果引起蜀地各军阀的不满。东川节度使董璋率先起兵造反，攻占阆州。孟知祥随后也宣布起兵，并击败了李嗣源派来平叛的石敬瑭，顺势占领了利州和夔州。不久，因为权力之争，孟知祥与董璋产生了矛盾，董璋派兵攻打汉州，孟知祥领兵反击，打败董璋。后来，董璋为部下所杀，孟知祥趁势占领东川。

李嗣源见孟知祥占据了东西两川，一时不好剿灭，只得采取安抚策略，杀死权臣安重诲，又将孟知祥留在京都的家眷送往蜀地。孟知祥也很识趣，上表朝廷愿意继续称臣。

后唐长兴四年二月，孟知祥被封为蜀王；十一月，李嗣源驾崩。次年一月，孟知祥称帝，国号为蜀，改元明德，史称后蜀。同年秋天，孟知祥驾崩于成都。

注释：

①教练使：使职名。唐、五代方镇使府军将。唐天宝十五年始置，杨国忠选剑南旧将为之，于苑中教习监牧小儿。大中六年，诏天下军府有兵马处皆置，有左、右两员，选善兵法武艺者充任，掌练兵法及武艺，或领兵出战。

后主孟昶

孟昶档案

生卒年	919—965 年	在位时间	934—965 年
父亲	高祖孟知祥	谥号	恭孝
母亲	李贵妃	庙号	无
后妃	花蕊夫人、刘惠妃等	曾用年号	明德、广政

孟昶（chǎng），初名孟仁赞，字保元，高祖孟知祥第三子，五代十国时期后蜀最后一位皇帝。

孟昶早年历任行军司马、西川节度使、同平章事等职。明德元年，孟知祥驾崩，孟昶继位，仍沿用明德年号。

孟昶在位期间，诛杀了居功自傲的大将李仁罕，又攻取秦、凤、阶、成四州，将前蜀之地纳为己有。他改革内政，发展经济，使后蜀得到快速发展。但到执政后期，他沉迷享乐，懒于朝政，最终导致后蜀灭亡。

广政二十七年（964 年），赵匡胤派王全斌、曹彬[①]等进攻后蜀。孟昶不敌投降，被押到京师，受到赵匡胤的厚待，拜检校太师兼中书令，封秦国公。乾德三年（965 年）六月十一日，孟昶暴病身亡，终年 47 岁，追赠为尚书令、楚王，谥号"恭孝"。

智除权臣　英明睿智

孟昶的母亲李氏本是后唐庄宗李存勖的嫔妃，被赏赐给了孟知祥。后唐天祐十六年（919年），孟昶在太原出生。孟知祥到蜀地镇守时，孟昶母子随同孟知祥的正妻琼华长公主进入蜀地。孟知祥任剑南东、西两川节度使时，孟昶被任命为行军司马。

孟知祥称帝后，孟昶被任命为西川节度使，同平章事。明德元年六月，孟知祥患病，无法理政，遂册立孟昶为皇太子，命其全权处理朝政事务。就在孟昶被立为太子的当天晚上，孟知祥驾崩，孟昶于灵前继位。

孟昶16岁继承皇位，因为年幼，朝中大臣根本不把他放在眼里，目无王法，尤以李仁罕、张业为甚。孟昶站稳脚跟后，便逮捕了李仁罕，将其斩首于市，并诛灭其族。昭武军节度使李肇狂傲自大，见到孟昶从来不行礼，但他得知李仁罕被杀后，立即下跪叩头。孟昶罢免了他的官职，贬谪邛州，永不录用。

广政九年（946年），太保赵季良去世，李仁罕的外甥张业专权。此前李仁罕被处斩时，张业掌管禁军，手握大权。孟昶为了稳住他，提拔他为宰相，兼判度支。张业利用手中的职权，横征暴敛，私设公堂、监狱，令人切齿痛恨。广政十一年（948年），孟昶下令将张业逮捕处死。之后，大臣赵廷隐、王处回也相继被罢免，孟昶得以亲政。他下令在朝堂上设置献纳函，鼓励官民上书，议论国事；同时选拔廉吏，任用贤能，一旦发现贪官污吏便重刑处罚。其间，他曾下诏处死眉州刺史申贵；又自写《官箴》，送至各郡县，要求地方官不得贪污受贿，做违法之事。他还注重发展生产，劝课农桑，罢免武将们兼领的节度使之职，改由知晓农历的文臣担任。这一时期，后蜀的经济得到了快速发展。

另外，孟昶也很注重发展文化，曾下诏将"九经"刻在石头上，但石头不利于保存，后来又改用木刻。广政三年（940年），他命卫尉少卿赵崇祚收录晚唐至五代18位词人的作品，编成文集，名为《花间集》，又让翰林学士欧阳炯为此书作序。他还创办了中国历史上第一所画院——翰林画院，并请蜀中著名画师入院作画。

酒色亡国　投降北宋

广政十八年（955年），后周世宗柴荣派兵讨伐后蜀，孟昶任命韩继勋为雄武军节度使前去抵御，又派赵季札为秦州监军使。赵季札到达德阳后，听说周兵即将到来，吓得跑回朝中，被孟昶一怒之下处死。之后，孟昶又派高彦俦、李廷珪率军迎敌，结果战败，秦、成、阶、凤四州尽失。孟昶十分惊恐，忙派人联络南唐、北汉，共同御敌。广政二十年（957年），后周送还蜀军的俘虏，孟昶也将俘虏的后周将胡立送给后周并修书一封。柴荣认为孟昶没有君臣之礼，便没有回信。次年，后周又攻打南唐，夺得淮南十四州。南平高保融连忙写信给孟昶，劝他投降后周，但孟昶没有理会。

孟昶执政后期，沉湎于酒色，大兴土木，建造精美楼阁，广征蜀地美女，纳入后宫供自己享乐。

此时赵匡胤已经建立北宋，并制定了先南后北的统一方针。广政二十七年，北宋攻入蜀地，一路势如破竹，于次年包围成都。孟昶见大势已去，遂接受大臣们的建议，出城投降，后蜀宣告灭亡。

之后，孟昶及宗族被迁往汴京，受到赵匡胤的厚待，拜为检校太师兼中书令，封秦国公。赵匡胤下令并给他建造府邸，赐官带、袭衣。乾德三年，孟昶暴病而亡，追赠楚王。

注释：

①曹彬（931—999年）：北宋开国名将、外戚，宋仁宗曹皇后的祖父。严于治军，明重军纪，深受太祖赵匡胤信任，参与灭后蜀、灭南唐、伐北汉、攻辽国，迁枢密使。雍熙三年（986年）率军攻辽，孤军冒进、兵疲粮乏，导致岐沟关之战大败，降为右骁卫上将军。真宗继位后，复任枢密使。

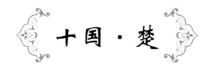

十国·楚

武穆王马殷

马殷档案

生卒年	852—930 年	在位时间	927—930 年
父亲	不详	谥号	武穆王
母亲	不详	庙号	无
后妃	陈氏、华氏等	曾用年号	无

马殷，字霸图，许州鄢陵人，五代十国时期南楚的开国君主。

马殷早年投入秦宗权军中，逐步展现才能，统一湖南全境，被唐朝廷任命为湖南留后、判湖南军府事，迁武安军节度使后，马殷兼并静江军，夺取岭南数州。后梁开平元年，马殷被封为楚王，后又加封天策上将军、尚书令。后唐天成二年（927年），封楚国王。

后唐长兴元年，马殷驾崩，终年79岁，谥号武穆王，葬于湖南衡阳。

木工英雄　开疆辟土

马殷早年家境贫寒，靠做木匠糊口。唐中和三年，秦宗权在蔡州起兵叛乱，马殷被招募为参军，跟随孙儒守卫蔡州，以勇武闻名。秦宗权派弟弟秦宗衡和孙儒一起攻打淮南的杨行密，不料他们发生内讧，秦宗衡被孙儒杀死，之后孙儒独自进攻杨行密。不久，孙儒在宣州将杨行密围困，但最终却战败身亡，其部将刘建峰被推举为首领，马殷也被提拔为先锋指挥使，进驻湖南潭州。

唐乾宁元年，潭州刺史邓处讷为防备刘建峰生乱，派邵州指挥使蒋勋、邓继崇驻扎于龙回关。马殷闻讯，派人前去劝降。刘建峰则命令部众身穿邵州军的军服，打着邵州军的旗帜前往潭州。潭州军以为是邵州军到来，忙开城门迎接。刘建峰趁机率部冲入城内，杀死邓处讷，自任武安军留后。

唐乾宁二年，唐朝廷任命刘建峰为检校尚书左仆射、武安军节度使，马殷为内外马步军都指挥使。不久，蒋勋找到刘建峰，想要当邵州刺史，但却遭到拒绝。蒋勋怀恨在心，便与邓继崇联合攻打湘乡。马殷奉命平叛，将蒋勋打败。

刘建峰嗜酒如命，又与部下陈赡之妻私通，结果被陈赡所杀，行军司马张佶被推为留后。不久，张佶坠马受伤，无法理政，对众人说："马公勇而有谋……真乃主也。"众将便派人去请马殷回来，此时马殷正在攻打邵州，一时犹豫不决。信使姚彦章劝道："公与刘龙骧、张司马合为一体，现在刘龙骧被杀、张司马受伤，此乃天赐良机，公应立断。"马殷觉得他言之有理，于是命部将李琼继续攻打邵州，自己则返回潭州。张佶率众将以君臣之礼参拜马殷。马殷任命张佶为行军司马，接替自己攻打邵州。不久，马殷又被唐朝廷任命为潭州刺史、判湖南军府事。

唐光化元年，马殷被唐昭宗任命为武安军留后。当时湖南治下的七州，除潭州、邵州外，杨思远占据衡州、唐世旻占据永州、蔡结占据道州、陈彦谦占据郴州、鲁景仁占据连州。大将姚彦章推举李琼为将,请求收复五州。马殷遂命李琼、秦彦晖、张图英、李唐攻打衡州和永州。次年,马殷又命部将李唐攻取道州。各路军马均大获全胜,湖南全境被收复。

唐光化三年,静江节度使刘士政命陈可璠、王建武屯兵全义岭,防备马殷。马殷本来想与刘士政修好,还派了使者前往,不料在边境被陈可璠阻拦。马殷大怒,遂命李琼讨伐,诛杀陈可璠,俘虏刘士政,将他的地盘收归己有。次年,马殷被唐昭宗任命为武安军节度使,不久又加封为同平章事。

唐天复三年,南吴杨行密派刘存攻打武昌军节度使杜洪,杜洪求救于朱温,朱温命马殷与荆南节度使成汭、武贞军节度使雷彦威一起出兵救援。但援军还未到达,杜洪便已兵败被杀,刘存随即又去攻打马殷。双方交战多日,刘存见无法取胜,便想与马殷讲和。马殷则下令急攻淮南军,最终斩杀刘存,夺取了岳州。

后梁开平元年,朱温篡唐称帝,建立后梁政权。马殷表示愿意称臣,被任命为侍中兼中书令,获封楚王,不久又兼任武昌军节度使,充本道招讨制置使。同年九月,马殷奉朱温之命,与荆南节度使高季昌共同出兵讨伐武贞军节度使雷彦恭(雷彦威之弟),迫使雷彦恭投奔淮南,并擒获其弟雷彦雄等。澧州、辰州、溆州等地全都归马殷所有。

后梁开平二年,由于贡使被荆南节度使高季昌所拦截,马殷命许德勋率水军前去征讨。高季昌闻讯,忙遣使请和。接着,马殷又派步军都指挥使吕师周攻打岭南,夺得昭州、贺州、梧州、蒙州、龚州、富州等地。

晋封楚王 治国有方

后梁开平四年,马殷请求开天策府,置官属,被拜为天策上将军。随后,马殷任命弟弟马賨为左相、马存为右相,廖光图[①]等18人为学士。后梁乾化二年,马殷被任命为武安、武昌、静江、宁远等军节度使，洪、鄂四面行营都统。后唐天成二年，马殷被后唐封为楚国王。

马殷在位期间，采取"上奉天子，下奉士民"策略，不兴兵戈，保境安民，极少主动对外开战。为了发展当地经济，他将湖南的茶叶销往北方，换取布帛、战马，获得了数十万钱的收入，使国库充实起来。为了吸引更多的商人，他还免掉了关市税收。一时间，湖南商贾云集、钱货充斥，经济迅速繁荣。

为了进一步促进本地物品的外销，马殷还别出心裁，下令境内使用铅钱、铁钱，商旅出境无法使用，只好换成货物，时人称之为"以本土所剩余之物易天下百货，国之富饶"。

可惜马殷到了晚年却醉心享乐，不理朝政。后唐长兴元年十月，马殷驾崩。

注释：

①廖光图：原名廖匡图，因宋人避太祖赵匡胤名讳而改名。与李宏皋、徐仲雅、刘昭禹等人并为天策府十八学士，他列居第八，才华博瞻，为时人所折服。

衡阳王马希声

马希声档案

生卒年	898—932 年	在位时间	930—932 年
父亲	武穆王马殷	谥号	衡阳王
母亲	袁夫人	庙号	不详
后妃	不详	曾用年号	无

马希声,字若讷,武穆王马殷次子,五代十国时期南楚第二位君主。

后唐长兴元年,马殷驾崩,马希声继立,但不称王,对后唐称藩镇,被任命为武安军、静江军节度使,兼中书令。

后唐长兴三年,马希声去世,终年35岁,被追封为衡阳王。

越兄继位　称臣后唐

马希声是武穆王马殷次子,因为他的母亲袁夫人长得十分美貌,深受马殷宠爱,马殷爱屋及乌,自然也对马希声另眼相看,命他判内外诸军事,掌兵权。后唐长兴元年十月,马殷身患重病,自感时日无多,遂派使者前往后唐,希望由次子马希声继承自己的官位,得到了同意。当时，后唐怀疑马殷已经去世，便直接任命马希声为武安军节度使，兼任侍中。

同年十一月，马殷病危，临终前遗命诸子要兄终弟及，并将一把宝剑放置在祠堂内，立下规矩说："如果有人胆敢违背我的遗命，杀无赦！"马希声生性阴狠，而且猜忌心很重，想方设法将兄长马希振驱逐出去。谋臣高郁颇有才华，功勋卓著，手握大权，他一向看不惯马希声的所作所为，成为马希声继位的障碍。后来，马希声找了个借口，假传马殷的命令将高郁杀死，独揽大权。马殷知道高郁被杀的消息后，痛哭失声道："我已经老了，政非己出，致使功臣惨遭横死。"

不久，马殷病死，马希声继位，声称奉马殷遗命，除去建立楚国的规制，恢复节度使藩镇的旧制，使用后唐年号。

这年十二月，马希声被后唐任命为武安军、静江军节度使，兼任中书令。

爱好古怪　酒醉身亡

马希声继位后，得知后梁太祖朱温喜爱吃鸡，便盲目效仿，据说一天要吃50只鸡，即使在为父守丧期间也不例外。在马殷将要出殡的时候，他也是先吃了几盘鸡肉才去参加仪式，脸上毫无哀伤之容。

除了吃鸡，马希声还有一个特殊爱好，那就是收藏宝物。据说有一次，长沙来了个商人，出售一条上好的犀带，马希声看到后爱不释手，便装模作样地问价。商人要价百万钱，他毫不犹豫地答应下来。商人大喜，便在驿馆等着马希声来买。谁知半夜来了一队御林军，二话不说就将商人杀死，将犀带夺走。

马希声在位期间，楚国连年大旱，庄稼颗粒无收。他虽然残暴昏庸，但看到这种状况也非常焦急，亲自到各处神庙祈祷。但祈雨始终无果，马希声恼羞成怒，于后唐长兴三年下令把南岳司天王庙和他所管辖地域的庙都封了，禁止一切供奉。他的兄长马希振看不下去，急忙进宫来劝他。为感谢哥哥的好意，马希声特意置备了一桌丰盛的全鸡宴，到半夜时分，两人都喝得酩酊大醉。马希振起身告辞出宫，刚走出大门口，他忽然听到身后"扑通"一声，急忙回过头去，发现马希声头朝下栽倒在台阶下，地上流了一摊血。同年七月十一日，马希声驾崩。

文昭王马希范

马希范档案

生卒年	899—947年	在位时间	932—947年
父亲	武穆王马殷	谥号	文昭王
母亲	陈氏	庙号	无
后妃	不详	曾用年号	无

马希范，字宝规，武穆王马殷第四子，衡阳王马希声异母弟，五代十国时期南楚第三位君主。

马希范曾任镇南军节度使。后唐长兴三年，衡阳王马希声驾崩，因为马殷临终前遗命兄终弟及，六军使袁诠、潘约等人拥立马希范继位。

马希范在位前期，平定叛乱，与土家族首领彭士愁歃血为盟，订定《溪州盟约》，开启了民族自治的先河，颇有一番作为，但到后期他却骄淫奢侈，剥削百姓，兴修宫殿，残害忠良，以致民怨四起。

后晋开运四年，马希范去世，终年49岁，谥号文昭王。

兄终弟及　公报私仇

后唐长兴三年七月，衡阳王马希声驾崩，当时马希范正担任镇南军节度使，驻守朗州。按照武穆王马殷临终前遗命兄终弟及，六军使袁诠、潘约等人到朗州迎接马希范回长沙继位。九月三日，马希范被后唐任命为武安军节度使，兼侍中。次年二月，后唐任命其为武安军、武平等军节度使，检校太尉，兼中书令，行潭州大都督府长史，封扶风郡侯。后唐长兴元年正月二十一日，马希范被后唐封为楚王。

武穆王马殷一共有30多个儿子，马希声因为母亲袁氏受宠而先于马希范继位，马希范对此一直耿耿于怀，他继位后，对袁氏很不礼貌。当时，马希声的同母弟马希旺担任亲从都指挥使，马希范经常当众呵斥他，丝毫不留情面。袁氏看不过眼，便请求免去马希旺的官职，让他去做道士。但马希范却下令解除马希旺的军职，让他居住在竹屋草门之中，不得参与兄弟间的饮宴聚会。袁氏去世后，马希旺也郁郁而终。

静江军节度使、同平章事马希杲是马希范的异母弟，他施政有方，深得当地百姓的爱戴。但是，监军裴仁煦嫉妒马希杲的才能，于是在马希范面前大进谗言，说马希杲收买人心，图谋不轨。后晋天福元年，南汉将领孙德威入侵蒙州和桂州，马希范为了调查马希杲谋反一事的真伪，让同母弟、武安军节度副使马希广暂时主持军府事，然后亲率5000名步骑兵奔赴桂州。马希杲闻讯十分惊恐，他的母亲华夫人为了保住儿子的性命，亲自到全义岭远迎马希范，谢罪说："马希杲治兵无能，招致敌兵入境，劳驾殿下不远千里亲自督战，实乃妾之罪过。我们愿意削去封邑，为您打扫庭院，只求能够放过马希杲。"马希范却大度地说："请你放心，我很久没有见到兄弟了，心中挂念，顺便过来看看，别无他意。"南汉军从蒙州退走后，马希范把马希杲调往朗州。

后晋天福二年十二月，马希范被后晋加封为江南诸道都统。

内平叛乱　外攻襄州

后晋天福四年四月，马希范被后晋加封为天策上将军，赐予官印，听由他开府设置官属。十一月，马希范始开天策府，设置护军中尉、领军司马等官职，任用诸弟以及将校充任；同时任用幕僚拓跋常①、李弘、廖光图、徐仲雅等18人为学士。

这年八月，黔南节度使巡属之内的溪州刺史彭士愁，率领奖州、锦州的少数民族1万多人袭扰辰州、澧州，大肆抢掠，百姓深受其害。马希范命令左静江指挥使刘勍、决胜指挥使廖匡齐等率5000名衡山兵前去讨伐。刘勍等人在溪州击败彭士愁，彭士愁遂放弃州城，退居山寨。山寨四面绝壁，地势十分险要，易守难攻，刘勍下令将士们使用梯栈包围而上，结果廖匡齐不幸阵亡。马希范听到消息后，派人前去慰问廖母，廖母对使者说："廖氏全家300口人，受楚王恩重如山，纵使全族效死于国家也不足以报答，何况一个儿子，请大王不要把此事记在心上！"马希范听了使者回报，唏嘘不已，认为廖母深明大义，遂给予厚赏。

后晋天福五年正月，刘勍等借着大风，用火箭焚烧彭士愁的山寨，彭士愁被迫退出山寨，率领残兵败将逃入奖州、锦州的深山。正月二十九日，彭士愁走投无路，只得派儿子彭师暠率诸酋长献纳溪、奖、锦三州印信，向楚国投降。

之后，马希范把溪州的治所迁移到离楚境近、便于控制的地方，同时任命彭士愁为溪州刺史、刘勍为锦州刺史。为了表彰自己的功绩，马希范用5000斤铜铸造了一个铜柱，高一丈二，埋入地下6尺，柱上铭刻赞词，立于溪州。

后晋天福六年十二月，马希范接受后晋的诏命，派遣天策都军使张少敌统领战船150艘进入汉江，与后晋将领高行周会合，共同讨伐据守襄州的安重进。

昏庸无道　百姓遭殃

后晋天福七年，马希范大兴土木，建造天策府，规模宏伟壮丽。据说，门窗栏槛全部以金玉装饰，仅涂刷墙壁的朱砂就用了几十万斤。而铺盖地面用的地衣，春、夏两季是用竹篾编织的席子，秋、冬两季则用木棉纺织的布匹。天策府建成后，马希范和他的子弟及僚属在里面游乐饮宴，十分逍遥。

楚国境内金矿多，茶叶产量大，因此财政收入较多。马希范生活奢侈糜烂，挥金如土，最喜炫耀。为了显示自己的富有，他经常制作长枪大槊，用黄金进行装饰，金光闪耀，只可看而不可用。他还专门募集8000多名富家子弟，个个长相不凡，组成一支卫队，名曰银枪都。其宫室、园囿、衣饰，全都极尽奢华。他还建造了一座九龙殿，用沉香木雕刻着8条龙，用金宝做饰物，长10多丈，绕柱相向，十分壮观。马希范端坐其中，头戴一丈多长的头巾带，象征龙角，把自己打扮成"真龙天子"。

马希范如此奢靡的生活，很快便将楚国国库挥霍一空，为了满足自己的私欲，他便将负担强加在老百姓身上。他经常派遣使者查计田亩，查出的田亩数越多功劳越大，导致老百姓负担不起租赋而背井离乡。马希范对此无动于衷，说道："只要有田地在，就不会饿死人！"他派营田使邓懿文查核逃税的田亩，将查出的田地强租给当地农民。民众舍弃旧田而去租种新田，仅够维持生存。

为了增加财政收入，马希范听任庶人捐钱买官，以职论价。老百姓犯了罪，可以用捐钱的方式免除刑罚，身体强壮的则可以用当兵的方式抵消罪罚。马希范还设立信箱，让人匿名告发，导致冤案频发。

后晋天福八年，马希范接受孔目官周陟的建议，在正常的租税外加收租税，大县纳米2000斛，中县1000斛，小县700斛；没有米的县则输纳布帛。大臣拓跋常上书劝谏道："陛下生长于深宫之中，继承丰厚的祖业，不知道种庄稼的辛劳，从未经历过战争之苦，只知道骑着马巡游，住处雕梁画栋，吃的是山珍海味。如今国家财政艰难，府库空虚，您不但不注重勤俭节约，反而大肆浪费；百姓衣食无着，却还要承受不断加重的赋敛。现在淮南的南唐、番禺的南汉、荆渚的高氏都对我们虎视眈眈，更有溪洞的彭莫诸族还期待我们的宽容。俗话说'足寒伤心，民怨伤国'，希望陛下能够停止增加税赋，减轻百姓负担，再处死周陟来向州县谢罪。同时还要免去不急的事务，减少劳役。否则，一旦招致祸败，必将受到四方耻笑。"马希范阅后非常恼怒。几天后，拓跋常请求谒见，马希范拒不接见。拓跋常感到十分失望，对客将区弘练说："大王不听劝阻，我等着看他一家千口过上飘零落败的日子。"马希范听说后更加生气，决意终生不见拓跋常。

毒杀兄弟　陷害忠良

马希范的异母弟马希杲调任朗州以后，同样赢得了民心，这使马希范对他十分嫉恨和猜疑。后晋开运二年，马希范派人前去窥探马希杲。马希杲惶恐不已，称病要求还都，但马希范却不准许，还派大夫以察看疾病为由前往朗州，将马希杲毒杀。

同年，楚国湘阴的隐士戴偃作诗多有讥讽朝廷之意，马希范下令把他囚禁起来；牙将丁思觐上书恳切劝谏，也被赐死。

后晋开运三年，马希范为了向后晋求封都元帅之职，多次派人送给后晋出帝石重贵珍玩宝物。至九月，他终于如愿以偿地被任命为诸道兵马都元帅。

次年五月，马希范去世。

注释：

①拓跋常：原名拓跋恒，因宋人避宋真宗赵恒名讳而改名拓跋常。

废王马希广

马希广档案

生卒年	？—950 年	在位时间	947—950 年
父亲	武穆王马殷	谥号	废王
母亲	不详	庙号	无
后妃	不详	曾用年号	无

马希广，字德丕，武穆王马殷第三十五子，文昭王马希范同母弟，五代十国时期南楚第四位君主。

马希广个性温顺，深受马希范喜爱，所以，马希范在临终之前特意嘱托拓跋常一定要照顾好马希广。后汉天福十二年，马希范去世，马希广继位，被后汉高祖刘知远任命为天策上将军、武安军节度使、江南诸道都统、兼中书令，封楚王。

后汉乾祐三年十二月，马希萼起兵叛乱，攻破都城长沙，马希广被勒死，谥号废王。

越俎代庖　兄弟阋墙

后汉天福十二年四月，文昭王马希范去世，根据其遗命，应立马希广为王。但是，武穆王马殷曾留下兄终弟及的规矩，当时马希范诸弟中年龄最长的是朗州节度使马希萼,如果坏了规矩,恐怕马希萼心中不服,引发内乱,因此,拓跋常力劝马希广让位于马希萼。都指挥使刘彦瑫、天策学士李弘皋则坚决主张遵照先王遗命,拥立马希广继位。当月,马希广继位,沿用后汉年号。

事情果然不出拓跋常所料,马希萼确有不臣之心,决定起兵争夺王位。马希广听到消息后心中愧疚,对臣下叹息道:"马希萼是我的兄长,我们情同手足,不可大动干戈,我情愿将王位让给他。"但刘彦瑫等人却力主消灭马希萼,一再劝说马希广出兵。

马希广几经犹豫,最终接受建议,发兵击败马希萼。双方交战过程中,马希广站在城墙上看到马希萼即将被俘,急忙传令不许伤害马希萼。将士们得了命令,只好放马希萼逃走。马希萼侥幸逃脱后,不仅不思报恩,反而向南唐中主李璟称臣,以求得到援助。李璟平白得了一片土地,自然十分高兴,于是派楚州刺史何敬洙率兵援助马希萼,共同攻打马希广。

优柔寡断　城破丧命

马希广自知不敌,召集属下商讨御敌之策。刘彦瑫建议求助于后汉。马希广便派人以向后汉称臣为条件换取援助,但却遭到拒绝。马希广绝望之余,决定孤注一掷,派兵直扑朗州,企图攻占马希萼驻地,又损兵折将,大败而归。这时,下属报告说:"马希崇与马希萼暗中私通,正在都城中大肆活动,应当将他立即处死,以稳定人心。"马希广连连摇头,流着泪说:"不可,如果我残害手足,还有什么脸面见先王于地下?"将士们见他大难临头还不听劝告,都对他失去了信心。

因为接连吃了几次败仗,马希广派使者去向马希萼求和。马希萼回复说:"从你继位那一天起,我们便不再是兄弟,还来求什么情!生死存活,咱们战场上见!"之后,马希萼自称顺义王,发兵攻打都城。马希广惊慌失措,遣使向后汉求救,但后汉正值内乱,根本无暇顾及马希广。

后汉乾祐三年十二月，都城长沙府沦陷，马希广带着妻儿躲入祠堂，被军士抓到，押到马希萼面前。马希萼责问他道："父王当初立下规矩，破坏规矩者赐死，难道你不知道吗？"马希广追悔莫及，流着泪说："继承王位并非出于我本意，不过是将吏们的推拥、朝廷（后汉）的任命，我也是身不由己。"马希萼回顾左右说："如此迂腐无能之辈，有何本事称帝！他只不过受小人蒙蔽，以致落到今天的下场。"遂命令左右将马希广押入牢房。

将官朱进忠曾经受过马希广的笞责，一直怀恨在心，趁机挑唆说："一国容不得二主，今日不除掉他，万一哪一天他得了势，再掀起风浪来，悔之晚矣！"马希萼沉思良久，命令兵士将马希广勒死。

恭孝王马希萼

马希萼档案

生卒年	900—952 年	在位时间	950—951 年
父亲	武穆王马殷	谥号	恭孝王
母亲	不详	庙号	无
后妃	不详	曾用年号	无

马希萼，武穆王马殷第三十子，五代十国时期南楚第五位君主。

马希萼曾任天策司马、朗州节度使等职。后汉乾祐三年，马希萼杀死弟弟马希广，自称顺义王。因为不满后汉偏袒马希广，他转而向南唐称臣，被南唐中主李璟册封为楚王。

马希萼在位期间，荒淫无度，不理朝政，所有军国大事均交给弟弟马希崇处理。

南唐保大十年（952 年），马希萼驾崩，终年 53 岁，谥号恭孝王。

杀弟自立　引狼入室

文昭王马希范驾崩后，理应继承王位、时任朗州节度使的马希萼，对于马希广被拥立为王一事愤愤不平，发誓一定要夺回王位。后汉乾祐三年九月，马希萼取得南唐的支持，自称顺义王，率兵攻取长沙，杀死马希广及其家眷，登上王位。

马希萼执政后，一改父亲马殷臣服中原的态度，不等南唐册封就自称天策上将军，武安、武平、静江、宁远等军节度使，楚王。同时，他纵酒荒淫，肆意玩乐，将政务交给弟弟马希崇处理。马希崇同样觊觎王位，便借此机会发展自己的势力。南唐保大九年（951年）十月九日，马希崇与马步军都指挥使徐威合谋发动政变，活捉马希萼，自立为楚王。

马希萼被押赴衡山途中，押送官彭师暠变节，不但放掉了他，还拥立他为衡山王。二人在衡山招兵买马，打算讨伐马希崇。马希崇急忙向南唐求援，南唐派边镐率兵进入长沙，马希崇遂向南唐投降。之后，南唐又封马希萼为楚王，居洪州；封马希崇为舒州节度使，居扬州。

南唐保大十年，马希萼到南唐都城金陵朝拜，南唐中主李璟为防其作乱，将他扣留。一年后，马希萼在金陵去世。

后主马希崇

马希崇档案

生卒年	不详	在位时间	951—952 年
父亲	武穆王马殷	谥号	无
母亲	不详	庙号	无
后妃	不详	曾用年号	无

马希崇，武穆王马殷之子，五代十国时期南楚第六位君主。

废王马希广在位时，马希崇曾任天策左司马。南唐保大九年，马步军都指挥使徐威发动政变，囚禁了恭孝王马希萼，拥立马希崇继位。

同年，马希崇被南唐军俘往金陵，后病逝，葬处不明。

兄弟联手　起兵夺权

文昭王马希范去世后，依例应由马希萼继位，但是将领们却拥立马希广。马希崇借此机会，挑拨马希萼与马希广之间的关系，唆使马希萼造反，并经常将马希广的一举一动告知马希萼，图谋不轨。

南唐保大八年（950年），马希萼起兵攻占潭州，自立为天策上将军，武安、武平、静江、宁远等军节度使，楚王；任命马希崇为节度副使，总揽军政大权。但马希崇并不过问政事，而是交给下属全权办理，使得朝政混乱不堪。马希萼也只顾享乐，对将士们不加赏赐，以致将士们心生不满，伺机发动政变。

南唐保大九年，在马希崇的授意下，马步军都指挥使徐威等将领发动兵变，将马希萼押往衡山，马希崇随之被推为武安军留后。

投降南唐　身不由己

马希崇继位后，和马希萼一样沉湎酒色，大失民心。这时，被押往衡山的马希萼重新召集兵马，气势汹汹地向长沙杀来。朗州守军也发动兵变，宣布脱离南楚。马希崇腹背受敌，无力征讨，只得派使者向南唐求助，南唐趁机派信州刺史边镐率兵围攻长沙。马希崇的部将徐威等见形势危急，密谋杀死马希崇，作为投降南唐的条件。马希崇识破了徐威的阴谋，知道城池不保，便抢先率领臣属向南唐投降。

马希崇投降以后，接到南唐中主李璟命令，要他带领全族人员迁往金陵。马希崇眷恋故土，以重金贿赂边镐，让他代为向李璟求情，希望能够留居长沙府。边镐回答说："我们两国世代为仇，已经近60年了，但从来没有吞并楚国的想法。现在你们兄弟之间起内讧，你走投无路了才归降我朝，此乃天意。如果你想反悔，只怕人肯饶你，天却不肯饶你呀！"马希崇无奈，只好携带全族及随从1000余人，号哭着登上驶往金陵的船只。至此，南楚宣告灭亡。

到达金陵后，马希崇被任命为舒州节度使，居于扬州。南唐保大十四年（956年），后周攻打南唐，占领了包括扬州在内的淮南地区，马氏家族被迁往后周都城大梁，马希崇被任命为右羽林统军，去世年月不详。

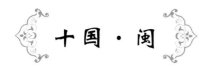

十国·闽

太祖王审知

王审知档案

生卒年	862—925年	在位时间	909—925年
父亲	王凭	谥号	忠懿王、昭武孝皇帝
母亲	徐氏	庙号	太祖
后妃	黄惠姑等	曾用年号	开平、乾化、贞明、龙德、同光

　　王审知，字信通，又字详卿，唐淮南道光州固始人，威武军节度使王潮之弟，五代十国时期闽国的开国君主。

　　王审知早年与兄长王潮追随唐末义军领袖王绪，后来王潮废杀王绪，被众将推为首领。唐乾宁四年，王潮去世，王审知继其位，被朝廷任命为武威军节度使、福建观察使，累迁至检校太保、同平章事，封琅琊王。后梁开平三年，王审知被任命为中书令，封闽王。

　　王审知在位期间，选贤任能，减省刑法，提倡节俭，减轻徭役，降低税收，百姓得以休养生息。

　　同光三年，王审知去世，终年64岁，谥号忠懿王。其子王延钧称帝后，追谥为昭武孝皇帝，庙号太祖，葬于宣陵。

白马三郎　受封为王

王审知的兄长王潮本是固始县的县吏。唐末天下大乱，群雄纷起，寿州人王绪攻克固始，王审知与兄长王潮、王审邽一同去参军，跟随王绪征战沙场。王审知身材魁梧，作战勇敢，又足智多谋，骑着一匹白马驰骋沙场，得了个绰号叫"白马三郎"。

王绪为人心胸狭窄，嫉妒心强，而且很迷信。有一次，有个术士对他说军中有王者之气，他非常惊恐，以各种借口将军中有谋略的将士全部杀死，甚至连自己的妹夫也不放过，弄得军中人心惶惶，人人自危。大军到达漳浦，王审知兄弟三人带着母亲随军同行，王绪故意以路险粮少为借口，命令他们将母亲弃之不顾，否则就杀掉。兄弟三人当然不肯，苦苦哀求，将士们也纷纷替他们求情，王绪这才勉强放过他们。之后，兄弟三人担心王绪再找其他借口杀害自己，于是联合其他痛恨王绪的将士，擒获王绪，逼其自杀。

王绪死后，王潮被推举为军中统帅，王审知担任副将。他们制定了严明的军纪，进军途中对百姓秋毫无犯，受到了各地百姓的热烈欢迎，很多青年踊跃参军。后来，王潮率领大军攻占泉州，诛杀贪官泉州刺史廖彦若，被福建观察使陈岩上表举荐为泉州刺史。此后，王氏兄弟以泉州为根据地，减轻赋税，镇压土豪劣绅，深受百姓拥护，实力迅速发展壮大。

没过几年，福建观察使陈岩身患重病，他知道自己的儿子才能平庸，无力主持福建大局，便派人请王潮过来，想托付大权。王潮不敢怠慢，急忙赶往福州。不料他行至半途的时候，陈岩已经病逝，其妻弟范晖乘机夺取政权。王潮返回泉州后，马上命令王审知率军攻打福州。

福州城防守坚固，王审知攻打多日，损兵折将，仍无法得手，加上范晖的吴越援军将至，王审知担心腹背受敌，于是请求退兵，但遭到王潮拒绝。王审知无奈，亲上前线指挥作战，连攻数月，终于使城内粮草断绝，范晖为其部下所杀，福州城破。随后，王审知一鼓作气拿下了建州、汀州等地，控制了福建全境。事后，唐昭宗任命王潮为福州节度使，王审知为副节度使。

唐乾宁四年，王潮去世，王审知推举二哥王审邽继任王潮的职位。王审邽自感才能不如王审知，坚辞不从。王审知无奈，只好自己继任福州观察使，次年被唐昭宗任命为威武军节度使。朱温篡夺唐朝政权，建立后梁后，王审知被加封为闽王。

执政开明　后世留名

王审知在位期间，一直奉行和平政策，对外罢兵休战，与邻邦搞好关系，互不侵犯。无论是唐朝还是后梁，他都纳贡称臣。部下多次劝他登基，均被他严词拒绝，他说："我宁为开门节度使，不作闭门天子。"王审知锐意改革，去除苛政，减轻农民负担；要求部下清廉，不得贪赃枉法。同时，他非常注意兴修水利，利用福建沿海的地理位置，招揽海外客商，奖励通商，大力发展经济。

王审知坚持任人唯贤，为此他特意在福州、泉州设立"求贤处"，吸引了大量的唐末流亡人士及公卿子弟，其中就有唐朝宰相王溥之子王淡和唐朝宰相杨涉之弟杨沂，他们尽心辅佐王审知，为其打下了牢固的政治基础。此外，王审知也很重视教育，在各州县设立学校，教育士人、秀才。在他执政时期，福建的经济、文化都得到了快速的发展。

在生活上，王审知崇尚节俭，反对铺张浪费。称王后，他仍和普通百姓一样，粗茶淡饭，粗布旧衣，住宅简陋。据说有一次，他的一个朋友从外地归来，送给他一个玻璃瓶。当时玻璃瓶是珍品，王审知把玩了一会儿，将瓶子摔碎。朋友十分尴尬，问其何意。王审知回答说："喜欢奇异之物，本是奢侈之举，我现在摔了它，为的是避免后代染上坏毛病。"

同光三年，王审知病逝。鉴于他在闽地做出的杰出贡献，世人尊称他为"开闽王"。宋太祖赵匡胤执政时，十分钦佩王审知的德政，下诏重修忠懿王祠，亲题"八闽人祖"四字庙额，以示褒奖。

嗣王王延翰

王延翰档案

生卒年	？—926 年	在位时间	925—926 年
父亲	太祖王审知	谥号	嗣王
母亲	不详	庙号	不详
后妃	崔氏	曾用年号	天成

王延翰，字子逸，太祖王审知长子，五代十国时期闽国第二位君主。

王延翰初任节度副使。同光三年王审知驾崩，王延翰继位，次年改元天成。

天成元年（926年），王延翰被杀，谥号嗣王。

一心称王 梦想成真

同光三年，太祖王审知患病，王延翰作为长子被委托代管军府事务。同年十二月十二日，王审知去世，王延翰继位，自称威武军留后。

天成元年，王延翰被后唐庄宗李存勖授予威武军节度使一职。同年四月，李存勖被害，后唐明宗李嗣源即位，授予王延翰同平章事。

王延翰为人宽宏大量，饱读诗书，通晓今古，但继位以后却性格大变,梦想着登基称王。有一天,他翻阅司马迁的《史记·东越列传》,对手下说:"自古以来,闽就是一个独立的王国,现在我不称王,更待何时!"军府将吏们纷纷建议他登基称王。这年十月,王延翰自称大闽国王,立宫殿,置百官,和下属以君臣相称。

屡不听劝　为弟所杀

称王以后,王延翰下令在福州城西的西湖四周建筑宫室十余里,名为"水晶宫",每天和后妃宫女游玩,饮酒作乐,又掳掠大量民女充入后宫。其弟王延钧上书劝谏,结果被贬为泉州刺史。太祖王审知的养子、建州刺史王延禀也劝他体恤民情,不可放纵,但他依然我行我素,使得兄弟之间的矛盾越来越深。

天成元年十二月,王延钧、王延禀联合发动政变,攻打福州。福州指挥使陈陶率军抵抗,被先期到达的王延禀打败,陈陶自杀而死。当天晚上,王延禀带领100多人从福州西门突入城内,袭击兵库,取出武器,杀向王延翰的寝殿。王延翰惊慌失措,四处躲藏,最终被抓获。王延禀历数其罪,将他斩首示众。

太宗王延钧

王延钧档案

生卒年	？—935 年	在位时间	926—935 年
父亲	太祖王审知	谥号	惠皇帝
母亲	不详	庙号	太宗
后妃	陈皇后等	曾用年号	天成、长兴、龙启、永和

王延钧，又名王鏻，太祖王审知次子，嗣王王延翰之弟，五代十国时期闽国第三位君主。

王延钧原任泉州刺史，天成元年与王延禀合谋铲除王延翰。王延钧继位后，被后唐拜为威武军节度使，累加检校太师、中书令，封闽王。龙启元年（933 年），王延钧登基称帝，建立大闽国，被称为闽国皇。

永和元年（935 年），王延钧被杀，谥号惠皇帝（一作谥号齐肃明孝皇帝），庙号太宗，葬于福州莲花山。

杀兄夺位　心急称帝

天成元年，王延翰继承了闽国君主之位，他轻视欺侮自己的兄弟，继承王位仅一个多月便将弟弟王延钧贬为泉州刺史。王延钧十分恼怒，于是联合王家养子王延禀发动政变，杀死王延翰，然后继承兄位。之后，王延钧继续对后唐称臣，被拜为威武军节度使、琅琊王，后加封为闽王。

长兴三年，王延钧派人到后唐，自请任尚书令、吴越王。因为得不到回复，他不再奉行中原正朔，与之断交。次年年初，王延钧登基称帝，建立大闽国，改年号为龙启。

无所作为　贪图享乐

王延钧称帝后，大兴土木，建筑豪华宫殿，游山玩水，终日与宠妃陈金凤玩耍取乐。陈金凤本是太祖王审知的才人，因为长得美貌而被纳入后宫，封为淑妃。后来，王延钧立陈金凤为皇后，并下令为她建造长春宫。

王延钧还喜好神仙之术，特意建设宫殿给道士陈守元居住，并让他参与政事。

永和元年十月，王延钧染病，大臣李仿以为他病入膏肓，便命人杀了陈金凤的情夫李可殷。次日，王延钧病情好转，陈金凤向他哭诉李可殷之死。王延钧立即召见群臣，追查此事。李仿自知罪责难逃，索性鼓动皇子王昶率领皇城卫士冲入宫中，杀死王延钧及陈金凤，之后又诛杀陈金凤同党。

康宗王昶

王昶档案

生卒年	？—939 年	在位时间	935—939 年
父亲	太宗王延钧	谥号	宏孝皇帝
母亲	不详	庙号	康宗
后妃	不详	曾用年号	通文

王昶，原名王继鹏，太宗王延钧长子，五代十国时期闽国第四任君主。

王昶初封福王。永和元年，王昶联合李仿发动政变，杀死王延钧，自立为帝，次年改元通文。通文三年（938年），王昶被后晋封为闽王。

王昶在位期间，宠信道士陈守元，连政事也与之相商；同时大兴土木，为宠妃兴建紫微宫，又修建白龙寺，因费用不足，于是卖官鬻爵，横征暴敛，使得社会矛盾日益尖锐。

通文四年（939年），王昶被杀，谥号宏孝皇帝，庙号康宗。

政托玉帝　嗜酒贪色

王昶联合皇城使李仿发动政变，杀父自立，成为闽国的第四任君主。通文三年，后晋高祖石敬瑭册封王昶为闽王。

王昶在位期间，残暴荒淫，千夫所指。继位当年，他任命道士陈守元为天师，并接受其建议，在宫中修建三清台，铸造玉皇大帝、元始天尊、太上老君三尊像，耗费数千斤黄金，日日焚香祭拜，以求长生不老。王昶在位期间，凡事均由陈守元禀告玉皇大帝后再做决定。

　　王昶喜爱饮酒，常常召集大臣们同饮作乐，不醉不归，大臣稍有不慎即被杀头。王昶还贪色，立宠妃李春燕为皇后，即位第二年征发2万民夫为她修建紫微宫。

同室操戈　死于兵变

　　王昶荒淫无度、劳民伤财，以致国库空虚，只能向百姓强摊硬派，加重了劳动人民的负担，社会矛盾日益尖锐。为了巩固王权，王昶采取了高压统治政策。

　　通文四年四月，道士陈守元向王昶转告玉皇大帝的旨意，称王室有人作乱。王昶立即想到了自己的两位叔叔王延武、王延望，于是下令将他们连同子嗣一同赐死。他的另一个叔叔王延羲（后更名王曦）靠装疯卖傻躲过一劫，但被软禁在家中。

　　为了防止宫变，王昶又专门组建了一支宸卫军，待遇远远超过原有的拱宸军、控鹤军，由此引起了3支部队间的矛盾。这年七月，宫中突发大火，连查数日无果，王昶怀疑是控鹤军首领连重遇所为，欲将其处死。连重遇提前得到消息，利用初三在宫中轮值的机会发动政变。王昶和李春燕得到消息后，在宸卫军的掩护下逃跑，不料却遇上了叔叔王延羲。王延羲急忙命儿子王继业追赶。王昶被活捉，在城外的陀庄被杀死。

景宗王曦

王曦档案

生卒年	？—944年	在位时间	939—944年
父亲	太祖王审知	谥号	隆道大孝皇帝
母亲	不详	庙号	景宗
后妃	不详	曾用年号	永隆

王曦，原名王延羲，后更名王曦，太祖王审知少子，康宗王昶的叔父，五代十国时闽国第五位君主。

王曦曾任左仆射、同平章事。通文四年，王曦杀死侄子王昶，自立为王，3年后自称大闽皇、威武军节度使。

王曦在位期间，骄傲奢侈，荒淫无度，猜忌宗族，残害大臣，使得宗族勋旧人人自危。

永隆六年（944年），王曦被杀，谥号隆道大孝皇帝，庙号景宗。

诛杀暴君　重蹈覆辙

王曦曾任左仆射、同平章事，后来遭到康宗王昶的猜忌，被软禁在家中。通文四年闰七月，控鹤军使连重遇发动政变，派人请王曦出来主事。王曦误以为是王昶派官兵来捉拿自己，一时惊慌失措，待来人说清楚后，他才加入政变队伍。

王昶被杀后，王曦自立为王，主持国政，后来才正式称帝。但他在位时，酗酒、淫乱、残暴、猜忌，比王昶有过之而无不及，使朝政一片混乱，百姓不堪其苦，怨声载道。

因为自己的皇位来得不正当，王曦总害怕被人推翻，对宗室子弟疑心尤其重，稍有风吹草动便立即将其诛杀。对于大臣，他更不能忍受他们犯一点过错，稍不如意，不是鞭笞就是杀头。尤其是在酒宴上，王曦有特制的"醉如泥"大酒杯，每次必须倒满，而且必须一饮而尽，如果有大臣们偷偷减酒或者酒后失态，也要杀掉。

永隆六年三月，王曦与大臣朱文进、连重遇、魏从朗等人一起饮酒。因为看魏从朗不顺眼，王曦便下令将他杀死，然后又冲着连重遇、朱文进吟白居易的诗句："唯有人心相对时，咫尺之间不能料。"暗指朱文进、连重遇对自己有异心。二人听了急忙磕头解释，但王曦已经烂醉如泥。恰巧皇后也在场，她因为不受宠而对王曦心怀愤恨，有意谋害他，改立自己的儿子为帝。于是三人合谋，于六月三日趁王曦出游醉归，将其杀死。

世宗王延政

王延政档案

生卒年	？—951 年	在位时间	943—945 年
父亲	太祖王审知	谥号	福王、恭懿皇帝
母亲	不详	庙号	无
后妃	不详	曾用年号	天德

王延政，太祖王审知之子，景宗王曦之弟，五代十国时期闽国最后一位君主。

王延政曾任建州节度使，封富沙王。永隆五年（943年），王延政在建州称帝，国号为殷，改元天德。

王延政在位期间，建宫室、筑楼台、造太和殿，盖五凤楼，而且频繁对外用兵，和王昶、王曦一样横征暴敛，以致民不聊生。

天德三年（945年），南唐军攻克建州，王延政被俘，迁往金陵。南唐保大九年王延政病逝，追赠福王。

兄弟为仇　大动干戈

王延政曾任建州节度使，封富沙王。景宗王曦在位时残暴荒淫，王延政多次写书信相劝。王曦大怒，派统军使潘师逵、吴行真率兵讨伐王延政，兄弟遂反目成仇。潘师逵和吴行真一个在建州城西，一个在建州城南，分别对建州发起攻击。

王延政连忙向吴越求援，得到了吴越王钱元瓘的帮助。经过多次战斗，王延政终于打败潘师逵的部将蔡弘裔。之后，王延政又组建了一支1000多人的敢死队，于夜间对潘师逵发起袭击，将其杀得落荒而逃。接着，王延政又率兵攻入吴行真的营地，吴行真望风而逃，将士死伤不计其数。王延政趁机拿下永平、顺昌二城。

永隆五年正月，王延政在建州称帝，国号为殷，改元天德。

不敌唐军　城破被俘

王延政和其兄一样，称帝后毫不体恤民间疾苦，无视国家基础薄弱，频繁对外用兵，大肆搜刮民财，滥增税赋，使老百姓生活在水深火热之中。

天德三年正月，王延政派兵攻克福州，自称闽王，改国号为闽。他残暴的本性激起了很大民愤。同年八月，在闽国人的帮助下，南唐军攻克建州，俘获王延政，将城内抢劫一空，之后纵火焚城，造成了大量伤亡。

后来，王延政及其家眷被迁往金陵。南唐元宗李璟任命他为羽林大将军，后又改封鄱阳王。南唐保大九年，王延政被改封为光山王，不久病逝，追赠福王，一说谥号恭懿皇帝。

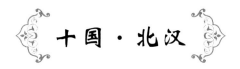

十国·北汉

世祖刘旻

刘旻档案

生卒年	895—954 年	在位时间	951—954 年
父亲	刘琠	谥号	神武皇帝
母亲	安氏	庙号	世祖
后妃	不详	曾用年号	乾祐

刘旻,原名刘崇,沙陀族,后汉高祖刘知远之弟,五代十国时期北汉的开国君主。

刘旻曾任河东马步军都指挥使,后汉时又任北京留守、同平章事。后汉乾祐四年(951年),郭威灭了后汉,建立后周,刘旻随即在晋阳称帝,建立北汉,沿用乾祐年号。

乾祐七年(954年),刘旻驾崩,终年60岁,谥号神武皇帝,庙号世祖,葬于交城北山。

抗衡郭威　建立北汉

刘旻出身贫寒，不学无术，嗜酒爱赌，后来日子实在过不下去，便投身军营。刘知远任太原留守、河东节度使时，刘旻被推荐担任河东马步军都指挥使。刘知远在太原称帝后，建都汴州，任命刘旻为太原留守、同平章事。刘知远死后，其子刘承祐继位，任命刘旻为河东节度使兼中书令。

当时，后汉的朝政大权掌握在大臣郭威手中。郭威和刘旻一向不和，刘旻接受属下郑珙的建议，停止向朝廷纳税，在晋阳招兵买马，积蓄力量，为起兵做准备。

乾祐三年，郭威杀死刘承祐，刘旻正欲起兵讨伐，又传来消息说郭威拥立他的儿子刘赟为帝，非常高兴，遂放弃用兵。但不久，刘赟在宋州被废，郭威于乾祐四年十二月登基称帝，建立后周。刘旻随即也在晋阳称帝，国号为汉，年号沿用乾祐，史称北汉。

联合辽国　伐周兵败

北汉建立后，刘旻按照朝政的传统，设置百官，各司其职。但是，河东地域狭小，他只控制了 11 个州郡，财政收入不多，官员的俸禄十分微薄。为了增加财政收入，刘旻仿效后晋高祖石敬瑭的做法，与契丹结盟，借助契丹的力量来对付后周。而契丹也有意利用北汉与后周之间的矛盾从中渔利，于是双方一拍即合，刘旻接受契丹册封，为大汉神武皇帝。

刘旻自恃有了靠山，在契丹的帮助下，大举向后周进犯，结果却遭遇大败，于风雪中退兵晋阳。次年，他再次兴兵，仍旧大败。北汉的疆域本来就十分狭小，国力又薄弱，经过这两次战争，百姓不堪其苦，纷纷逃离。

乾祐七年，郭威病逝，后周世宗柴荣继位。刘旻认为有机可乘，遂第三次联合辽军南下。柴荣御驾亲征，双方在高平展开激战。刘旻急功近利，不听大将张元徽的劝阻，执意出击，俘获后周几千降兵。柴荣见状亲上战场指挥，加上赵匡胤等大将奋力相助，最终将刘旻击败。刘旻率领残部退守高平城，柴荣乘胜追击，切断其退路，刘旻惊恐之余，只得乔装逃回晋阳。

同年五月，后周军包围晋阳，刘旻困守孤城，忧心忡忡。一个月后，后周军因粮草缺乏而撤退，刘旻才得以喘息，但因连日惊恐，终致一病不起，于十一月驾崩。

睿宗刘钧

刘钧档案

生卒年	926—968年	在位时间	954—968年
父亲	世祖刘旻	谥号	孝和皇帝
母亲	不详	庙号	睿宗
后妃	郭皇后等	曾用年号	乾祐、天会

刘钧，原名刘承钧，世祖刘旻次子，五代十国时期北汉第二位君主。

乾祐七年十一月，刘旻驾崩，刘钧继位，被辽国册封为帝，时年29岁。

天会十二年（968年），刘钧驾崩，终年43岁，谥号孝和皇帝，庙号睿宗。

改变父策　疏远契丹

刘钧个性孝顺恭谨，爱好读书，擅长书法，在刘旻称帝建国后曾担任太原尹。乾祐七年十一月，刘旻驾崩，刘钧继位。

刘钧一生没有生育，于是将姐姐刘氏的两个儿子过继到膝下，分别更名为刘继恩、刘继元。

刘钧继位时，北汉的国力比刘旻时期更弱，而且随着后周实力的壮大，契丹保护北汉的能力也越来越弱。有一次，后周进攻契丹，占据瀛洲、莫州一带，契丹反而派人向北汉求救。刘钧见契丹的力量如此薄弱，虽然仍向契丹"称臣"，但却不像刘旻那样对契丹毕恭毕敬，同时主动向西蜀、南唐派出使者，建立关系。

施政为民　难敌北宋

刘钧继位之初，任命卫融为宰相、段常为枢密使，尉进掌亲军，并多次派他们攻打后周，可惜屡屡战败。刘钧自知无力击败后周，遂改变策略，任用郭无为为相，将主要精力转移到治理国家上。由于他勤政爱民，礼敬士大夫，并减少征战，北汉倒也度过了一段难得的安稳时期。

赵匡胤发动"陈桥兵变"，代周建宋，后周昭义军节度使李筠以上党叛降北汉，刘钧认为自己的力量有所扩大，便与李筠联合进攻北宋，结果多次被北宋大将石守信、高怀德打败。之后，因为赵匡胤执行先南后北的统一策略，北汉暂时没有发生大规模的战争。待南方战事结束，北宋将目标转向北汉，经过几次大战，北汉守将纷纷降宋。

天会十二年，刘钧见北宋大军压境，忧虑成疾，忙召郭无为托付后事，不久驾崩。

少主刘继恩

刘继恩档案

生卒年	935—968 年	在位时间	968 年
父亲	薛钊	谥号	无
母亲	刘旻之女	庙号	无
后妃	不详	曾用年号	天会

刘继恩,本姓薛,睿宗刘钧的外甥兼养子,五代十国时期北汉第三位君主。

天会十二年七月,刘钧驾崩,刘继恩继位。

同年九月,刘继恩被供奉官侯霸荣杀害,在位仅 60 天,终年 34 岁。

才能平庸　遭遇刺杀

刘继恩原姓薛,是薛钊和刘钧姐姐的儿子。他的父亲薛钊因不愿为岳父刘旻所用,又与妻子刘氏聚少离多,两人感情淡薄,渐渐产生了矛盾。在一次酒醉后,薛钊将妻子刘氏刺伤,酒醒后担心受到惩罚,遂畏罪自杀,撇下了一个儿子,即刘继恩。当时刘继恩年龄很小,恰巧他的舅父刘钧不能生育,刘旻就将刘继恩过继给刘钧做养子。

乾祐七年，刘旻驾崩，刘钧继位，刘继恩被任命为太原尹。但刘继恩才能平庸，睿宗刘钧对此非常失望，常常对大臣郭无为抱怨刘继恩无治国之才。

天会十二年七月，刘钧驾崩，刘继恩继位，是为北汉少主。这时，北汉的国力更加衰弱，大权完全被郭无为一人把持。刘继恩因为郭无为曾经在刘钧面前说过自己缺乏治国之才，一直记恨在心，想要除掉郭无为。但他也明白，以自己现在的实力不足以除掉郭无为，因此，他表面上给郭无为加官封爵，暗中却在架空郭无为。

同年九月十三日，刘继恩在宫中大摆宴席，准备在席间将郭无为诛杀。然而，让他失望的是，郭无为没有赴宴。宴罢，刘继恩在勤政阁中休息，供奉官侯霸荣突然带领数十人持刀而入，反扣房门。刘继恩心知大事不好，忙翻身而起，藏于屏风之后，但很快便被侯霸荣找到，死于其刀下。

至于侯霸荣的弑君动机，一说他是受郭无为指使，一说他贪功，要将刘继恩的头颅献给宋太祖赵匡胤，所以才有了行刺之事。

英武帝刘继元

刘继元档案

生卒年	？—992年	在位时间	968—979年
父亲	何氏	谥号	英武皇帝
母亲	刘旻之女	庙号	无
后妃	不详	曾用年号	广运

刘继元，原姓何，睿宗刘钧的外甥兼养子，少主刘继恩之弟，五代十国时期北汉最后一位君主。

天会十二年九月，刘继恩为侯霸荣所杀，刘继元被司空郭无为拥立为帝。

广运六年（979年），刘继元在北宋军强大的压力下出城投降，被授予检校太师、右卫上将军，封彭城郡公。北宋太平兴国六年（981年），刘继元被加封开府仪同三司；北宋雍熙三年（986年），再被授予保康军节度使。

北宋淳化三年（992年），刘继元病逝于汴京，赠中书令，被追封为彭城郡王，谥号英武皇帝。

掌管北汉　联辽抗宋

刘继元本姓何，其母是北汉世祖刘旻之女。刘氏先嫁给薛钊，生下儿子刘继恩，后因夫妻感情不和，刘氏险些被薛钊谋害，薛钊也因此畏罪自杀。薛钊自杀后，刘氏改嫁何氏，又生下一子，即刘继元。因为自己膝下无子，刘钧便将两个外甥过继过来，收作养子。天会十二年七月，刘钧驾崩，刘继恩继位。至九月，刘继恩被供奉官侯霸荣杀害，在郭无为的拥立下，刘继元继任北汉皇帝。

刘继元以前信奉佛教，每天谈禅读经，性情淡泊，但继位以后却性格大变，暴戾无常，滥杀无辜。

当时，中原之外的十国大多为北宋所灭，仅剩南汉、北汉、南唐、吴越四国还在苟延残喘。其中，南唐、吴越已经表示愿向北宋投降，奉行大宋年号；南汉也无力抵抗宋军的进攻。唯有北汉勉强坚持与契丹联合，继续抵抗北宋的进攻。

大军压境　内部混乱

天会十三年（969年）春，宋太祖赵匡胤御驾亲征，率领大军下河东进攻北汉，击退契丹援兵，然后采取水攻的战术，修筑长堤，将汾水引入晋阳城。北汉依然坚守危城，至闰五月，晋阳南城被水冲破，大水涌进城内。郭无为欲投降北宋，被刘继元下令处死。经过北汉军民的努力，毁坏的城墙被重新堵上，危险暂时解除。

然而，在城外大军压境的情况下，北汉内部的倾轧仍在继续。刘继元继位不久，听信马峰的谗言，将大将郑进处死，同时宠信宦官卫德贵，解除吐浑军统帅卫俦的军职，将其调任辽州刺史。吐浑军数千人提出抗议，希望刘继元收回成命。刘继元见卫俦在军中如此得人心，更为忌惮，一怒之下将他处死。大将李隐为卫俦打抱不平，卫德贵便唆使刘继元将李隐送到岚州看管，不久又将其处死。吐浑军是北汉军队的主力，将士们看到统帅被杀，军心涣散，毫无斗志。

所幸当时正值天热多雨的季节，宋军驻扎在草地上，多患腹泻，战斗力大减。加上契丹又增兵前来支援北汉，赵匡胤见一时难以取胜，只得下令退兵，丢弃粮饷茶绢无数，皆为北汉所获。

兵败降宋　汴京善终

广运二年（975年），契丹与北宋达成和解，契丹国主派人劝刘继元也与北宋结好，免受战争之苦。刘继元接受建议，派使到北宋求和。过了不久，契丹和北宋分裂，北汉和北宋的关系也再次变得紧张起来。

广运六年（979年），宋太宗赵光义在消灭泉州和吴越的割据势力之后，重新调整兵力，御驾亲征北汉，由潘美等大将率领数十万大军，分四路出发，进入河东。开战之前，赵光义派人进城劝刘继元投降，许其一生富贵。但刘继元拒不投降，还派儿子刘让到契丹做人质，乞求援兵。契丹军前来增援，与宋将郭进在石岭关①相遇，双方激战一场，契丹将领耶律敌烈战死，将士伤亡不计其数。之后，契丹军不敢南下，使北汉处于孤立无援的境地。

同年四月，赵光义亲率大军自镇州进兵，很快攻破隆州，兵临晋阳城下。晋阳城西南的羊马城首先被宋军攻破，北汉宣徽使范超、马步军都指挥使郭万超相继投降。

五月四日，赵光义亲自起草诏书，再次劝刘继元归顺。刘继元无奈，只好投降。五月六日凌晨，受降仪式在晋阳城北的连城台上举行，赵光义亲自接受刘继元投降，封刘继元为特进、检校太师、右卫上将军、彭城郡公，赐给京师甲第一区，每年都优加赏赐。

刘继元投降后，被留在北宋都城汴京，于北宋淳化三年病逝。

注释：

①石岭关：古称"白皮关""石岭镇"，是忻州与太原的分界点。东靠小五台，西连官帽山。山势峻险，关隘雄壮，为历代兵家必争之地，是太原通往代、云、宁、朔的交通要冲。

十国·南汉

高祖刘龑

刘龑档案

生卒年	889—942 年	在位时间	917—942 年
父亲	刘谦	谥号	天皇大帝
母亲	段氏	庙号	高祖
后妃	马皇后、赵昭仪等	曾用年号	乾亨、白龙、大有

刘龑（yǎn），又名刘纻，初名刘岩、刘陟，封州刺史刘谦第三子，清海、靖海（交州）两军节度使及南海王刘隐之弟，五代十国时期南汉的建立者。

在兄长刘隐去世后，刘龑被任命为权知清海军留后，后梁授其清海军节度使，封南平王。后梁贞明三年（917 年），刘龑称帝，国号大越，建都番禺，次年改国号为汉，史称南汉。

大有十五年（942 年），刘龑驾崩，终年 54 岁，谥号天皇大帝，庙号高祖，葬于康陵。

建国南汉　为人友善

唐末，刘䶮的父亲刘谦任广州牙将，因镇压黄巢起义军有功，被提拔为封州刺史，拥兵上万，战舰百余艘。刘谦有3个儿子，长子刘隐、次子刘台为正室韦氏所生，三子刘䶮为小妾段氏所生。韦氏嫉妒心强，因为争风吃醋杀了段氏，但对刘䶮却动了恻隐之心，将他带在身边抚养。

刘谦去世后，长子刘隐承袭封州刺史之职，后改任清海军节度使；后梁时加检校太尉兼侍中，封南平王。刘隐死后，刘䶮继承兄位，出任清海军节度使。后梁贞明三年，刘䶮趁中原局势混乱，在番禺称帝，国号为大越，年号乾亨，次年又改国号为大汉，史称南汉。

刘䶮性格宽厚，乐于听取意见，不轻易与人产生矛盾。他的手下王定保起初极力反对他称帝，但他并不恼怒，而是派其出使荆南。王定保出使归来，发现木已成舟，懊恼之余难免发些牢骚，刘䶮也是一笑了之。

当时岭南是蛮荒之地，人烟稀少，很多唐朝的名臣将士获罪后多被流放于此。刘䶮称帝后，非常注重对这些人的任用。比如唐朝名门望族之后赵光胤，被刘䶮封为宰相。赵光胤因为思念家人而情绪低落，刘䶮便派人到中原将他的家眷接过来。赵光胤为此深受感动，此后全力辅助刘䶮。

为了促进岭南的经济发展，刘䶮鼓励发展经济贸易，当时"岭北商贾至南海者"，他"多召之"，还"与岭北诸藩岁时交聘"；同时大力招徕海商，使南汉获得了丰厚的利益。刘䶮也很重视文教事业，兴学校，倡教育，置选部，行贡举。因为自身好佛，他在位时还修建了不少佛教建筑，除了在皇宫内建有皇家寺庙，在广州城的4个方位也各建7间佛寺，合称"南汉二十八寺"。

对外，刘䶮采取睦邻友好的政策，尽量不发动战争，同时主动与其他国家联姻，以拉近关系，他自己娶了楚王马殷之女为皇后，又将女儿嫁给闽太祖王审知次子王延钧为妻。

年高志逸　患病身死

在政局安定下来以后，刘䶮开始享受生活，穷奢极欲，大兴土木，广建华美宫殿。宫中也有美人无数，他经常带着嫔妃四处游玩，花费巨大。晚年，刘䶮频繁地改换年号、名字，以求带来好运。

大有十五年年初，刘䶮身患重病，于是召右仆射、西御院使王翻商议册立太子之事。刘䶮共有19个儿子，其中，长子刘耀枢、二子刘龟图因病早逝，三子秦王刘洪度（即刘玢）、四子晋王刘洪熙（即刘晟）骄横，五子越王刘洪昌谦虚谨慎，倒是一个不错的人选。刘䶮决定让刘洪度镇守邕州，刘洪熙镇守容州，册立刘洪昌为太子。可诏书还没下达，崇文使萧益进宫问候病情，刘䶮问他对此事的意见。萧益劝道："自古以来，立太子当立长子，如果陛下执意立幼，恐将导致混乱，悔之晚矣！"刘䶮听了，只得打消立刘洪昌为太子的念头。同年四月，刘䶮驾崩。

殇帝刘玢

刘玢档案

生卒年	920—943 年	在位时间	942—943 年
父亲	高祖刘䶮	谥号	殇皇帝
母亲	赵昭仪	庙号	无
后妃	不详	曾用年号	光天

刘玢,原名刘洪度,又作刘弘度,高祖刘䶮第三子,五代十国时期南汉第二位皇帝。

刘玢初封宾王,后改封秦王。大有十五年四月,刘䶮病逝,刘玢继位,改元光天。

刘玢在位期间,骄傲奢侈,荒淫无道,不喜过问政事,又对兄弟、大臣充满猜忌,不听劝谏,以致政事废弛。

光天二年(943 年),刘玢被杀,终年 24 岁,谥号殇皇帝。

立嗣以长 侥幸即位

大有七年(934 年),刘玢担任总判六军之职,奉高祖刘䶮之命募集宿卫兵 1000 人。他很快招募了一些市井无赖,还给予非常优厚的待遇。同平章事杨洞潜向刘䶮进谏说:"秦王是南汉的皇位继承人,应该亲君子远小人。他身为三军统帅，如此治军不严，身边还围绕着一群小人，成何体统！"刘龑却不以为然地说："公无须担忧，此乃秦王教导他们治军之方，无妨！"此后便不再提及此事。

大有十五年四月，刘龑身患重病，为了防止不测，他打算册立太子。当时他的长子和次子已先后离世，三子秦王刘玢、四子晋王刘洪熙为人骄横任性，唯有五子越王刘洪昌孝顺谨慎，有智慧有见识，是适合的皇位继承人。于是，刘龑与右仆射兼西御院使王翻商议，打算派刘玢镇戍邕州、刘洪熙镇戍容州，立刘洪昌为太子。但崇文使萧益却认为立太子当立长子，如果执意立幼，恐将导致混乱。刘龑听了只得作罢。

四月二十四日，刘龑病逝，刘玢继位，改元光天，尊奉生母赵昭仪为皇太妃，并让弟弟刘洪熙辅佐朝政。

残暴无能　晋王篡权

刘玢继位后，骄横奢侈，不喜过问政事。还在丧殡之中，他就沉湎酒色，毫不收敛，白天守丧，夜间便饮酒作乐。对于自己看不顺眼的大臣和侍从，不管是否犯错，他说杀就杀，吓得大家都不敢随意说话，更别提劝谏了。越王刘洪昌和内常侍、番禺人吴怀恩多次劝阻刘玢不要随意杀人，但刘玢从来不听。刘玢对宗室成员、大臣疑忌很深，每次他在宫中摆酒设宴，邀集宗室成员和朝臣前来参加时，都会让宦官把守大门，每个人都要脱衣搜查后才能进门。

光天元年七月，岭南循州一带盗贼猖獗，为了与官府对抗，群盗推举博罗县吏张遇贤为首领，起兵叛乱。张遇贤自称"中天八国王"，改元永乐，设置百官，在海边烧杀抢掠，无恶不作。

张遇贤起兵后，刘玢任命弟弟越王刘洪昌为都统、循王刘洪杲为副都统，领兵前去讨伐。双方在钱帛馆相遇，由于叛军兵力强大，南汉军一时轻敌，导致作战失利，刘洪昌、刘洪杲被叛军所困。刘玢得知消息后，急忙派指挥使陈道庠等前去营救，二人才得以解围。但南汉境内靠东边的州县多被张遇贤攻陷。十月，张遇贤攻陷循州，杀死循州刺史刘传。

晋王刘洪熙觊觎皇位已久，看到刘玢昏庸无能，认为夺位时机已经成熟。刘玢喜爱手搏，刘洪熙便命指挥使陈道庠找来武士刘思潮、谭令禋、林少良、何昌廷等5人，在晋王府中练习手搏。刘玢知道后十分高兴，经常过来观看。光天二年七月八日，刘玢与诸王在长春宫一边宴饮一边观看手搏，直到夜晚才停止。刘玢喝得酩酊大醉，刘洪熙遂命陈道庠、刘思潮等人拖拽刘玢，将他活活撕拉而死。为了灭口，刘洪熙还下令将刘玢的随从全部杀死。

中宗刘晟

刘晟档案

生卒年	920—958年	在位时间	943—958年
父亲	高祖刘䶮	谥号	文武光圣明孝皇帝
母亲	不详	庙号	中宗
后妃	不详	曾用年号	应乾、乾和

刘晟，原名刘洪熙，高祖刘䶮第四子，殇帝刘玢之弟，五代十国时期南汉第三位皇帝。

刘晟初封勤王，后改封晋王。光天二年，刘晟杀兄夺位，自立为帝，改元应乾。

刘晟在位期间，荒淫暴虐，以威势刑法统治百姓，诛杀旧臣以及自己的兄弟子侄，任用宦官、宫女为政，使南汉国力急剧衰退。

乾和十六年（958年），刘晟驾崩，终年39岁，谥号文武光圣明孝皇帝，庙号中宗，葬于昭陵。

杀兄夺位　残暴荒淫

刘晟先后被封为勤王、晋王。光天元年，高祖刘䶮驾崩，三子刘玢继位。刘玢荒淫残暴，不得人心，一年后便被刘晟与越王刘洪昌联手杀死。百官诸王得知刘玢驾崩的消息后，都不敢进入宫廷。刘洪昌则带领宗室成员来到刘晟的寝殿，迎接他继皇帝位。刘晟继位后，任命越王刘洪昌为诸道兵马都元帅，总理朝政；循王刘洪杲为副元帅。

为了巩固皇权，迫使臣下归服，刘晟不惜采用酷刑打压。刘思潮在杀刘玢时立下大功，深得刘晟信任，但此人奸诈，心术不正，刘洪杲建议刘晟将他除掉。没想到刘晟是非不分，反而对刘洪杲心生怨恨，想要将他杀死，于是在夜半时分召他进宫。刘洪杲接到圣旨后，知道凶多吉少，便请使者稍候，然后沐浴净身，来到佛像前，说："洪杲一念之差，投生王宫，今日被杀后，愿来世投胎平民家中。"说完挥泪与家人告别，进宫后被杀。

为感谢弟弟刘洪昌的拥立之恩，刘晟对他予以提拔重用，其他兄弟也分别封官加爵。但刘晟仍然担心兄弟们像他一样篡权夺位，于是相继派人杀掉越王刘洪昌、镇王刘洪泽、韶王刘洪雅，后来又杀死齐王刘洪弼、同王刘洪简、益王刘洪建等兄弟8人及其家中所有男丁，又将女眷纳入宫中。杀死自己的兄弟后，刘晟连大臣们也不敢重用，只宠信身边的宦官。

坐井观天　妄自尊大

乾和六年（948年），刘晟发兵攻打南楚，3年后占领楚国宜州、连州等十地，并打败南唐援军。刘晟为此得意忘形，自以为南汉十分强大，完全不把邻国放在眼里。

后周世宗柴荣平定江北后，刘晟急忙派人前往后周朝拜，但使者行至南楚却遭到拦阻，无法继续前进。刘晟焦急万分，他仰观天象，发现牛女星间有月食，为大凶之兆，遂慨叹道："自古以来，无人可免一死！"从此放纵享乐。

乾和十六年秋，刘晟驾崩。

后主刘𬬮

刘𬬮档案

生卒年	942—980年	在位时间	958—971年
父亲	中宗刘晟	谥号	无
母亲	不详	庙号	无
后妃	李氏等	曾用年号	大宝

刘𬬮,原名刘继兴,中宗刘晟长子,五代十国时期南汉第四位皇帝。

刘𬬮最初被封为卫王。乾和十六年,刘晟驾崩,刘𬬮继位,改元大宝。

刘𬬮在位期间,荒淫昏庸,将朝政交给宦官、宫女及女巫,致使朝政混乱,国力大衰。

大宝十四年(971年),南汉为北宋所灭,刘𬬮投降,被北宋封为恩赦侯。宋太宗赵光义继位后改封他为卫国公。北宋太平兴国五年(980年),刘𬬮病逝于汴京,终年39岁,被追封为南越王,葬于广东韶关。

昏庸无知　女巫掌权

刘铱继位时年仅17岁，不懂朝政，宠信奸佞，将国事交给宦官龚澄枢及女侍中卢琼仙处理。龚澄枢最受信用，被封为左龙虎观军容使、内大师，享有至高无上的权力。他曾对刘铱说："朝中群臣都有家室，也有私心，不会尽忠报国。只有宦官、宫人无牵无挂，肯忠心为陛下效力。"

刘铱继位第二年，宦官将一个绰号叫"樊胡子"的女巫弄进宫中，说她是玉皇大帝附体。刘铱信以为真，还为她专设一帷帐，请她坐进去，传达玉帝旨意。女巫说刘铱是"太子皇帝"，龚澄枢等人是玉帝派下凡来辅佐他的。刘铱对此深信不疑，此后遇事均交由女巫决断。

不听良言　兵败被俘

北宋建立后，实力发展迅速。内常侍对刘铱说，北宋早晚要南下兴兵，或战或和，都要早做打算，但刘铱听了却不以为意。南唐后主李煜受命派人劝说刘铱投降北宋，刘铱不仅不降，还将使者扣留。

大宝十三年（970年），宋太祖赵匡胤派潭州防御使潘美率兵讨伐南汉。刘铱急命龚澄枢带兵抵抗，自己则逃回番禺。不久，北宋军接连攻取贺州、昭州、桂州、连州。十二月，潘美又进军韶州，很快拿下韶州。刘铱闻讯十分惊恐，下令修建番禺壕，准备防守，但宫中却没有一个能带兵打仗的将领。次年二月，北宋军逼近番禺，刘铱想带着满载珠宝的10余只大船出逃，不料却被宦官乐范等人将船盗走。刘铱无奈，只得向北宋投降，被押送到汴京。至此，南汉宣告灭亡。

北宋太平兴国五年，刘铱在汴京病逝，被赠授太师，追封为南越王。因为他是南汉最后一位君主，后人称之为南汉后主。

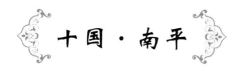

武信王高季兴

高季兴档案

生卒年	858—928 年	在位时间	924—928 年
父亲	不详	谥号	武信王
母亲	不详	庙号	无
后妃	张氏等	曾用年号	同光、天成、乾贞

高季兴，原名高季昌，字贻孙，陕州硖石人，五代十国时期南平政权（又称荆南）的开国君主。

朱温称帝建立后梁以后，高季兴被任命为荆南节度使，后获封渤海王。后梁灭亡后，高季兴向后唐称臣，被封为南平王。后唐同光四年，高季兴截获蜀地入朝贡物，又向后唐索要地盘。后唐明宗李嗣源罢黜高季兴，发兵征讨。高季兴不敌，辖地日蹙，遂向南吴称臣，被封为秦王。

后唐天成三年，高季兴驾崩，终年 71 岁，葬于湖北江陵龙山。其子高从诲继位后，重新向后唐称臣，因此后唐追封高季兴为楚王，谥号武信王。

家童称王　平步青云

高季兴早年从陕州流落到汴州，成为富商李让的家童。朱温占据汴州后，李让认其为义父，改名朱友让，高季兴也跟着投奔到朱温门下，任毅勇指挥使。唐天复二年（902年），朱温率军进攻凤翔节度使李茂贞。高季兴随行并献诈降计，将李茂贞军引出城外，成功攻破凤翔城。之后，高季兴被朱温封为宋州刺史。朱温攻取荆南后，任命高季兴为荆南节度观察留后。次年，朱温称帝，正式任命高季兴为荆南节度使。

后梁乾化二年，朱温遇害，高季兴见后梁朝廷内部混乱，已经无暇自顾，遂自立称王，在十国中称南平或者荆南。

国力衰弱　贪心惹祸

高季兴虽然称了王，但辖地非常狭小，只有江陵、峡州及归州，国力衰弱。尽管地处要冲，但四面都是强国，所以高季兴对谁都不敢得罪，全都讨好巴结，日子过得并不舒坦。

有一次，南楚派往后唐的使者史光宪自洛阳返回，带着骏马10匹、美女2名途经江陵，不料却被高季兴扣留，骏马、美女也被高季兴据为己有。楚王马殷十分气恼，派兵前去讨伐，很快进逼江陵。高季兴急忙将骏马、美女归还，才免去一场灾祸。

后唐天成三年，高季兴病逝。

文献王高从诲

高从诲档案

生卒年	891—948 年	在位时间	928—948 年
父亲	武信王高季兴	谥号	文献王
母亲	张氏	庙号	无
后妃	不详	曾用年号	乾贞、天成、长兴、应顺、清泰、天福、开运、乾祐

高从诲,字遵圣,武信王高季兴长子,五代十国时期南平政权第二位君主。

高从诲早年在后梁官至检校太傅,南平政权建立后,又担任马步军都指挥使、行军司马。后唐天成三年,高季兴驾崩,高从诲继位,时年38岁。

高从诲在位期间,仿效高季兴的做法,向各国称臣。契丹灭掉后晋后,他一面向契丹称臣纳贡,一面派人到太原劝河东节度使刘知远称帝,并请其登基后将郢州赐给南平。刘知远称帝后,高从诲再次提出请求,但却遭到拒绝。高从诲气恼之下,与后汉断绝了来往。但是,因为失去了北方商贾,南平的经济受到打击,他不得不派人前去求和。

后汉乾祐元年十月,高从诲病逝,终年58岁,谥号文献王。

继承父位　称臣后唐

高从诲早年在后梁历任供奉官、殿前控鹤都头、鞍辔库使、左军巡使、如京使、左千牛大将军、荆南牙内都指挥使、濠州刺史、归州刺史，官至检校太傅。高季兴打算自立为王时，高从诲直言规劝，但高季兴没有听从。后来高季兴建立南平政权，任命高从诲为马步军都指挥使、行军司马。

后唐天成三年，高季兴卧病在床，高从诲受命暂管军政事务。同年十二月十五日，高季兴病逝，高从诲继位。

高从诲继位后，对左右僚佐说："唐近而吴远，舍弃唐而臣服吴，这不是好方法。"于是通过楚王马殷向后唐谢罪，并给山南东道节度使安元信写信，请他上奏告知后唐明宗李嗣源，自己愿意重新称臣纳贡，李嗣源对此自然求之不得。后唐天成四年六月二十三日，高从诲自称前荆南行军司马、归州刺史，派押衙刘知谦上表请求归附后唐，并进献赎罪银3000两。李嗣源任命高从诲为荆南节度使兼任侍中。后唐长兴三年，高从诲被封为渤海王，加封检校太尉，两年后又改封南平王，加检校太师。

对内礼贤　处世圆滑

高从诲性情通达，礼敬贤士。大臣梁震是先朝遗老，被委以重任，高从诲称之为兄长，梁震则称呼高从诲为郎君。楚王马希范生活奢侈靡费，与他游乐谈笑的人都夸赞其盛况。高从诲对僚佐说："像楚王那样可以称得上是大丈夫了。"孙光宪却直言道："天子和诸侯，礼节上是有差别的。他一个乳臭未干的小儿，骄纵奢侈靡费，取得快意于一时，不作长远的思虑，不知哪天便要危亡，有什么可羡慕的啊？"高从诲愣怔片刻便觉悟了，说道："先生言之有理！"之后，高从诲对梁震说：

"我平生所受的奉养已经过多了。"自此以后,他舍弃玩赏喜好之物,专心阅读经史,省简刑罚,减轻赋税,南平辖境得以安定下来。

梁震见高从诲执政有方,产生了归隐之心,请求告老还乡。高从诲苦留不住,便替他在土洲建筑房子。梁震披着鹤氅,自称荆台隐士,每次到王府谒见,总是骑着黄牛直到听事的大厅。高从诲也时常去看望他,一年四季的赏赐极为丰厚。

高从诲对待朝臣亲密无间,对外则左右逢源,内外分明。他派使者送信给南吴权臣徐知诰,劝他登基称帝。徐知诰登基后,加封高从诲为守中书令。山南东道节度使安从进起兵造反,后晋朝廷派兵讨伐,高从诲赠军粮协助后晋军,得到嘉奖,加封守尚书令。但高从诲听信术士之言:该年有厄运,应当退避恩宠爵禄,于是上奏章坚决推辞。后晋朝廷派使者劝说,他仍然不接受任命。

高从诲还派使者向契丹进贡,契丹也赐给他马匹。高从诲又派使者到河东,劝刘知远登基称帝,并奉上贡礼,希望刘知远平定黄河、汴州一带后,能将郢州划给自己,刘知远假装答应下来。后来刘知远进入汴京,高从诲旧事重提,但却遭到拒绝。他不甘心,转而侵犯郢州,结果被郢州刺史尹实打得大败,遂与后汉断绝关系,依附南唐、后蜀。

和父亲高季兴一样,高从诲大肆截留各地途经南平的使者和财物,等到对方加以谴责或派兵讨伐,他不得已才把财物送还,一点也不感到羞愧。不久,后唐、后晋、契丹、后汉交替占据中原,南汉、闽国、吴国、后蜀均称帝,高从诲贪图各国的赏赐,四处称臣。

后汉乾祐元年十月,高从诲卧床病重,任命三子、节度副使高保融兼领内外事务。十月二十八日,高从诲病逝。

贞懿王高保融

高保融档案

生卒年	920—960 年	在位时间	948—960 年
父亲	文献王高从诲	谥号	贞懿王
母亲	不详	庙号	无
后妃	不详	曾用年号	乾祐、广顺、显德、建隆

高保融，字德长，文献王高从诲第三子，五代十国时期南平政权第三位君主。

高保融曾任太子舍人、检校司空、荆南节度副使、峡州刺史。后汉乾祐元年，高从诲病逝，高保融继位，时年29岁。

宋太祖建隆元年（960年），高保融病逝，终年41岁，追赠太尉，谥号贞懿王（一作正懿王）。

受封后周　劝降南唐

文献王高从诲在位时，高保融被任命为太子舍人、检校司空、荆南节度副使、峡州刺史等职。后汉乾祐元年十月，高从诲病重卧床，高保融兼领内外事务。十月二十八日，高从诲驾崩，高保融继位。之后，高保融先后被后汉朝廷任命为荆南节度使、同平章事、检校太尉、江陵尹等，后又加封检校太师，兼任侍中。

后周广顺元年，高保融被后周加封渤海郡王，几年后又晋封为南平王。后周世宗柴荣继位后，又加封他为守中书令。后周显德五年（958年）正月，柴荣发兵攻打南唐，高保融派出100艘战船、3000名士兵支援后周，联军直抵鄂州，将南唐军打得丢盔卸甲。

高保融见南唐败局已定，便派人前往南唐，劝南唐元宗李璟向后周称臣。李璟听从劝告，表示愿意向后周称臣。柴荣得知高保融给南唐写信的消息，非常高兴，遂下令停止攻打南唐，并诏令南平军队返回本国，赐给高保融百匹绢帛予以奖励。

劝蜀称臣　遭遇拒绝

后周显德四年六月，高保融听说后周有意对后蜀用兵，为了避免战争，他派人出使后蜀，劝说后蜀皇帝孟昶向后周称臣，但孟昶却不置可否。

同年十月，高保融再次写信给孟昶，规劝他向后周投降称臣，百姓方能免遭生灵涂炭。孟昶不敢大意，召集大臣们商议此事，宰相李昊说："如果称臣于后周，就是对先帝的侮辱；如果不称臣于后周，后周军队强大，必然来犯。不知众将是否做好了抵抗的准备？"众将都说："陛下圣明，蜀国地势险要，江山稳固，况且秣马厉兵长期备战，正是为了今日抵御外敌，岂可望风而降？我等定与国家共存亡！"孟昶遂决定与后周抗衡，并让李昊起草回信，拒绝劝降。

高保融将劝降失败的消息上奏后周，听说后周正调兵遣将，又主动请求率领水军赶赴三峡，得到柴荣的诏令嘉奖。

才能平庸　事决于弟

高保融性情迂腐，缺乏治理国家的才能，无论事情大小，都委托弟弟高保勖代为决策和处理。高保融有一个堂叔高从义,他觊觎王位,预谋作乱,被下属高知训告发,高保融大怒,下令将高从义流放到松滋并处死。

后周显德六年,后周世宗柴荣驾崩,其子柴宗训继位,高保融被加封为守太保。

北宋建隆元年,赵匡胤取代后周建立北宋,高保融担心自己的王位和性命不保,整天生活在担忧和恐惧之中,一年3次向北宋进贡。这年八月,高保融因病驾崩,谥号贞懿。因其子高继冲年幼,故遗命高保勖继位。

贞安王高保勖

高保勖档案

生卒年	924—962年	在位时间	960—962年
父亲	文献王高从诲	谥号	贞安王
母亲	不详	庙号	无
后妃	不详	曾用年号	无

高保勖,字省躬,文献王高从诲第十子,贞懿王高保融之弟,五代十国时期南平政权第四位君主。

高保勖颇有治事之才,绰号"万事休",曾任检校太尉,充任行军司马,兼任宁江军节度使。北宋建隆元年,高保融驾崩,高保勖继位,被北宋任命为荆南节度使。

北宋建隆三年(962年),高保勖去世,终年39岁,追赠侍中,谥号贞安王。

处事有方　继位放纵

北宋建隆元年,高保融因病驾崩,因为其子高继冲年纪尚小,便由其弟高保勖继位,总判内外军马事。随后,北宋朝廷任命高保勖为荆南节度使。

高保勖年少多病，体态瘦弱，但头脑聪明，颇有治事之才，深得父亲高从诲喜爱，辅助父兄处理过许多国家大事。据说高从诲脾气暴躁，旁人唯恐避之不及，只有高保勖敢于上前劝解。无论高从诲发多大的火，只要高保勖在场，总能加以化解，万事皆休。劝解的次数多了，高保勖被人们送了个绰号叫"万事休"。

有一年，后汉大臣田敏奉命出使楚国，路过南平，顺道拜访高从诲，受到了热情款待。席间，高从诲有意无意地打探中原的虚实，因为中原刚刚遭受契丹的洗劫，他言语中不免流露出一些轻蔑的意味。田敏自然不甘心被轻视，他从怀里掏出一卷经书，递到高从诲面前，说是受皇上之托特意给高从诲捎来的。高从诲不明所以，说："圣上知道我不识字，为什么会送我书籍？"田敏煞有介事地说："可我记得圣上曾亲口对我说大王您对古籍颇有精研，尤以老庄浸淫最深，怎么会不识字呢？"高从诲恍然大悟，知道田敏这是在故意羞辱自己，心中气恼万分，于是命令左右换大杯，要好好羞辱一下田敏。左右看到这种情况，知道事情要闹僵，急忙派人把高保勖找来。高保勖来后，三言两语便使二人化干戈为玉帛。经过此事，高保勖"万事休"的绰号被叫得更响了。

然而，高保勖继位前后可谓判若两人，自从当上南平国主，他便放纵荒淫，大肆营造亭台楼阁，花费人力物力无数，将朝政大事置于一边，使得大臣和百姓深感不满。

北宋建隆三年（962年）十一月，高保勖因病去世。

德仁王高继冲

高继冲档案

生卒年	943—973 年	在位时间	962—963 年
父亲	贞懿王高保融	谥号	无
母亲	不详	庙号	无
后妃	不详	曾用年号	无

高继冲，字成和（又作赞平），贞懿王高保融长子，贞安王高保勖之侄，五代十国时期南平政权最后一位君主。

北宋建隆三年，高保勖驾崩，高继冲继位。

北宋建隆四年（963年），宋军借口路过南平，趁机控制南平都城江陵城巷，高继冲被迫投降，南平宣告灭亡。

北宋开宝六年（973年），高继冲去世，终年31岁。

不听劝阻　忠臣自绝

贞安王高保勖在位时间不长，便于北宋建隆三年因病驾崩，临终前将王位传给侄子高继冲。

同年，湖南武平节度使周行逢去世，周保权嗣位，其手下大将张文表叛变，周保权忙向北宋求援。宋太祖赵匡胤派枢密副使李处耘率军讨伐张文表，同时授意他途经南平时可趁机拿下江陵。为此，赵匡胤还向高继冲下了一道诏令，称要借道南平。高继冲不敢怠慢，急忙以"供应王师"为名在境内加紧征集钱粮，搜刮百姓，赵匡胤闻讯，马上诏令他不得扰民。

当时，高继冲很信任节度判官孙光宪、复州防御使梁延嗣，让他们分别负责境内的税赋征收和军务之事。

李处耘率军抵达襄阳，与慕容延钊会合后，派人去通知高继冲，说大军将要路经江陵，军粮充足，只要准备一些柴草和茶水就行了。高继冲急忙召僚佐们商议此事，外来军队过境历来是各国的忌讳，众人一致建议予以拒绝。于是，高继冲以"百姓惊恐"为由，只准许在城外百里处招待大军，薪、水、粮可以保证供应。李处耘怀疑高氏已经觉察到自己的意图，但又不敢违背军令，只好再次派人去说服孙光宪、梁延嗣，请他们务必允许大军借道。南平大将李景威劝高继冲说："宋军拒绝我们如此优厚的条件，执意要进入江陵城，其意图非常明显，就是以收复湖湘为幌子，实则要吞并南平。请主公拨给我3000人马，让我去消灭宋军；您另派一支人马攻入湖南，活捉张文表献给宋廷，这样既可以保证南平的安全，又可以向宋廷复命。"

但高继冲却摇摇头，说："我看未必如此，我们每年都按时向宋廷进献贡物，从来不敢缺失，宋廷还不至于如此无情。何况，如果宋廷真的要消灭我们，我们也不是慕容延钊的对手。此时不可妄加猜测，若引起争端，岂不坏事？"李景威又想用天命鬼神说服高继冲，但高继冲仍然不听。眼看南平的灭亡已不可避免，李景威伤心欲绝，扼颈而亡。

执迷不悟　南平灭亡

高继冲命梁延嗣及叔父高保寅带着牛肉、烈酒，去宋营犒劳士卒，并暗中观察宋军的意向。李处耘对他们表现得十分客气，告诉他们第二天即可返回江陵。梁延嗣遂放下心来，让人向高继冲报告说："一切正常，尽管放心。"当天晚上，慕容延钊设盛宴招待梁延嗣，而李处耘则亲率轻骑数千人，火速赶往江陵。

高继冲得到报告后正暗自庆幸，忽然又有下属来报，称有一支北宋骑兵直奔江陵而来。高继冲连忙命令将领们布置防务。为了拖延时间，他打马出城迎接北宋军，在距城 15 里处与李处耘相遇，正要下马寒暄，却见李处耘大手一挥，便有几名士兵冲过来，将他控制住，押往慕容延钊处。之后，李处耘率军直奔江陵城，趁城中军队还没有集结完毕，登上北门城楼，迅速控制了整座城池。中午时分，慕客延钊带领高继冲与大队人马一起缓缓向江陵而来。高继冲见江陵已在北宋军控制之中，只好投降，并将归降北宋的消息传达给归、峡二州。至此，南平宣告灭亡，北宋兵不血刃地占领了南平三州十七县。

南平灭亡后，高继冲被任命为荆南节度使。不久，高继冲举族归朝，被任命为武宁军节度使。

北宋开宝六年，高继冲去世，追赠侍中。因为他镇守彭门时政绩颇丰，百姓请求将他留葬当地，但没有得到宋太祖赵匡胤的允许，其葬处至今不明。

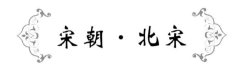

宋朝·北宋

太祖赵匡胤

赵匡胤档案

生卒年	927—976 年	在位时间	960—976 年
父亲	赵弘殷	谥号	启运立极英武睿文神德圣功至明大孝皇帝
母亲	杜氏	庙号	太祖
后妃	贺氏、王氏、宋氏等	曾用年号	建隆、乾德、开宝

赵匡胤，字元朗，小名香孩儿、赵九重，涿郡人，护圣都指挥使赵弘殷之子，北宋的开国皇帝。

赵匡胤在后汉时投身郭威麾下，后来受到后周世宗柴荣的重用，在征伐南唐时立下汗马功劳，被任命为殿前都点检，掌管殿前禁军。后周显德六年，柴荣驾崩，后周恭帝柴宗训继位。不久，赵匡胤受命抵御北汉与契丹联军，其部下在陈桥发动政变，拥立他为帝。赵匡胤当即下令大军返回京城，迫使柴宗训禅位，然后登基称帝，改元建隆，国号为宋，定都汴京，史称"北宋"。

开宝九年，赵匡胤驾崩，终年50岁，谥号英武圣文神德皇帝，庙号太祖，葬于永昌陵。大中祥符元年（1008年），加谥启运立极英武睿文神德圣功至明大孝皇帝。

陈桥兵变　黄袍加身

赵匡胤生于洛阳夹马营，从小不爱读书，而喜欢骑马射箭，练习武艺。长大以后，他十八般武艺样样精通，尤其擅长棍法，天生神力，能将一根36斤的铜棍舞得出神入化。

五代乱世时期，赵匡胤的父亲赵弘殷受赵王王镕指派，率五百铁骑驰援后唐庄宗李存勖，为李存勖所重用，升为禁卫军军官。但在赵匡胤出生后十几年的时间，朝代两度更迭，其父赵弘殷在李存勖被杀后备受冷落，家里的生活逐渐困难起来。赵匡胤一心想干一番轰轰烈烈的事业，于是告别父母和妻子，去实现自己的抱负。

赵匡胤一路南下，穷困潦倒，受尽冷嘲热讽。据说有一天，他来到襄阳一座名叫龙兴寺的寺庙，主持见他方面大耳，谈吐不凡，难掩富贵之相，便从柜子中取出一个黄绸布包裹和一根浑天棍递给他，说："我用我的所有资助你，南方地区相对稳定，而北方却是战火纷飞，乱世出英雄，你北去为好。"赵匡胤接受住持的建议，往北方进发。后汉乾祐元年，赵匡胤在北上途中遇到了后汉枢密使郭威。郭威当时正在河北邺都招兵买马，赵匡胤便投到郭威麾下，跟随他征讨李守贞，屡立战功。

后周广顺元年，郭威发动政变，建立了后周，赵匡胤补东西班行首，拜滑州副指挥。郭威的养子、开封尹柴荣见赵匡胤能力非凡，便将他调到自己帐下，任开封府马直军使。

后周太祖郭威病死，柴荣继位后，御驾亲征北汉，发动了巴公原之战。当时北汉军人数居多，后周军中又有右翼战阵的军将逃跑、投降，危急时刻，赵匡胤与禁卫军统将张永德各率2000人马，奋勇破敌。最终，后周军队取得了胜利。战后，柴荣封赵匡胤为殿前都虞候[①]，领严州刺史。而后，赵匡胤又跟随柴荣征讨南唐，平扬州，下寿春，得泗州，威震江南。

班师回朝后，赵匡胤因在战斗中表现英勇，成为禁军的高级将领，被柴荣委以整顿禁军的重任。在这个过程中，赵匡胤结交了禁军的不少高级将领，其中，石守信、杨光义、王政忠、王审琦、李继勋、刘守忠、刘庆义、刘廷让、韩重赟与赵匡胤结为"义社十兄弟"。随后几年，赵匡胤又陆续将自己的亲信罗彦环、潘美、米信、张琼、田重进、王彦升等人任命为禁军的各级军官，从而控制了禁军。他还网罗了一批谋士如赵普、吕余庆、沈义伦、楚昭辅等，他的弟弟赵光义也加入了他的智囊团。

随着权势日重，赵匡胤的野心也越来越大。这个时候，后周太祖郭威的女婿张永德②和外甥李重进成了他前进道路上的绊脚石。后周显德五年（958年），赵匡胤在跟随柴荣北征途中，故意写了一块"点检做天子"的木牌，并让柴荣看到。柴荣立刻起了疑心，病危的时候仍念念不忘那块神秘的木牌，想到张永德手握重兵，经常与李重进争权夺利，不由得担心张永德发动政变，于是下令解除张永德的都点检之职，然后让赵匡胤继任该职。之后，在赵匡胤的设计下，李重进也被柴荣贬到外地当节度使。

后周显德六年六月，柴荣驾崩，继位的柴宗训是个小娃娃，只知玩耍嬉戏，朝政由出身宿将世家的符太后把持。后周显德七年正月初一，忽然传来契丹联合北汉大举入侵的消息，符太后忙召集大臣们商议对策。宰相范质说："太后无须担忧，殿前都点检赵匡胤忠勇绝伦，战无不胜，可任他为主帅，调集各路兵马，前去迎战，北寇必望风而降。"符太后听后准奏，但赵匡胤却假意推托兵少将寡，不能出战。范质只得授予赵匡胤最高军权，可以调动全国兵马。韩通闻讯赶来想要劝阻，却木已成舟。

赵匡胤统率大军行至陈桥驿宿营，当天晚上，赵匡胤的一些亲信在军中散布谣言说："今皇帝幼弱，不能亲政，我们为国效力破敌，有谁知晓？不若先拥立赵匡胤为帝，然后再出发北征。"将士们的情绪很快被煽动起来。赵匡胤的弟弟赵光义和亲信赵普见时机已经成熟，便让人将一件事先准备好的黄袍披在假装醉酒的赵匡胤身上，并拜于庭下，山呼万岁，欲拥立赵匡胤为帝。赵匡胤装作无可奈何的样子说："你们自贪富贵，立我为天子，能从我命则可，不然，我不能为若主矣。"拥立者一齐表示"唯命是听"。这就是历史上著名的"陈桥兵变"。

正月初四，赵匡胤率军回师汴京，守备都城的禁军将领石守信、王审琦等人都是赵匡胤的好友，也参与了兵变的谋划，被留在京城做内应。他们得悉兵变成功，高兴地打开城门接应，赵匡胤兵不血刃就控制了汴京。随后，柴宗训被迫禅位，赵匡胤顺利登基称帝，以宋为国号，定都汴京。赵匡胤改封柴宗训为郑王，并严令不得惊犯符太后和柴宗训，不得欺凌后周公卿，不得侵掠朝市府库，服从命令者有赏，违反命令者诛杀全族。他在对待周室方面显示出宽大的胸怀，还特意命人刻了一块石碑，命子孙后代凡继承皇位者，必须厚待周室，且不得滥杀士大夫及上书言事的官员，否则必遭天谴。

赵匡胤称帝后，昭义军节度使李筠和淮南节度使李重进先后起兵造反。在赵普的精心谋划下，赵匡胤御驾亲征，先后击败李筠和李重进，使北宋在原后周统治区基本稳住了局势。

南征北战　平定天下

赵匡胤建立北宋后，虽然在不到一年的时间内就稳定了政局，但是在宋朝的版图外，北边有劲敌辽国及受辽国控制的北汉，南方有吴越、南唐、南平、南汉、后蜀等割据政权，如何统一天下成了他必须考虑的事情。他认为应先北后南，但赵普却不同意，认为：防北攻南，先南后北，太原当西、北二面，太原既下，则我独当之，不如姑俟削平诸国，则弹丸黑子之地，将安逃乎！赵匡胤听了茅塞顿开，决定先消灭南方各个割据势力，后消灭北汉，这也就是后人归纳的"先南后北，先易后难"方略。

荆湖地区南通南汉，东接南唐，西迫巴蜀，战略地位重要。当时荆湖地区有两股割据势力：一方是以江陵为中心的南平政权，一方是割据湖南以朗州为中心的周行逢政权。

建隆三年，割据湖南的武平军节度使周行逢病逝，其幼子周保权嗣位。盘踞衡州的张文表不服，发兵攻占潭州，企图取而代之。周保权一面派兵抵挡,一面派人向北宋求援。赵匡胤抓住这个有利战机,立即以慕容延钊为湖南道行营都部署、李处耘为都监,并授"假途灭虢"之计,出兵湖南,借道南平,继而灭之。当时荆南节度使高继冲的军队只有3万人马,且内困于暴政,外迫于诸强。乾德元年(963年),北宋军兵临江陵府,要求借道过境,高继冲昏庸无能,还以礼相待之。北宋军进入江陵城后,迅速占领城中主要位置,控制了城中局势。高继冲见大势已去,只得奉表称臣,南平政权遂亡。接着,北宋军继续向湖南进发,兵分两路,直逼朗州,擒获周保权,平定了湖南。

赵匡胤以借道妙计吞并了荆湖地区,彻底切断了后蜀与南汉的联系,使后蜀孤立无援,成为北宋下一个消灭的目标。

后蜀皇帝孟昶荒淫奢侈,政治腐败,荆湖地区被北宋吞并后,他深感无望,宰相李昊也劝他主动向北宋称臣,但却遭到山南节度使王昭远的反对。孟昶一直对王昭远言听计从,于是拒绝李昊的提议,将国事全部交给王昭远打理。王昭远写信让部将赵彦韬前往太原寻求北汉的支援,没想到赵彦韬正欲投奔北宋,便将这封信送给赵匡胤做见面礼。

乾德二年(964年)十一月,赵匡胤以孟昶暗中与北汉勾结,企图夹击宋朝为借口,兵分两路向后蜀进军。孟昶荒淫腐朽,文武大臣也醉生梦死,整天填词作赋、斗鸡狎妓,而王昭远只会纸上谈兵,并无实战经验,因此蜀军士气低落,根本无法抵挡北宋军的凌厉攻势。北宋军两路兵马势如破竹,迅速进逼成都,很快攻破剑门,王昭远也被俘虏。与此同时,后蜀的三峡防线也被北宋军的西路军攻破,北宋军直抵夔州。北宋将领根据赵匡胤的指示先夺浮桥,攻下夔州,打开了由长江入蜀的大门。乾德三年正月,北宋两路人马会师于成都,孟昶投降献表称臣,后蜀遂亡。

开宝三年(970年)九月,赵匡胤任命大将潘美为贺州道行营兵马都部署,率兵攻打南汉。南汉后主刘铱负隅顽抗,但南汉的很多将领都在内部斗争中被他残杀,掌握兵权的几乎全是宦官,战斗力很差。此外,刘铱耽于玩乐,不重军备,将许多城壁壕沟改成宫馆池沼,战船改为游船,就连兵器也因长期废置而生锈腐烂。由于实在无法阻挡北宋军的进攻,南汉君臣只好投降。

南汉灭亡后，南唐处于宋朝的三面包围之中，处境十分危险。北宋刚刚建立时，南唐元宗李璟便已向北宋称臣，现在在位的是后主李煜，李煜天资聪颖，文采出众，却不喜政事，只因几个兄长早夭，无奈之下才继承皇位。他继位后，仍然沉湎享乐，苟且偷安，主动上表北宋，去国号，改称"江南国主"，但是这些并没有改变南唐被灭的命运。开宝七年，赵匡胤要求李煜亲自到汴京朝拜，李煜知道此行凶多吉少，遂以患病为由没有前往。之后，赵匡胤又派李穆出使南唐以战争相威胁，但是李煜铁了心就是不肯前往汴京。同年九月，赵匡胤以南唐竭力顽抗不朝为由，派曹彬率10万大军进攻南唐。北宋军长驱直入，很快包围了金陵，李煜自知不敌，主动开城投降，南唐宣告灭亡。

赵匡胤先后消灭了南平、湖南、后蜀、南汉、南唐等割据政权，同时又加强了对北方契丹的防御，充分展示了他出色的政治才能和军事领导能力。至此，"先南后北"方略中的"先南"部分已经完成，接下来就轮到北方了。

开宝元年（968年）、开宝二年（969年），赵匡胤两次出兵攻打北汉，但都因契丹出兵援助，无功而返。但赵匡胤也做好了长远打算，将北汉边境的居民尽量内迁，坚壁清野，又断绝北汉的商路，致使北汉凋敝不堪，为攻灭北汉打下了坚实的基础。开宝九年十月，赵匡胤第三次进攻北汉，不料他突然驾崩，其弟赵光义继位后，认为北汉有辽国支援，一时难以取胜，遂下令撤兵。太平兴国四年（979年），赵光义亲自统兵进攻北汉，包围了太原城。北宋军在石岭关附近打败了辽国派来支援北汉的军队，北汉投降。

至此，北宋结束了五代十国的混乱局面，基本上完成了国家的统一。

未雨绸缪　巧收兵权

建隆初年，接连发生的李筠、李重进两起节度使叛乱，使赵匡胤认识到，必须将军权牢牢地抓在自己手中，才能让大宋王朝长久延续，于是就有了历史上著名的"杯酒释兵权"的典故。

有一天,赵匡胤问大臣赵普:"自唐亡以来,江山数易他手,天下刀兵不断,致使黎民苍生陷于水深火热之中。现在朕坐了江山,有意从此息天下之兵,使我大宋长久下去,不知爱卿有何良策?"赵普分析认为,天下纷乱,究其原因无非是藩镇割据,节度使拥兵自重,各自为政,而君主力量薄弱,奈何他们不得,若想国运长久,必须将这些臣子的权力收回,使之无法调动军队。赵匡胤听了恍然大悟,年关刚过,他便迫不及待地找了个借口,将殿前都点检、镇宁军节度使慕容延钊贬为山南东道节度使;将侍卫亲军都指挥使韩令坤降为成德节度使,派石守信接任。

石守信本来和赵匡胤就是好友,而且又在"陈桥兵变"中立下大功,现在得到提升,高兴得有点忘乎所以。赵匡胤见状心中不悦,赵普看在眼里,劝他道:"以石守信的为人,自然不会背叛陛下。但是,只怕有一天,他的部下贪图富贵,坚持拥立他,恐怕他也身不由己啊!"一语惊醒梦中人,为了避免旧事重演,赵匡胤经过深思熟虑,决定将高级将领的兵权全部解除。

一天早朝散后,赵匡胤特意将石守信、高怀德、王审琦、张令铎等当初跟随自己南征北战、掌握重兵的将领留下来,命人摆上酒宴,大家边饮边谈。酒酣之时,他突然屏退左右,然后深深地叹了口气,现出一脸愁容,沉默不语。众人都觉得奇怪,便问他为何叹气,赵匡胤便委婉说明了自己的担忧。众人闻言大惊失色,知道皇帝对自己有了猜忌之心,于是问如何才能消除皇上的担忧。赵匡胤意味深长地说:"人生在世,短暂如白驹过隙,真正想要得到富贵的人,都是以金钱为重,使子孙后代免于贫困,过着富足而无忧的生活。卿等不如放弃兵权,朕自会赏赐大量金银,你们衣锦还乡,多置良田,广建豪宅,为子孙后代留下享受不完的基业,姬妾成群,日日笙歌,以终天年。你我君臣既可免去猜忌,又能和谐相处,岂不美哉?"

石守信等人自然不敢违抗,回家后连夜拟写奏表,以自己年老多病、无法伴君为由,请求交出兵权,回乡颐养天年。赵匡胤欣然同意,收回了他们的兵权,又一一厚赏,任命他们为节度使,但并不让他们赴任,只待在京城中享清福。

之后,赵匡胤又废除了殿前都点检、侍卫亲军马步军都指挥司等职,禁军分别由殿前都指挥使司、侍卫马军都指挥使司、侍卫步军都指挥使司,即所谓的三衙统领。这三衙的长官都是一些资历浅、威望不高,又安分守己、容易控制的官员。

解除石守信等人的兵权后,赵匡胤仍不时慰问他们,并主动与他们结成姻亲,形成亲密无间的关系,使皇权得到进一步巩固。比如,他将自己寡居的妹妹燕国长公主嫁给高怀德,还将女儿延庆公主、昭庆公主分别嫁给石守信之子石保吉和王审琦之子王承衍,又将张令铎的女儿聘为三弟赵光美之妻。

赵匡胤通过"杯酒释兵权"的方式成功地掌握了军政大权,但地方上仍然有一些节度使拥兵自重,成为威胁朝廷的隐患。不久,赵匡胤故技重施,将这些节度使召到京城,在御花园摆酒设宴招待,轻易便将地方上的兵权收归朝廷。赵匡胤还建立了一套新的军事制度,从地方军队中挑选精兵编成禁军,由皇帝直接控制;各地方官也由朝廷委派等。这一系列措施,使刚刚建立的北宋避免了内部纷争,政局逐渐稳定下来。

文治武安　刚柔并济

宋初的军队分为禁军、厢兵③、乡兵④、蕃兵⑤四种。禁军是军队的主力,驻扎在京师的禁军分别由三衙——殿前都指挥使司、侍卫马军都指挥使司、侍卫步军都指挥使司统辖,三衙只在平时负责禁军的管理和训练,无权调动。禁军的调动权归枢密院,枢密院直接听命于皇帝。禁军外出作战,由皇帝派遣将帅并亲自制定作战方略,将领不得擅改。禁军的选练、建置、驻守、出征、行军、作战等一切权力都集中于皇帝之手。

为了适应中央集权的需要,赵匡胤还将国事分为政事、军务和财政三大系统,相互平行,由皇帝直接统属。他另设御史台等机构,使地方权力集中到朝廷后，又进一步集中在皇帝手上。

为了巩固尚在襁褓中的赵宋王朝，赵匡胤通过采取"收其精兵，稍夺其权，制其钱谷"三大纲领，以"杯酒释兵权""削弱相权""罢黜支郡""强干弱支""内外相维""三年一易""设置通判""差遣制度"等，将军权、行政权、司法权、财政权牢牢控制在自己手中。宋代官制有官、职、差遣之分。"官"是一种等级待遇，供定薪之用，表示禄位、品级的高低；"职"只是一种虚衔，如学士、待制等，不是职务；只有"差遣"才是实际职务，握有实权。这一系列政治措施，一举改变了藩镇割据、武夫乱政的状况。

赵匡胤深知武以安邦、文以治国的道理，奉行"文以靖国"，营造国家"文治盛世"。他充分吸取唐朝、五代时科场积弊的教训，在科举考试中采取锁院制[6]、弥封制[7]、誊录制[8]、别头试[9]等措施。同时设立"誓牌"，采取尊孔崇儒、创设殿试、厚禄养廉等一系列重大举措，彻底扭转了唐末以来武夫专权的局面，使宋代的文化空前繁盛。

赵匡胤知人善任，尊重和重用读书人。据说有一次，他遇到一个疑难问题，问宰相赵普，赵普回答不出；再问学士陶谷、窦仪，他们准确地回答出了。赵匡胤深有体会地说："宰相须用读书人！"他在用人方面从不讲资历，时常让臣下注意选拔有才能的人担当重任；自己也随时留心内外百官，看看谁有什么长处和才能。

为了发展经济，赵匡胤发奋图强、励精图治，对黄河也下了很大的力气进行治理。建隆三年（962年），赵匡胤下令在黄河沿岸修堤筑坝。每年春天他都下令仔细巡察，力求防患于未然。除了黄河之外，他对汴河、蔡河等主要河流也进行了治理，对于农业经济的稳定、商品的流通起到了重要作用。乾德二年，赵匡胤下令将各地每年所收的民租和专卖收入，除地方支用外，一律运往京师，地方不得占留。他所施行的减轻徭役、赋税专收、以法治国、兴修水利、发展生产、澄清吏治、劝奖农桑、移风易俗等一系列决策，使遭受200年战乱的中华大地得以尽快恢复，百姓得以休养生息，宋朝快速走向空前繁荣的盛世，出现了历史上享有盛名的"建隆之治"。

猝然离世　千古疑案

开宝九年十月十九日夜，赵匡胤召其弟赵光义入宫，两人屏退左右，在寝宫喝酒聊天。

之后赵匡胤就寝，四更时分，赵匡胤驾崩。宋皇后叫内侍王继恩去找皇子赵德芳。王继恩考虑到赵匡胤早就打算传位于晋王赵光义，便找来了赵光义。赵光义进宫后，听到动静的宋皇后问："是德芳来了吗？"王继恩却回答："晋王来了。"

宋皇后正要发火，却突然醒悟过来，赵光义来都来了，搞不好自己母子命都要没有了，随即哭着对赵光义说："官家，我母子的性命，都托付给你了。"赵光义遂于灵前继位，是为宋太宗。

关于赵匡胤的死因，在正史资料中鲜有记载，杂书野史中说法众多，有的说是因饮酒过量，有的说是由于腹部脓疮发作，也有的说是赵光义弑君。

注释：

①殿前都虞候：官名。五代后周始置，掌殿前诸班军纪整肃。宋朝殿前司沿置，为统兵官之一，位副都指挥使下，以刺史以上充，徽宗政和四年（1114年）定其位在正任防御使上。

②张永德（928—1000年）：五代至北宋初年大将，后周世宗时官至殿前都点检。入宋受太祖宠遇，加兼侍中，授武胜军节度使。参与了对北汉、南唐、契丹的战事并屡立战功，后拜左卫上将军，封邓国公。真宗继位，封卫国公。咸平三年（1000年）授检校太师、彰德军节度使、知天雄军。

③厢兵：宋代承担各种杂役的军队。北宋初，将各地藩镇的精兵抽调中央，剩余的老弱残兵留在本地，另加新设供劳役的军队，组成厢兵。从事各种劳役，诸如修建、运输、邮传等，劳役极其沉重，军俸却很微薄，死亡和逃亡现象严重。

④乡兵：自唐朝以募兵取代府兵后，五代后晋时开始征集乡兵，规定每税户七家共出一兵，军械自备。宋朝沿袭五代后周的遗制，陆续设置各种番号的乡兵，其中除遍行全国的保甲外，其他番号的乡兵都是地区性的。乡兵与禁兵、厢兵不同，不脱离生产。多数乡兵是征兵，一般是在若干名壮丁中选拔一名壮健者充当，农闲定期校阅，在校阅时发放一些钱粮。少数乡兵是募兵，如在宋与西夏接壤地区，招募弓箭手垦荒种地，缴纳地租，守护边土。

⑤蕃兵：宋朝西北边境由北方少数民族组成的地方兵种，存在时间短，从正式建立到消亡仅百余年时间。

⑥锁院制：即一经任命为知贡举（即考官）的官员必须立即锁宿，在大约50天的锁院期间不得回家，不准见亲友或与院外臣僚交往，以避免考官向亲朋好友泄露试题。

⑦弥封制：指把试卷上填写姓名的地方折角或盖纸糊住，以防止舞弊。这也是后世考试中密封试卷制度的起源。

⑧誊录制：所谓"誊录"，就是抄写试卷，是宋朝杜绝舞弊的方法之一。举子的亲笔试卷称真卷，誊录后送归封弥官存档；誊录的卷子称草卷，送给考官评阅。

⑨别头试：即回避制度。为了限制官僚子弟和士族子弟应试的特权，宋代规定食禄之家的子弟参加科举考试时必须加试复试，主考官的子弟、亲戚参加考试另立考场，另派考官，即"别头试"。

太宗赵光义

赵光义档案

生卒年	939—997年	在位时间	976—997年
父亲	赵弘殷	谥号	至仁应道神功圣德文武睿烈大明广孝皇帝
母亲	杜氏	庙号	太宗
后妃	尹皇后、符皇后等	曾用年号	太平兴国、雍熙、端拱、淳化、至道

赵光义，本名赵匡义，因避其兄宋太祖赵匡胤名讳而改名，继位后又改名赵炅，北宋第二位皇帝。

早年，赵光义随赵匡胤出征，参与了"陈桥兵变"，拥立赵匡胤为帝，后来又领兵南征北战，为北宋的统一大业做出了不小的贡献。开宝九年，赵匡胤突然驾崩，赵光义继位，改元太平兴国。

赵光义在位期间，继承赵匡胤的遗志，完成国家统一大业，力图改变武人当政的局面，确立文官政治。这些措施顺应了历史潮流，为宋朝的社会发展和稳定起到了积极作用。但是，他在军事上急功近利，以致几次北伐契丹均遭遇挫折。他意识到自己在军事上的短板，遂放弃用兵，将精力转移到内政治理上，取得了一定的成效。他晚年循规蹈矩，使宋朝出现了积贫积弱的局面。

至道三年（997年）三月，赵光义因病驾崩，终年59岁，谥号神功圣德文武皇帝,庙号太宗,葬于永熙陵,后累加谥为至仁应道神功圣德文武睿烈大明广孝皇帝。

拥兄称帝 兄弟情深

赵光义小时候非常聪明,但不大合群,附近的伙伴都很畏惧他。由于出身武将世家,他自幼受到家庭的熏陶,艺高人胆大,10多岁便跟随父亲征战沙场,多次与敌军交锋,战无不胜。后周显德七年,他与赵普联合,逼赵匡胤黄袍加身,建立了北宋,他也被任命为殿前都虞候、领睦州防御使。同年五月,赵匡胤御驾亲征,讨伐昭义军节度使李筠,赵光义担任大内都检点,留守汴京,代理皇帝之职。随后,赵光义又被任命为泰宁军节度使。十月,赵匡胤再次出征,讨伐淮南节度使李重进,赵光义又担任大内都部署,留守汴京,代理皇帝之职。建隆二年,赵光义被任命为开封尹、同平章事,兼中书令。

赵匡胤性格忠厚,为人宽宏大量,尤其对赵光义,有着非常深厚的兄弟情义。据说有一次,赵光义生病,赵匡胤前去探望,亲手为他艾灸,赵光义痛得叫了出来,赵匡胤就自灸给他看,鼓励他忍耐。每有军国大事,赵匡胤也大多找他商量。

开封尹是国家都城的最高行政长官,对国家的政务起着承上启下的作用。从建隆初年到开宝初年,赵光义一直担任开封尹。这一时期对他以后的人生起到了决定性的作用,很好地锻炼了他处理政务的能力,也使他结交了一批豪杰、谋士,大大提高了威望,增强了实力,为以后治国安邦打下了坚实的基础。

中原统一 北边失策

赵光义继位后,认为必须尽快取得一些治国成就,以使众将臣服,提高自己的威望,巩固自己的地位。恰巧这时,原南唐清源军节度使陈洪进前来朝贡，赵光义十分高兴，封陈洪进为检校太师。继陈洪进之后，又有吴越王钱俶也愿意献出所辖州一郡，共68县、5.56万民户和兵士11万余人，并去掉吴越国号。赵光义封钱俶为淮海国王，并对其子弟一一封官。与此同时，赵光义对反抗自己纳土的官吏进行了镇压。自此，他完成了一部分赵匡胤没有完成的事业——统一南方，之后便将精力放在了北方。

太平兴国四年（979年）正月，赵光义任命宣徽南院使潘美为北路都招讨制置使，率领大将崔彦进、李汉琼、刘遇、曹翰、米信、田重进等人，兵分四路，将北汉都城太原围得水泄不通。北汉英武帝刘继元见北宋大军压境，十分恐慌，急忙向辽国求援，但辽国在开宝八年已经和北宋签订互不侵犯条约。为了防备万一，赵光义亲自到太原督战，下令在太原城外筑起一圈高高的围墙，断绝城内外的一切联系。双方僵持数月后，城内守军终于支撑不住，纷纷出来向北宋投降。至此，北汉灭亡，五代十国的割据局面彻底结束。

太平兴国四年，赵光义又御驾亲征，兵不血刃便轻取易州、涿州，然后直逼辽国南京，由大将宋偓、崔彦进、刘遇、孟玄喆各率一部，四面攻击。辽守将耶律学古拼死抵抗，双方激战数日，僵持不下。这时，忽然传来辽国援军将至的消息，赵光义率兵到高梁河迎敌，只见数万辽兵已经渡过高梁河，杀奔过来。此前，宋军士气高涨，直杀得辽军人仰马翻，连连败退。但两支前来支援的辽军人马忽然杀了过来，战场形势陡然翻转，宋军难以抗御，向后败退。赵光义也遭到辽将耶律休哥的攻击，危急时刻，大将辅超、呼延赞等人赶来救下了赵光义。

为了挽回高梁河战败的面子，雍熙三年正月，赵光义准备再次御驾亲征，但却遭到大臣们的劝阻，他们认为京师乃天下之根本，皇帝不应离开京师，直接派大将领兵前去征讨即可。赵光义对上次险些丢命的事仍心有余悸，遂顺水推舟，改派曹彬、米信出雄州，田重进出飞狐，潘美、杨业出雁门，统领30万大军北上伐辽。

这三路大军到了边境，先后向辽军发起进攻，初期倒是取得了一些胜利，但是随着军队的深入，加上统军潘美指挥失误，各路军消息闭塞，无法合作，纷纷失利。大将杨业在战斗中身受重伤而被俘，但他拒绝投降，绝食三日而死。消息传出后，云、应、朔等州守将纷纷弃城逃跑，辽军乘胜追击，直入宋境，在深、德、邢等州大肆抢掠，使当地百姓遭受巨大损失。

太平兴国五年（980年），知邕州太常博士侯仁宝上奏朝廷，希望趁交趾内乱之机出兵征讨，以恢复旧唐故土。于是，赵光义任命侯仁宝为交趾陆路水路转运使，兰陵团练使孙全兴、八作使张濬、鞍辔库使陈钦祚等为兵马都部署，宁州刺史刘澄、军器库副使贾湜、供奉官阁门祗候王僎为兵马都部署，出兵征讨交趾。太平兴国六年（981年），双方在白藤江交战，宋军先胜后败。

端拱元年八月，辽国再次发兵攻取北宋涿州、忻州、新乐三地。边境告急文书传来后，赵光义非常忧虑，召集大臣商议对策，不过，经过上一次的死里逃生，他已经失去了与辽军决一死战的决心和勇气。大臣们也分为两派，以宰相李昉①为首的主和派引经据典，陈述求和的好处；以左正言张洎②为代表的主战派则力主加强边境武装，赐给将帅更大的兵权，选拔将士，准备再次伐辽，收复失地。赵光义一时左右为难，对宰相赵普等人说："恢复旧疆乃朕的志向，而伐辽失败只是将帅军事上的指挥失误所致。"

经过反复考虑，赵光义最终决定议和。然而，辽国的萧太后却态度强硬，坚决进攻北宋，并帮助定难五州③首领李继迁削弱宋朝的力量。宋朝难以反击，处于被动防守的状态。赵光义命令宋军在河北边境线上开挖河道，西起保州西北，东至塘沽海口，利用河渠塘泊修筑堤坝，延绵900多里。沿河设置28寨、125军铺、3000多士兵、百多艘战船，来回巡逻，以防辽军突袭。赵光义规定若辽军入侵，只许防守，不许进攻，更不许伤人。将士们英雄无用武之地，渐渐失去了斗志，作战能力急剧衰退。

淳化四年（993年）二月，四川爆发了王小波、李顺领导的农民起义，起义军杀富济贫，得到了广大农民的热烈响应，很快占据成都，建立了大蜀政权。赵光义闻讯大怒，立即派两路大军前去讨伐，将起义镇压了下去。

重视文化　勤政宽刑

多次伐辽失败，使赵光义意识到北宋军力的不足，转而将精力集中在内政上。

为了巩固大宋江山，赵光义亲自选拔人才，通过召见临问以观其能，优秀者提拔重用。他每天一早到长春殿上朝，听完大臣们的政务汇报，再到崇政殿去批阅奏章，为此常常过了中午还顾不上吃饭。

在科举上，他扩大了录取的规模，拓宽了科考的范围，不再限制考生的家世、籍贯。每次录取的考生数量都远远超过隋唐。他对殿试做了细化，由皇帝分别赐予进士及第、进士出身、同进士出身三个等级；严格考试制度，采用密封试卷的方式，防止作弊。为了更好地选拔人才，他还亲自主持复试。

赵光义执政时期，曾经任用过几位名相，其中包括寇准。寇准为人刚直不阿，敢于直言劝谏，有一次上朝奏谏时，赵光义很不高兴，欲拂袖而去，寇准却拉住他衣袖，让他坐下，直到事情圆满解决才罢休。事后，赵光义不无感慨地说："这才是真正的宰相！"

赵光义还接受前朝教训，禁止宦官掌权。宦官王继恩曾被任命为剑南、两川招安使，率兵平定王小波、李顺起义，之后被中书省推荐任宣徽使，但遭到赵光义拒绝。宰相却固执己见，认为非宣徽使不足以赏赐，赵光义仍然不同意。最后大家各退一步，又重新设定了一个官名——宣政使，授予王继恩，算是对他的奖励。

赵光义对文化教育也十分重视。自五代以来，昭文馆、史馆、集贤院等三馆都设在长庆门东北，仅有小屋十几间，十分简陋，宋太祖赵匡胤时期也没有什么改变。赵光义继位以后，亲自到三馆视察，看到场地如此破旧，便下令将三馆搬迁到左升龙门东北车府地。他还亲自规划楼阁的造型，命中使监工，日夜不停地施工。一年以后新馆建成，名曰崇文院，其精美壮观可与皇宫媲美。

崇文院建成以后，赵光义经常到里面读书，还让亲王和宰相们作陪。他还从中借鉴历朝历代兴衰成败的教训，对大臣们说："朕历览前代书籍，发现君臣之机，大抵情通则道合，所以有事皆无隐匿，言论都可采用。朕励精图治，卿等做朕股肱耳目，如果朕施政有缺失，应当悉心上言说明，朕绝不以居尊自恃，使人不敢说话。"

到赵光义晚年，崇文院及秘阁的藏书已经十分丰富。为此，赵光义不无自豪地说："朕继位以后，多方收拾、抄写、求购，至今藏书过万，千古治乱之道，尽在其中。"在广泛搜集图书的同时，他还组织一批文人编纂了几部历史文献，这些书大部分已经失传，只有李昉、扈蒙等人主编的《太平广记》《太平御览》以及《文苑英华》三部历史典籍得以幸存，成为后人研究我国历史和文学的宝贵资料。

赵光义还下令修订宋朝的各项典章制度，使之得到进一步的完善。两宋之人口中常说的"祖宗之法"虽然是赵匡胤创立的，而真正的完善者却是赵光义。

在刑律上，赵光义也表现出宽厚的一面。他下令在狱中设立审刑院，由他亲自管理，负责将各地上奏的案件交给大理寺丞、刑部审理，然后再拿回来进行复议。太平兴国六年夏，他又下诏：凡诸州大案，长官必须亲自处理，不许无故拖延。为了提高办案效率，他专门规定了结案的时间，大案限40天内，中案限30天内，小案限10天内，而对那些不必动用兵力又容易处理的，限3天内完成。他同时规定，囚犯如需讯问，必须聚集官属一同参加，不可只交给胥吏拷问。

对于宗教，赵光义抱着包容的态度。当时佛教在吴越、南唐、后蜀等南方割据小国非常流行，统治着人们的思想，北宋建国之初为了笼络人心，对佛教采取了保护措施。赵光义认为佛教有利于统治，故有意弘扬，在五台山、峨眉山、天台山等处修建寺庙，之后又在汴京设译经院，专门释译佛经。北宋建国之初，各地僧人仅五六万，到赵光义执政时期暴增至24万人。

和别的皇帝不一样，赵光义不喜爱游玩。他对大臣们说："朕每念古人禽荒之戒，自己除有司顺时行礼之外，更不于近甸游猎。"为此，他命令将宫中饲养的鸟兽全部放掉，并诏令地方官员不许再进贡这些东西。

弟侄蒙冤　长子疯癫

　　武功郡王赵德昭是宋太祖赵匡胤次子，曾跟随赵光义征战幽州。当时宋军溃败，赵光义与主力部队失散，将士们都以为赵光义遇难，于是商议拥立赵德昭为帝。赵光义知道这件事后非常生气，班师回朝以后也不再按以往惯例对将帅们进行奖赏，军中对此不免产生了一些议论。赵德昭听说以后，为了稳定军心，建议赵光义奖赏将士们，结果却被赵光义狠狠训斥了一顿，并且说："等你自己当了皇帝，再去奖赏吧！"赵德昭挨了训，默默地回到家中，想到自己父母早逝，继母宋氏又被迁往西宫，不得相见，而弟弟赵德芳也年幼无知，现在还被叔父赵光义怀疑自己有篡位之心，心中委屈不已，遂自刎而死。赵光义闻讯悲痛欲绝，下令厚葬，追封他为中书令、魏王，并厚待其子。

　　同样因皇权而死的还有赵光义的弟弟赵廷美。赵廷美初封齐王，后改封秦王。他和赵光义一样，也当过开封尹兼中书令，位在宰相之上。因此，人们猜测他有可能成为帝位继承人。

　　有一天，赵光义当晋王时的旧僚佐柴禹锡、赵熔、杨守一等人进宫密奏，说卢多逊与赵廷美来往密切，可能正在谋划篡权之事。赵光义便找来赵普，让他秘密调查赵廷美谋反之事。赵普与卢多逊以前便有过节，现在有了报复的机会，当然不会放过。不久，他罗列出卢多逊许多罪名，说他与赵廷美来往密切，接受赵廷美私赠的弓箭等物，二人有篡权之心。赵光义大怒，当即下诏将卢多逊革职查办，贬赵廷美为涪陵县公。赵廷美无端蒙冤，心情郁闷，不出一年便病死在房州。

　　赵光义责罚赵廷美的时候，其长子赵元佐多次进行劝阻，但却遭到呵斥。后来听说叔父不幸去世，赵元佐悲伤至极，竟然患上了怪病。身边的人稍犯错误，他便亲自持刀杀死，门前有人经过，也要用弓箭射杀。赵元佐长得很像赵光义，又精通武艺，曾跟随父亲征战太原，很受赵光义喜爱。对于儿子的状态，赵光义深感忧虑，忙找来太医为其医治，不久其病情稍有好转。赵光义非常高兴，下诏大赦天下，并大摆宴席,以示庆贺。考虑到赵元佐还没有完全康复,便没有请他参加。到了晚上,赵元佐听说此事,顿时怒不可遏,一把火烧掉自己的宫院。赵光义决定与赵元佐断绝父子关系,其他皇子和大臣们急忙劝阻,但赵光义仍执意要将赵元佐废为庶人,并迁往均州。众大臣极力劝谏,请求看在赵元佐精神失常的分上,让他留在京师,赵光义勉强答应下来。

至道元年,开宝皇后病逝。同年八月,赵光义立第三子赵恒为太子,为皇后送葬。太子行过告庙礼后返回宫中,途中京师百姓竞相观看,高呼天子。赵光义听说后顿生醋意,召宰相寇准入宫,说道:"人心都归太子,又将我置于何地?"寇准立即拜贺说:"这说明陛下目光明亮,选了一个可以托付的太子,正是大宋的福音啊!"赵光义这才转忧为喜。

至道三年三月二十九日,赵光义驾崩于万岁殿。

注释:

①李昉(925—996年):五代至北宋初年名相、文学家。后汉时登进士第,历仕晋、汉、周三代,累官至翰林学士。宋初为中书舍人。宋太宗时任参知政事、同平章事。

②张洎(934—997年):南唐举进士,起家上元尉,累迁礼部员外郎,知制诰,迁中书舍人、清辉殿学士。入宋,累迁给事中、参知政事,与宰相寇准同列。

③定难五州:西夏王朝的"龙兴之地",即夏州、绥州、静州、宥州、银州。

真宗赵恒

赵恒档案

生卒年	968—1022 年	在位时间	997—1022 年
父亲	宋太宗赵光义	谥号	膺符稽古神功让德文明武定章圣元孝皇帝
母亲	李氏	庙号	真宗
后妃	潘皇后、郭皇后等	曾用年号	咸平、景德、大中祥符、天禧、乾兴

赵恒，初名赵德昌，后又改名赵元侃，宋太宗赵光义第三子，北宋第三位皇帝。

赵恒早年被任命为检校太保、同平章事，封韩王，后又改封襄王；淳化五年（994年）九月封寿王，加检校太傅、开封尹；至道元年八月，被立为皇太子。至道三年三月，赵光义驾崩，赵恒继位，次年改元咸平。

赵恒继位以后，早年勤政，晚年昏聩，致使政治日趋腐败。他为人性格懦弱，不敢与辽国对抗，屈膝求和，年年向辽国纳贡，百姓负担日益沉重，国力也逐渐衰退。

乾兴元年（1022年），赵恒病逝，终年55岁，谥号文明武定章圣元孝皇帝，庙号真宗，葬永定陵，后累加谥为膺符稽古神功让德文明武定章圣元孝皇帝。

改革内政　效果显著

赵恒少时聪慧，英姿勃发，与兄弟们做对阵游戏时常自称元帅，深受宋太祖赵匡胤的喜爱，养于宫中。淳化五年九月，赵恒被封为寿王，加检校太傅、开封尹。开封作为一国之都，城内诸事纷杂，赵恒勤于政事，将所有事务处理得井井有条，以至于京师监狱出现了无在押犯人的现象，多次受到赵光义的嘉奖。

至道元年八月，赵恒被立为太子，仍兼任开封尹。赵恒被立为太子后，东宫僚属包括宰相都要对他称臣，但他却坚决推辞。每次见到自己的老师、太子宾客李至、礼部侍郎李沆①，他都恭恭敬敬地行礼，迎来送往都要走到宫廷外的台阶上。

至道三年三月，赵光义驾崩，宦官王继恩和明德皇后谋划发动政变，被宰相吕端成功挫败，赵恒随即被拥立继位，次年改元咸平。

赵恒继位后，立即着手对朝政进行改革。为了得到朝中大臣的支持，他采取了一些笼络人心的办法：一是提高京官的政治待遇，规定无论是否朝官，同样穿紫色衣服；二是重用先朝大臣，任命宰相吕端为右仆射，恩师李至、李沆为参知政事，宿将曹彬为枢密使兼侍中，户部侍郎向敏中、给事中夏侯峤为枢密副使；三是尊李皇后为皇太后，追封生母李氏为贤妃，进尊号皇太后，追谥元德，迁葬永熙陵；四是将曾有意废掉自己太子之位的参知政事李昌龄、知制诰胡旦及宦官王继恩等人撤职流放。之后，他又下诏鼓励大臣们直言进谏。

随后，赵恒又进行了第二次人事调整，罢免吕端、李至的宰相职务，提拔户部尚书张齐贤、李沆为宰相，又将参知政事温仲舒降为礼部尚书，提拔枢密副使向敏中为参知政事，翰林学士杨砺、宋湜为枢密副使。

赵恒接受张齐贤的建议，对外任地方官员实行职田②制度，规定职田的数量以官职高低进行区分，作为各级官员的俸禄补贴。之后，他又撤销合并一批重叠和冗滥的机构，将盐铁、度支、户部副使合并为一使，既节省了国家开支，又提高了办事效率；并对官员的举荐、任用、升迁也加强管理，严禁营私舞弊。咸平二年（999年），赵恒下令各部、台、院举荐官员担任知州，被举荐者连做三任，有政绩的方可得到奖励，但是，被举荐者若出现贪赃枉法的行为，举荐者也同样受到惩罚。同时，他又命宰相详细记录历任官员的功过，作为任免的参考。咸平四年（1001年），赵恒又在崇政殿亲自对官员进行考核，开创了宋代朝官磨勘引对的先例。

在实行政治改革的同时，赵恒也没有放松发展经济。他曾下诏说"国家大事，足食为先"，鼓励农桑，赈济灾民，减免赋税，广兴屯田。这一系列措施促进了经济的发展，使国家实力进一步加强，百姓安居乐业，史称"咸平之治"。

对外软弱　澶渊之盟

赵恒在对内改革上取得了重大成绩，但在外交上却软弱无能，屡次受到辽国欺辱而一忍再忍。

自宋太祖赵匡胤以来，辽国始终是宋朝最大的威胁。赵恒继位后，辽国向宋朝连续发动了大规模袭击。当时镇守边疆的是名将杨业之子杨延昭，他文武双全，多次击退辽军的进攻。但赵恒性格懦弱，不肯积极用兵，杨延昭孤军无援，无法抵挡强悍的辽军。景德元年（1004年），辽国女杰萧太后和儿子辽圣宗耶律隆绪率领20万大军攻打北宋，很快攻陷了天雄、德清两大重镇，直逼澶州，严重威胁着宋都汴京。

告急文书传至京都，满朝文武慌作一团，以大臣王钦若为代表的妥协派主张向南迁都避祸，而以宰相寇准为首的主战派则力主由皇帝御驾亲征，以激励将士的斗志。赵恒成长于和平环境，虽然惧怕打仗，但也害怕被人诘难。于是，他勉强接受寇准等人的建议，硬着头皮亲征。景德元年十一月，赵恒来到澶州，接见前方将士，极大地鼓舞了士气。此时辽军因为孤军深入，没有后援，士气低落，战争出现了很大的转机。

按说宋军应该一鼓作气，打败辽军，但是赵恒居然派人向辽国求和，最终以每年向辽国进贡银10万两、绢20万匹的条件与辽国达成停战协议，史称"澶渊之盟"。

西部党项政权见宋辽之间的战争结束，也派人过来表示愿意向北宋称臣。为了确保党项首领李德明不反悔，赵恒要求党项归还灵州，并派子弟入宋做人质，但遭到李德明拒绝。赵恒不敢强求，便又放弃这些要求，于景德三年（1006年）十月任命李德明为定难军节度使。

远贤近佞　热衷"祥瑞"

澶渊之盟暂时缓解了北部边境的紧张形势，赵恒又将妥协派代表人物王钦若召回京城，任命为资政殿学士。王钦若对寇准十分不满，于是在赵恒面前大进谗言，说寇准鼓动皇帝御驾亲征是在拿皇帝的性命和江山社稷做赌注，而换来的结果却是让人羞耻的城下之盟。赵恒本来就不喜欢寇准的直率性格，现在受到王钦若的蛊惑，对寇准越发讨厌，不久便以寇准"过求虚誉，无大臣礼"为由，罢免其宰相之职，迁到陕州任职。随后，赵恒提升参知政事王旦为宰相，王钦若为知枢密院事，加资政殿大学士，位居众臣之上。

景德五年（1008年）正月初三，刚刚早朝完毕，皇城司来报，说在宫城左承天门南角，发现像书卷一样的黄帛，上面隐约有字。赵恒立即想起曾经梦见神人对自己说，今年正月将有"大中祥符"三篇降临，这应该就是所谓的天书。于是，他率领文武大臣步行至左承天门，焚香祭拜，取回天书，由知枢密院诵读。从此以后，天书不断降临，赵恒也忙着东封西祀。大臣们更是积极逢迎，希望能够加官晋爵。

然而，频繁降临的祥瑞并没有给老百姓带来多少幸福，反而带来了接连不断的灾祸。

大中祥符九年（1016年）夏，京西、京畿、河北、陕西、江淮、两浙、荆湖等地发生大规模蝗灾。赵恒忧心忡忡，多次亲自或派人到道观或道场祭拜祈祷，请求神灵保佑，并多次下令捕杀蝗虫，但都无济于事，灾情越来越严重。七月的一天，赵恒正坐在殿内，忽然有人来报说蝗虫飞临京城。赵恒急忙出门观看，只见蝗虫黑压压一片，遮天蔽日，十分吓人。自此，赵恒郁郁寡欢，忧虑成疾。

以祥瑞邀宠而升为宰相的王旦见灾祸接连不断，唯恐皇帝怪罪到自己头上，便主动辞去宰相职务。王钦若接替王旦，升为宰相。

王钦若当上宰相以后，先后将与自己政见不合的王曾③、张知白、李士衡等罢免出朝。朝中大臣对他十分不满，先有谏官弹劾他，之后又有人举报他卖官鬻爵，甚至有人揭发他家中藏有禁书。最终，王钦若被革职查办。赵恒又提拔被贬出京城的寇准为宰相，丁谓为参知政事。但是，寇准刚直不阿，丁谓善于逢迎巴结，两人性格不合，丁谓便寻机除掉寇准。

赵恒得病后越发迷信，到处建道场，祭祀天地，又召来京城内外道徒僧尼1.3万人，为自己祈祷。为了专心求神，他立赵祯为太子，以军国大事托付，自己则深居幽宫。但赵祯年幼，无法理政，大权便落入刘皇后手中。寇准向赵恒进谏道："太子渐渐长大，众望所归，望陛下能以社稷为重，千万不要相信丁谓的谗言，让他来辅助少主，应该选一个正直大臣来担当此事。"丁谓知道这件事后，对寇准更加怀恨在心，他联合钱惟演④，又串通刘皇后，在赵恒面前大进谗言，说寇准图谋不轨。赵恒信以为真，竟罢免寇准，改任参知政事李迪为宰相。

不久，丁谓与赵恒的贴身宦官周怀政发生矛盾。周怀正暗中联络杨崇勋等人，准备杀掉丁谓，召寇准入朝，再逼迫赵恒传位给太子，废掉刘皇后，并商定天禧四年（1020年）七月二十五日动手。但是，杨崇勋临阵退缩，在起事前一天晚上向丁谓告密，这样一来，赵恒自然也知道了此事，他马上派人将正在布置行动的周怀政及其党羽抓获并处死。事后，丁谓借题发挥，大肆排除异己，"天书"的始作俑者、永兴军都巡检使朱能知道自己罪责难逃，自缢身亡。寇准也受到牵连，被贬为道州司马。

乾兴元年正月，赵恒病重，强撑着身子在东华门看完灯会，回到宫中便卧床不起，二月十九日驾崩于延庆殿。

注释：

①李沆（947—1004年）：北宋时期名相、诗人。太平兴国进士，通判潭州，迁著作郎、直史馆。累迁至礼部侍郎兼太子宾客，辅导太子赵恒（宋真宗）。真宗继位，拜户部侍郎、参知政事。咸平元年，拜同平章事、监修国史，累加尚书右仆射。

②职田：亦称"职分田"或"食租田"。北魏以后按官职品级授给官吏作为俸禄的田地，即以租田收取的租粟为俸禄。

③王曾（978—1038年）：北宋大臣。累官吏部侍郎，两拜参知政事。"天书"事件时对真宗有所规谏。仁宗继位，刘太后听政，拜其为宰相。后因裁抑太后姻亲，被罢知青州。仁宗亲政，召入为枢密使。景祐二年（1035年）复拜相，封沂国公。

④钱惟演（977—1034年）：北宋大臣、文学家，吴越忠懿王钱俶第七子。随钱俶归宋，真宗时为太仆少卿。天禧四年附丁谓等排挤寇准，去相位，为枢密副使。仁宗继位，拜枢密使。官终崇信节度使。

听琴图→
　　传为宋徽宗赵佶创作,绢本设色,工笔,现藏于故宫博物院。此图绘松下抚琴赏曲的情景,抚琴者即是宋徽宗,题诗者为蔡京。

←宋神宗赵顼
　　旧藏清南薰殿,现藏台北故宫博物院。

←宋哲宗赵煦
　　旧藏清南薰殿,现藏台北故宫博物院。

宋英宗赵曙→
　　旧藏清南薰殿,现藏台北故宫博物院。

←韩琦像
　　出自南宋佚名画家《八相图》。绢本设色,现藏故宫博物院。此为北宋宰相韩琦。

千里江山图（局部）↑

　　王希孟（1096-1113年），从小进入宫廷画院，受到宋徽宗等人的栽培。他画的《千里江山图》，是北宋时期青绿山水的代表作品。此为第一部分，题诗者是乾隆皇帝。

←司马光

　　司马光（1019-1086年），北宋政治家、史学家。

宋高宗赵构→

　　旧藏清南薰殿，现藏台北故宫博物院。

←岳飞像

　　旧藏清南薰殿，现藏台北故宫博物院。

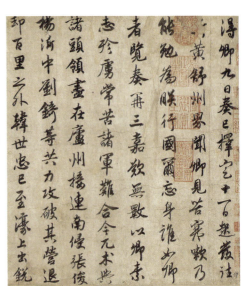

赐岳飞批劄卷（局部）→

　　纸本墨书，现藏台北兰千山馆。此为赵构亲手写给岳飞的一封书信，写于1141年。

赵佶手书《千字文》（局部）↑

纸本墨书，现藏上海博物馆。此卷《千字文》为赵佶于崇宁三年（1104年）22岁时书赐童贯。他的书法笔划劲利，别具一格，被后人称为"瘦金书"。

宋钦宗赵桓↑

旧藏清南薰殿，现藏台北故宫博物院。

宋孝宗赵昚↑

旧藏清南薰殿，现藏台北故宫博物院。

宋光宗赵惇↑

旧藏清南薰殿，现藏台北故宫博物院。

中兴四将图↑

相传此图为南宋绍熙年间（1190－1194年）画院待诏刘松年绘。四将为刘光世、韩世忠、张俊、岳飞四人。现藏国家博物馆。

宋宁宗赵扩 ↑

旧藏清南薰殿，现藏台北故宫博物院。

宋理宗赵昀 ↑

旧藏清南薰殿，现藏台北故宫博物院。

宋度宗赵禥 ↑

旧藏清南薰殿，现藏台北故宫博物院。

杨妹子《四行诗》 ↑

绢本，美国大都会艺术博物馆藏。杨妹子，活动于宋宁宗年间，能诗，善书画，精鉴赏。其身份历来众说不一，有人认为她是宋宁宗杨皇后的妹妹。

赵昀书法 ↑

纽约大都会博物馆藏。

赵昀是赵匡胤之子赵德昭的九世孙，宋朝的第十四位皇帝，擅长书法。

← **四书集注**

全称《四书章句集注》，十九卷，南宋朱熹撰。元代开始至明、清两代，该书被指定为科举考试的标准答案。图为清代国子监本《四书》书影。

仁宗赵祯

赵祯档案

生卒年	1010—1063年	在位时间	1022—1063年
父亲	宋真宗赵恒	谥号	体天法道极功全德神文圣武睿哲明孝皇帝
母亲	李氏	庙号	仁宗
后妃	郭皇后、曹皇后等	曾用年号	天圣、明道、景祐、宝元、康定、庆历、皇祐、至和、嘉祐

赵祯，原名赵受益，宋真宗赵恒第六子，北宋第四位皇帝。

赵祯初封寿春郡王，后改封升王。天禧二年（1008年）八月（一说九月），被册封为太子。乾兴元年，真宗赵恒病逝，赵祯继位，时年13岁，次年改元天圣。因为赵祯年纪尚幼，由刘太后垂帘听政，直到明道二年（1033年）刘太后病逝，他才得以亲政。

赵祯在位期间，宋、夏两国发生战争，打了3年，最终达成协议，即"庆历和议"。之后，辽国又开始攻击宋朝，迫使宋朝追加岁币，即"重熙增币"。

嘉祐八年，赵祯崩逝，终年54岁，谥号神文圣武明孝皇帝，庙号仁宗，葬于永昭陵，后累加谥为体天法道极功全德神文圣武睿哲明孝皇帝。

年少继位　太后专权

赵祯出生时，赵恒已经40多岁，加上几个儿子先后夭折，所以赵祯就成了独子，也成了皇位的唯一继承人。赵恒视之为掌上明珠，为他取名赵受益。赵祯性格随和，懂孝道，胸怀宽广，举止斯文有礼。大中祥符七年（1014年），赵祯被封为庆国公，之后又晋封寿春郡王，加中书令。天禧二年八月（一说九月），赵祯被立为太子。

赵恒病危时，唯一放心不下的就是年幼的儿子，生怕有人篡权夺位。他最后一次召见文武大臣，言语之中表明了自己的担忧。宰相丁谓代表群臣向赵恒发誓说："太子聪慧过人，将来必成大器，臣等定当竭尽全力辅助。更何况有皇后居中掌管大权，四方安宁，天下太平，臣等若有异议，便是危害大宋江山社稷，天理不容。"赵恒这才放下心来。

随着赵恒的病情越来越严重，朝政大权逐渐集中在刘皇后手中，赵恒对此已无能为力。考虑到赵祯不是刘皇后所生，为了保住儿子的性命和地位，也为了尽可能地让刘皇后满足，他留下遗诏："皇太后军国重事权取处分。"这就使刘皇后成了北宋的实际统治者。

乾兴元年，赵恒驾崩，太子赵祯继位，尊刘皇后为皇太后，次年改元天圣。

赵祯年少继位，无力处理军国大事，所以朝政大权完全掌握在刘太后手中。丁谓等逢迎巴结的奸佞小人得宠，而像寇准那样的忠直大臣却受到排挤，因此，在刘太后把持朝政的十余年里，北宋朝廷几乎无所作为，政绩平平。

二十亲政　废后风波

天圣七年（1029年），秘阁校理范仲淹上书，请刘太后归政，结果惹恼了刘太后，被贬往河中府。次年，翰林学士兼侍读学士宋绶[①]上书，建议除军国大事外，其余皆由赵祯独立处理，结果被刘太后贬往应天府。之后，又有林献可、刘涣等人上书请刘太后还政，均被贬往外地。这时，赵祯已经20岁，有了独自处理政务的能力，他表面上不说什么，其实内心对刘太后深为不满。

明道二年三月，刘太后去世，赵祯终于结束长达10余年的傀儡皇帝生活，开始亲政。他首先罢免了内侍罗崇勋、江德明等人，又将刘太后的亲信全部降职外任；而后罢免宰相吕夷简，任命张士逊[②]、李迪为宰相，翰林学士王随、李谘共参国事；同时又重用曾因劝刘太后归政而被贬的宋绶、范仲淹等人。

对于刘太后做主立郭氏为皇后一事，赵祯也一直耿耿于怀。而且郭皇后嫉妒心很强，仗着刘太后的庇护，飞扬跋扈，竟然派人监视皇帝的行动，不许他和别的嫔妃亲近，赵祯敢怒不敢言。刘太后去世后，赵祯便冷落郭氏，转而宠幸尚美人和杨美人。郭皇后为此十分不满，经常与尚美人、杨美人争风吃醋。有一次，郭皇后和尚美人陪皇上说话，刚说了几句两人就争吵起来。尚美人恃宠自傲，嘲讽郭皇后。郭皇后气怒非常，欲扇尚美人耳光。赵祯一步跨过去挡在她俩中间，结果那一巴掌正好打在他的脖子上，郭皇后尖利的指甲在他的皮肉上划出两道深深的血痕。

赵祯怒不可遏，决定废掉郭皇后。他找来几个心腹商议此事，宦官阎文应让他将脖子上的伤痕展示给大臣们看，以争取他们的支持。吕夷简对郭皇后也十分反感，趁机和谏官范讽串通，上书说："后立已有九年，尚无子，义当废。"然而废后毕竟是一件大事，赵祯平静下来后又有些不忍。吕夷简不甘心，多次在赵祯面前挑拨是非，还下令台谏部门不得接受谏官的奏疏。赵祯受到蛊惑，终于下定决心废掉郭皇后，于十一月封其为净妃、玉京冲妙仙师，赐名清悟，别居长宁宫颐养。

消息传出后，当初反对废后的大臣们纷纷劝谏赵祯收回成命。但吕夷简让台谏部门不得接受谏官的奏疏，中丞孔道辅、谏官范仲淹等人只能跪伏于垂拱殿外，请求召见，赵祯拒不接见，第二天下令将几人罢免。

景祐元年（1034年）九月，赵祯改立大将曹彬的孙女为皇后。次年，赵祯又想起郭皇后昔日的种种好处，对于当初的草率之举感到十分后悔，遂作诗一首，派人送给郭氏。郭皇后见到诗后感慨万分，也和诗一首送给赵祯。赵祯睹物思人，有意重召郭皇后回宫。郭皇后提出，若要自己回宫，必须百官立班受册。宰相吕夷简和内侍阎文应知道后惊慌不已，担心郭皇后回宫后报复，便从中作梗，极力阻止郭皇后回宫。恰巧郭皇后生病，赵祯让阎文应带着太医前去诊治，结果医治无效，郭皇后不久病逝。

后来，范仲淹又被召回京城，他认为郭皇后死得蹊跷，就算不是人为害死，只因为一点小病就被阎文应带着御医治死，阎文应也难逃其责，于是，上书弹劾阎文应。结果阎文应被贬外地，死于途中。吕夷简看到阎文应被贬，兔死狐悲，警告范仲淹不要多管闲事。范仲淹针锋相对，又揭发吕夷简结党营私。然而，范仲淹不但没有撼动吕夷简，反而惹祸上身，再一次被贬出京城。

庆历改革　　新政失败

赵祯除了在废后一事上表现出少有的固执外，日常处理朝政还是能听取大臣意见的。历史上著名的千古忠臣包拯就曾屡屡触犯龙颜，情绪激动的时候，甚至唾沫星子都飞溅到了赵祯的脸上。但赵祯一点也不恼怒，一面用衣袖擦脸，一面耐心听取他的建议。据说有一次，赵祯打算任命宠妃张氏的伯父张尧佐为三司户部判官和副使，遭到包拯的强烈反对。赵祯便改命张尧佐为节度使，包拯仍然极力反对，带领7名言官与赵祯据理力争。赵祯生气地说："朕任命张尧佐为节度使，不过一个粗官罢了，有什么值得大惊小怪的！"言官唐介反驳道："节度使，太祖、太宗都曾经做过，怎么会是粗官？"赵祯顿时哑口无言，最终采纳了言官的建议。回到后宫后，他对张氏说："你只知道为你父亲要宣徽使，难道不知道包拯是御史吗？"正因为赵祯有着常人不可及的肚量，所以他被历史学家称誉为"守成贤主"。

当然，赵祯也有志进行革新，以求大有作为。庆历三年（1043

年），针对庆历年间农民起义、兵变在各地相继发生以及日益严重的土地兼并、"三冗"（冗官、冗兵、冗费）现象，赵祯授范仲淹为参知政事，又擢拔欧阳修、余靖、王素和蔡襄为谏官（俗称"四谏"），开始对朝政进行改革。

同年九月，范仲淹、富弼提出了"明黜陟、抑侥幸、精贡举、择良官、均公田、厚农桑、修武备、减徭役、推恩信、重命令"十项改革主张。赵祯根据这十项主张，诏令中书、枢密院同选诸路转运使和提点刑狱，规定对官员按时考核政绩，以政绩好坏决定升降；更荫补法，规定官员亲属，除长子外，其余子孙须年满15岁、弟侄年满20岁才得恩荫，而恩荫出身必须经过一定的考试才得补官；又规定地方官职田之数；庆历四年（1044年）三月，更定科举法；还颁布减徭役、废并县、减役人等诏令。欧阳修等人纷纷上疏提出自己的建议，赵祯也大都予以采纳，并渐次颁布实施，史称"庆历新政"。但是，因为新政触犯了贵族官僚的利益，遭到他们的强烈阻挠。

庆历五年（1045年）正月，范仲淹、韩琦③、富弼、欧阳修等人相继被排挤出朝廷，各项新政也被废止，改革宣告失败。这次改革虽然失败了，但却为后来的王安石变法奠定了基础。

屡屡不豫　昏不知人

赵祯身体不好，年纪轻轻就体弱多病，而且每次发病都很严重。他亲政后，郭皇后很快被废，失去约束后，他整天和嫔妃们喝酒玩乐，以致身体极度虚弱，不久就得了一场病，卧床不起，太医用了许多方子，仍不见效果。后来经太医进行针灸，又经过一段时间的调养，总算慢慢康复过来。事后，大臣们和宦官联合起来，逼迫赵祯将杨美人、尚美人逐出宫去。

至和年间，赵祯又一次龙体欠安，据说"昏不知人者三日"，经多方治疗，总算醒了过来。但这次病好之后，他的性格也发生了很大变化，整天沉默不语，大臣们汇报政务，同意就点头，不同意就摇头。幸好那几年天下太平，又有文彦博④、富弼等忠臣大力协助，朝政大事倒也处理得有条不紊。

嘉祐元年（1056年）正月初一，天降大雪，群臣踏着积雪上朝给赵祯拜年。赵祯坐在龙椅上，突然歪倒在地。宦官急忙将赵祯面前的帘子放下，使劲掐他的人中穴，大声呼叫，良久赵祯才醒过来。

正月初五，辽国派使臣前来朝贺，第二天辽国使臣准备回国，又来辞行。朝廷摆酒设宴予以款待。使臣刚走进中庭，赵祯突然大喊："速召使节上殿，朕几乎不想见。"左右内侍见赵祯语无伦次，慌忙搀扶着他走进禁中。文彦博又派人对辽国使臣说："昨日皇上高兴，饮酒过量，今日无法亲临，特派大臣在驿馆设宴，代授国术。"算是将赵祯的病情隐瞒了过去。

辽国使臣走后，文彦博等人留了下来，过了一天一夜，仍得不到赵祯的消息，便唤来内侍都知史志聪、邓保吉询问情况，二人却以事情保密、不可泄露为由拒绝回答。文彦博大怒，将他们训斥了一顿，又叫来直省官，嘱咐道："引都知等去中书，立军令状，今后禁中事如不告两府，甘服军令。"史志聪连称不敢。当天晚上，皇城各门准备上锁，史志聪害怕见到文彦博，特委派直省官去向文彦博等人汇报情况，以便大臣们随时掌握赵祯的病情。

文彦博与富弼商量，准备在大庆殿设醮，日夜焚香祷告为皇上祈福，同时两府留宿禁中。

正月初八，赵祯病情稍缓，来到崇政殿召见众臣，以让群臣安心。次日，两府请求到寝殿面见皇上，史志聪又一次阻拦，富弼呵斥道："宰相怎可一日不见天子！"史志聪不敢再多说话，退到一旁。于是，两府官员走进福宁殿，到赵祯卧榻边奏事。自此以后，两府及重臣每天都到寝宫探望一次，其他官员则五日一次面君奏事。

到正月十四，赵祯的病慢慢地好了起来，但仍不能言语。和上次一样，群臣奏事，他同意就点头，不同意就摇头。二月二十一日，赵祯终于开始到延和殿处理朝政。

内忧外患　后继乏人

就在北宋朝政陷入混乱之际，西邻党项族迅速崛起。宝元元年（1038年），李元昊称帝，建国号大夏，设立百官，创建文字，规范礼仪制度。次年，李元昊请求北宋册封。赵祯于六月正式册封西夏，并准备发兵征讨。但李元昊先发制人，于十一月率兵3万夺取北宋承平寨，直逼北宋重镇延州。赵祯任命力主抗战的韩琦为统帅，又调回被贬在外的范仲淹，最终击退西夏。

为了彻底瓦解西夏，赵祯又派人潜入西夏制造混乱，以坐收渔翁之利，不料却被李元昊识破。庆历二年（1042年）九月，西夏再次对北宋发动大规模进攻。守将葛怀敏奉命抵抗，在定川寨被困，结果大败。西夏乘胜前进，攻克渭州，在城里烧杀抢掠。

赵祯急忙派人向西夏求和，答应只要李元昊愿意称臣，可以保留其帝号、国号。恰巧这时辽军进攻西夏，李元昊迫于形势，只得向北宋求和，同时提出每年必须赐西夏绢13万匹、银5万两、茶2万斤，节日另加。赵祯大笔一挥，答应下来。

与此同时，大宋北方也遭受辽国的严重威胁。景祐元年，辽国在两国边境部署大量兵力，赵祯接到边境奏报后，下令整修河北一带的沿边城池，加强防御。庆历二年（1042年），辽国向北宋提出无理要求：割让晋阳及瓦桥关以南的十县给辽国。为求避战，赵祯派人向辽国称愿意增加"岁币"，最后双方达成协议，北宋每年向辽国增加银20万两、绢20万匹，辽国退兵。

边境刚刚稳定下来，国内纷乱又起。庆历七年（1047年）冬，贝州爆发了王则领导的起义。宋军在讨伐的过程中遭到起义军的顽强抵抗，损兵折将。赵祯又派人去招安，也遭到拒绝。后来，文彦博主动请缨前去平叛，赵祯才忧心稍缓。庆历八年（1048年）正月，赵祯任命文彦博为河北宣抚使，率领大军攻打贝州。文彦博采用挖地道的方式突破城防，活捉王则、卜吉等起义军首领，平定了叛乱。

起义军刚刚平定，朝廷内部又出祸乱。庆历八年正月十八日夜，亲从官颜秀、郭逵、王胜、孙利带人谋反，杀到了宫门外。还好宫廷卫队救驾及时，将叛乱者全部消灭。事后，赵祯下令严查此事，凡与颜秀等人来往密切者，一律处死。之后，他又下令将临近宫廷屋檐的大树全部砍倒，重修城垣，加固门关，并在皇宫前门后门增加犬只看护。

在内外交困的情况下，更让赵祯忧心的是册立太子之事。尽管后宫佳丽颇多，但却后继乏人，苗美人和朱才人曾先后生子，但这两个皇子都在3岁左右夭折。赵祯知道自己年岁已大，生子的可能性越来越小，立太子已经迫在眉睫。经与众臣商议，赵祯于嘉祐七年（1062年）八月立养子赵宗实（即赵曙）为太子。

嘉祐八年二月，赵祯病重，口不能言，医官替其把脉，投药、针灸都无济于事，于三月二十九日驾崩。

注释：

①宋绶（991—1041年）：北宋名臣、学者及藏书家。赐同进士出身，累迁户部郎中，权直学士院。仁宗初年，因忤逆刘太后，出知应天府。明道二年（1033年）拜参知政事。景祐四年（1037年），罢为权判尚书都省。后以礼部尚书知河南府。康定元年（1040年）三月，因疏陈攻守十策，被召为知枢密院事。九月，拜兵部尚书兼参知政事。

②张士逊（964—1049年）：北宋大臣，淳化进士，累迁太子詹事。天圣六年（1028年）拜同平章事。次年曹利用坐从子犯法，他为之辩解，罢知江宁府。明道元年（1032年）再入相。次年以居首相无所建树罢，出判许州，徙河南府。宝元元年（1038年）复入相。后又为人所劾，封邓国公致仕。

③韩琦（1008—1075年）：天圣进士，历任将作监丞、开封府推官、右司谏等职。与范仲淹、富弼等主持"庆历新政"，至仁宗末年拜相。英宗时，参与调和帝后矛盾，确立储嗣之位。神宗继位后，出知相州、大名等地，反对王安石变法，与司马光、富弼等同为保守派首脑。封魏国公。

④文彦博（1006—1097年）：北宋著名政治家、书法家。进士及

第，累迁殿中侍御史。庆历末以镇压王则起义，由参知政事拜相，后罢知许州。神宗时，反对王安石变法，极论市易法"损国体、惹民怨"，出判大名、河南府。哲宗继位后，经宰相司马光举荐，起授同平章事。元祐五年（1090年），以太师致仕。封潞国公。

英宗赵曙

赵曙档案

生卒年	1032—1067 年	在位时间	1063—1067 年
父亲	赵允让	谥号	体乾应历隆功盛德宪文肃武睿圣宣孝皇帝
母亲	任氏	庙号	英宗
后妃	高皇后等	曾用年号	治平

赵曙,原名赵宗实,宋太宗赵光义曾孙,濮安懿王赵允让第十三子,宋仁宗赵祯的堂侄,北宋第五位皇帝。

因为仁宗赵祯无后,赵曙被过继给他做养子,赐名宗实。皇祐二年(1050年),赵曙被任命为右卫大将军、岳州团练使,后迁秦州防御使。嘉祐七年,赵曙被立为太子,封钜鹿郡公。嘉祐八年三月,赵祯驾崩,赵曙继位,次年改元治平。

赵曙体弱多病,虽然有一定的政治才能,但却英年早逝。他在位期间,继续任用仁宗时的改革派大臣韩琦、欧阳修、富弼等人,力图进行一些改革,与辽国和西夏也没有发生大规模的战争。此外,他还很重视书籍的编写和整理,命司马光设局专修《资治通鉴》,并提供种种便利,为史学巨著《资治通鉴》的最后编成贡献了一分力量。

治平四年(1067年),赵曙病逝于汴京福宁殿,终年36岁,谥号宪文肃武宣孝皇帝,庙号英宗,葬于永厚陵,后累加谥为体乾应历隆功盛德宪文肃武睿圣宣孝皇帝。

过继入宫　受诏继位

景祐元年，皇太后见赵祯沉迷酒色，身体越来越弱，而众妃又不能生下龙嗣，便劝他尽早选宗室之子养在身边，以尽后事。赵祯听从劝告，选了堂弟赵允让第十三子入宫作为养子，赐名宗实，交由曹皇后抚养。

赵曙为人孝顺，喜好读书，乖巧伶俐，性情温顺，不喜玩乐，长大以后知书达理，生活节俭，不求奢华。当时吴王宫教授吴充进呈《宗室六箴》给赵祯，赵祯把它交给赵曙。赵曙为了约束自己，就把上面的内容写在屏风上，以方便随时观看。

景祐三年（1036 年），赵曙被任命为左监门卫率府①副率②，不久又升任右羽林军大将军、宜州刺史。宝元二年（1039 年）、庆历元年（1041 年），赵祯的两个后妃先后生下皇子赵昕和赵曦，赵曙便出宫回了家，可惜两个皇子都幼年夭折。皇祐二年（1050 年），赵曙又被任命为右卫大将军、岳州团练使。

嘉祐三年（1058 年）六月，丞相韩琦、龙图阁直学士包拯等人考虑到赵祯无后，再次提出立太子之事，赵祯说有个后妃已经怀孕，结果生下的却是个公主。嘉祐六年（1061 年）十月，赵曙还在服丧期间，朝廷有意任命他为秦州防御史、知宗正寺，被他婉拒。守丧期满后，朝廷再次任命他为秦州防御使、知宗正寺，又被他推辞。嘉祐七年八月，赵曙辞掉宗正一职，担任岳州团练使。

嘉祐七年八月，赵祯见自己后继无人，终于决定册立赵曙为皇太子，赵曙以生病为由推辞。赵祯命同判大宗正事安国公从古等人去劝赵曙接受诏书，赵曙这才勉强答应，但他又嘱咐自己的家奴说："一定要守护好我的家，等皇上有了后嗣，我就回来。"这以后，他每天两次朝拜赵祯，有时还到皇宫内服侍赵祯。一个月后，赵曙被任命为齐州防御史，封钜鹿郡公。

嘉祐八年三月，赵祯驾崩，赵曙于灵前继位，并在东殿召见百官。他想为先帝守孝3年，由大臣韩琦代理朝政。但是，韩琦称古今有别，不能因循守旧，赵曙只得收回成命。

身患重病　太后垂帘

赵曙刚刚继位便生了重病，卧床不起，由曹太后垂帘听政。曹太后很有才干，为了防止出现外戚或者宦官专权的事情，她将权力牢牢抓在自己手中，赢得了宫廷内外的一致尊重。不久，在曹太后的主持下，赵曙册立曹太后姐姐的女儿、已故侍中高琼的曾孙女高氏为皇后。

转眼又过了一年，文武百官都期盼赵曙能够早日康复，经大臣们商议，特意将年号改为"治平"——既希望天下太平，又祝福皇帝龙体平安。之后，赵曙的身体一天天好了起来。为了向天下证明皇帝已经可以处理朝政，赵曙接受御史中丞王畴等人的建议，决定借助为民祈雨的机会外出巡游，并吩咐韩琦、司马光等人做好准备工作。

治平元年（1064年）四月二十八日，赵曙率领文武百官浩浩荡荡地走出皇城，来到离禁中不远的相国天清寺和醴泉观为民求雨。百姓们听说新帝出宫，为民祈福，都纷纷来到大街上，山呼万岁，场景十分壮观，极大地提高了新帝的声望。

随着赵曙的身体日渐康复，希望皇帝亲政的呼声也越来越高，宰相韩琦等人更是百般劝说。但赵曙是个孝子，很在乎太后的感受，所以坚决不答应。韩琦不死心，于是拿着自己精心整理的十几件公文找到赵曙，请他尽快裁决，然后又拿着赵曙批阅后的文件去见曹太后，让她一一复审，以证明皇上不但已经康复，而且精力充沛、不知疲倦，"裁决如流，悉皆允当"。曹太后看后甚为满意。

接着，韩琦继续实施下一步计划。有一天，他向曹太后汇报政务，故意说自己老了，请求辞去宰相职务，到地方上去当一个小官。曹太后是个聪明人，马上明白了韩琦的用意，便说该退的应该是自己。韩琦知道曹太后心中并不情愿，先是引经据典对前朝贪恋皇权的垂帘者——剖析，之后又对曹太后的明智之举大加赞赏和恭维，一拜再拜。曹太后心中不爽，正要起身离去，韩琦又追问道："台谏也有章请太后还政，不知太后准备何日撤帘？"曹太后没有答话，转身走进内宫。韩琦抓住机会，急忙命令左右内侍撤帘。当天，曹太后便传懿旨表示还政于新帝。

皇伯皇考　"濮议"论战

赵曙亲政半个月后，宰相韩琦等人向他奏请讨论其生父的名分问题。为了避免刺激曹太后，赵曙决定将此事先缓一缓。治平二年（1065年）四月初九，韩琦再一次提出此事，赵曙便将这件议案送到太常礼院，由两制以上的官员讨论。因为各方观点不同，百官为此展开了一场马拉松式的讨论，史称"濮议"。

当时，以侍御史吕诲、范纯仁③、吕大防④、司马光为首的大臣认为，应该称仁宗赵祯为皇考，即皇上的父亲，而濮安懿王当称为皇伯。但是，中书韩琦、欧阳修等人则极力主张称濮安懿王为皇考。赵曙当然也希望自己的父亲成为皇考，为了达到这一目的，他又将议案交给文武百官讨论，以争取他们的支持。然而，百官意见并不统一，争论不休。

曹太后听说此事后十分生气，严厉指责韩琦、欧阳修等人的无礼，认为称濮安懿王为皇考有失常理。赵曙见曹太后发怒，担心再闹下去会使自己陷入被动，急忙下令停止讨论。但是，韩琦等人仍不甘心，多次暗中活动。他们认为，要想得到群臣的支持，必须先过曹太后这一关。

治平三年（1066年）的一天，赵曙召见韩琦、欧阳修等人，议定濮安懿王为皇考，并由欧阳修亲笔写了两份诏书，交给皇上一份，又交给曹太后一份。到了中午，曹太后派宦官将自己签字同意的诏书送到中书省。赵曙立即下诏让大臣们停止再议此事，之后又将宰执们找来商量如何平息反对者的怨气。

韩琦、欧阳修将矛头对准反对派首领吕诲等人，要求严惩。赵曙本打算息事宁人，可看到双方势不两立的样子，犹豫再三，最后很不情愿地将吕诲、吕大防、范纯仁三人贬出京城，同时又对左右说："不宜责罚太重。"遂正式宣布濮安懿王为亲王，以茔为园，即园立庙。

但是，赵曙这一举动又遭到其他反对者的坚决反对。以司马光为首的一批官员一致要求自贬，用以威胁赵曙，甚至连赵曙在濮安时的旧僚王猎、蔡抗等都反对他将濮安懿王称作皇考。赵曙只好许王猎等人以高官，软硬兼施，终于达到了目的。

忧患致病　榻前传位

治平元年七月，赵曙采纳大臣富弼的建议，决定对朝政实行改革。他首先起用敢于直言进谏的唐介为御史中丞。次年，富弼因疾辞政，赵曙又任命先朝大臣文彦博为枢密使，并提拔王安石等改革派人物。

就在赵曙致力于朝政改革之时，边境突然告急，西夏再次对北宋发动攻击，改革只能停了下来。赵曙采纳韩琦的建议，在陕西征召15万人守卫边境，称为义勇军。之后，欧阳修又推荐前任环庆路将领高沔为河中府知府，负责抗敌。

治平三年（1066年）九月，西夏王李谅祚亲自统领大军，进攻北宋大顺城与柔远寨，边境人民饱受其苦，纷纷逃离。

同年十一月，赵曙旧病复发，卧床不起。其长子赵顼（xū）谨遵宰相韩琦的教导，时刻不离赵曙左右，精心侍候。到十二月，赵曙病情更加严重，口不能言，凡军政大事需要他决断的，都是用笔写在纸上。之后在韩琦的建议下，赵曙下诏立赵顼为太子。

治平四年（1067年）正月初一，韩琦率百官进朝向皇帝拜年，赵曙无法出面，众人只好对着龙椅行叩拜大礼。7天后，赵曙在福宁殿驾崩。

注释：

①率府：古官署名。秦设，汉因之。晋有五率府，即左卫率、右卫率、前卫率、后卫率和中卫率。南北朝及隋迭有因革，至唐乃有十率府。皆太子属官，掌东宫兵仗、仪卫及门禁、徼巡、斥候等事。宋不常

设,明废。

②副率:官称。隋、唐迄宋,太子诸率府副长官统称。皆置一至二员,从四品上至正五品上不等,宋朝官存而无职司,为四品寄禄官。

③范纯仁(1027—1101年):北宋大臣,皇祐进士。初为地方官,熙宁初,迁同知谏院,因反对王安石变法,出知河中府,徙成都路转运使。元祐初,司马光尽废新法,他建议稳缓为宜,旋进吏部尚书、同知枢密院事。元祐三年(1088年)拜相。哲宗亲政,累贬永州安置。

④吕大防(1027—1097年):北宋大臣,皇祐进士,元祐年间官至尚书左仆射,与范纯仁、刘挚等同时执政,废除新法。哲宗亲政后一再被贬,绍圣四年(1097年)贬舒州团练副使、循州安置,途中病逝。

神宗赵顼

赵顼档案

生卒年	1048—1085 年	在位时间	1067—1085 年
父亲	宋英宗赵曙	谥号	绍天法古运德建功英文烈武钦仁圣孝皇帝
母亲	高太后	庙号	神宗
后妃	向氏、朱氏等	曾用年号	熙宁、元丰

赵顼,原名赵仲鍼(zhēn),宋英宗赵曙长子,北宋第六位皇帝。

赵顼初封光国公,任同平章事,后晋封淮阳郡王;治平元年,封颍王;治平三年被立为皇太子。治平四年,赵曙病逝,赵顼继位,次年改元熙宁。

赵顼继位时,北宋历经百年,面临着一系列的危机,军费开支庞大,官僚机构臃肿而政费繁多,加上每年给辽国、西夏的大量岁币,财政年年亏空。面对内外忧患,赵顼一上台便支持王安石变法,在政治、经济、军事等方面进行了很多改革,对北宋王朝产生了巨大影响。

元丰八年(1085 年),赵顼病逝,终年 38 岁,谥号英文烈武圣孝皇帝,庙号神宗,葬于永裕陵,后加谥绍天法古运德建功英文烈武钦仁圣孝皇帝。

踌躇满志　立志图强

赵顼于庆历八年四月十日在濮王宫出生，他4个月大时，赵祯给他取名仲鍼，授率府副率。嘉祐八年，赵顼入居庆宁宫。赵曙当上皇帝后，任命他为安州观察使，封光国公；不久又加忠武军节度使、同平章事，封淮阳郡王。治平元年六月，赵顼被封为颍王。

少年时的赵顼非常好学，关心天下大事，以至于经常因为读书而废寝忘食，赵曙不得不派内侍督促他休息。赵顼这种勤奋好学的精神，继位之后也始终不变。在读过的诸子百家中，他最崇尚的是法家，因而对商鞅变法的魄力深感钦佩。

赵曙共有四子，长子赵顼、次子赵颢、三子赵颜、四子赵頵。三子赵颜生下不久就夭折了，在剩下的3个儿子中，无论学识还是人品，赵顼都是最出色的。赵顼好学、谦逊、孝顺，具备一个英明君主所应拥有的素质，又是嫡长子，大臣们都认为他是继承皇位的最佳人选。治平三年十二月，英宗赵曙病重，一连几十天不能上朝。韩琦、文彦博等人请求尽早立储，以安定人心。赵曙也意识到自己病情严重，决定立赵顼为皇太子。韩琦便请赵曙亲笔书写手诏，赵曙写道："立大王为皇太子。"大王指的就是赵顼，但谨慎的韩琦说："立嫡以长，圣意既属颍王，烦请圣上亲自写明！"赵曙又在后面批上三字："颍王顼。"

治平四年正月，英宗赵曙驾崩于福宁殿，太子赵顼继位，时年20岁，次年改元熙宁。赵顼从小就胸怀天下，希望能成就一番事业。他还在颍王府时，就经常跟颍王府记室参军、直集贤院韩维讨论国家大事，希望可以施展抱负、为国效力。

赵顼继位时，距宋朝开国已有百余年，宋初以来就出现的冗官、冗兵、冗费愈演愈烈。宋初制定的一系列制度有一些已经不适应社会现实，必须自上而下进行较大的调整，在政治、财政、军事等方面进行一些改革，才能有效地维持国家机器的正常运转。但是，改革必然会引起既得利益者、官僚权贵的反感和对抗，所以仁宗赵祯时的庆历新政很快便流产，主持改革的范仲淹也被迫出京。此后，宋代的社会矛盾更加尖锐。赵顼正值风华正茂，血气方刚，所以也有锐意求治的胆略。从治平四年继位到熙宁二年（1069年）二月正式变法之前，他下诏广开言路，广泛听取各方面建议，在财政上量入为出、节省开支，希望通过这些措施来缓解财政危机。

赵顼深知，这些久积之弊并非一朝一夕就能根除，要想根除这些积弊，只有实行变法，但是变法事关重大，不是他一个人可以决定并完成的，他急于寻找有才识、有气魄，能够全力帮助他改革的大臣作为臂膀。起初他把希望放在三朝元老富弼身上，但这位曾经与范仲淹一起推行庆历新政的大臣却回答道："陛下初登大宝，应当布德行善，愿二十年口不言兵！"赵顼听了大失所望，于是又把目光转向要求改革的中下级官吏，王安石由此脱颖而出。

推行新法　新旧党争

王安石自幼聪颖，酷爱读书，过目不忘，下笔成文。青少年时，王安石跟随父亲遍游各地，体验生活，感受民间疾苦。庆历二年，22岁的王安石考中进士第四名，历任扬州签判、鄞县知县、舒州通判等职，勤政爱民，治绩斐然。后来，王安石出任常州知州，得以和周敦颐相知，声望迅速提高。

王安石在地方为官多年，亲眼看到当时社会问题的严重性。嘉祐三年（1058年），王安石调任三司度支判官，进京述职，给仁宗赵祯写了《上万言书》。王安石平常与韩绛、韩维及吕公著等人交好。赵顼继位前经常与侍臣议论天下大事，很赞赏王安石的《上万言书》。韩维是颖王府的记室参军，每有言谈议论受到赵顼称赞时就说："这是我的朋友王安石的观点。"后来，韩维担任右庶子，又推荐王安石代自己为官。王安石在金陵守丧期间，英宗赵曙屡次召他，但王安石认为时局不利于实现自己的政治主张，所以每一次都婉言谢绝。治平四年，赵顼任命王安石为江宁知府，数月后又召王安石入京任翰林学士兼侍讲。

赵顼求治心切，经常向大臣们征询改革的意见，他第一次召见王安石就问他治国应当先做什么。王安石答道："应当先选择正确的策略。"赵顼说："唐太宗何如？"王安石说："陛下当以尧舜为榜样，为什么拿唐太宗做样子呢？尧舜之道，简明而不烦琐，很容易做到而不繁难。但末世学者不知其中道理，认为高不可攀。"赵顼觉得这种议论使人耳目一新。接着，他又问王安石："祖宗守天下，能百年间没有大的变动，使天下太平，是用的什么治道呢？"王安石退朝后，经过认真思考，写了《本朝百年无事札子》上于赵顼。大意是说，太祖赵匡胤善于知人，指挥付托，必尽其才；变置施设，必当其务，故能驾驭诸将帅，对外御夷狄，对内平诸侯，去除苛政，禁止酷刑，废除强横的藩镇，诛灭贪残的官吏，并亲自以简明为天下先，其政令全以利民为目的。太宗赵光义承之以聪武，真宗赵恒守之以谦仁，以至仁宗赵祯、英宗赵曙，无有逸德，所以能够享国百年而天下无事。

熙宁二年二月，赵顼起用王安石为参知政事，后来又设置制置三司条例司作为变法的指导机构，由陈升之①、王安石负责。王安石贵为宰相，生活却极为简朴，也不接受别人的礼物。王安石的无私无畏感动了赵顼，也把王安石当作自己的良师益友，两人之间的友谊超出了君臣的关系。

在赵顼的亲自督促下，王安石提出并推行了一整套新法，主要分为"富国""强兵"和"改革科举制度"三个部分。富国部分包括均输法、青苗法、农田水利法、免役法、方田均税法；强兵部分包括将兵法、保甲法、保马法；新的科举制度主张以经义取士，应试者不再考诗赋、帖经、墨义之类，而以《诗》《书》《易》《周礼》《礼记》为本经，以《论语》《孟子》为兼经，企图改变"闭门学作诗赋，及其入官，世事皆所不习"的状况。王安石又对太学进行了改革，实行"三舍法"。初入学的为外舍生，不限名额。以后经过考试升为内舍生，名额200人。内舍生经过考试可升为上舍生，名额100人。上舍生中品行优异者，可不经考试直接授以官职。

这场变法使北宋王朝又恢复了生机和活力。新法实行后，财政收入有了明显增加，国库积蓄可供朝廷20年财政支出，国力增强。强兵法的推行，扭转了西北边防长期以来屡战屡败的被动局面，培养出了王韶、章楶（jié）等杰出将领，并建立起有利于进攻西夏的战线，使北宋与西夏的战争格局发生了翻天覆地的变化。北宋中期开展的诗文革新运动，也得到了有力推动，扫除了宋初风靡一时的浮华余风。

然而，新法在某些方面触犯了大官僚、大地主、大商人的利益，遭到他们激烈的反对，其中主要是免役法和市易法。北宋时，城市工商业者（当时称行户或行人）也要承担劳役，谓"行役"，主要是按要求向朝廷售卖物品，而王安石推行免役法，使贵族不能再借朝廷之名行强买强卖之事。这股反对力量也得到了太皇太后、皇太后和皇后的支持，两宫皇太后经常在赵顼面前哭泣，说："王安石哪是在变法，是在变乱天下啊！"赵顼与祖母的感情极好，见祖母伤心难过，也非常内疚。

巧合的是，自新法施行后，各地就不断有异常的自然现象出现，如京东、河北突然刮起大风，陕西华山崩裂，一时间人心惶惶。一些别有用心之人趁机抨击变法，说这是上天对人间的警告。熙宁七年（1074年）春，天下大旱，饥民流离失所，群臣诉说免行钱之害。赵顼一脸愁容，开始相信这是上天的某种预警，并对自己继位以来所实行的变法进行"反思"，想废除某些法令。王安石却认为，天灾即使尧舜时代也无法避免，派人治理即可，与变法毫无关系。这时，一个名叫郑侠的官吏向赵顼上了一幅流民图，并上书论新法过失，力谏罢相王安石。图中描绘的景象令赵顼深受震撼，无数百姓流离失所、卖儿卖女，惨不忍睹。赵顼本想通过变法让百姓安居乐业，没想到效果适得其反，他不禁有些动摇起来，对王安石说："取免行钱太重，人情咨怨……近臣以至后族，无不言其害。两宫（太皇太后、皇太后）泣下。"王安石对这些目光短浅、只顾眼前小利而不顾国家大局的后族十分反感，他向赵顼揭露了皇后之父向经及曹太后的弟弟曹佾（yì）仗势枉法、欺占钱财的事实，证明他们是为了私利才反对新法。但是，赵顼经不起众人的一再反对，下令韩维等人调查新法的实施情况。

朝中大臣反对变法的人也不少。司马光三次写信（《与王介甫书》）给王安石，列举实施新法弊端，要求王安石废弃新法，恢复旧制。王安石回信对司马光的指责逐一反驳，并批评士大夫阶层因循守旧，表明了自己坚持变法的决心。苏辙、韩琦也极力阻击青苗法。新法的科举制度也遭到反对。熙宁四年（1071年），汴京百姓为了逃避保甲，甚至出现自断手腕的现象。对此，王安石认为施行新政，士大夫尚且争议纷纷，百姓更容易受到蛊惑。然而，赵顼开始犹疑，表示要先听取百姓的意见。

反对势力自然不会放过这样的机会，他们继续大力抨击王安石及其新法。在巨大的压力下，王安石只得向赵顼提交辞呈。赵顼开始没有同意，但是王安石一再坚持，赵顼最终同意并要求王安石推荐官员接替他的职务，这表明赵顼并未完全放弃推行新法。

熙宁七年（1074年）四月，王安石奏请让吕惠卿[②]任参知政事，又要求让韩绛接替自己，二人坚持王安石制定的成法。然而，吕惠卿掌握大权后，担心王安石回朝，于是也开始反对新法，并且提拔亲族，培植自己的势力，又借办理郑侠案的机会陷害王安石的弟弟王安国以及李士宁案来倾覆王安石。他打着变法的招牌恣意妄为，引起了朝中大臣的不满，韩绛觉察到吕惠卿的用意后，秘密奏请召回王安石。赵顼也认为只有王安石才能挽回局面。

熙宁八年（1075年）二月，王安石再次拜相，吕惠卿外调为陈州知州。但是，王安石仍然得不到更多的支持，加上变法派内部分裂严重，新法很难继续推行。次年，王安石因身体抱恙，屡次要求辞官，加上他的儿子在当年六月英年早逝，使他备受打击，已经无法集中精力过问政事。赵顼无奈，只好同意王安石辞相，外调镇南军节度使、同平章事、判江宁府。后来，王安石连江宁府的官职也辞去，直到去世再也没有回朝。

王安石再次罢相的第二年，赵顼改年号为"元丰"，从幕后走到前台，亲自主持变法，当时他31岁，正是年轻有为之时，而且经过几年的执政也积累了一些经验，在政治上也比较成熟。到赵顼去世之前整整10年，新法由他一人苦苦支撑，这一时期从前期的理财为主，转为改革官制与强化军兵保甲为主，后人称之为"赵顼改制"。王安石在位时的新法以抑制兼并为中心，赵顼的改制则着力于加强宋朝的国家机器。他想通过官制改革，达到富国强兵的目的。新官制更有利于君主专制的中央集权，其基本制度一直实行到宋朝末年再未进行大的变动。

富国梦碎　壮志难酬

变法异常艰难，赵顼虽然有过怀疑和动摇，但最终还是坚持下来了，并取得了良好的成绩，总体上使北宋的国力有所增强。他曾慨叹宋朝自真宗赵恒以来对辽国和西夏一味妥协退让，立志要统一天下。所以，他在位时亲自主持了两次大的军事行动，一次是对交趾的反击战，一次是对西夏的进攻。

交趾从仁宗赵祯执政后期，便经常在北宋边境进行劫掠。熙宁九年（1075年）九月，交趾进攻北宋广西路的古万寨。十一月，又出动6万军队，号称8万，分水、陆两路大举进攻广西路。

熙宁十年（1076年）二月，赵顼任命郭逵为安南道行营都总管、招讨使，率军到达广西前线。同年夏天，北宋军收复邕州、廉州。到了秋天，又收复全部失地。十一月，赵顼下诏解决南征军的军需等问题，继续反击交趾军。十二月，郭逵率军进入交趾境内，在决里隘打败交趾军，缴获许多船只。交趾王李乾德眼看北宋军就要兵临城下，赶忙奉表乞降。从此，交趾再也不敢侵扰宋境。

然而，赵顼对西夏用兵的形势却大不相同。当时党项族建立的西夏已经发展为拥有强大武力的军事联合体，不断进犯北宋西北地区。熙宁五年（1072年）五月，赵顼改古渭砦为安远军，令王韶知军事，打算以此为基地巩固陇右，打击西夏。王韶一边训练军队，一边开垦荒地，发展边界贸易，把这里经营得有声有色。七月，王韶率军西进，攻取武胜，并在此筑城，改名为熙州。不久，赵顼下令设置熙河路，以熙州为首府，王韶又在熙州周围修建了许多桥梁和城堡，奠定了北宋西进和南下的基础。

熙宁六年（1073年）秋，王韶进军1800里，占领了宕、岷、叠（mén）、洮等州，招抚大小蕃族30余万帐。这是北宋开国以来对辽、西夏战争所取得的空前胜利。捷报传来后，赵顼欣喜万分，亲自到紫宸殿接受百官朝贺，并解下自己的玉带送给大臣。王韶也因功受到赵顼的重用，官职一升再升，最后被任命为枢密副使，称为"三奇副使"。

元丰四年（1081年）七月，西夏国王秉常被囚，梁后专权。赵顼认为这是进攻西夏的大好机会，于是下令发兵20多万，兵分五路深入西夏境内，直抵灵州城下。西夏则坚壁清野，采取以逸待劳的策略，一面坚守灵州，一面派轻骑抄宋军后路。宋军起初进展顺利，连续攻下了几个州城，但在灵州城下却遭到西夏军的顽强抵抗，粮道又被切断，人困马乏，军心开始涣散。这时，西夏军挖开灵州城外的河渠，淹灌北宋军大营，北宋军淹死和逃亡人数过半，不得不撤军。

灵州之役失败了，但是赵顼仍没有放弃消灭西夏的想法。元丰五年（1082年）五月，赵顼采纳部将徐禧的建议，在银、夏之界修筑永乐城用于屯驻军队，企图困住兴州的西夏军。九月，永乐城刚刚建好，西夏便发兵30万前来进攻，北宋军败退城中。西夏军将永乐城团团围住，切断水源，宋军渴死者有一大半，最终城池被攻陷，徐禧和守城将士万余人战死。此役北宋共牺牲将校200多人，损失士民及民夫20多万人。西北前线的败报传来后，赵顼悲痛难忍，竟临朝大哭。从此，他彻底丧失了以前的雄心，只好仍旧维持原来对西夏的和议，每年向西夏交纳财物。

由于西北边境的军事失利，赵顼的精神受到了沉重的打击，于元丰八年二月一病不起。大臣王珪等人开始劝他早日立皇太子。赵顼也有了不祥的预感，决定立第六子赵佣为太子，改名为赵煦，朝政大事暂由皇太后处理。同年三月，赵顼驾崩。

注释：

①陈升之（1011—1079年）：北宋大臣，景祐进士，历知封州、汉阳军，入为监察御史，迁侍御史知杂事。熙宁元年知枢密院事。后拜同平章事、集贤殿大学士。因在变法机构名称上与王安石意见不合，称疾不朝，后任镇江军节度使、知扬州。

②吕惠卿（1032—1111年）：北宋大臣，初为王安石所信任，参与制定青苗、均输等法。王安石罢相，他任参知政事，被称为"护法善神"。与王安石情同师徒，后因事生恨；宦途起伏不定，后半生一直在朝外辗转，历任翰林学士、知军器监、参知政事、太原知府等职。

哲宗赵煦

赵煦档案

生卒年	1077—1100 年	在位时间	1085—1100 年
父亲	宋神宗赵顼	谥号	宪元继道显德定功钦文睿武齐圣昭孝皇帝
母亲	朱皇后	庙号	哲宗
后妃	孟皇后、刘贤妃等	曾用年号	元祐、绍圣、元符

赵煦，原名赵佣，宋神宗赵顼第六子，北宋第七位皇帝。

赵煦曾任检校太尉、天平军节度使，封均国公；元丰五年升迁开府仪同三司、彰武军节度使，晋封延安郡王。元丰八年三月，赵顼病重，赵煦被正式册立为皇太子。几天后，赵顼驾崩，赵煦于灵前继位，次年改元元祐，由太皇太后高氏垂帘听政。

元祐八年（1093 年）九月，太皇太后高氏去世，赵煦得以亲政。次年改元绍圣，开始推行神宗赵顼时期的新政，恢复保甲法、免役法、青苗法等，并停止与西夏议和，多次派兵征讨，用强大的武力迫使西夏向宋低头。

不幸的是，赵煦同样英年早逝，于元符三年（1100 年）驾崩于汴京，终年 24 岁，谥号钦文睿武昭孝皇帝，庙号哲宗，葬于永泰陵，后累加谥为宪元继道显德定功钦文睿武齐圣昭孝皇帝。

幼年登基　太后专政

赵煦幼年时天资聪慧，勤奋好学，少时便可以背诵七八卷《论语》，而且写得一手好字，深受赵顼喜爱。元丰七年（1084年），神宗赵顼生病之初，有意立赵煦为太子，但他还没来得及公布，次年春便病情恶化。赵顼的母亲高太后、皇后向氏以及大臣王珪等都认为必须立即册立太子。高太后甚至让人赶制了一身小龙袍，让赵煦继位时穿。

神宗赵顼共有14个儿子，雍王赵颢、曹王赵頵正是年富力强之时，而赵煦不过9岁。无论是声望、地位还是出身，他们都比赵煦更有资格做皇帝。大臣蔡确、邢恕也想拥立赵颢或赵頵继承帝位，并想通过高太后的侄子高公绘和高公纪来达到目的，但高氏兄弟担心引来杀身之祸，不愿参与立储之争。蔡确和邢恕只好改变初衷，表示愿意拥立赵煦为太子，以夺拥立之功，并趁机除掉与蔡确有很深矛盾的王珪。出乎他们意料的是，王珪这一次意见和他们一样。蔡确找不到下手的理由，只得放弃。

赵颢、赵頵有意争夺太子之位，时常以探病的名义到宫中打探消息。在神宗赵顼弥留之际，赵颢又提出到宫中侍疾。高太后唯恐有变，让人关闭宫门，禁止他们出入赵顼的寝殿，同时也加快了将赵煦立为皇储的步伐。

元丰八年三月初一，王珪等人又一次进宫探望赵顼病情，高太后让宫女们带着9岁的赵煦和众大臣打招呼。王珪趁机带领大家来到前廷，宣读太后旨意，立赵煦为皇太子，由太后代管军国大事。三月初五，赵顼在福宁殿驾崩，赵煦当日继位。

赵煦刚刚9岁，不能像同龄孩子一样尽情玩耍，除了临朝之外，还要学习。高太后和大臣们都想通过严格的教育让他成为一个恪守祖宗法度、博通今古、有作为的好皇帝。赵煦本来很喜爱读书，尤其喜爱唐人律诗，还时常将自己抄写的诗词让大臣们观看。但大臣们有事必向高太后奏请，有时他想过问政事，大臣们却毫不理会，这大大地伤害了他的自尊心，而高太后平时对他的"循循教导"也让他无法忍受，心中对太后和朝中大臣产生了深深的怨恨。

高太后虽然把持朝政，但她在照顾孙子方面事无巨细。为免赵煦过早亲近女色，赵煦继位后，高太后将宦官刘惟简等人调走，换成了20多个年龄在50岁上下的宫女。元祐三年（1088年），为了给赵煦挑选皇后，高太后下令挑选100多名美女进入后宫。其中，眉州防御使、马步军都虞侯孟元的孙女，端庄娴雅，深得高太后喜爱。4年后，也就是元祐七年（1092年），在高太后的操办下，赵煦与孟氏举行了大婚典礼，并立孟氏为皇后。

赵煦本以为自己完婚后，高太后可以还政于自己。然而，高太后依然将大权握在手中，丝毫没有归政的意思，这使赵煦产生了严重的抵触心理。每日上朝时，大臣们奏事，他都不言不语，好像和自己无关一样。有一次，高太后忍不住责怪道："众卿议事，你为何不言不语，心中有何想法，可以说出来。"赵煦冷冷地回道："皇祖母已经说过了，皇孙还有何可说。"高太后和众臣都听出他话中有话，于是对他更加严格看管，加强教育，加紧打击所谓变法派，向他灌输遵循祖宗之法的思想。

选贤任能　革旧布新

在高太后垂帘听政的8年里，旧党不但把持朝纲，而且对新党的打击从不手软。但是，高太后毕竟年迈，渐渐力不从心。元祐八年八月，高太后身染重病，临终前，她还念念不忘教导赵煦一定要遵守祖宗之法。翰林院学士范祖禹①也接连上了几道奏章，要求赵煦坚守元祐之政。但赵煦亲政之后，对这些奏章毫不理会。

这时，礼部侍郎杨畏②上奏说："神宗更法立制以垂万世，希望研究新法以成绍述之道。"赵煦立即单独召见杨畏，向他询问可以任用的先朝旧臣。杨畏推荐了章惇③、安焘、吕惠卿、邓润甫④、李清臣等人，并提议由章惇担任宰相。赵煦对章惇十分信任，当即下诏任命章惇为资政殿学士、吕惠卿为中大夫、李清臣为中书侍郎、邓润甫为尚书右丞。

赵煦又提拔宦官刘瑗等10人参与朝政，朝中一片哗然。翰林学士范祖禹劝谏说："陛下亲政，未访一贤臣，却先召内侍，天下将会议论陛下私昵近臣，此事断然不可。"然而，赵煦不予理会，依然我行我素。

绍圣元年（1094年），赵煦大力提拔曾被罢免的改革人士，继章惇之后，曾布⑤、蔡卞⑥也先后被委以重任。已故的王安石受到他的推崇，他又追复蔡确的官职，重修《神宗实录》。同时，赵煦又对元祐大臣给予沉重打击，无论活着的还是死去的，全部剥夺官职，将文彦博、吕大防、刘挚⑦、刘安世⑧等流放外地，对范纯仁、苏轼、程颐严厉责罚，高太后的心腹宦官梁惟简、张士良、陈衍等则被编配到边远州军。在章惇等人的挑拨下，赵煦还将矛头对准高太后，说她"老奸擅国"，想要追废其太后的称号和待遇。

新党执行后，开始推行神宗赵顼时期的新政，恢复保甲法、免役法、青苗法等，并根据此前推行新法的弊病进行了一些改进，以利于推行，使农民的负担有所减轻，国家的实力也逐渐提升。科举也完全恢复新法，废黜诗赋取士，专用经义取士，廷对仍试策，直至北宋末年。

赵煦还一改多年来北宋在外交上的软弱态度，停止与西夏谈判，并多次出兵讨伐西夏，收复了以前被西夏抢占的青塘等地，迫使西夏向北宋求和。

宫闱之争　皇后废立

赵煦和孟皇后的结合完全是由高太后一手操办，两人感情一般，后来孟皇后生下一个女儿，被封为福庆公主。赵煦真正喜欢的是宫女刘氏，两人如胶似漆，恩爱非常，赵煦很快就将她升为婕妤，甚至带着她到大相国寺游玩。

绍圣三年（1096年）九月，福庆公主生病，孟皇后推荐自己的姐姐来给公主看病，但用了几服药仍不见好转，只得求助于道士，取得符水送给孟皇后。孟皇后大惊失色，急忙让姐姐将符水藏起来。当时赵煦正好过来探望，孟皇后知道无法隐瞒，急忙向他解释。赵煦当时什么也没说，只是让孟皇后将纸符烧掉了事。福庆公主最终不治身亡，孟皇后悲痛至极，以致卧床不起。这时赵煦忽然旧事重提，以孟皇后旁惑邪言、阴挟媚道为名，将其废居瑶华宫。

废掉孟皇后以后，赵煦也很后悔，他本想封刘婕妤为皇后，但又害怕大臣们反对，所以只将她的地位提高一级，皇后的位置一直空着。刘婕妤一心想当皇后，便托内侍郝随和宰相章惇替自己向赵煦请求，但赵煦却不置可否。刘婕妤不甘心，认为只要其他嫔妃都不生育，自己就有立后的希望。

让刘婕妤感到惊喜的是，她还不曾有所动作就怀孕了，于元符二年（1099年）八月生下皇子赵茂。赵煦非常高兴，命礼官备仪，准备册封刘婕妤为皇后。右正言邹浩急忙劝阻道："立后以配天子，万万草率不得。仁宗时期，郭后与尚美人争宠，仁宗既废后，并斥美人，可为天下后世效法。陛下废除孟后，与郭后无异，天下孰不疑立贤妃为后，凡皇后须德冠后宫，不能从嫔妃中选择，应自贤族中选择。况且，刘婕妤有废后之嫌，更不宜立为皇后。"赵煦闻言大怒，当即将邹浩贬往新州。尚书右丞替邹浩求情，也被免职，出知亳州。至此，再也没有人敢阻挡赵煦了，刘氏被正式册立为皇后。

刘婕妤心愿终于达成，非常高兴，不料两个月后，她的儿子忽然得了一种怪病，终日啼哭不止，饮食不进，不久便夭折了。刘婕妤悲痛万分，整天以泪洗面。赵煦受此打击，也万念俱灰，一病不起。

新旧党争　郁郁而终

根据史书记载，赵煦自幼体弱多病，少时便有宿疾，时常咯血，但严令不许外传，不准请医生，咳嗽时也不用唾壶，只用手帕擦拭，常常带有血迹。内侍不敢声张，偷偷地将手帕藏于袖中。而福庆公主和小皇子的先后夭折，给赵煦本就脆弱的身体和心理带来了致命的打击，他的身体每况愈下，但朝政又不可一日不理。

经过绍圣年间贬逐元祐党人和"同文馆"之狱⑨事件,朝中能够让赵煦感到满意的官员少之又少,要么是奸佞小人,要么年轻资历浅,要么缺乏文采。而章惇和蔡卞之间又发生了矛盾,两人经常当着赵煦的面互相指责,气势咄咄逼人,赵煦对此束手无策。

赵煦想要加强三省的力量,便找来曾布商量。曾布说:"朝臣之中,蔡卞、章惇之流遍布,结党营私,相互交恶,故无人可以差除。"赵煦不甘心,坚持要在三省中调整官员,提出让韩忠彦⑩升职。但曾布认为韩忠彦不足以抗衡章惇和蔡卞的势力,况且韩忠彦是元祐大臣,与章惇、蔡卞素来不和,恐怕两人也容他不下。他向赵煦推荐了安惇,夸赞他文采卓越,可与苏轼媲美。安惇是章惇的门下,赵煦认为只要他做好现在的御史就行了,不可以再进三省,于是婉拒了曾布的推荐。不久,赵煦决定将韩忠彦之子、秘书阁校理韩治提拔为吏部郎中。曾布再三劝阻说,韩治曾是刘挚的门客,其父韩忠彦为人毫无原则,只会随波逐流,不宜重用。但赵煦固执己见。

章惇、蔡卞两人飞扬跋扈,又不时遭到陈瓘、邹浩等人的弹劾指责,所以赵煦渐渐地对他们失去了信任。相比之下,曾布为人性格温和,善于变通,很少跟朝中大臣闹矛盾,赵煦对他越来越亲近和信任。曾布在赵煦执政后期发挥了很大作用,但是他善于变通和温和的性格,也引来了很多非议,加上他参与了"绍述"⑪和废除孟皇后,被人们骂作首鼠两端的家伙。尤其是他阻挠复用韩忠彦,更使大臣们对他在关于元祐党人的问题上产生了几分怀疑。赵煦去世以后,徽宗继位,韩忠彦一度为相,与曾布同时担任宰相一年多的时间,但两人关系甚差,先后被贬到地方任职。

至元符三年正月上旬,赵煦终于不能按时上朝,不能接见外宾,病情十分严重,咳痰不止,又常呕吐。刚吃过早餐,稍一俯身,随即吐出,十分痛苦。经御医诊断,认为赵煦"精液不禁,又多滑泄",体质非常虚弱,病情十分严重。正月十二日,赵煦在福宁殿崩逝。

注释:

①范祖禹(1041—1098年):北宋大臣,嘉祐进士,助司马光纂修

《资治通鉴》15年。深受王安石信重,但却反对新法。哲宗时,累官翰林学士兼侍讲,因其所修《神宗实录》语多诋斥,附会司马光变更新法,责授武安军节度副使、永州安置。

②杨畏(1044—1112年):北宋大臣,历任西京国子监教授、监察御史里行、侍御史,官至吏部侍郎。为人反复,人称"杨三变"。

③章惇(1035—1105年):北宋中期政治家、改革家,初为王安石所任用,为编修三司条例官。哲宗继位,知枢密院事,与司马光力辩免役法不可废罢,被劾黜知汝州。哲宗亲政,复被起用,任尚书左仆射,力排元祐党人,倡"绍述"之说,恢复青苗、免役等法。因曾反对议立徽宗,徽宗继位后被贬逐。

④邓润甫(1027—1094年):北宋大臣,皇祐进士,熙宁中为编修中书条例、检正中书户房事。历知谏院、知制诰,擢御史中丞、翰林学士。哲宗即位后,出知亳州。哲宗亲政,首陈"绍述"之说。绍圣元年拜尚书左丞。

⑤曾布(1036—1107年):北宋大臣,嘉祐进士,为王安石所任用,参与制定青苗、助役、保甲、农田水利等法,任三司使。因斥吕嘉问以市易法搜刮,忤王安石。哲宗亲政,任同知枢密院事,支持"绍述"甚力。徽宗时拜相,主张调和新旧两派,被蔡京排挤,放逐在外,死于润州。

⑥蔡卞(1058—1117年):北宋大臣,蔡京之弟,王安石之婿。神宗时,累官给事中。哲宗继位,迁礼部侍郎,后拜尚书左丞,托"绍述"之说,陷害异己。徽宗时一度被贬,旋起知大名府,擢知枢密院。时蔡京为相,政见屡有不合,以资政殿大学士出知河南。

⑦刘挚(1030—1098年):北宋大臣,嘉祐进士,任南宫令有政绩,为王安石所擢用。官监察御史里行,以反对免役法被谪。元祐时与吕大防等共同执政,废弃新法。哲宗亲政后,贬官安置新州。

⑧刘安世(1048—1125年):北宋大臣,历官左谏议大夫、宝文阁待制。以言事激切,号"殿上虎"。绍圣中为章惇所贬,安置梅州。徽宗继位一度起用,蔡京为相后又被贬至峡州羁管。

⑨同文馆之狱:文字狱,发生在北宋绍圣年间,事起于大臣文彦博

之子文及甫，因其书信中有涉嫌倾危社稷之语，被新党罗织成罪，宋廷便置狱同文馆，逮捕文及甫审问此事。此案牵连多人，始终无从考实，后来不了了之。

⑩韩忠彦（1038—1109年）：北宋大臣，魏郡王韩琦长子。历官开封府判官、知瀛州、给事中、礼部尚书等职。哲宗在位时因政治立场不明，外放为定州知州。徽宗继位后回朝任门下侍郎，不久升任尚书左仆射兼门下侍郎，因与右相曾布不和，再次外放为大名府知府，累贬为磁州团练副使。后以宣奉大夫致仕。

⑪绍述：特指宋哲宗时对神宗所实行的新法的继承。

徽宗赵佶

赵佶档案

生卒年	1082—1135年	在位时间	1100—1125年
父亲	宋神宗赵顼	谥号	体神合道骏烈逊功圣文仁德宪慈显孝皇帝
母亲	钦慈皇后陈氏	庙号	徽宗
后妃	王皇后、郑皇后、乔贵妃、韦贵妃等	曾用年号	建中靖国、崇宁、大观、政和、重和、宣和

赵佶，宋神宗赵顼第十一子，宋哲宗赵煦之弟，北宋第八位皇帝。

赵佶初封宁国公，赵煦继位后被封为遂宁郡王。绍圣三年（1096年）封端王。元符三年（1100年）正月，哲宗赵煦病逝，赵佶继位，次年改元建中靖国。

宣和二年（1120年），赵佶遣使北上赴金，与金国达成协议，两面夹击辽国。宣和七年（1125年），金军攻打北宋，赵佶惊慌失措，急忙将皇位传给太子赵桓，自己做起了太上皇。

靖康二年（1127年），金军攻入宋都汴京，赵佶父子二人均成为金军的俘虏，被押往北国。9年后，赵佶因不堪精神上的折磨而在五国城去世，终年54岁，葬于河南广宁。到南宋高宗赵构时期，根据宋金两国达成的协议，赵佶的遗骸被接回临安，安葬于永佑陵，追赠庙号徽宗，谥号圣文仁德宪慈显孝皇帝，后加谥为体神合道骏烈逊功圣文仁德宪慈显孝皇帝。

放荡皇帝　奸臣当道

赵佶出生第二年便被授为镇宁军节度使，封宁国公。赵煦继位后，封赵佶为遂宁郡王。绍圣三年，赵佶以平江、镇江军节度使之职，被封为端王。

赵佶幼年时不爱学习，偏好骑马射箭，豢养禽兽，侍弄花草，最大的爱好是书画。他有个朋友叫王诜，是英宗赵曙之女、蜀国大长公主的驸马，也是赵佶的姑夫。王诜行为很不检点，贪色放纵，大长公主也拿他没办法。赵佶与他臭味相投，成为好朋友。王诜府中有一个下人，名叫高俅，极会逢迎巴结，善于蹴鞠，后来被赵佶留在自己身边。

赵佶虽然贪玩，但在向太后面前却表现得十分孝顺，每天都会到向太后宫中问安，说一些让太后欢喜的话，因此深得太后喜爱。元符三年，哲宗赵煦驾崩，向太后以申王赵佖有眼疾为由，提议让赵佶继位。章惇反对说："端王轻佻，不可以君天下。"但知枢密院曾布、尚书左丞蔡卞、中书门下侍郎许将等人都纷纷附和向太后的意见。最终，赵佶在哲宗赵煦灵前继位，时年19岁。

章惇对赵佶继位并不放心，再次请求向太后临朝听政，向太后回答说："皇帝已经成人，凡事自有决断，本宫不便干政。"但赵佶却伏拜于地，也请求太后临朝，向太后推辞不过，只好点头答应。

当然，赵佶恭请向太后听政，并非完全出于感激之情，主要是想借助她的力量来巩固自己的地位。向太后象征性地听政6个月后，便撤帘了。这段时间，赵佶在生活上收敛了许多，一副俭朴勤敏的样子。

建中靖国元年（1101年），向太后病逝。不久，赵佶将蔡京召回京都，担任翰林学士承旨。蔡京是有名的奸臣，饱读诗书，擅长书画，最会逢迎巴结、投机取巧。哲宗赵煦在位前期，他因为支持司马光废除新政而受到高太后的重用。赵煦亲政后，他也跟着变脸，改为支持变法，并大力讨好刘皇后，仍然受到重用。但是，到向太后听政时，他已经声名狼藉，遭到众臣弹劾，被罢官还乡。蔡京回朝后投赵佶所好，派宦官童贯到江南搜寻书画奇珍献给赵佶，受到赵佶的重用。崇宁元年（1102年），赵佶任命蔡京为宰相。

除了蔡京、王诜、高俅、童贯之外，还有王黼（fǔ）、朱勔（miǎn）、梁师成等人，都是靠溜须拍马得到高官厚禄的小人。其中，蔡京、童贯、王黼、朱勔、梁师成、李邦彦被称为"六贼"。

天下珍品　尽归我有

赵佶最信奉的一句话是"太平无事多欢乐"，因此，他亲政之后贪图享受，完全将朝政大事放在一边。他下令新建一座延福宫，东到景龙门，西抵天波门，宫内殿阁亭台错落有致，鹤庄鹿砦（zhài）掩映于花木之中，小桥流水，怪石林立，鸟语花香，环境十分优美。赵佶又在京都东北筑山，调动上万士兵、工匠，累石积土，日夜不停，整整花了6年时间才完工，取名"万岁山"，其形状完全仿照杭州凤凰山，雄伟壮观，后改名"艮岳"。

在大兴土木的同时，赵佶又派人四处寻找天下奇珍，供自己赏玩，前人的书法、名画、砚墨应有尽有。为此，他特意在宫中设了御画所，里面收藏着数以万计的字画珍品。赵佶还收藏了1万多件商周秦汉时期的钟鼎礼器以及文房四宝，其中包括端砚3000余方，著名墨工张滋亲手制造的墨10万多斤。

因为对书画有着浓厚的兴趣，赵佶每收集到一件珍品都重新裱装，并亲自为之题词写序。他命人将历代著名书法家、画家的资料加以记录整理，并附上宫中所藏的各家作品目录，编写成《宣和书谱》《宣和画谱》，又对收藏的奇珍异宝进行考证、鉴定，亲自编撰了《宣和殿博古图》，为后人留下了珍贵的研究资料。

笃信道教　梦想成仙

赵佶幼年时喜欢看一些鬼怪精灵的神话故事，对神仙生活充满向往。他当皇帝之前，道士郭天信给他相面，说他有帝王之相。后来，他果然做了皇帝。但是，在他继位之初，尽管后宫佳丽颇多，却总不能怀上皇嗣。这时又有一个茅山道士建议他说，京城东北角风水太低，只要修高一些，子孙自然就旺盛了。赵佶听从道士之言，不久连得数子。自此以后，赵佶对道士的崇拜可以说是到了五体投地的地步，他下令将道士、女冠的地位提升到和尚、尼姑之上，又在福宁殿东侧建玉清和阳宫，供奉道教祖师的画像。

政和六年（1116年），赵佶手捧玉册、玉宝来到玉清和阳宫，加玉帝尊号为"太上开天执符御历含真体道昊天玉皇上帝"，并大赦天下，下令在全国洞天福地修建宫观，塑造玉帝圣像、铸冲霄九鼎并安放于上清宝箓宫的神霄殿。

为了将自己塑造成下凡的神仙，政和七年（1117年），赵佶和林灵素事先编造出清华帝君白天显灵于宣和殿、火龙神剑夜间降临内宫的虚假故事，然后伪造所谓的帝诰、天书、云篆等物到处宣扬，并刻碑纪念。之后，他又召集2000多名道士到上清宝箓宫听林灵素讲述清华帝君降临的过程，说得神乎其神，仿如真的一般，然后下令定期在上清宝箓宫举办千道会。

同年四月，赵佶再密诏道箓院，要册封自己为教主道君皇帝。于是，在道录院的串通下，文武大臣上表，立赵佶为"教主道君皇帝"，蔡京、童贯等大臣也都兼任道教官职。更为荒唐的是，就连赵佶想要提拔官员，也必须先由道士推算一番，之后才能正式任命。

宣和三年（1121年），汴京遭遇涝灾，城外积水深达10余丈。赵佶非常惊恐，急忙派林灵素去设坛作法。但林灵素率领一群道士刚刚走上城头，便被前来防汛的民众追打。林灵素顾不上作法，狼狈逃回宫中。赵佶见自己装神弄鬼的把戏已经激起民怨，心中更为担忧。恰巧这时太子赵桓又来状告林灵素目无王法,路上和他相遇竟不下拜。赵佶便以此为由,将林灵素赶回老家,至此,他推崇道教的闹剧总算告一段落。

民怨四起　不知反省

赵佶在位时,蔡京等打着绍述新法的旗号,无恶不作,贿赂公行,卖官鬻爵,巧立名目,增加税赋,搜刮民财。他们为了防止其他大臣的非议,请赵佶亲自手书诏书后便立即颁行,有时甚至让宦官杨球代书,从而达到为所欲为的目的。

而赵佶作为集诗书画于一身的文才皇帝,自幼养尊处优,迷恋声色犬马,不知民间疾苦,为了达成自己享乐的目的,他下诏让宦官杨戬主持稻田务的工作。杨戬在汝州立法,可以种稻的田土,收索民户田契,辗转追寻,直至无契可证,将超出原始田契的土地称为公田,种植户即作为佃户,须交纳公田钱,继而推广至黄河中下游及淮河流域。济州、郓州百姓以打鱼为生,杨戬也以"租船"的名义,强行让渔民交纳租船钱。

后来杨戬去世,李彦接替了杨戬的位置,并延续杨戬的作风,将百姓的田地侵占充公。暴政之下,许多破产失地的良民啸聚山林,打家劫舍。

宣和元年(1119年),宋江等人占据梁山泊,聚众起义,至十二月已发展成为有一定规模的农民起义军,他们在河北、山东一带活动,先后攻略十余州郡,惩治贪官,杀富济贫,声势日盛。十二月初二,赵佶下诏进行招降,但宋江没有接受招安。宣和三年二月,宋江等进攻海州时,被海州知州张叔夜击败,宋江等投降。

与此同时,方腊起义也进行得如火如荼。宣和二年十月,睦州青溪人方腊利用明教等秘密宗教组织起义,而且发展迅速,次月即建立政权,首先攻占青溪县城。两浙人民纷纷响应,起义军随即攻占睦州、歙州。

宣和三年初，赵佶以童贯为江、淮、荆、浙等路宣抚使，领15万大军南下镇压起义。与此同时，起义军攻占两浙路首府杭州，之后又南下攻取婺州、衢州、处州等地。后来，在官军的强烈攻势下，方腊控制的州县相继失陷。四月，方腊率部退至帮源洞，与官军决战，所部7万人皆战死，方腊被俘后被解往汴京，于八月下旬被杀害。

方腊起义虽然最终被平息，但是这场战争对北宋造成了巨大的影响。而赵佶并没有从中吸取教训，进行改革，其统治更为黑暗腐败。他下令恢复苏杭"应奉局"，并在汴京重新设置"应奉司"，加紧搜刮"四方珍异之物"，照旧修筑宫殿、园林等大型工程。

悲剧下场　客死他乡

赵佶接受蔡京的建议，进兵西夏，取得了一定的胜利，这让他有点得意忘形，于是又对辽国动用武力。宣和四年（1122年），北宋联合金国对辽国发起攻击，很快占领了燕京。金军在完颜阿骨打的授意下将燕京洗劫一空后，又以100万贯的价格卖给北宋。

交接的手续刚刚办完，金国又突然反目，于宣和七年（1125年）兵分两路，对北宋发起进攻。其中，东路军由翰离不率领，从平州攻打燕山，先后占领檀州、蓟州，北宋大将郭药师不战而降，金军轻取燕山。西路军由粘罕率领，自大同进攻太原，于十二月初攻取朔州、武州、代州等地。两军在太原会合，开始攻打太原。

告急文书一封接一封地传入京城，赵佶惊慌失措，多次召集大臣商议对策，但大家都束手无策，于是，赵佶心中产生了逃跑的想法。他下旨要"临幸"淮浙，任命儿子赵桓为开封牧、监国，替自己阻挡金兵；同时又派户部尚书李棁守建康。太常少卿以血书上奏说："皇太子监国，本是典礼之常规，然强敌入侵，国难当头，不可拘泥于常规，名分不正而当大权，又何以号令天下、众望所归。唯有太子即位，替陛下发号施令，以死悍敌，方可破敌。"

赵佶急于逃命，根本不听大臣们的劝阻，决定禅位。宣和七年十二月二十三日傍晚，赵佶下令提拔吴敏为门下侍郎，以辅助太子。随即下诏让太子即皇帝位，他本人则以教主道君的名义退居龙德宫。靖康元年（1126年）正月，赵佶顾不上赵桓的安危，仓皇逃往镇江。

金军拿下太原以后，又包围了汴京，由于多次进攻均无法攻破城池，只好撤退。赵桓见危机已经消除，急忙派人请赵佶回京。赵佶心有余悸，磨磨蹭蹭地回到京城，仍居住在龙德宫内。这个时候，赵佶所宠信的大臣死的死、贬的贬，就连跟随他多年的贴身内侍也不知去向，甚至连他心爱的女人李师师的家财也被赵桓一道圣旨充了公，可谓一片凄凉。

这年秋天，金兵再次入侵，很快攻陷汴京，皇室宗亲都成了俘虏，赵佶花费大半生收藏的珍品也被洗劫一空。

靖康二年（1127年），金国宣布废掉赵桓、赵佶两位皇帝。同年十月，赵佶从燕京被押到大定府，次年又转往上京会宁府，被金太宗完颜晟封为"昏德公"。不久，赵佶父子及同行的数千人被迁往韩州，以种地为生。每逢丧祭节令，金人都会给赵佶等人赏赐一些东西，然后让赵佶写上谢表，再将这些谢表集成一册，拿到宋辽边境的市场上出售。

绍兴五年（1135年），赵佶客死金国。两年后，消息传到南宋，南宋高宗赵构追谥其为圣文仁德宪慈显孝皇帝，庙号徽宗。绍兴十二年（1142年）八月，赵佶的灵柩被从金朝运回临安。

钦宗赵桓

赵桓档案

生卒年	1100—1161 年	在位时间	1126—1127 年
父亲	宋徽宗赵佶	谥号	恭文顺德仁孝皇帝
母亲	王皇后	庙号	钦宗
后妃	朱皇后等	曾用年号	靖康

赵桓,曾名赵亶(dǎn)、赵煊,宋徽宗赵佶长子,北宋第九位皇帝,也是最后一位皇帝。

赵桓初封韩国公,后改封京兆郡王、定王,政和五年(1115年)被立为太子。宣和七年,金国大举进攻北宋,徽宗赵佶下罪己诏,然后传位给赵桓。赵桓再三推辞,不得已继位称帝,改元靖康。

靖康元年(1126年),金兵第二次兴兵入侵,一举拿下京都,赵桓投降,同时下令各州县放弃抵抗。次年,赵桓被迫前往金营,随即被扣留,之后和赵佶及宗室、后妃数千人一起被押送至金国,北宋宣告灭亡。

赵桓在位一年零两个月,却在金国度过了近30年的屈辱岁月,于绍兴三十一年(1161年)死于五国城,终年62岁,谥号恭文顺德仁孝皇帝,庙号钦宗,葬于永宪陵。

临危受命　无奈称帝

赵桓出生4个月后，其父赵佶即位称帝；次月，赵桓被授予检校太尉、山东东道节度使，封韩国公；一年后，又加封开府仪同三司、京兆郡王。大观二年（1108年），赵桓晋封定王。他说不上聪明，但勤奋好学，待人接物也谦恭有礼，给人以仁孝至爱的良好印象。政和五年，赵桓16岁，被册立为太子。

宣和七年，金军大举进犯，十二月二十三日，赵佶任命赵桓为开封牧，3天后又仓促决定将皇位传给儿子。赵桓听到诏令，在小黄门的引导下来到保和殿东阁，吃惊地看到赵佶正半卧于龙榻，宰执大臣在一旁侍立。太师童贯和少宰李邦彦走上前来，将一件龙袍披在赵桓身上。赵桓惊慌失措，扑通一声跪倒在地，痛哭流涕，将龙袍甩到地上，坚辞不受。赵佶在一张纸上写道："汝不受则不孝矣。"赵桓哽咽道："臣若受之，则不孝矣。"之后又说："父皇龙体欠安，儿臣万万不可从命。"赵佶见状，强令内侍搀扶着赵桓到福宁殿即位。内侍和大臣们连说带劝地将赵桓弄到殿内，正要叩头下拜，发现赵桓身体一软竟然昏倒过去，连忙将他抬到卧榻上，召太医过来救治。

此时天色已晚，毫不知情的文武大臣都在殿外等候举行新君即位的隆重仪式。宰执大臣只好宣读禅位诏书，劝众人离去。然而，大臣们都不肯离去，异口同声地说要面见新君。宰执无奈，只好将实情相告，说新帝正处于昏迷中，无法接见大家。众人十分诧异，仍不肯离开。李邦彦提议让与赵桓比较亲近的耿南仲[①]进宫伴驾，得到宰执们的一致同意。

耿南仲应召前来，被大臣吴敏拉着走进福宁殿，看见御医正在为赵桓诊治，又走出来劝众臣道："今日天晚，明日御殿。"次日，赵桓在耿南仲的劝说下，终于鼓足勇气接见群臣，正式称帝。

新君即位，依例当改元，经过中书大臣们商议，取"日靖四方，永康兆民"之意，改元靖康。

举棋不定　进退两难

赵桓即位以后，勤于朝政，每天批阅奏折直到深夜，个人生活节俭朴素，但他有一个致命的弱点是优柔寡断。靖康元年正月初二，他授吴敏为亲征行营副使，兵部侍郎李纲、知开封府聂山为谋士，于殿前集结队伍，准备御驾亲征。次日，金兵南渡黄河的消息传来，京都一片慌乱，赵佶连夜出逃，王公大臣也各自逃离京城。赵桓只得放弃御驾亲征的打算，坚闭城门，准备死守。

正月初四，满城戒严，赵桓召集群臣商议抗金大事。大臣们建议皇帝退避襄、邓，赵桓点头表示同意。这时，大臣李纲突然闯进来，十分生气地说："民间盛传陛下有意出城躲避，如果真的如此，大宋江山就会倒塌。太上皇传位于陛下，陛下弃之而去，万万不可。"而以内侍陈良弼为首的怕战派则坚持出走，双方争执不下，李纲怒道："如果陛下不嫌弃老臣，臣愿以死报国。只是臣官职卑微，不足以号令众军。"赵桓当即封李纲为尚书右丞，然后宣布退朝。

众人都以为赵桓已经决定留下来了，但吃过饭后，赵桓再次召集群臣商议去留之事。李纲依然坚持固守，并以唐明皇李隆基为例说明逃跑的后果。皇叔燕王赵似、越王赵偲也劝赵桓坚守城池。在众人的劝说下，赵桓终于决定留下来，但又不放心地对李纲说："朕听爱卿之言留下，治兵御寇，一切都拜托在你的身上，不可有半点疏忽。"

然而，经过一夜的思索，赵桓再次变卦，天亮以后下诏即刻出城。李纲闻讯赶来，见皇帝的座驾已经备好，六宫贵妃正准备上车，顿时怒不可遏，大声问一旁的士兵："尔等是想保驾出走，还是愿意死守京师？"众将士齐声回答："愿意死守！"赵桓见状又改变主意，放弃了逃跑的念头。

正月初六，赵桓在众将的簇拥下登上城墙，向将士们表示共击敌寇的决心，又任命李纲为亲征行营使，全面负责守城之事。次日，金军兵临汴京城下，双方发生激战，西水门（宣泽门）告急，李纲派军支援，击退金军。随后,金军改攻北封、酸枣诸门,李纲亲自指挥,大败敌军。

当时,金兵虽有6万之众,但仍不及北宋守军人数,加上北宋边防各路军队陆续赶来支援,金军明显处于劣势。但赵桓担心不能取胜,派郑望之、高世则主动到金营求和。金军提出以黄河为界,并要大量金帛犒军,赵桓又派枢密使李棁前去谈判,让步的条件是可增加岁币500万两、犒军银500万两,另送金1万两及果酒等贿赂金军。然而,金军提出的条件远比这些要苛刻得多,并以攻城恐吓。

赵桓一时进退两难,后悔自己听从李纲的话留在京都,一怒之下罢免了李纲等人。百姓们听说李纲被罢免,纷纷走上街头抗议;数百名太学生联名上书,要求严惩奸官李邦彦、白时中、张邦昌②等人,坚决抗击外敌。赵桓无奈,只好重新起用李纲、种师道③,召他们立即进宫。

李纲与种师道官复原职后,下令杀敌者重赏,以鼓舞士气。金兵孤军深入,担心后路被援军截断,恐吃大亏,也无心再战,于是接受割让三镇的条件,仓皇撤退。种师道请求趁金军渡河时发动袭击,遭到赵桓拒绝。之后,李纲要求将士们等候时机,发动袭击,仍被赵桓拒绝。

六甲神兵　千古笑谈

金军掠夺大量财物北返后并没有就此满足,很快又对北宋发起进攻,渡过黄河后,以破竹之势南下。赵桓得报后,急得如同热锅上的蚂蚁团团转,不知道应该死守汴京还是南逃。恰在这时,有个名叫郭京的禁军士兵毛遂自荐,自称精通"六甲神法",可以不费吹灰之力便将金兵全部杀死,并生擒金军统帅粘罕。

赵桓对此深信不疑,马上提拔重用郭京,并赏赐大量财物。随后,郭京开始在汴京城内招募所谓的"六甲勇士",人数要求7777人,年龄不限,但须生辰八字相符,结果招来的兵士根本毫无战斗力。郭京将他们称为"六甲力士",并封为"天兵天将"。他在朝廷上吹嘘说,只要他的"六甲神兵"出战，不管金军人马有多少，也保管让他们有来无回。赵桓多次催他领兵迎敌，但是郭京一拖再拖，一直到金军兵临汴京城下才勉强同意出战。出战之前，他又要求交战时必须将原来守城的将士全部撤除，否则泄露天机，就不灵验了。于是，赵桓下令将守城士兵全部撤退，致使数十里长的城墙上没有一个将士。

郭京登临汴京城楼指挥作战，结果"六甲神兵"刚走出护城河便被金军杀得丢盔卸甲、狼狈逃窜。金军架起云梯，开始向城墙上爬，郭京以亲自去迎敌为借口向赵桓请战，得到应允，谁知他刚出了皇宫便带领残部逃得无影无踪。金军破城而入。

亡国之君　命运凄惨

靖康二年（1127年）三月底，金人立张邦昌为帝，又在京城内烧杀抢掠一番，获得了大量珠宝及赵佶花费毕生精力收集的名人字画，随后押着赵佶、太后郑氏、赵桓及皇后、太子、亲王宗室，加上教坊、宫女数千人，共分7批，陆续前往金国。

绍兴五年正月，金太宗完颜晟驾崩，其子完颜亶继位，是为金熙宗。二月，完颜亶下诏释放韦太后，准许她到五国城与赵佶相聚。四月，赵佶染病，不久即逝。赵桓闻讯悲痛欲绝，捶胸顿足，精神受到了很大刺激。

绍兴十一年（1141年），宋、金两国修好，金熙宗追赠赵佶为天水郡王，改封赵桓为天水郡公，赐第上京。后来，韦太后被送回宋朝，临行前，赵桓一再嘱托，务必转告弟弟赵构，若能归宋，愿当太乙宫主。但是，赵构担心赵桓回来与自己争夺皇位，对他不理不问。金熙宗得知他的生活状况，动了恻隐之心，不时派人接济他，才使他艰难地活了下来。

绍兴三十一年（1161年）五月，赵桓驾崩。消息传到南宋，赵构追谥其为恭文顺德仁孝皇帝，庙号钦宗。

注释：

①耿南仲（？—1129 年）：北宋大臣，元丰进士，历任两浙、广南、荆湖、江西监司。政和二年（1112 年）为太子右庶子，试太子詹事。钦宗即位后，任签书枢密院事，升尚书左丞、门下侍郎。投降派代表人物，主张对金割地求和。高宗继位，降授别驾，安置南雄州，卒于道中。

②张邦昌（1081—1127 年）：北宋末年宰相、叛臣，主和派代表人物。进士出身，历任礼部侍郎、少宰、太宰等职。金兵围攻汴京时，任河北路割地使，力主对金投降。次年金军攻陷开封，他被金国强立为伪楚皇帝，历时一月。金兵退后，逊位还政赵构，终被赐死。

③种师道（1051—1126 年）：北宋末年名将，初任文职，后为将，屡败西夏兵。靖康元年金兵围攻东京，率兵入卫，任京畿两河宣抚使，威望很高，人称"老种"。京城暂时解围后被解除兵权，不久病逝。

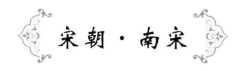

宋朝·南宋

高宗赵构

赵构档案

生卒年	1107—1187 年	在位时间	1127—1162 年
父亲	宋徽宗赵佶	谥号	受命中兴全功至德圣神武文昭仁宪孝皇帝
母亲	韦氏	庙号	高宗
后妃	吴氏、张贵妃、潘贤妃等	曾用年号	建炎、绍兴

赵构，字德基，宋徽宗赵佶第九子，宋钦宗赵桓异母弟，南宋第一位皇帝。

北宋靖康二年五月一日，赵构在南京应天府登基称帝，改元建炎。

赵构在位期间，土地兼并严重，贫富不均，国家面临着内忧外患，迫于形势民心，他虽然也曾任用岳飞、韩世忠等将领抗击金军，但主要还是重用主和派的黄潜善①、汪伯彦②、王伦③、秦桧等人，一味想要休战求和，于是纵容秦桧专权跋扈，对主张抗战的臣僚加以排斥和打击，处死岳飞，罢免李纲、张浚④、韩世忠等主战派大臣，向金国称臣纳贡。

赵构在位 36 年，于绍兴三十二年（1162 年）六月让位给儿子赵昚

(shèn)，自称太上皇，隐居后宫颐养天年，被尊为光尧寿圣宪天体道性仁诚德经武纬文绍业兴统明谟盛烈太上皇帝。

淳熙十四年（1187年）十月，赵构病逝于临安宫德寿殿，终年81岁，谥号圣神武文宪孝皇帝，庙号高宗，葬于绍兴府会稽县永思陵，后累加谥为受命中兴全功至德圣神武文昭仁宪孝皇帝。

入金为质　出使求和

北宋大观元年（1107年）五月二十日，赵构出生于东京皇宫，据说他出生的时候红光照遍宫室，因此被人们认为是神仙降临。八月二十四日，赵构被授予定武军节度使、检校太尉，封蜀国公；北宋宣和二年，被封广平郡王，次年封康王。赵构天资聪颖，博闻强识，又精通诗词和音律，擅长书法、绘画，而且臂力惊人，挽弓可达一石五斗。行过成人礼后，赵构搬至宫外的府邸居住。

北宋宣和七年，金国消灭辽国以后，开始进攻北宋。徽宗赵佶惊慌失措，连忙将皇位传给太子赵桓，然后出逃。金军攻势迅猛，赵桓胆小怕事，不听主战派李纲等人的劝阻，坚决起用主和派李邦彦去跟金国议和，金国提出南宋必须派一个亲王做人质。

钦宗赵桓懦弱无能，无论金国提出什么条件，只要同意退兵，便毫不犹豫地答应。在考虑人质时，他想到了皇弟康王赵构。因为在金军围攻汴京之前，赵佶已经带领诸子、后妃逃跑，留在京城的亲王除了赵桓以外，只有赵佶第九子康王赵构、第五子肃王赵枢等人，所以只能从他们中选一个。而康王赵构和赵桓是同父异母，兄弟感情淡薄，加上肃王赵枢比赵构年龄大、资格老，所以充当人质的使命就落到了赵构身上。

还有一种说法是，赵构听说金营的议和条件后，想到"两国交兵，不斩来使"，便主动请缨，表示愿意到金营去。于是，赵桓任命张邦昌为军前计议使，陪同赵构一同前往。张邦昌怕事，又不敢违抗命令，很不情愿地乘坐一只木筏，渡河来到金营。

金国大将完颜斡离不见北宋京城久攻不下，想给其使者来一个下马威，以求在谈判时争取最大的利益，于是在营帐内外环列兵士，刀枪林立，杀气腾腾。张邦昌吓得大气也不敢出，但赵构知道金人不过是想吓唬自己，从容不迫地从刀枪下走进金营。完颜斡离不留他们在金营中旬日，赵构意气闲暇。

同年二月，京畿宣抚司都统制姚平仲在一天夜里突袭金人寨不克，金人十分愤怒，问责于宋使，张邦昌恐惧而泣，赵构却不为所动，这使完颜斡离不怀疑赵构不是亲王，于是请北宋更换肃王为人质。二月初七，赵桓下诏割让三镇给金国，由肃王赵枢代替赵构为人质。当赵构策马奔出金营之后，完颜斡离不又后悔了，急忙派兵追赶，但赵构早已走远。

二帝被俘　康王登基

赵构回到京城后，赵桓见金军退兵，觉得赵构此行功劳最大，就任命他为太傅。在赵构出质期间，种师道、姚平仲、马忠、范琼等各路兵马相继赶到京师，援兵足有20万，士气稍微振作，赵桓便将之前主和的大臣李邦彦等人罢免，一面召集军队固守割让的三镇之地，一面派兵袭击金军。

北宋宣和七年八月，金国大将完颜斡离不领兵伐宋，攻破太原城，随后从保州出发，攻克雄州、中山、新乐。九月二十六日，金军在井陉击败北宋大将种师中，取天威军，攻破真定，北方关隘重镇先后失陷。面对骁勇善战的金兵，北宋大臣主和者居多，赵桓只得再次采纳了主和的建议，让赵构准备再次入金议和，并答应让大臣耿延禧、高世则随行，还从身上解下玉带赐给赵构。

北宋靖康元年（1126年）十一月十六日五更，赵构带领耿延禧、高世则等人，踏上了北去求和的征途。然而，当他们日夜兼程赶到真定府，去找完颜斡离不议和的时候，完颜斡离不却又一次驻军东京城下。

这一次，完颜斡离不狮子大开口，要以黄河为界，不再是割让三镇了。没多久，完颜粘罕也来到东京城外，与完颜斡离不分营驻扎，将东京城围得水泄不通。

十一月十九日，赵构一行到达相州，相州知州汪伯彦说金军已经渡河南去，劝他留在相州，从长计议。但赵构心中顾念皇帝交给自己的任务，没有听从汪伯彦的劝阻。第二天，赵构便辞别汪伯彦，往磁州而去。磁州守将宗泽也劝他不要北上，以免再次被金军扣押，但赵构依然不听劝阻，坚持要去金营求和。这时，有两名士卒拿着相州知州汪伯彦的密信求见赵构，信中说金国大将完颜斡离不已经快到京城，已经失去了求和的最佳时间，不如返回相州，召集军队，也可以对金兵有所牵制，这样也不会辜负皇上所托。赵构看完信后，当即决定不再北上。

没过几天，耿南仲到相州传达赵桓的命令，京城即将不保，命河北诸郡的兵马前去支援救驾。赵构连忙与耿南仲联名张榜，招兵买马，并在相州建立大元帅府，至十二月，勤王军已达万人。十二月十四日，赵构兵分五路攻打金军，攻至大名后，宗泽、梁扬祖等也前来会师，军威稍振。

这时，赵桓下诏说金兵攻城未下，正在谈判议和，康王和诸帅屯兵原地，不要妄动，以免不测。赵构召集诸将商议，他们都主张以此为基地，然后慢慢解除京师之围。但赵构却丧失了攻打金军的勇气，以兵少将寡为借口，不愿与京师城下的完颜斡离不较量。之后，他命令宗泽率万人进军澶渊驻扎，谎称大元帅在军中，自己则和汪伯彦、耿南仲等人冒着大雪去了东平。

宗泽在进军澶渊的过程中，与金人交战十几次，均取得了胜利。后来，赵构又驻扎在济州，这时大元帅府的兵马和自发聚集起来的抗金义士已达8万多人，分别驻守在济州和濮州的各州府。然而，赵构仍按兵不动，还命令各路勤王兵不准支援京师。

金国大将完颜粘罕、完颜斡离不见赵构按兵不动，不敢与自己交手，京城的军民也筋疲力尽，失去了抵抗能力，正是消灭北宋的最佳时机，于是先后扣留徽宗赵佶、钦宗赵桓于自己的军营中。北宋靖康二年二月六日，金太宗完颜吴乞买下诏将钦宗赵桓废为庶人。靖康二年三月，金国册封一向主和的张邦昌为帝，国号大楚，建立了傀儡政权，北宋王朝宣告灭亡。

赵构得到消息后，准备南下宿州，往江南逃跑以躲避战祸，最后因众将士反对才没有成行。金军撤走后，大楚傀儡皇帝张邦昌也知道自己的地位，加上赵构此时拥兵在外，于是把元祐皇后（哲宗赵煦皇后孟氏）迎进延福宫居住，又把大宋的玉玺派人送给赵构。同年五月初一，赵构在南京应天府自立为帝，改元建炎，成为南宋第一位皇帝。

偏安一隅　无意抗金

金军撤离东京后，因为担心金兵再次来攻，赵构没有回到东京，而是让宗泽留守东京，他自己则一直待在应天府。

此时，金军仍然控制着宋朝北方的大片地区，侥幸坐上皇位的赵构不得不顺应民意，做出一副抗敌复仇的样子，任命抗金功劳最大的宿将李纲为尚书右仆射兼中书侍郎，后来又迫于形势将他提拔为宰相。实际上，赵构即位时就决定了继续南下的路线，下令在江宁城修缮宫室，预备紧急的时候使用。李纲对赵构"巡游"东南一事非常不赞同，不断劝说，如果皇帝巡游东南，中原的抗金将士会大失所望，以后就很难收复北方了。但是赵构一意孤行，下诏"巡游扬州"。

抗金将领岳飞也曾上书指责奸臣汪伯彦等误国欺君，建议赵构趁金人在北方未立足之际，亲率大军北渡，鼓舞中原军民士气，收复北方失地。赵构不但不听，还认为岳飞越职多事，削了岳飞的官职。

赵构登位以来做出的种种决策，令李纲备感失望，遂向赵构请辞，而这正中赵构下怀，他罗列了一些莫须有的罪名，贬李纲为观文殿大学士。

建炎二年（1128年）春，赵构带着宠妃、宠臣和卫士浩浩荡荡地来到扬州，继续过着醉生梦死的逍遥生活。

建炎三年（1129年）二月，金兵奔袭扬州，赵构命令朱胜非驻守镇江、杨惟忠驻守江宁府、刘光世驻守镇江府，自己则逃到了临安。汪伯彦和黄潜善担任宰相以来，把持朝政，陷害忠良，只知享乐，不修军备，致使江山飘摇，引起臣民共愤。赵构迫于舆论压力，不得不忍痛罢免二人。将官苗傅、刘正彦以及军士因对朝政不满，发动政变，杀死赵构信任的枢密院王渊和一批宦官，逼迫赵构退位。文臣吕颐浩、张浚和武将韩世忠、刘光世、张俊联合起兵"勤王"，赵构才得以复辟。他继续派使臣向金国乞降，哀诉自己逃到南方后，"所行益穷，所投日狭""以守则无人，以奔则无地"，要求金廷"见哀而赦己"，不要再向南进军。而对于抗金战争，赵构不做任何有力的部署。

同年九月，金兵再次渡江南侵，赵构又一次率臣僚向南逃至越州；临安失陷后，他又逃到明州，再从明州逃到定海，漂泊在海上。金兵锲而不舍地追截，赵构无奈，只得继续逃往温州。后来，金兵恐在南方时间过长对自己不利，急忙撤回到北方。

绍兴二年（1132年），赵构回到临安府，之后将临安定为南宋的都城。

这个时候，金国采取"以汉治汉"的策略，在已经侵占的山东、河南建立伪政权，拥立诱降的宋臣刘豫为皇帝，国号为大齐。从此，金国与宋朝之间的矛盾更加复杂。

此后几年，金兵暂停南侵，赵构抽调精兵镇压荆湖、江西、福建等地的农民起义军和盗匪，巩固了自己的统治地位。在防御金兵方面，他虽然做了一些部署，任命岳飞、韩世忠、刘光世、张俊等人负责江、淮防务，但只是把军事部署作为向金国求和的筹码，始终没有收复失地的计划。他把力主宋金议和的秦桧引为亲信，并任命其为宰相，竭力压制岳飞等将领的抗金要求。

绍兴十年（1140年）五月，金兵再次进攻南宋，留守汴京的孟庚不战自降，金兵得以继续向东南进军。消息传到临安，赵构忙调兵遣将，下诏让岳飞从襄阳出击，牵制向淮南及陕西进攻的金兵。岳飞出师告捷，接连攻下颖昌、蔡州、洛阳、郾城等地。与此同时，韩世忠、张浚也收复了不少城池,并以"岳"字旗为号,等待岳家军渡过黄河共同进攻金兵。这些胜利对金兵形成了大包围,阻截了金兵的归路。

这时,金国派人向南宋提出议和条件之一是"必杀飞,始可和"。而赵构也害怕岳飞真的收复北宋失地,救回被金人劫走的兄弟赵桓,危及自身帝位。这时,被劫到金国的赵构生母韦氏托人带信给赵构,赵构见信后,迫切希望早日迎回生母。为了讨好金国,他答应了杀岳飞的议和条件,同时与金国书面达成"绍兴和议",两国以淮水至大散关为界,南宋割让唐州、邓州以及商州、秦州的大半,每年向金国进贡银25万两、绢25万匹。

绍兴十一年(1142年)除夕夜,赵构和秦桧以"莫须有"的罪名杀害岳飞及其子岳云、部将张宪。

屈辱议和　苟且偷生

"绍兴和议"后,赵构的生母韦氏及徽宗赵佶的灵柩被送回南宋。赵构以向金国纳贡称臣为代价,换回了东南半壁江山的统治权,每年要把岁币和大量金银丝绢献给金国。此前金兵到处烧杀抢掠,以致农田荒芜,百姓的生活已经苦不堪言。议和后,南宋朝廷每年交纳大量的贡物,又使百姓的生活雪上加霜,而赵构还大兴土木,建造宫殿。

绍兴二十年(1150年),金熙宗完颜亶因宫廷政变被杀,完颜亮登基为帝,成为金朝的第四任皇帝。他即位后大力整顿朝纲,迁都燕京,又开始对南宋形成巨大威胁。他曾对大臣高怀贞说出自己的志向:"吾有三志,国家大事,皆我所出,一也;师师伐远,执其君长而问罪于前,二也;无论亲疏,尽得天下绝色而妻之,三也。"

南宋一些有识之士对完颜亮的企图有所察觉,便上书劝赵构未雨绸缪,积极备战,防止金兵入侵。但在赵构的纵容下,秦桧专权跋扈,对主张抗战的臣僚加以排斥和打击。秦桧死后,赵构委任投降派官员万俟卨、汤思退等人掌政,坚守对金和议条款。

然而，这样做并没有换来和平，绍兴三十一年（1161年）秋，完颜亮率领数十万大军，兵分四路，对南宋发动全面进攻。赵构急忙起用患病的老将刘锜和王权率军抵挡，王权临战脱逃，全军覆没。赵构得知兵败的消息后，下诏准备解散朝廷，各自逃命。但是被宰相陈康伯⑤劝阻，赵构被迫御驾亲征，并派枢密院叶义问监督江淮军马，中书舍人虞允文参赞军事，到江淮督战。刘锜孤军奋战，终究难敌金兵，两淮地区很快落入金兵之手。

危急时刻，传来了完颜亮之弟完颜雍在金国东京称帝的消息，金兵顿时军心动摇，加之有三路水军被南宋军击败，斗志全无。但完颜亮不甘无功而返，决定先取南宋或至少渡过长江，捞回"面子"后，再北上与完颜雍抗衡，结果在采石矶被宋将虞允文击败，伤亡惨重。尽管如此，完颜亮仍无退意，于十一月二十六日再次集中兵力，勒令将士三日不渡江，便将随军大臣处斩。这一下激起了兵变，完颜亮被部下杀死，之后金军撤往北方。

战事平息后，赵构遣使祝贺金世宗完颜雍继位，准备再次与金国议和。但是，完颜亮南侵惨败使南宋军民抗金热情高涨，抗金运动风起云涌。赵构知道如果固持己见议和，将引起臣民的一致反对，于是选择逃避的方式，准备禅位。

遍寻养子　主动禅位

赵构虽然拥有后宫佳丽三千，但因为严重的生理疾病，只和结发妻子生了一个儿子，即元懿太子赵旉（fū）。不幸的是，太子3岁便夭折了。因为没有亲生儿子，继承人只能在宗室近族中挑选。恰在这时，据说赵构做了一个奇怪的梦，在太祖赵匡胤的带领下，他亲历了一番当初"烛光斧影"事件的整个过程。醒来时，他做出了一个出乎意料的决定，要将皇位归还给太祖一脉的后人。这个想法也同样出乎意料地获得了太后、皇后和大臣们的一致支持。

最后找到了两个合适的人选——赵伯琮和赵伯浩，二人同时被收养在宫中。起初，赵构选中赵伯琮为皇储。后来，吴才人（绍兴十三年册立为皇后）又将同样是太祖余脉的赵伯玖收入宫中，经过精心教养，赵伯玖表现得十分优秀，成为赵伯琮继承皇位的竞争者。

两个孩子渐渐长大，变得成熟起来。赵伯琮性情恭俭，勤敏好学，是最理想不过的接班人。赵伯玖聪明机灵，能说会道，深受太后、皇后的喜欢，更重要的是受到大奸臣秦桧的喜爱。秦桧多次向赵构进谗言，企图废掉赵伯琮，改立赵伯玖为皇储。而赵构非常难得地明智了一回，没有听信秦桧的话。

绍兴三十二年（1162年）六月，赵构在当了30多年皇帝后，以"倦勤"想多休养为由，传位给养子赵伯琮，自己退居德寿宫。

淳熙十四年（1187年）十月，赵构驾崩于临安德寿殿。

注释：

①黄潜善（？—1130年）：北宋末年知河间府。高宗继位后任右仆射，逐李纲、张所，杀陈东、欧阳澈，主谋南迁扬州。次年进左仆射，与汪伯彦同居相位。因循苟安，不作战备，为军民所痛恨。建炎三年扬州失守时，几为军人所杀。后被贬逐至梅州，不久病死。

②汪伯彦（1069—1141年）：南宋初年宰相、奸臣，投降派代表人物。高宗继位后，任知枢密院事。旋进右仆射，与黄潜善同居相位，专权自恣，主谋南迁扬州，不作战守之计。建炎三年扬州失守后罢职，后又知池州、宣州，以献所著《中兴日历》，升至检校少傅。

③王伦（1084—1144年）：建炎元年（1127年）以朝奉郎假刑部侍郎赴金，被扣至绍兴二年（1132年）放还。迁右文殿修撰。绍兴七年（1137年）第二次赴金，见完颜昌。次年复与金使同至临安，约定和议。绍兴九年（1139年）以端明殿学士、签书枢密院事赴金，被完颜宗弼扣留，不屈被杀。

④张浚（1097—1164年）：北宋至南宋初年名臣、学者，西汉留侯张良之后。政和进士，历任知枢密院事、川陕宣抚处置使等职。绍兴四

年（1134年）再任知枢密院事，次年为宰相，重用岳飞、韩世忠，废黜庸懦的刘光世。秦桧当权时，被排斥在外近20年。金帝完颜亮南侵时获起用，封魏国公，主持北伐，因符离之战大败，又被主和派排挤去职。

⑤陈康伯（1097—1165年）：南宋名臣、诗人，主战派。宣和进士，高宗时官至宰相。金帝完颜亮南侵时，力主抗金。

孝宗赵昚

赵昚档案

生卒年	1127—1194 年	在位时间	1162—1189 年
父亲	赵子偁（chēng）	谥号	绍统同道冠德昭功哲文神武明圣成孝皇帝
母亲	张氏	庙号	孝宗
后妃	郭皇后、夏皇后、蔡贵妃等	曾用年号	绍兴、隆兴、乾道、淳熙

赵昚，字元永，初名伯琮，后改名瑗，赐名玮，宋太祖赵匡胤七世孙，秀安僖王赵子偁之子，南宋第二位皇帝。

高宗赵构在唯一的儿子元懿太子夭折后，再也没有嗣子，所以赵昚被选中为后继者。绍兴三十二年六月，赵构让位于赵昚，宋朝的皇位再次回到宋太祖的后代手中。

赵昚在位期间，勤政节俭，事必躬亲，政治清明，社会稳定，经济繁荣，文化昌盛，史称"乾淳之治"。在政治上，他加强集权，积极整顿吏治，增强台谏官的监察职能，裁汰冗官，惩治贪污；在经济上，屡次下诏减轻百姓负担，督促地方官兴修水利，重视农业生产，使百姓生活安康；在军事上，整军兴武，积极选拔将领，起用主战派人士，锐意收复中原，并为岳飞平反；在文化上，采取兼容并蓄、共同发展的政策，使得南宋出现了一大批卓有成就的文人学者。淳熙十六年（1189年），赵昚逊位，让位于儿子赵惇。

绍熙五年（1194年），赵昚驾崩，终年68岁，谥号哲文神武成孝皇帝，庙号孝宗，葬于永阜陵，后累加谥为绍统同道冠德昭功哲文神武明圣成孝皇帝。

少年老成　有幸登基

建炎三年，金军奔袭扬州，高宗赵构受到惊吓，留下了一个羞于启齿的痼疾，从此不能生育。祸不单行，这年秋天，他唯一的皇子又突然夭折。为了稳定人心，赵构命人在太祖赵匡胤余脉"伯"字辈中寻找合适的人选，经过对众多皇室人员的筛选，最后选中了赵伯琮和赵伯浩。据说，赵构本来相中了身材健壮的赵伯浩，一天，一只猫忽然跑了过来，赵伯浩见状飞起一脚将猫踢死，而赵伯琮却站在那里一动不动。赵构据此认为赵伯浩行为轻佻，不适合做一国之主，遂改变主意。

赵伯琮被立为皇储之后，带进宫中，由张婕妤抚养。绍兴三年（1133年）二月，赵伯琮被封为和州防御使，赐名赵瑗。赵构的另一个宠妃吴才人对此心生嫉妒，整日闷闷不乐。赵构看在眼中，又收养了宗室后代赵伯玖交给她抚养。这样一来，皇室中就有了两个继承人，引起了大臣们的不安。为了巩固赵伯琮的太子之位，绍兴五年（1135年）五月，大臣赵鼎①向赵构建议送赵伯琮到资善堂读书。赵伯琮聪明好学，记忆力很好，深受赵构喜爱。

绍兴十二年，赵伯琮16岁，被封为晋安郡王，开始学习处理朝政。此时赵伯琮已经有了分辨是非的能力，对于奸臣秦桧的种种卖国行为深为不满，经常顶撞他。秦桧预感到赵伯琮将来对自己会是很大的威胁，便经常在赵构面前说赵伯琮的坏话，希望废掉他。但赵构没有听信谗言，反而对赵伯琮越来越好。绍兴二十四年（1154年），浙江一带发生大规模的强盗抢劫事件，秦桧没有上报赵构，私自动用军队抓捕。赵伯琮知道后，急忙上报赵构。赵构对秦桧擅权越位的行为十分不满。

绍兴三十年（1160年），赵构宣布立赵伯琮为皇子，改名赵玮，封建王。此时的赵构，身心俱疲，萌生了退位之意，多次提出要让位于赵伯琮，但都被赵伯琮拒绝。大臣陈康伯见赵构心意已决，建议他不要过于匆忙，应该先立太子，昭告天下，然后再行禅让大礼。

绍兴三十二年五月，经过充分的准备，赵构下诏册立赵伯琮为太子，改名赵昚。一个月后，他又下了一道圣旨，将皇位传给太子赵昚，自己移居德寿宫，颐养天年。

满腔热血　光复河山

赵昚继位后，很快起用抗金名将张浚为少傅、江淮宣抚使，并下令为岳飞平反昭雪，追复其官爵，予以厚葬，重用岳飞的后代。次年，他从太祖的年号建隆和高宗的年号绍兴中各取一字，改元隆兴，寓意振兴国家。这一系列举动使民心大振。隆兴元年（1163年）四月，张浚奉命率军北伐，命令濠州守将李显忠[②]率先向金军发起进攻，先后收复灵璧、虹县等地，随后再夺取宿州，杀敌数千，俘敌上万。赵昚闻报非常高兴，任命李显忠为淮南京东河北招讨使，邵宏渊为副使。然而，邵宏渊心胸狭窄，不愿屈居李显忠之下，因此对李显忠十分嫉恨。

不久，金朝名将纥石烈志宁率兵自睢阳向宿州发起反攻，但被李显忠击败。金军不甘心，又增派10万兵力反击，李显忠率部浴血奋战，并派人通知邵宏渊出兵夹击金军。但邵宏渊却按兵不动，还对部将说："盛夏之时，摇着扇子还不凉快，更何况披甲作战。"将士们听了斗志尽失，有些官兵甚至临阵脱逃。金军攻到宿州城下时，李显忠拼力抵抗，邵宏渊则力主撤退，最终李显忠在孤立无援的情况下，只得撤退。金军乘胜追击，宋军死伤不计其数，军资器械丢失殆尽。

自此，赵昚第一次北伐以失败而告终，张浚主动上书请罪，那些胆小怕事的主和派官员又趁机大肆诋毁，使赵昚的抗战决心也有些动摇。同年七月，他任命秦桧余党汤思退为右相，负责与金国议和。汤思退极力排斥主战将领，多次弹劾张浚，致其被罢免，死于发配途中。

隆兴二年（1164年），金国为了督促南宋尽快投降，再次发兵南下，很快占领楚州、濠州、滁州等地，大有渡江南下之势。赵昚闻报，急忙派人前去议和。这年年底，双方达成协议，金国皇帝与南宋皇帝为叔侄关系，南宋每年给金国的岁贡改为岁币，数量减少10万。南宋割让商州、秦州给金国。这次和谈，史称"隆兴和议"。

"隆兴议和"之后，赵昚并不甘心，不久又产生收复失地的想法。但南宋的抗战名将已先后离世，朝中缺乏将才，赵昚想来想去，想到了虞允文。虞允文颇有军事才能，曾在金废帝完颜亮南侵时，凭借采石矶一战痛击金军，从此声名大振。乾道五年（1169年）三月，赵昚将远在川陕的虞允文调回京师，任命为宰相兼枢密使；同时下令修筑沿边城防，打造军器，加强练兵，为战争做准备。

乾道六年（1170年）夏，在虞允文的支持下，赵昚派使者前往金国，讨要河南祖宗陵寝之地。后来，赵昚再次任命虞允文为少保、武安军节度使、四川宣抚使，命他整军备战。临行前，赵昚又特意告知进军策略，约定将来会师河南。虞允文担心会师之日内外不能呼应，赵昚回道："若卿率先出兵而朕延误，即朕负于卿；若朕出师而卿贻误，则卿负于朕。"之后，虞允文择日起程，赵昚亲自把盏为其送行。

天不佑人　郁郁而终

淳熙元年（1174年）二月，虞允文因劳累过度而去世。赵昚闻讯悲痛欲绝，加上高宗赵构掣肘，朝廷内不团结，只得放弃北伐的打算，将精力转移到内政上。他多次下诏减免百姓税赋，废除以往提前征收税赋的政策，一律按时季征收，违者严惩，以此促进农业生产，发展经济；同时下令各地官员劝课农桑，兴修水利。在文化方面，赵昚提倡百家争鸣，在他执政时期涌现出了一大批著名的文人学者，如朱熹、陆九渊、陈亮、陆游、范成大、杨万里、辛弃疾等。

淳熙十四年，高宗赵构身染重病，赵昚忧心如焚，日夜在其榻前服侍。九月，赵构驾崩，赵昚决定守孝三年。服丧期间，他只吃少量素食，以致日渐憔悴。后宫吴贤妃为此感到担忧，便让内侍在御膳里偷偷添加鸡汁。赵昚发现后，当即下令将吴贤妃逐出宫门。

淳熙十六年（1189年）正月，金世宗完颜雍病逝，其孙完颜璟继位。按照两国协议，63岁的赵昚应称呼22岁的完颜璟为叔。赵昚难以面对这种尴尬的局面，于是以高宗赵构为先例，禅位给太子赵惇，自己退居重华宫，做起了太上皇。

赵惇继位后，立李氏为皇后，李氏嫉妒心强、霸道，和赵昚关系不和，经常在赵惇面前挑拨他们的父子关系，以致父子感情日渐疏远。赵昚独居重华殿，有时想见赵惇一面，都被李氏阻拦，他为此闷闷不乐，积郁成疾，于绍熙五年（1194年）六月驾崩。

注释：

①赵鼎（1085—1147年）：崇宁进士，南渡后于绍兴初年两度拜相，荐用岳飞收复重镇襄阳。但仅以保全东南为宗旨，反对张浚大举北进收复中原的建议。后为秦桧所倾，一贬再贬，谪居潮州5年，再移吉阳军。仍受秦桧胁迫，3年后绝食而死。

②李显忠（1110—1178年）：南宋抗金名将，出身将家，胆略过人，武艺超群。历任都统制等职，数次抵御金军入侵。升至淮南京东河北招讨使。符离之败后贬官。后复任威武军节度使。

光宗赵惇

赵惇档案

生卒年	1147—1200 年	在位时间	1189—1194 年
父亲	宋孝宗赵昚	谥号	循道宪仁明功茂德温文顺武圣哲慈孝皇帝
母亲	成穆皇后郭氏	庙号	光宗
后妃	李皇后、黄贵妃等	曾用年号	绍熙等

赵惇，宋孝宗赵昚第三子，南宋第三位皇帝。

赵惇生于藩邸，4岁时授右监门卫率府副率，转荣州刺史。孝宗赵昚继位后，赵惇拜镇洮军节度使、开府仪同三司，封恭王。乾道七年（1171年），被立为皇太子。淳熙十六年（1189年）二月，赵惇受孝宗赵昚禅位登基，次年改元绍熙。

赵惇在位期间，惧内心理严重，"政事多决于后"；又听信谗言疏离太上皇赵昚，罢免辛弃疾等主战派，引起了南宋的政治危机。

庆元六年（1200年）春，赵惇祭祀归来后一病不起，一个月后驾崩于临安寿康宫，终年54岁，谥号宪仁圣哲慈孝皇帝，庙号光宗，葬于永崇陵，后加谥循道宪仁明功茂德温文顺武圣哲慈孝皇帝。

受父宠爱　越兄继位

赵惇在皇子中排行第三，本来没有当太子的资格，但事有凑巧，他的大哥在乾道三年（1167年）病逝，二哥又生性怯懦，不能担当大任。于是，聪明睿智的赵惇就成了继承皇位的最佳人选。不过，为了进一步考验他的能力，孝宗赵昚没有急于册立他为太子，而是继续观察他的一言一行。朝中大臣见皇储一直空缺，都劝赵昚早立太子，以稳定人心。赵昚说："太子人选，朕早已确定，之所以迟迟不立，是为了让他进一步熟悉政务。"

乾道七年，赵昚认为时机已经成熟，于是册立赵惇为太子。为了防止发生宫斗，他又将次子赵恺封为藩王，调出京城。同年四月，赵惇被任命为临安府尹，他上任后不敢有丝毫懈怠，勤于政事，体察民情，让赵昚深感欣慰。

淳熙十四年，高宗赵构病危，为了方便照顾，赵昚搬进德寿宫居住，赵惇以太子身份监国。淳熙十六年，赵昚禅位给赵惇，赵惇正式登基称帝，即宋光宗。

后宫乱政　离间父子

赵惇继位后，见宦官干预朝政，想要诛杀他们，但却遭到李皇后阻拦。他从此落下心病，郁郁寡欢。赵昚得知赵惇患病，十分焦急，一面派人前去医治，一面亲自查阅资料，寻求医治良方，并亲手配制药丸，准备趁赵惇问安之机送给他。消息传到后宫，宦官们趁机在李皇后面前挑拨说："奴才听说太上皇为陛下配制药丸，药能生人，亦能死人。太上皇不懂医术，万一出了意外，岂不危害大宋江山？"李皇后一向与赵昚不和，听了宦官的话后疑心顿生，便千方百计阻拦赵惇去给赵昚问安。

后来经过太医调治，赵惇病愈，在宫中摆宴庆贺。席间，李皇后提出要立自己的儿子赵扩为太子。赵惇也觉得自己体弱多病，应该尽早册立太子，但事关重大，应该征求赵昚的意见再做决定。次日，赵昚听说儿子病愈，也命人置酒备宴，请赵惇过来庆贺。李皇后听内侍禀报后，没有告知赵惇，而是独自一人来到重华宫，推说赵惇染了风寒，无法出门，接着又提出，皇上多病，不如册立嘉王赵扩为太子，也好辅助皇上。赵昚认为赵惇受禅刚刚一年，没有必要那么快立太子，而且后宫干政也是大忌。李皇后回去后，拉着儿子跪在赵惇面前，一边哭一边添油加醋地说赵昚有意废除她的皇后之位，另立中宫。赵惇听得怒从心头起，从此再也没有去给赵昚问安。

李皇后不但离间赵惇父子关系，而且称霸后宫，嫉妒心强，心狠手辣。有一次，赵惇洗手时看见端着水盆的宫女双手白皙，光洁如玉，十分精巧，不由得赞道："好手！"李皇后听见后醋意大发，命人将宫女的双手砍下，装在一只盒子里送给赵惇。赵惇受到惊吓，精神恍惚。对于受到赵惇宠幸的后妃，李皇后更不能容忍。据说有一个黄贵妃，因长得美丽，受到赵惇的宠爱，李皇后便决定除掉她。绍熙二年（1191年）十一月，赵惇离宫祭祀，李皇后抓住时机，杀了黄贵妃，然后派人告诉赵惇黄贵妃暴病身亡。赵惇心里明白是李皇后下的毒手，但又无可奈何。次日，赵惇勉强支撑着身子去祭祀，忽然狂风骤起，暴雨倾盆而下，这使他更加惊恐，以致旧病复发，日渐沉重，无法理政。李皇后趁机专权，在朝中安插亲信，对自己的亲属委以重任。

过宫风波　绍熙内禅

李皇后不仅在朝政上处处给赵惇使绊子，还大肆挑拨他们父子之间的关系，使得赵惇和赵昚之间的关系空前紧张。

对于赵惇长期不去重华宫向赵昚和皇太后问安，群臣都认为有失孝道，况且赵惇贵为天子，要为全国老百姓做表率，又有赵昚垂范在前。绍熙四年（1193年），赵惇病情渐渐好转，众臣纷纷劝谏应该去给赵昚问安。但是，在李皇后的阻挠下，赵惇以身体初愈、行动不便为由拒绝前往。重阳节这天是赵惇生日，众臣祝寿完毕，再次恳请他去给赵昚问安。赵惇勉强同意，正要动身，李皇后突然从屏风后面走出来，极力劝阻。赵惇不敢违抗，转身便往回走。大臣陈傅良冒死上前，拉住赵惇的衣服，再劝道："陛下的车驾已经备好，百官齐聚，况且才是暮秋，天气并不算冷，望陛下不要辜负了众臣之望。"李皇后见状十分气恼，厉声呵斥陈傅良，之后拉着赵惇走到屏风后面。众臣无不唏嘘，陈傅良更是痛哭而去。

有一年，赵昚身体有恙，赵惇也不去探望。到了暮春，风和日丽，艳阳高照，赵惇准备游玉津园，兵部尚书罗点、秘书郎彭龟年、中书舍人黄裳等人趁机劝赵惇过宫问安，赵惇口上说"朕心未尝不想念寿皇"，但是仍然按既定计划带着李皇后及众妃出游玉津园。

赵昚独居重华宫，一直期待着赵惇前来问候，结果总也见不到人影，伤心之余，积郁成疾，于绍熙五年病逝。

赵惇得知父皇病逝的消息后，仍然不愿出宫，甚至连丧事也不愿主持，依旧和李皇后在宫中寻欢作乐，丝毫没有悲伤的样子。大臣们寒心之余又非常无奈，只得请太皇太后吴氏代为主持后事。这件事令大臣们忍无可忍，他们与太皇太后密议，打算逼迫赵惇禅位于太子。

绍熙五年，百官齐聚，太子赵扩身穿重孝前来祭拜赵昚，在太皇太后懿旨、大臣赵汝愚[①]及韩侂（tuō）胄[②]（zhòu）等人的拥立下登基称帝。

又过了一天，新君去参拜父皇，赵惇这才知道自己已经不再是皇帝，他无可奈何，只好宣布退位，移居泰安宫，于庆元六年（1200年）驾崩。

注释：

①赵汝愚（1140—1196年）：南宋宗室名臣、学者，光宗时任礼部尚书、知枢密院事等职。与韩侂胄等策划"绍熙内禅"，拥立宋宁宗赵扩继位，以功升任右丞相。旋与韩侂胄不协，出知福州，继而贬放永州，途经衡州时暴死。

②韩侂胄（1152—1207年）：南宋宰相、权臣、外戚，因与宗亲赵汝愚等人策划"绍熙内禅"，拥立宋宁宗赵扩继位，以"翼戴之功"，初封开府仪同三司，而后官至太师、同平章事，立班丞相上，并自置机速房，执政13年。兴兵攻金，输家财二十万以助军用。后被史弥远与杨皇后密谋杀害，函首送至金廷乞和。

宁宗赵扩

赵扩档案

生卒年	1168—1224 年	在位时间	1194—1224 年
父亲	宋光宗赵惇	谥号	法天备道纯德茂功仁文哲武圣睿恭孝皇帝
母亲	慈懿皇后李氏	庙号	宁宗
后妃	韩皇后、杨皇后等	曾用年号	庆元、嘉泰、开禧、嘉定

赵扩,宋光宗赵惇次子,南宋第四位皇帝。

赵扩初封英国公,后改封平阳郡王,领武宁军节度使,淳熙十六年三月晋封嘉王。绍熙五年,赵扩被立为太子。不久,光宗赵惇被迫退位,赵扩在大臣赵汝愚、韩侂胄等人拥立下继位,次年改元庆元。

赵扩在位期间,虚心好学,节俭爱民,并善于纳谏。嘉定年间,南宋的人口、户口数均达到了峰值。不过,在两次宋金战争的问题上,他摇摆不定,最终未能战胜金国,被迫签订了嘉定和议。

嘉定十七年(1224年),赵扩驾崩于临安宫福宁殿,终年57岁,葬于会稽永茂陵。宝庆三年(1227年)上谥号法天备道纯德茂功仁文哲武圣睿恭孝皇帝,庙号宁宗。

帝位易得　纷争难除

淳熙五年十月，赵扩被封为英国公；淳熙十二年（1185年）封平阳郡王，同年完婚，娶妻韩氏。绍熙五年六月，孝宗赵昚驾崩，他的父亲赵惇因受皇后李氏的挑拨，对赵昚误解太深，不愿参加赵昚的葬礼，由此激怒了文武百官。于是，由太皇太后出面，在大臣赵汝愚、韩侂胄等人的拥立下，赵扩继位。

韩侂胄是韩皇后的叔祖，自恃拥帝有功，想当节度使，于是托赵汝愚向皇帝转达。赵汝愚好心相劝道："你身为外戚，辅助太子登基乃分内之事，怎能居功求赏？"随后赵汝愚奏请赵扩，仅对韩侂胄官升一级，兼汝州防御使。韩侂胄大失所望，心中对赵汝愚充满了怨恨。

庆元元年，韩侂胄拉拢与赵汝愚不和的大臣京镗①，又接受知阁门事刘弼的建议，控制御史台、谏院，将心腹刘德秀、李沐、刘三杰安插到台谏，控制大臣们的进谏之路。

当时，大臣们对皇帝滥用内批感到不满。内批，即皇帝的手谕，无须经过三省，可以直接发出，过多使用则剥夺了大臣们对政事的参与权和知情权。朱熹借进讲之机劝赵扩不要太相信身边的人。韩侂胄知道后恼羞成怒，在赵扩面前诬蔑朱熹，使朱熹丢了侍讲之职。大臣们纷纷劝说赵扩收回成命，但赵扩不仅不思己过，反而将劝谏之人一一罢免，并且对韩侂胄越来越信任。

赵汝愚心直口快，不拘小节。有一次，他梦见自己从孝宗赵昚手中接过一个宝鼎，然后背着一条白龙腾空而去。当时他十分不解，几天后赵昚病逝，他奉太皇太后之命拥立身穿孝服的赵扩称帝，这才恍然大悟，认为自己是有先知的。他不无炫耀地向人们讲述这件事，韩侂胄便唆使言官何澹向赵扩上奏说："赵汝愚到处宣扬自己乘龙受鼎，暗中与大臣徐谊②合谋，意欲重新拥立太上皇为帝。"赵扩本来就对赵汝愚以老臣自居颇为反感，于是下诏贬赵汝愚为宁远节度使副使，放逐永州。结果，赵汝愚病逝于途中。徐谊也不明不白地受到牵连，被放逐到南安军。赵扩听说赵汝愚病死的消息后，心中愧疚，又下诏追复其原职。

奸佞相争　权臣被诛

在韩侂胄的唆使下，赵扩下令登记"伪学"名单，包括赵汝愚、留正、朱熹等数十人，在职的立即罢免，不在职的不准任用，凡与他们有牵连者一律罢免。这一事件历史上称为"庆元党禁"。

因为这一事件，在赵扩执政的10多年间，忠良之士受到排挤，而与韩侂胄有关系的奸佞之徒得势：京镗在罢免赵汝愚事件中出谋划策，被提拔为宰相；陈自强因韩侂胄启蒙老师的身份也成为宰相；苏师旦本为一个小吏，因为逢迎巴结韩侂胄，升任知阁门事兼枢密都承旨。相府、枢密、台谏、侍从，凡重要职务官员，无一不是由韩侂胄一手提拔。这些官员无一不贪、无一不奸。其中，陈自强公开卖官鬻爵，下至三衙，上到沿江诸帅，明码标价，可谓利欲熏心。

韩侂胄无视宫廷规矩，自由出入，甚至将手伸到了皇帝的后宫。韩皇后去世后，赵扩最宠爱的两个女人是杨贵妃和曹美人，但她俩性格截然不同，杨贵妃善用权术，曹美人性情温柔。韩侂胄想劝赵扩立曹美人为后，杨贵妃听说此事，趁侍寝的机会大献殷勤，讨得赵扩的欢心，答应立她为后。为了防止生变，杨贵妃还特意让赵扩立下字据，在百官上朝时立即宣布。韩侂胄得到消息，急忙来见赵扩，但为时已晚，因此和杨贵妃结下仇怨。

事后，赵扩为了安抚韩侂胄，任命他为太师。韩侂胄进一步掌握了朝权，为了巩固自己的地位，在心腹的建议下，他决定兴兵北伐。开禧二年（1206年）五月，赵扩下诏出师北伐。起初，宋军一鼓作气，相继收复了多处失地。然而随着战事的进展，宋军准备不足的劣势开始显现，先后在宿州、唐州被金军打败，加上四川宣抚使吴曦叛国投金，北伐最终失败。

韩侂胄不甘心，立即招募新兵，决定以辛弃疾为统帅，准备再次北伐。恰在这时，辛弃疾病逝，主和派官员在礼部侍郎史弥远的带动下，请求将战争的罪魁祸首韩侂胄斩首。杨皇后也指使荣王弹劾韩侂胄。

荣王找到赵扩，劝他说："韩侂胄兴兵北伐，给国家造成了很大伤害。现在应该将他斩首，以正法律。"赵扩听了十分生气，将荣王训斥了一顿。杨皇后只得亲自出马，劝说他罢免韩侂胄。赵扩一时犹豫不决。杨皇后征得赵扩的同意，派义兄杨次山对韩侂胄进行秘密调查。杨次山非常明白杨皇后的心思，便采取先斩后奏的方法，联合史弥远③等人在上朝途中将韩侂胄拘捕杀死。赵扩闻讯，有心治杨次山等人的罪，但在杨皇后的干涉下，最后不了了之，反而将陈自强、郭倪等韩侂胄余党罢官免职，从此结束了韩侂胄专权的局面。

嘉定和议　战事暂停

嘉定元年（1208年）三月，前往金国议和的使臣带回了金国十分苛刻的罢战条件，即用韩侂胄、苏师旦二人的首级，换回被金国占领的土地。经大臣们商议，赵扩下令将他们二人的棺材劈开，割下首级，送与金人。随后两国达成协议，南宋赔付金银300万两，每年增加岁币30万，金国归还南宋的土地。这一事件被称为"嘉定和议"。

史弥远因为清除韩侂胄有功，又有杨皇后的袒护，受到赵扩的提拔重用，从刑部侍郎一跃成为丞相兼枢密使。史弥远掌权后，严厉打击韩侂胄余党，同时为了笼络人心，他还为已故宰相赵汝愚平反昭雪，提拔当初受到韩侂胄打击的"伪学"朱熹、彭龟年、吕祖俭等的后人，将朱熹的著作立于学馆。而对于朝中宰执、侍从、台谏等重要职务，史弥远则让自己的心腹担任，所以当时朝政的黑暗绝不亚于韩侂胄当权时期。

宋金议和后，因为蒙古和金国发生了战争，所以南宋得以安稳了几年。金国由于战争消耗巨大，急需大量资金补充国库，于是频繁派人向南宋催交岁币。眼见南宋似有拒缴之意，金国于嘉定十年（1217年）二月向南宋发起进攻。起初，出于对金国的畏惧，赵扩对于是战是和一直拿不定主意。不久，边关传来捷报，大将赵方④、孟宗政⑤屡屡获胜。

赵扩顿时信心倍增，下令对金国发起反击。

这次战争持续数年，南宋一直处于优势地位，金军伤亡惨重，无力再战。嘉定十七年，金哀宗完颜守绪继位，他改变对宋的策略，命令军队不得侵犯南宋，并派人到南宋修复关系。自此，双方的战争告一段落。

擅权谋私　矫诏立帝

赵扩虽有后宫佳丽三千，却只得四子，并且先后夭折。赵扩无奈之下，只好从宗室中选立太子。他看中了秦王赵德芳九世孙赵贵和，即沂王赵抦（bǐng）的养子，于是将其接进宫中，立为太子，赐名赵竑（hóng）。之后，赵扩又委托史弥远物色沂王的继承人选。史弥远找了同是宗室的赵与莒，过继到沂王府中，赵扩为其赐名贵诚。

太子赵竑对史弥远的所作所为感到不满，曾对人说，等将来继承帝位，一定要铲除史弥远。史弥远听说后十分惊恐，认为赵竑是自己最大的敌人，于是就起了废黜之心，想要扶持对自己一向非常尊敬的赵贵诚为太子。他多次在赵扩面前诋毁赵竑，极力赞扬赵贵诚，请求立赵贵诚为太子。但赵扩喜爱赵竑，事情被拖了下来。

嘉定十七年闰八月，赵扩生病，卧床不起。史弥远认为时机已到，便与杨皇后串通一气，假传圣旨，改立赵贵诚为太子，赐名赵昀。5天后，赵扩驾崩，赵昀继位。

注释：

①京镗（1138—1200年）：南宋丞相、词人，晚号松坡居士。绍兴进士，孝宗召对称旨，擢监察御史，累迁右司郎官。淳熙十五年，授四川安抚制置使，知成都府。在任首罢征敛。庆元二年（1196年）拜右丞相，六年进左丞相。

②徐谊（1144—1208年）：南宋大臣，乾道进士，历任枢密院编修官、徽州知府、提举浙西常平守、吏部员外郎、刑部侍郎、工部侍郎等

职。后因受到排挤,被贬为惠州团练副使。后重获起用,知江州府,迁建康府知府兼江淮制置使。嘉定元年改任隆兴府知府,死于任上。

③史弥远(1164—1233年):南宋大臣,淳熙进士,宁宗时历任太师右丞相、枢密使等职。开禧二年上书反对韩侂胄对金用兵,次年在杨皇后的支持下,使人杀韩侂胄,函首送金求和。以后权势日盛,拥立理宗,专擅朝政。

④赵方(?—1221年):南宋名臣、学者,进士及第,主战派代表人物,戍边10年,以战为守,使京西一境免遭金人蹂躏。

⑤孟宗政(1164—1220年):南宋名将,自幼豪伟,有胆略。累官至右武大夫、团练使、防御使、左武卫将军。

理宗赵昀

赵昀档案

生卒年	1205—1264 年	在位时间	1224—1264 年
父亲	赵希瓐	谥号	建道备德大功复兴烈文仁武圣明安孝皇帝
母亲	全氏	庙号	理宗
后妃	谢皇后、贾贵妃等	曾用年号	宝庆、绍定、端平、嘉熙、淳祐、宝祐、开庆、景定

赵昀,原名赵与莒,宋太祖赵匡胤之子赵德昭九世孙,南宋第五位皇帝。

赵昀原是赵希瓐之子,过继到沂王府后赐名赵贵诚。嘉定十七年,赵贵诚被立为皇子,赐名赵昀。嘉定十七年闰八月,宁宗赵扩驾崩,赵昀在丞相史弥远和杨皇后的扶持下继位,改元宝庆。

赵昀在位初期,处于权臣史弥远的挟制之下,直到绍定六年(1233年)才开始亲政。在政治上,他采取了一系列的改革措施,如罢黜史党、慎择宰相、亲擢台谏、澄清吏治、整顿财政等,史称"端平更化"。在军事上,联蒙灭金,之后与蒙古交战,双方互有胜负,战争处于相持状态。在赵昀执政晚期,朝政相继落入丁大全[①]、贾似道[②]等奸臣之手,国力急剧衰退。

景定五年(1264年),赵昀在临安驾崩,终年60岁,葬于会稽府永穆陵。咸淳二年（1266年）十二月，上谥号建道备德大功复兴烈文仁武圣明安孝皇帝，庙号理宗。

奸臣弄权　侥幸称帝

赵昀本名赵与莒，是赵希瓐的儿子。因为沂王赵抦的养子赵贵和被宁宗赵扩收入宫中作为皇子，赐名赵竑，赵与莒便被过继到沂王府中，更名贵诚，以备将来继承沂王的爵位。赵竑从小就听说史弥远擅权误国之事，非常痛恨他。进宫以后，他又亲眼看到史弥远结党营私，与杨皇后相互勾结，把持朝纲，群臣敢怒而不敢言，于是发誓将来掌权一定要严惩史弥远。这些话传到史弥远耳中后，他非常害怕，便想方设法拉拢巴结赵竑，但赵竑却不为所动。史弥远拉拢不成，又想让赵扩废掉赵竑，改立赵贵诚为太子，但是赵扩没有同意。

嘉定十七年八月，赵扩病重，临终前，史弥远假传其圣旨，将赵贵诚召入宫中，当场宣布立赵贵诚为皇太子，封成国公，赐名赵昀。当时赵扩正处于昏迷中，对此毫不知情，满朝文武大臣和早已被立为皇储的赵竑也被蒙在鼓里。5天后，赵扩驾崩。史弥远竭力说服杨皇后，杨皇后为自己的利益考虑，同意让赵昀继位。

就这样，赵昀在赵扩灵前继位，封赵竑为开府仪同三司、济阳郡王；尊杨皇后为太后，垂帘听政。赵竑被人算计，心中气恼，但也无可奈何。

史弥远拥立有功，赵昀对他非常感激，任命他为右丞相兼枢密使、太师，封魏国公。史弥远担心树大招风，没有接受，但他在朝中却飞扬跋扈，派人逼被贬到湖州的赵竑自缢，对外则宣称赵竑是病死。他还恳惠赵昀罢免赵竑的官职，剥夺其爵位。

大臣们纷纷上书为赵竑鸣不平，史弥远便指使心腹"三凶"（李知孝、梁成大、莫泽）、"四木"（薛极、胡榘、聂子述、赵汝述）陷害上书的朝臣。赵昀明知是史弥远暗中操纵，但仍将那些官员罢免。

绍定六年十月，史弥远病逝，赵昀才摆脱其控制，开始进行改革，并清除史弥远余党，罢免李知孝、梁成大、莫泽等人，贬薛极、胡榘、聂子述、赵汝述等人到地方任职，彻底结束了史党专权。

金国覆灭　端平入洛

绍定四年（1231年），蒙古和金国发生战争。蒙古大汗窝阔台亲自指挥战斗，在均州三峰山歼灭金国主力部队，又包围汴京。在发起进攻之前，窝阔台派人到南宋要求赵昀一同出兵，许诺消灭金国后，归还金国占领的南宋土地。赵昀和大臣们商议之后，一致认为这是收复失地的大好机会，于是答应出兵。经过激战，金军大败，金哀宗完颜守绪惊慌而逃，先到归德，后到蔡州。汴京守将崔立投降了蒙古。

端平元年（1234年），蒙宋联军攻破蔡州，完颜守绪自缢，金国就此灭亡。但窝阔台却突然变卦，仅将河南的陈州、蔡州之南归还南宋，其余地方归蒙古所有。

同年四月，赵昀特意在太庙举办了一次声势浩大的祭拜仪式，告慰九泉之下的列祖列宗，之后又对征战有功的孟珙、江海等人大加赏赐。这时，一直反对与蒙古联合的赵范、赵葵兄弟提出，应该趁蒙古主力撤退之时，出兵收复三京，占据黄河和潼关。赵昀被胜利冲昏了头脑，在宰相郑清之的大力支持下，于端平元年命令全子才率兵攻取汴州，赵葵率重兵5万进攻泗州，之后再到汴京与全子才会师。负责守护汴京的原金朝将领李伯渊杀死降蒙大将崔立，投降宋朝。如此，全子才不费一兵一卒，轻取汴州。不久，赵葵到达汴京。两人会师之后，没有经过充分的准备便兵发洛阳。先锋军到达洛阳城下，才知道洛阳已无守军。百姓打开城门迎接宋军入内，洛阳城遂回归南宋。这就是历史上所说的"端平入洛"。

蒙古大汗窝阔台得知洛阳、汴京相继失守，勃然大怒，立即统兵南下。八月间，蒙古大军抵达洛阳城下，双方展开激战。不几天，城内粮食告急，宋军不得不杀战马充饥，最后无奈撤退。与此同时，汴京也遭到猛烈攻击，蒙古军挖开黄河，淹死宋军士兵无数，全子才仓皇撤退。

之后，窝阔台派使者到南宋兴师问罪，赵昀连连道歉，并同意罢免赵葵和全子才。但蒙古仍然不满意，再次兴兵进犯南宋。赵昀不敢再战，急忙派人前去议和。直至窝阔台病逝，蒙古对南宋的战争才暂告一段落。

内忧外患　江山危矣

蒙古大汗窝阔台的死让赵昀大大松了口气，但是，他没有很好地抓住这一时机整肃军队，朝政也仍旧一片混乱。在后宫，内侍董宋臣因为引荐阎皇后有功，受到大力提拔，他勾结卢允生、丁大全在朝中为非作歹，排除异己，把持朝纲。

此时，蒙古已经做好了战争准备。淳祐十一年，蒙古新君蒙哥继位，亲率大军从西面进攻四川，派其弟忽必烈进攻鄂州，大将兀良合台则远征云南然后北上，呈三面合围之势攻打南宋。

当边关告急文书送达朝廷时，宰相丁大全竟然隐瞒不报。赵昀问他情况，他就哄骗说不必担心，一切自有安排。

开庆元年（1259年）正月，兀良合台进攻至湖南潭州，西路蒙哥先后攻占川西、川北、川东多地，抵达合州。守将王坚拒绝劝降，誓死抵抗，经过几个月的激战，用炮石击中蒙哥，致其丧命。蒙古军失去主帅后，无心再战，只好撤退。

当时忽必烈正攻打鄂州，听到蒙哥战死的消息，悲痛欲绝。手下劝他撤军北归，争夺大汗之位。但是，忽必烈不愿无功而返，进攻得更加猛烈，最终渡过长江，包围鄂州。丁大全见战况危急，已经无法遮掩，急忙上表请求辞职。赵昀也没有过多地怪罪他，只是免去其相位，改任观文殿大学士兼知镇江府。但因大臣们纷纷上书弹劾丁大全，要求予以严惩，赵昀只好将其罢官，流放南地。丁大全于途中被当朝大奸臣贾似道派人杀死。

此时朝中还有一个掌权宦官董宋臣，他看到忽必烈攻势十分凶猛，建议赵昀迁都躲避。在宰相吴潜、谢皇后等人的极力劝阻下，赵昀才放弃迁都。后来董宋臣被罢免，逐出宫外。加上阎贵妃已死，朝中奸臣只有卢允生几人，再也掀不起大的风浪，从此，宦官、宵小干政的局面结束。但是，宠臣贾似道又受到重用，其祸乱国家的程度比董宋臣、丁大全有过之而无不及。

贾似道当上宰相后，受命向前线增派援军，但他却屯兵汉阳，秘密派人以称臣、纳贡、割地为条件，向忽必烈求和。忽必烈因急于回蒙古争夺汗位，便答应下来。

忽必烈撤军后，贾似道向赵昀隐瞒求和的真相，还邀功请赏，说打败了蒙古军。赵昀不辨真伪，对他大加赏赐，提拔他为少师，封卫国公。景定元年（1260年），忽必烈成为蒙古大汗，派人催问鄂州议和的结果。贾似道害怕真相泄露，便将来使拘禁，并杀死了所有知情人。

此时赵昀可以说到了举步维艰的地步：战争连连失利，四川大部沦陷，国家失去了三分之一的财政税收和军粮供应。东南地区的土地又多集中在皇室、外戚等贵族官僚手中，无法收取赋税。为了填补国库的亏空，赵昀只好下令大量铸造钱币，以致物价暴涨，财政再次陷入危机之中。

景定四年（1263年），贾似道接受临安知府刘良贵、浙西转运使吴势卿的建议，推行买公田之法，即按官位的级别规定占有田地的数量，两浙、江东等地超过数量的，从中抽取三分之一，由国家出钱买回，对外出租，所得到的粮食供养军队。这样既解决了粮饷问题，又起到了平抑物价、安定民心的作用。贾似道将这个办法上报赵昀，赵昀便下令设立官田所，由刘良贵负责买田的工作。

继公田法之后，景定五年（1264年），贾似道又奏请实行"经界推排法"，各地重新丈量土地，无论多少都要交税。农民因此流离失所，怨声载道。

同年十月，赵昀因病驾崩于宫中。

注释：

①丁大全（？—1263年）：南宋宰相、政治家，以谄事宦官董宋臣等，由萧山尉升至右司谏，进殿中侍御史。宝祐四年（1256年）迫逐

宰相董槐，任签书枢密院事。后官至右丞相。开庆元年九月罢相。后移徙海岛，被押解将官推入水中杀死。

②贾似道（1213—1275年）：南宋晚期权臣，其姐为理宗宠妃，遂得进用，官至右丞相，专权多年。度宗时封太师、同平章事。因襄阳陷落私自出逃而被群臣请诛，革职放逐，为监送人所杀。

度宗赵禥

赵禥档案

生卒年	1240—1274 年	在位时间	1264—1274 年
父亲	荣王赵与芮	谥号	端文明武景孝皇帝
母亲	黄氏	庙号	度宗
后妃	全皇后、杨淑妃等	曾用年号	咸淳

赵禥（qí），初名赵孟启，字长源，宋太宗赵匡胤第十一世孙，荣王赵与芮之子，宋理宗赵昀养子，南宋第六位皇帝。

因为赵昀无子，赵禥被收为养子，先后封建安郡王、永嘉郡王、忠王。景定元年六月，赵禥被立为太子。景定五年十月，赵昀病逝，赵禥继位，次年改元咸淳。

赵禥继位时，金国已经灭亡，蒙古大举侵犯南宋疆土，值此国家危亡之际，赵禥将军国大事完全托付给奸臣贾似道，致使南宋百姓陷于战火之中。

咸淳十年（1274 年），赵禥驾崩于临安，终年 35 岁，谥号端文明武景孝皇帝，庙号度宗，葬于会稽永绍陵。

弱智皇帝　荒淫贪色

赵禥的母亲黄氏原是陪嫁侍女，因为相貌姣好，被赵与芮收为偏房。不久，黄氏有了身孕，因为担心自己身份卑贱，孩子生下来会受到歧视，她暗中服用堕胎药，想把孩子打掉，结果没有成功，反而使赵禥出生后手脚无力，反应迟钝，口齿不伶俐，直到7岁才会说话。

理宗赵昀只有过两个儿子，但都不幸夭折，皇位继承人只能从宗室中选择。不知为何，赵昀偏偏相中了赵禥，赐名赵孟启。宝祐元年（1253年）正月，赵孟启被立为皇子，改名赵禥，任崇庆军节度使，封永嘉郡王；景定元年（1260年）六月，被正式立为太子。

赵禥当上太子以后，日子过得并不快乐，每天鸡鸣头遍就必须去给赵昀问安，鸡鸣二遍回宫，鸡鸣三遍去听大臣们商量朝政问题，天亮以后又必须听侍讲讲课，天天周而复始，从不间断，如此枯燥的生活让他感到厌倦。

景定五年十月，赵昀病逝，赵禥继位称帝。执政之初，他也发誓要当一个好皇帝，但是没过几天就将自己的雄心壮志抛诸脑后，整天在后宫与妃嫔们饮酒作乐。大臣们见他荒淫无度，纷纷上书劝谏，他嘴上答应得很好，事后依然我行我素。

渐渐地，他对大臣们的劝说感到厌烦，索性不再上朝，将军国大事交给宰相贾似道处理。贾似道大权独揽，行事霸道，稍不如意便以辞官相要挟，群臣对此敢怒不敢言。

大权旁落　受制于人

有一年，赵禥到郊庙祭祀，途中突然下起大雨，胡贵妃之父胡显祖担心他被淋病，便劝他暂回宫中。不料赵禥却担心贾似道不允许，胡显祖心中一阵悲哀，只得骗他说贾似道已经知道此事。赵禥信以为真，遂下令返回宫中。贾似道见赵禥不经回报便回宫，十分生气地说："臣执掌中枢，现在连皇上做些什么都不知道，请陛下罢免了臣的官职吧！"赵禥一听，急忙下令罢免胡显祖的官职，又令胡贵妃削发为尼，将她逐出宫，事情才得以平息。

这时，忽必烈已经继承蒙古帝国汗位，再次发兵攻打南宋，襄阳城被围困许久，朝不保夕。告急文书接连不断地传到临安，但贾似道却知情不报，还谎称前线告捷。为了表忠心，他还自作聪明，一方面上表请求带兵出战，一方面又授意心腹上表请皇上挽留。赵禥当然不愿意让自己的主心骨离开，于是改派他人领兵。然而贾似道又害怕战将立功后会威胁自己的地位，所以百般阻拦，不让出兵。襄阳守将吕文焕迟迟等不到救兵，只得开城投降。

咸淳十年七月，赵禥因酗酒、纵欲过度，驾崩于临安宫福宁殿。

恭帝赵㬎

赵㬎档案

生卒年	1271—1323 年	在位时间	1274—1276 年
父亲	宋度宗赵禥	谥号	恭皇帝、法宗章文敬武睿孝皇帝
母亲	全皇后	庙号	无
后妃	孛儿只斤氏	曾用年号	德祐

赵㬎（xiǎn），宋度宗次子，南宋第七位皇帝。

赵㬎曾被封为嘉国公、左卫上将军等。咸淳十年七月，赵禥驾崩，赵㬎继位，时年4岁，次年改元德祐。

德祐二年，赵㬎出城向元军投降，被元朝封为瀛国公。元朝至元二十五年（1288年），元世祖忽必烈突然赏给赵㬎很多钱财，让他去吐蕃当僧人。于是，赵㬎剃度出家，潜心研究佛学，后来还翻译了不少佛教经文，为佛教界做出了很大的贡献。

元朝至治三年（1323年），赵㬎被元英宗赐死（存疑），终年53岁，谥号恭皇帝，无庙号。

幼年登基　江山危亡

度宗赵禥共有三子，长子赵昰（shì）、次子赵㬎、三子赵昺（bǐng）。在他驾崩的时候，最大的儿子赵昰也才6岁。因为赵禥生前没有册立太子，所以他驾崩后由谁继位就成了最大的问题。大臣们都主张让赵昰继位，但贾似道为了继续把持朝政，坚持让赵㬎继位。最后，经谢太后同意，年仅4岁的赵㬎登上了皇帝的宝座。谢太后垂帘听政，朝政大权掌握在贾似道手中。

当时蒙古军已经攻下襄阳，元世祖忽必烈调兵遣将，让大将伯颜统领大军南下，水陆并进，直取临安。蒙古军一路势如破竹，所过州县，或降或逃，很快占领鄂州。消息传到临安，群臣气愤难耐，联名上书要求贾似道亲自统兵抗战。贾似道无奈，只好从各地调集兵马13万前去迎敌。可大军来到芜湖，贾似道却不敢继续前进，派人去与伯颜联系，幻想能像从前那样割地求和。然而，这一次蒙古要的是整个南宋江山，绝非一城一地。

南宋军在蒙古军的凌厉攻势下，伤亡惨重，精锐损失殆尽。贾似道狼狈而逃，到扬州后上书要求迁都，遭到谢太后和朝中大臣的一致反对。贾似道的心腹陈宜中见主子大势已去，便上书历数其罪，称其擅权误国，论罪当斩。谢太后不忍心，只罢免了贾似道的同平章事一职，但太学生及朝中大臣都感到不服，联名上书要求处死贾似道。谢太后迫于压力，又将贾似道降职三级，命他回绍兴私宅为其母守丧。贾似道极不情愿地回到绍兴，但地方官员下令关闭城门，不许他进城，他只好改道去浙江金华居住。御史孙嵘叟等人再次上书，要求处死贾似道。谢太后依然下不了手，又贬他为高州团练使，派人监押到循州。行至漳州木棉庵时，贾似道被负责押送的郑虎臣杀死。

心腹逃离　无奈投降

贾似道罢相后，谢太后又任命陈宜中为相。陈宜中是投靠贾似道才发迹的，也是一个奸佞小人，蠢笨无能，想不出什么御敌良策，还谎报军情说前线取得了胜利。实际上，蒙古大军的铁蹄已经踏上了临安的土地，城内人心惶惶，许多大臣和百姓趁乱逃离京师。陈宜中贪生怕死，也连夜逃离。

谢太后和朝中众臣都没了主意，只好派人向伯颜求和，伯颜提出由南宋丞相亲自出面。谢太后遂任命文天祥为丞相兼枢密使，去与蒙古军谈判。文天祥大义凛然，痛斥蒙古不守信义，结果被伯颜扣留。

德祐二年，谢太后走投无路，只好答应投降。同年二月，伯颜在临安城内举办了隆重的受降仪式，然后将赵㬎、谢太后、皇氏宗族及文武百官全部押往大都。途中，文天祥于镇江逃脱。

元朝至元二十五年，元世祖忽必烈强令赵㬎出家为僧，送他往千里之外的吐蕃学习佛法。元朝至治三年，元英宗仍不放心，于是下诏将赵㬎赐死（存疑）。

端宗赵昰

赵昰档案

生卒年	1269—1278 年	在位时间	1276—1278 年
父亲	宋度宗赵禥	谥号	裕文昭武愍孝皇帝
母亲	杨淑妃	庙号	端宗
后妃	无	曾用年号	景炎

赵昰,宋度宗赵禥庶长子,南宋第八位皇帝。

赵昰初封吉王,后封益王。德祐二年,元军攻陷杭州,俘获赵㬎、太皇太后谢氏以及许多文武大臣,押往上都。赵昰在大臣们的保护下侥幸逃脱,之后被拥立为帝,时年 8 岁,改元景炎。

景炎三年(1278 年)四月,赵昰病逝,年仅 10 岁,谥号裕文昭武愍孝皇帝,庙号端宗,葬于永福陵。

难中继位 图谋光复

赵昰是度宗赵禥长子,赵禥驾崩后,因为没有册立太子,朝中大臣认为非常时期不可拘泥于旧规,应该由长子继位。但是,贾似道为了更好地控制朝政大权,坚持拥立次子赵㬎。赵㬎继位后,赵昰被封为吉王,赵昺被封为信王。

元朝大军逼近临安，大宋江山朝不保夕，为了给赵氏留下一点血脉，谢太后命人保护赵昰和赵昺逃出临安，前往福州。德祐二年二月，元将伯颜得知还有两个皇子在逃，急忙派人追赶。侍卫们舍弃大道，背着两个皇子钻入山林，躲藏了7天，总算脱离危险，几经辗转来到福州。一些不愿做亡国奴的南宋旧臣听说皇嗣到了福州，也先后投奔而来，其中包括陆秀夫、张世杰、陈宜中等人。

同年三月，众人拥立8岁的赵昰为天下兵马都元帅，建都元帅府，诏告天下，汇集天下英雄，图谋光复宋室之志。不久，文天祥也虎口脱险，来到福州，被任命为枢密使兼都督各路军马，在南剑州开府，以福州作为北部屏障。

东躲西藏　惊吓而亡

赵昰继位，让抗元军民看到了一线希望，形势一度好转。然而，朝廷内部很不团结，彼此间争权夺利，终致人心涣散，无法共同抗敌。

景炎元年（1276年）十月，元军攻占汀州，之后又南下占领剑州。陈宜中、张世杰惊慌失措，急忙保护赵昰、卫王赵昺以及太妃杨氏登上一艘小船，向海中驶去。

景炎二年（1277年），元朝出现内乱，忽必烈不得不放松对南宋的进攻，流亡的南宋朝廷得以苟延残喘。在文天祥的率领下，南宋军收复了大片国土。但忽必烈很快平定了内乱，又重整兵马，再次向南宋发起猛烈进攻。文天祥寡不敌众，很快失利，但他并不死心，率领残部转战于潮州、惠州一带，最终被俘，英勇就义。

在元军的追截下，张世杰等人带着赵昰东躲西藏，辗转于泉州、潮州、惠州等地。一些大臣逐渐灰心丧气，在中途逃离。陈宜中也找了个借口溜之大吉，逃到占城。后来，赵昰一行逃到广州湾，恰遇一场飓风，将乘船掀翻，赵昰落入水中，幸得众人打捞获救。但是，经此一吓，赵昰生了一场大病，于景炎三年（1278年）四月驾崩于碙洲。

末帝赵昺

赵昺档案

生卒年	1271—1279 年	在位时间	1278—1279 年
父亲	宋度宗赵禥	谥号	恭文宁武意孝皇帝
母亲	俞修容	庙号	怀宗
后妃	无	曾用年号	祥兴

赵昺,宋度宗第三子,宋恭帝赵㬎及宋端宗赵昰之弟,南宋第九位皇帝,也是最后一位皇帝。

赵昺初封信王,后封卫王。景炎三年,端宗赵昰病逝,年仅8岁的赵昺登基称帝,改元祥兴。

祥兴二年(1279年),元军攻打崖山,南宋军不敌,赵昺无奈投海自尽,年仅9岁,谥号恭文宁武意孝皇帝,庙号怀宗,葬于宋少帝陵。

崖山被困　处境艰难

景炎三年,端宗赵昰病逝,大臣们悲痛之余,打算作鸟兽散。这时,签枢密院事陆秀夫慷慨激昂地说:"古人有靠一城一旅中兴天下,而我朝百官齐备,又有精兵数万,况皇子还在,为何不能拥立卫王以恢复大宋河山!"他这一席话让大臣们感到十分振奋,于是拥立卫王赵昺为帝，改元祥兴。

赵昺继位后，迁都崖山，张世杰命人修建行宫，铸造器械，建造舟船，企图以此为据点，抵抗元军进攻。

祥兴二年正月，元世祖忽必烈派汉人降将张弘范率兵攻打崖山。张世杰为了显示抗战的决心，下令烧毁行宫，用铁索将所有船只连接起来，皇帝居中，文武大臣左右排列，20万将士全部登陆作战。张弘范连攻数日均无法取胜，于是增派战船围困崖山。十几天后，宋军因后备不足，粮草匮乏，战斗力大大减弱。

张弘范趁机让张世杰的外甥写信劝张世杰投降，但张世杰誓死不降。张弘范不死心，又威胁被俘的文天祥给张世杰写信。文天祥赋诗一首以示答复，即著名的《过零丁洋》："辛苦遭逢起一经，干戈寥落四周星。山河破碎风飘絮，身世浮沉雨打萍。惶恐滩头说惶恐，零丁洋里叹零丁。人生自古谁无死，留取丹心照汗青！"

葬身大海　以死殉国

祥兴二年二月初六，张弘范借涨潮之机，再次向宋军发起猛攻。双方正激战时，元军船上忽然响起鼓乐之声，南宋军误以为元军在举行宴会，打算休整一下。不料元军突然发起猛烈的进攻，南宋军猝不及防，全线溃败。

张世杰见状，急忙砍断铁索，派轻舟速去接应赵昺，但是，船根本到不了中军的位置。陆秀夫守护着赵昺，决定以死殉国。他先执剑逼自己的妻女跳海，然后又将传国玉玺绑在腰中，背着赵昺纵身跳入海中。其他大臣、宫眷哭声震天，也纷纷投海自尽，达数万人。张世杰迟迟等不到救援赵昺的船回来，知道凶多吉少，遂保护杨太妃突围逃跑。

几天后，元军打捞出赵昺的尸体，只见他身穿黄衣，怀抱诏书玺宝，面目腐烂，无法辨认。张弘范遂以赵昺溺毙上报元廷。杨太妃和张世杰听到陆秀夫背负赵昺一起殉国的消息后，心生绝念，也投海自尽。至此，南宋宣告灭亡。